영남인물고 1

안동

채홍원 편수 | 신해진 역주

머리말

이 책은 《영남인물고(嶺南人物考)》의 제1권을 번역한 것이다. 1751년 저술된 이중환(李重煥, 1690~1752)의 《택리지(擇里志)》에 의하면, "조선의 인재 가운데 반은 영남에 있다."라는 말이 있으니, 영남인물고는 그러한 사실을 실감케 한다. 1798년 채제공(蔡濟恭) 등이 정조(正朝)의 명에 따라 영남지역 인물 860명의 간략한 생애와 주요 행적을 각종 문헌에서 초출(抄出)하고 군현별로 편차한 문헌인데, 총목(總目)과 도목(都目: 이름, 벼슬, 호 등의 간략 기록표), 권1~15를 합하여 총 17책으로 이루어진 유일 필사본이다. 현재 규장각한국학연구원에 권1~10까지 10책이 소장되어 있고, 국립고궁박물관에 총목과 도목을 포함하여 권11~15까지 7책이 소장되어 있다.

원래 규장각에 보관해 오던 《영남인물고》는 1909년 이토 히로부미가 한일관계조사 자료로 66종 938권을 일본으로 가져갈 때 7책(총목·도록, 권11~15)도 반출되어 규장각에는 10책만 남게 되었다. 그러다가 2011년 조선왕조 도서가 일본으로부터 반환되어 국립고궁박물관에 소장될 때, 영남인물고 7책도 환수되어 규장각의 10책과 짝하여 완질을 이루게 되었다. 그 초고는 1799년에 완성되었으나 간행되지 못하였고, 그 구성은 다음과 같다.

권	지역	등재인물	계	편수자
권1	安東	金濟, 金澍, 金自粹, 裵尙志, 權定, 金銖, 鄭玉良, 金孝貞, 河緯地, 柳義孫, 權希孟, 柳崇祖, 金用石, 文敬仝, 權柱, 李宗準, 李弘準, 金時佐, 權橃, 柳公綽, 權輗, 權應挺, 權應昌, 金璡, 金希參, 權碩, 洪仁祐, 柳仲郢, 柳景深, 柳贇, 金彦璣, 金八元, 金宇宏, 具鳳齡, 權好文, 裵三益, 金守一, 鄭惟一, 李珙, 金明一, 李景嵘, 柳仲淹, 金克一, 權春蘭, 柳雲龍, 金宇顒, 金沔	47	蔡弘遠
권2	安東	柳成龍, 南致利, 琴胤先, 金誠一, 鄭士誠, 柳宗介, 洪迪, 柳復起, 金得研, 裵龍吉, 李亨男, 金涌, 鄭士信, 柳復立, 金潗, 金允安, 權益昌, 李光後, 權杠, 權希仁, 權泰一, 李大任, 李昌後, 柳袽, 洪成海, 柳袗, 柳義男, 金是權, 金是樞, 南礏, 柳元慶, 南海準, 張興孝, 權紀, 金是榲, 金烋, 鄭侙	37	丁若銓
권3	安東	柳元之, 柳稷, 南天漢, 宋樆, 金烓, 柳千之, 南天斗, 金邦杰, 李惟樟, 李時善, 柳挺輝, 金如萬, 柳楢, 李址, 柳世鳴, 李瑄, 柳元定, 金聲久, 權斗寅, 李東標, 金世欽, 柳後章, 李琬, 李東完, 金九成, 金世鎬, 邊克泰, 權斗經, 權斗紀, 金汝鍵, 李仁溥, 權德秀, 權榘, 李光庭, 金良炫, 柳升鉉, 李山斗, 金聖鐸, 權萬, 權業, 金景溫, 柳觀鉉, 金樑, 金命基, 金正漢, 金江漢, 柳正源, 金樂行, 權正忱, 李象靖, 李光靖, 柳道源, 李宗洙, 柳長源, 金始器, 裵相說, 金崇德	57	李儒修 韓致應
권4	尙州	黃喜, 盧嵩, 盧德基, 權徵, 尹師哲, 姜詗, 洪彦忠, 李堰, 金綵, 金舜皐, 黃孝獻, 申灊, 辛崙, 王希傑, 金彦健, 金範, 金冲, 盧守愼, 姜士尙, 成允諧, 鄭國成, 姜士弼, 宋亮, 金聃壽, 姜緖, 金弘敏, 姜紳, 金覺, 盧大河, 姜綖, 權宇, 高尙顔, 姜絪, 趙靖, 趙翊, 金弘微, 李坱, 李埈, 曺友仁, 金光斗, 康應哲, 鄭起龍, 鄭經世, 全湜, 高仁繼, 趙光璧, 權吉, 金宗武, 盧道亨, 金廷堅, 曹希仁, 趙又新, 洪鎬, 金克恒, 金秋任, 盧道凝, 盧峻命, 蔡得沂, 趙壽益, 韓克昌, 康用良, 李榘, 曹挺恒, 鄭道應, 洪汝河	65	睦萬中 沈奎魯
권5	尙州	金楷, 廉行儉, 孫萬雄, 南垕, 柳抗, 李萬敷, 洪大龜, 權相一, 黃翼再, 盧啓元, 姜杭, 金熙普, 高裕	13	尹弼秉 李鼎運
	禮安	琴柔, 琴以詠, 李堣, 李埴, 李賢輔, 金緣, 李仲樑, 金生溟, 李瀣, 李滉, 朴士熹, 金富弼, 金富仁, 李叔樑, 金澤龍, 金富儀, 琴輔, 吳守盈, 趙穆, 尹義貞, 琴應夾, 琴蘭秀, 金富倫, 琴應壎, 李安道, 金圻, 金垓, 任屹, 李詠道, 李弘重, 金坽, 金光繼, 李溟翼, 李燦漢, 金輝世, 金東俊, 李世泰	37	
	軍威	王沽, 權專, 卓愼, 權自新, 李軫, 李輔, 洪璋, 張海濱, 朴漢男	9	

권	지역	등재인물	계	편수자
	英陽	趙德鄰	1	
권6	慶州	徐愈, 韓卷, 孫昭, 李蕃, 孫仲暾, 李彦迪, 李彦适, 李乙奎, 金世良, 曹漢輔, 李應春, 權德麟, 李應仁, 金浣, 金虎, 金應澤, 文緯, 權士諤, 李承金, 權士敏, 崔奉天, 權復興, 金石堅, 李希龍, 李彭壽, 李訥, 鄭克後, 金宗一, 孫宗老, 李巘, 韓汝愈, 孫德升	33	
	密陽	李行, 李伸, 孫肇瑞, 金叔滋, 安完慶, 金宗直, 邢士保, 李迨, 曹光益, 孫處訥, 孫起陽, 李光軫(총목에는 없으나 본집 목록에 있음), 孫遴, 金太虛, 盧盖邦, 朴陽春, 朴旹, 安命夏, 李泓	19	
	新寧	權應銖, 權應心, 李蘊秀	3	
권7	星州	李崇仁, 李稷, 都膺, 鄭種, 金自强, 金文起, 金孟性, 鄭崑壽, 鄭逑, 都衡, 呂希臨, 宋希奎, 洪繼玄, 金關石, 宋師頤, 李弘器, 朴而絢, 朴詮, 施文用, 李簭, 李天封, 李承, 金天澤, 崔恒慶, 金輳, 張鳳翰, 金檝, 李彦英, 李潤雨, 裵尙龍, 朴永緖, 鄭惟榮, 李紬, 李廷賢, 金貴悅	35	李承薰 洪命周
	義城	金光粹, 李世憲, 申元祿, 李光俊, 金士元, 申仡, 申之悌, 金致中, 申之孝, 李民宬, 李民寏, 申適道, 申悅道, 李弘祚, 李爾松, 金尙瑗, 申弘望, 申達道, 金履矩, 金宗德	20	
권8	晉州	河演, 鄭溫, 河崙, 河敬復, 姜叔敬, 姜文會, 河潤, 鄭碩堅, 鄭鵬, 姜顯, 兪伯溫, 朴氤, 姜應台, 曹植, 鄭師賢, 李濟臣, 吳健, 鄭斗, 崔永慶, 金大鳴, 李琰, 河沆, 河天澍, 河應圖, 柳宗智, 成汝信, 陳克敬, 河受一, 姜德龍, 崔琦弼, 河憕, 吳長, 朴敏, 河鏡輝, 朴安道, 朴絪, 韓夢參, 河弘度, 河溍, 鄭頠, 韓範錫, 朴泰茂	42	蔡弘履 權應範 沈奎魯
	咸陽	趙承肅, 盧叔仝, 表沿沫, 梁灌, 兪好仁, 鄭汝昌, 盧友明, 姜漢, 盧禛, 姜翼	10	
	慈仁	李陽昭, 崔文炳, 宋希達, 金應鳴	4	
권9	永川	李敢, 柳方善, 李孟專, 曺尙治, 尹兢, 安覯, 曹致虞, 金應生, 郭珣, 鄭世雅, 孫德沉, 安餘慶, 曺好益, 金浣, 金演, 鄭宜藩, 鄭四震, 鄭大任, 安玑, 安璹, 安翊漢, 鄭好仁, 權穆, 李衡祥, 鄭萬陽, 鄭葵陽, 鄭重器, 權得中, 鄭幹, 曹鵬九	30	李之珩 沈達漢
	大邱	楊熙止, 徐沈, 朴漢柱, 李英, 朴愼, 全慶昌, 徐思遠, 崔誠, 崔認, 鄭師哲, 崔東輔, 蔡應麟, 蔡夢硯, 蔡先見, 朴壽春, 蔡楙, 徐時立, 崔東嶫, 都慶兪, 都愼修, 都愼徵, 朴夢徵, 李益馝, 趙春慶, 崔興遠	25	
권10	榮川	鄭陟, 金爾音, 宋仁昌, 金淡, 鄭誠謹, 宋碩忠, 金楊震, 黃	38	李址永

권	지역	등재인물	계	편수자
		孝恭, 金鸞祥, 張壽禧, 朴承任, 吳濮, 金功, 李德弘, 權斗文, 裵應褧, 金大賢, 李介立, 金盖國, 閔應祺, 金隆, 李庭憲, 成安義, 朴檜茂, 申輱, 金汝燁, 金榮祖, 裵尙益, 金應祖, 成以性, 李禂, 權昌震, 金益禧, 丁彦璛, 羅以俊, 李惟馨, 張璶, 金僩		姜浚欽
	龍宮	安俊, 鄭雍, 鄭蘭宗(총목에는 없으나 본집 목록에 있음), 李文興, 李構, 潘冲, 姜應清, 張漢輔, 姜汝艘, 李涉, 金喜, 鄭榮後, 鄭榮邦, 全五倫	14	
	河陽	許稠, 金是聲	2	
	眞寶	申祉, 申禮男	2	
권11	醴泉	趙庸, 尹祥, 權山海, 權五福, 文瑾, 文瓘, 權五紀, 太斗南, 權檣, 辛達廷, 朴從鱗, 金慶言, 李愈, 鄭琢, 李熹, 權文海, 丁允祐, 金復一, 權旭, 李光胤, 朴蕓, 朴守緖, 鄭允穆, 鄭彦宏, 朴守謹, 金錕, 金迬, 金海一, 權墉, 鄭玉, 朴孫慶	31	權坪 姜浚欽
	善山	朴好問, 金就文, 金應箕, 康伯珍, 李守恭, 黃琟, 鄭希良, 朴英, 金就一, 朴雲, 康惟善, 盧守誠, 高應陟, 金蕃, 吉誨, 崔晛, 金寧, 朴遂一, 金宗武, 盧景任, 鄭期遠, 金光岳, 洪浚亨, 鄭誸, 盧啓禎, 金鏡重	26	
	泗川	李楨	1	
	河東	崔濯	1	
권12	順興	安純, 李甫欽, 徐翰廷, 錦城大君, 庾瑠, 李秀亨, 權得平, 朴善長, 琴軔, 安名世, 安應一, 黃彦柱, 李汝馪, 權虎臣, 黃中珩, 安德麟, 洪以成, 南夢鰲, 洪翼漢, 洪宇定, 金綱, 朴天柱, 裵晉龜, 權胤錫, 金若海, 黃壽一, 金弘濟, 徐昌載	28	洪樂敏 睦萬中 柳遠鳴
	豐基	黃俊良, 黃暹, 郭嶒	3	
	奉化	琴徽, 琴元貞, 琴椅, 琴軸, 琴義筍, 金中清, 琴元福, 權士溫, 琴是養, 琴聖奎, 鄭鐸	11	
	寧海	朴宗文, 申禧, 李孟賢, 申從溥, 朴毅長, 朴弘長, 申虯年, 申時明, 南佶, 權璟, 權尙任, 朴澋, 李徽逸, 李嵩逸, 李栽, 李槾	16	
	義興	洪魯	1	
	開寧	李馥	1	
	盈德	金夏九	1	
	居昌	鄭榮振	1	
	山淸	閔安富	1	
권13	陜川	李樑材, 周怡, 周世鵬, 朴紹, 申季誠, 朴而章, 文勵, 文景虎, 曹應仁, 柳世勛, 金斗南, 姜翼文, 周國楨, 姜大遂, 沈	17	李泳夏 柳遠鳴

권	지역	등재인물	계	편수자
		自光, 金八擧, 曹漢儒		
	咸昌	洪貴達, 蔡壽, 權達手, 蔡無逸, 柳宗仁, 郭守智	6	
	丹城	李迪, 李光友, 李晁, 李天慶, 金景謹, 權濤, 權克亮, 柳之遠	8	
	高靈	朴闓, 吳彦毅, 鄭師玄, 金守雍, 朴澤, 朴廷璠, 朴廷琓	7	
	知禮	李崇元, 李淑琦	2	
	昌原	崔潤德, 仇宗吉, 曹致虞, 曹孝淵, 金命胤	5	
	草溪	卞仲良, 卞季良, 李允儉, 卞璧, 李希曾, 李希閔, 卞玉希, 李希顔, 李大期, 全致遠, 李胤緖	11	
	金海	金係錦, 宋賓	2	
	蔚山	曹爾樞, 李藝, 徐仁忠	3	
	梁山	李澄玉, 白受繪	2	
	固城	諸沫, 諸弘祿	2	
권14	東萊	梁潮漢, 辛起雲	2	
	聞慶	申叔彬, 鄭彦信, 沈大孚, 申厚命, 申弼貞	5	洪命周 金熙洛 李基慶
	仁同	張安世, 朴元亨, 張潛, 張顯光, 張士珍, 張慶遇, 張應一, 申益愰	8	
	靈山	李中, 李碩慶, 盧瑾, 裵鶴, 辛礎, 李厚慶, 李道孜, 李道輔, 辛夢參, 辛景夏	10	
	比安	朴宜中, 朴瑞生, 李世仁, 朴嗣叔, 朴忠仁, 朴孝純	6	
	金山	呂應龜, 裵興立, 呂大老, 鄭鎰, 裵命純, 姜汝㦿	6	
	漆谷	鄭錘, 李遠慶, 李道長, 李元禎	4	
	淸道	李原, 金克一, 金孟, 金駿孫, 金馹孫, 金大有, 朴慶新, 朴慶因, 朴慶傳, 朴河淡, 朴慶胤, 李雲龍, 朴慶宣, 朴瑄, 朴璨, 朴瑀, 朴琡	17	
	昌寧	李承彦, 李長坤, 盧克弘, 金廷哲, 尹南龍, 楊暄	6	
권15	安義	鄭矩, 全五倫, 鄭玉堅, 林薰, 林芸, 鄭惟明, 劉名盖, 鄭庸, 鄭蘊, 朴明榑, 尹應錫	11	洪樂敏 洪義浩
	宜寧	安堵, 安遇, 郭安邦, 郭承華, 郭之雲, 郭越, 郭�, 郭趄, 李魯, 安克家, 郭赳, 郭�, 郭赾, 姜瑀, 郭再佑, 姜壽男, 安起宗, 郭再謙, 郭潔, 李曼勝, 郭瀏, 許懿, 郭壽岡, 郭世楗	24	
	咸安	趙旅, 安灌, 安宅, 李郊, 朴齊仁, 趙鵬, 趙宗道, 趙俊男, 趙信道, 趙敏道, 趙埛, 趙凝道, 朴震英, 李休復, 趙益道, 趙光立, 趙繼先, 趙任道, 趙善道, 李景茂, 李景蕃	21	
	三嘉	洪載, 文益昌, 盧欽, 李屹, 朴天祐, 鄭九龍, 文繼達	7	
	玄風	金宏弼, 裵紳, 朴惺	3	
	57		860	

영남의 71개 고을 가운데 57개 고을만 수록되었는데, 수록되지 않은 고을은 경산, 청송, 흥해, 연일, 장기, 청하, 거제, 진해, 곤양, 칠원, 남해, 기장, 언양, 웅천 14개이다. 대체로 해안이나 벽지 고을이라 할 수 있다. 또 고을별로 수록 편차가 컸음을 알 수 있다. 그리고 영남의 큰 인물이지만 아직 죄적에서 풀리지 않은 까닭에 합천의 내암 정인홍(鄭仁弘), 영양의 갈암 이현일(李玄逸)은 실리지 못했다.

이 문헌의 편찬 과정 및 의의에 대해서는 김기엽의 박사학위논문(「조선후기 영남학단의 학적 전승과 교유에 대한 자료적 고찰」(고려대학교 대학원, 2022.2)과 최두헌의 글(『고전사계』 52, 한국고전번역원 소식지, 2023.12)에서 소상히 소개된 바 있다. 1798년 8월 정조가 김희락(金熙洛)을 주자소(鑄字所)로 불러 영남 선현들의 문적을 모아 편찬한 책이 있는지 물어 제대로 편찬한 책이 없음을 알고는, 김희락을 통해 상주 정종로(鄭宗魯), 경주 이정덕(李鼎德), 안동 호계서원, 예안 도산서원 등 영남 남인들 사이에서 강한 영향력을 가진 인물과 조직에 편지를 보내어 1개월 안으로 문적을 수집하여 올리도록 통보하였으며, 이에 대한 영남인들의 호응과 열망이 뜨거웠던 것이다. 채제공이 총책임자의 역할 맡아서 그와 가까운 젊은 남인 신료 25명이 1주일도 되지 않아 총 46권의 분량으로 문적을 베꼈으며, 다시 주요 내용을 뽑고 편차해 현전의 《영남인물고》의 초고가 완성된 것이다. 1년 뒤 채제공과 2년 뒤 정조가 잇달아 세상을 떠났기 때문에 간행에까지는 이르지 못한 것이다. 온전히 한 개인의 노력에 의해 만들어진 전기류(傳記類)인 이의현(李宜顯)의 《국조인물고(國朝人物考)》와 김육(金堉)의 《해동명신록(海東名臣錄)》과는 달리, 정조의 명에 의해 편찬되는 문헌에 수록된다는 것은 한 인물의 생애와 행적이 훌륭하여 타의 모범이 될 만하다고 국가가 공인한 것이 되었기에 1728년 이인좌·정희량의 무신란으로 말미암아 소외되었던 영남 남인들의 호응과 열망이 남달랐음을 말하고 있다.

이 영남인물고의 번역은 1967년 강주진 등에 의해 일본에 있었던 부분은 제외된 채 번역되어 세로 판형으로 탐구당에서 출간한 바 있으나, 그 이후로는 재번역 된 적도 없고 또한 완역되지도 않았다. 게다가 학술적 주석 작업은 전혀 이루어지지 않았으니, 특히 인물에 대한 주석 작업은 관계적(혼반, 학연, 혈연, 지연, 관력, 사회적 활동 등) 차원에서 행해질 필요가 있다. 그 기초라 할 수 있는 교감표점 작업이 2022년 한국고전번역원에 의해 이루어졌다. 그리하여 현 시점에서 보자면, 학술적 역주작업이 이루어져야 하고 또 완역되어야 할 과제가 있다.

영남인물고에는 인물의 사실이 행장·언행록·비문·제문 등 원래 문적에서 초록하여 수록되어 있다. 이는 각 인물이 일생 동안 산 실제적 삶의 총체에서 선택적 시각에 의해 1차 형상화 한 것이 원래 문적이고, 원래 문적에서 초출하여 2차 형상화 한 것이 바로 영남인물고의 행적인 것이다. 곧 원래 문적의 찬자가 지녔던 시각과 그 문적 안에서 이기는 하나 초출자의 시각이 결합된 양상이다. 그래서 원래 문적의 찬자가 대상 인물과의 관계도 고려의 대상이 되어야 할 것이다. 그 관계는 혈연관계인지, 혈연관계에서도 직계인지 방계인지, 혼인관계인지, 혼인관계에서도 조모계인지 모계인지 처계인지, 사승관계인지, 일면식도 없는 관계인지 등등 다양하다. 그렇다면 원래 문적의 실상도 함께 살펴볼 필요가 있다. 그래서 이 책에서는 보충 자료로 그 원래 문적을 대부분 번역하여 함께 수록하였다.

이는 다양한 관점에서 영남인물고를 살펴볼 수 있도록 도모한 것인데, 전병철(「〈영남인물고〉 진주편 등재인물의 시기별 특징」, 『경남학』 32, 경상대학교 경남문화연구소, 2011)의 논의 결과가 특정지역에 국한된 것이기는 하지만 그에 따르면 15세기에는 흥성한 관료형 인물들이, 16세기에는 강직한 성품과 저항이 두드러진 처사형 인물들이, 17세기부터 18세기에는 남명 조식의 재전제자(在傳弟子)로 왜란과 호란의 국난 때 의병을 일으켜 활동한 인물들이 수록된 것으로 밝혀 다양한 성격의 인물군을 살펴볼 수 있는 시야를 확보하기도 하였다. 영남 사족의 조상 현창과 정치 참여 욕구 여론을 무마하기 위한 정조의 임시변통책에 불과해 영남우대책으로 보기 어렵다고 본 논의도 있지만, 그 당시 영남 사족들의 꿈틀대었던 욕구와 열망의 덩어리가 무엇이고 그것들을 어떻게 표상하였는지 문헌계통을 통해 내밀하게 살펴야 하지 않을까 한다. 또 다양한 인물군이 지닌 특성, 곧 시기별, 문벌별, 학맥별, 행실별 등을 찾아낼 수 있도록 한다면, 영남 사족의 인적 연결망을 어떻게 구축하여 지역사회에서 중심 세력으로 자임할 수 있었는지 살필 수 있지 않을까 한다. 요컨대, 지역 집단의 유대 공고화 및 공통된 학문적 성향 등을 비롯한 인물 간의 동질성을 구축하게 한 의식적 기반을 확인하여 그것의 초연결성에 대한 분석을 통해 새로운 의미의 맥락성을 살필 수 있는 토대가 마련되리라 생각한다.

이 번역작업을 정년퇴임 이후의 석좌교수 임용을 신청하기 위하여 2021년도부터 준비하였다. 당시 이서희 박사, 권영희 박사, 진건화 박사과정 수료생, 이지혜와 유해운 석사과정생 등이 참여하여 방대한 자료를 입력해 주었다. 그 이후 한국고전번역원에서 고전DB로 표점 작업한 자료가 탑재되어 다시 한번 검토 작업을 하였다. 그리고 2024년 석좌교수 임용 신청서를 제출하였는데, 엄정한 심사를 통해 전남대학교 인문대학에서 처음으로 석좌교수에 임용되었다. 완역을 향해 열심히 정진하는 것이 보답하는 길일 것이다.

한결같이 하는 말이지만 나름대로 최선을 다하고자 했다. 그러함에도 불구하고 여전히 부족할 터이니 대방가의 질정을 청한다. 끝으로 편집을 맡아 수고해 주신 보고사 가족들의 노고와 따뜻한 마음에 심심한 고마움을 표한다.

2024년 12월

빛고을 용봉골에서

차례

일러두기

이 책은 다음과 같은 요령으로 엮었다.

01. 번역은 직역을 원칙으로 하되, 가급적 원전의 뜻을 해치지 않는 범위 내에서 호흡을 간결하게 하고, 더러는 의역을 통해 자연스럽게 풀고자 했다.

02. 다음의 자료는 아주 유용하게 참고되었다.
- 『嶺南人物考』, 강주진 외 역, 탐구당, 1967.
- 『校勘 標點 韓國古典叢刊·傳記類21』, 한국고전번역원, 2022.

03. 원문은 저본을 충실히 옮기는 것을 위주로 하였으나, 활자로 옮길 수 없는 古體字는 今體字로 바꾸었다.

04. 원문표기는 띄어쓰기를 하고 句讀를 달되, 그 구두에는 쉼표, 마침표, 느낌표, 물음표, 작은따옴표, 큰따옴표, 가운뎃점 등을 사용했다.

05. 주석은 원문에 번호를 붙이고 하단에 각주함을 원칙으로 했다. 독자들이 사전을 찾지 않고도 읽을 수 있도록 비교적 상세한 註를 달았다.

06. 주석 작업을 하면서 많은 문헌과 자료들을 참고하였으나 지면관계상 일일이 밝히지 않음을 양해바라며, 관계된 기관과 여러분께 진심으로 감사드린다.

07. 이 책에 사용한 주요 부호는 다음과 같다.

( ) : 同音同義 한자를 표기함.
[ ] : 異音同義, 出典, 교정 등을 표기함.
“ ” : 직접적인 대화를 나타냄.
‘ ’ : 간단한 인용이나 재인용, 또는 강조나 간접화법을 나타냄.
〈 〉 : 편명, 작품명, 누락 부분의 보충 등을 나타냄.
「 」 : 시, 제문, 서간, 관문, 논문명 등을 나타냄.
《 》 : 문집, 작품집 등을 나타냄.
『 』 : 단행본, 논문집 등을 나타냄.

08. 이 책과 관련된 논문은 다음과 같다.(시기별)
- 신승운, 「조선조 정조 命撰 〈인물고〉에 대한 서지적 연구」, 성균관대학교 석사학위논문, 1987.
- 전병철, 「〈영남인물고〉 진주편 등재인물의 시기별 특징」, 『경남학』 32, 경상대학교 경남문화연구소, 2011.
- 이재두, 「1798년 편찬한 〈영남인물고〉와 그 위상」, 『규장각』 58, 서울대학교 규장각한국학연구원, 2021.
- 김기엽, 「조선후기 영남 학단의 학적 전승과 교유에 대한 자료적 고찰」, 고려대학교 박사학위논문, 2022.

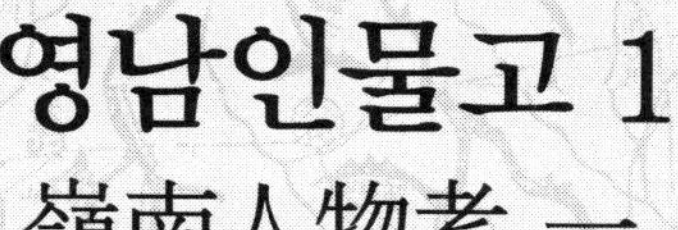

영남인물고 1

嶺南人物考 一

안동

01. 김제 충개공

> 김제의 자는 □□, 호는 백암, 본관은 선산이다. 고려에서 군사(郡事: 군수)를 지냈는데, 우리 조선이 나라를 세우자 벼슬을 버리고서 배를 타고 바다로 떠나 돌아오지 않았다. 안동의 쌍절사에 향사하였는데, 금상이 무오년(1798)에 시호를 내렸다.

공(公)이 고려 말에 평해군사이었는데, 우리 조선이 왕위를 선양받은 것을 듣고는 '제해(齊海)'라고 이름을 고쳤으니, 이는 대개 제나라 노중련이 동해를 밟겠다고 한 뜻을 취한 것이었다. 하루는 벽 위에 시를 써 놓았으니, "동해의 저 배야 노중련의 나루터가 어디더냐, 오백 년 왕조에 지금 일개 신하뿐이로구나. 외로운 내 영혼 죽지 않고 견딜 수만 있다면, 저 붉은 해 따라서 온 천하를 비추고 싶구나." 하고는, 배를 타고 바다로 떠나갔으나 어떻게 생을 마쳤는지 알지 못한다. 【협주: 류장원이 지은 〈쌍절기〉에 실려 있다.】

금상이 무오년(1798)에 하교하기를, "지난번 영남 유생의 말에 따라 고려 충신이자 명나라 예부상서인 김주(金澍)에게 충정(忠貞)이라는 시호를 내리고, 이제 관원을 보내어 제사를 지내게 하려는 즈음에 듣건대, '그 형의 이름은 김제(金濟)이고 호는 백암(白巖)인데 평해(平海) 고을의 수령으로 있다가 벽에다 시를 써 놓고는 배를 타고 바다로 떠나갔으나 어떻게 생을 마쳤는지 알지 못하며, 그 이름을 제해(齊海)라고 고친 것은 대개 제나라 선비 노중련이 바다를 밟겠다고 한 마음을 생각한 것이었다.'라고 하였다.

우리나라의 습속이 몽매하였다가 기자(箕子) 이후로부터 마땅히 지켜야 할 떳떳한 도리를 펼 수 있도록 듣게 되었지만, 문충공(文忠公)

정몽주(鄭夢周) 등 여러 현인들에 이르러서야 비로소 그것을 제대로 주창하여 밝히고 모두 은(隱)이다는 글자로 호를 삼은 까닭에 구은(九隱)이라 불렀으니, 곧 포은(圃隱: 정몽주), 목은(牧隱: 이색), 도은(陶隱: 이숭인), 야은(冶隱: 길재)이 이들이다. 이들 외에 72인이 함께 산골짜기에 들어가 그곳을 두문(杜門)이라고 불렀으며, 또 전서 윤황(尹璜)이 후송(後松)이라고 스스로 호를 지은 것과 장령 서견(徐甄)이 개경(開京)을 바라봄에 감회를 담은 것 같은 경우가 앞뒤에서 우뚝하고 당당하여 서로 바라볼 수 있을 정도로 잇달았으니 지금에 이르기까지도 사람들의 이목에 빛나고 있다.

생각건대 백암은 충정을 아우로 두어 절개와 의리를 다 이루었으니 고죽국(孤竹國: 은나라 제후국) 왕의 두 아들인 백이(伯夷)와 숙제(叔齊)에게 부끄럽지 않았거늘, 오히려 차츰 사라져 알려지지 않고 바닷가의 뱃사공이나 어부들만 그 유허지(遺墟地)를 가리키면서 가끔 눈물을 흘리는 자가 있을 따름이었다. 무릇 일이 널리 알려지거나 알려지지 않아 숨겨지는 경우가 있으며 이치가 굽혀지거나 펴지는 때가 있으니, 곧 시기(時期)와 명운(命運)이 관계되어 있지 않은 것이 없다. 애석하게도 늦게야 나의 귀에 들려왔도다. 홍문관으로 하여금 시호(諡號) 내리는 의전(儀典)을 의논하도록 할 것이로다. 이와 같은 사람은 의당 동해의 물을 길어오고 서산의 고사리를 캐어 놓고서 그 바다로 갔다가 돌아오지 않은 영혼을 불러야 할 것이니, 시호를 내리는 날에 바닷가에서 제사를 지냄으로써 조정이 시대를 뛰어넘어 추모하는 감회를 부치도록 하라." 하였다.

이어서 친히 제문을 짓고 승지를 보냈는데, 임금이 내린 제문은 이러하다.

인간 세계가 처음으로 만들어지자
맑은 선비만 볼 수 있었다고 하나,
석굴에 살거나 바다를 떠돌아다니니
어떤 이는 숨고 어떤 이는 드러났네.
생각건대 한나라 태사 사마천이
유달리 백이만 사기에 쓴 것은
이름이 드러나지 않은 것을
아마도 슬프게 여겼던 것이었으리라.
천 년이나 지나고 나서도
백이의 풍도를 들은 자는
봉우리가 나란히 치솟아 우뚝하듯
동생도 형에 버금감을 알게 되었네.
창해가 아득히 펼쳐 있고
형주가 한눈에 바라다보이매,
봄꽃이 쏟아지는 비처럼 흩날리거늘
두견새는 어디서 슬피 운단 말인가.
동쪽으로 흘러 바다를 이루니
노중련이 밟으려 했던 곳으로,
현자 보고 그와 같기를 생각는 것
시대가 달라도 길이야 같으리로다.
무왕이 하늘의 명에 응했을지라도
먼저 상용의 마을에 경의 표했나니,
내가 바로 이를 이어받아서 행하매
삶 버리고 의리 취함을 표창할지라.
무엇을 그들에게 내려줄 것인가

아, 태상에 명하노니
형과 아우에게
시호 내리는 고명이 찬란하게 하라.
드디어 근신에게 명하여
널리 혼을 불러 제사 지내게 하니,
영령이 행여 사라지지 않았거든
형과 아우도 함께하리로다.

• 金濟 忠介公

金濟, 字□□, 號白巖, 善山人。高麗知郡事[1], 我朝開國, 棄官浮海不返。享安東雙節祠[2], 當宁[3]戊午贈諡。

公當麗末, 出知平海郡, 聞我朝受禪[4], 改名齊海, 盖取齊仲連[5]蹈東海之意也。一日, 題詩壁上, 曰: "呼船東問魯連津, 五百年今一介臣。可使孤魂能不死, 顧隨紅日照中垠[6]." 仍浮海而去, 不知所終。【柳長源撰雙節記】

---

1 郡事(군사): 고려·조선 초기에 지방 행정 구역의 하나인 郡의 장관. 곧 判郡事·知郡事를 두루 이르는 말이다.

2 雙節祠(쌍절사): 경상북도 안동시 풍천면 신성리에 있었던 서원의 건물. 1790년 지방유림의 공의로 金濟와 金澍의 학문과 덕행을 추모하기 위해 창건하여 위패를 모셨다. 1798년 孤竹이라 사액되어 사액서원으로 승격되었으며, 선현배향과 지방교육의 일익을 담당하였다.

3 當宁(당저): 今上. 현재의 임금. 《禮記》〈曲禮 下〉의 "천자는 저를 당하여 선다.(天子當宁而立.)"에서 유래한 말이다. 宁는 門屛의 사이로 今上과 같은 말이다.

4 受禪(수선): 임금의 자리를 물려받음.

5 齊仲連(제중련): 齊나라 魯仲連. 그가 魏나라 使者 新垣衍과 담판을 하면서, 만약 포악무도한 秦나라가 황제로 천하에 군림할 경우에는 "차라리 동해 바다를 밟고서 죽을지언정 차마 그 백성으로 살아갈 수는 없다.(有蹈東海而死耳, 吾不忍爲之民也.)"라고 말한 고사가 있다.

6 中垠(중은): 中九垠. 中九埏. 온 천하.

當宁戊午, 下教曰: "向因嶺儒言, 諡高麗忠臣皇明禮部尙書金澍曰'忠貞', 而今將伻臣[7]宣侑[8]際, 聞'其兄名濟, 號白巖, 以平海知郡, 題詩壁間, 浮海而去, 不知所終, 而變其名曰齊海, 盖欲思齊士魯連之蹈海.' 云爾。東俗蚩蚩[9], 自箕師[10]以後, 得聞彛倫之叙, 及至鄭文忠諸賢, 迺能倡明之, 皆以隱爲號, 號稱九隱[11], 卽圃·牧·陶·冶是耳。外此, 七十有二人, 同入山谷, 而名曰杜門, 又如典書尹璜[12]之自號以後松, 掌令徐甄[13]之寄感於望單[14], 前後磊落[15]相望, 至于今輝人耳目。惟白巖以忠貞爲弟, 節義雙成, 無愧乎孤竹君之二子[16], 而尙湮沒不稱, 海上之估師·漁父, 指點其遺墟[17], 往往有流涕者。夫事有顯晦, 而理有詘信[18], 卽莫不有時與命存焉。惜乎! 入聞[19]之晩也。令弘文館, 議易名[20]之典。似比之人, 宜乎酌東海之水, 採西山之薇, 以招其有往無返之靈, 宣諡曰, 致

---

7 伻臣(평신): 伻官의 오기.

8 宣侑(선유): 제사를 지내줌.

9 蚩蚩(치치): 무지한 모양. 어리석은 모양.

10 箕師(기사): 殷나라 箕子.

11 九隱(구은): 고려 말의 9명의 학자. 牧隱 李穡, 圃隱 鄭夢周, 冶隱 吉再, 陶隱 李崇仁, 松隱 朴天翊, 成隱 金大尹, 桐隱 李在弘, 休隱 李錫周, 晩隱 洪公載를 일컬음.

12 尹璜(윤황, 생몰년 미상): 본관은 南原. 조부는 閤門祗候 尹英贊이며, 조모 鎭川宋氏는 宋銓의 딸이다. 아버지는 都平議錄事 尹守均이다. 부인 新平李氏는 李堯弼의 딸이다. 고려 말 工曹典書를 지냈으며, 고려가 망하자 송악에 숨어 불사이군의 충절을 다하고 조선에 출사하지 않았다.

13 徐甄(서견, 생몰년 미상): 본관은 利川, 호는 麗窩. 아버지는 徐瓚이며, 어머니 陽川許氏는 예부상서 許遂의 딸이다. 부인 陽川許氏는 許信의 딸이다. 1369년 문과에 급제하였으며, 1391년 사헌장령으로 임명되었다. 고려 말에 조준·정도전을 탄핵하다가 유배되었고, 조선 개국 후에 청백리에 뽑혔으나 금천에 은거하며 벼슬을 하지 않았다.

14 望單(망단): 望京의 오기. 고려 당시 수도인 '開京'을 바라봄의 뜻.

15 磊落(뇌락): 도량이 크고 시원스러움. 작은 일에 얽매이지 않음.

16 孤竹君之二子(고죽군지이자): 殷나라의 제후국인 孤竹國 왕의 두 아들. 곧 伯夷와 叔齊를 가리킨다.

17 遺墟(유허): 오랜 세월에 쓸쓸하게 남아 있는, 역사 어린 곳.

18 詘信(굴신): 屈伸.

19 入聞(입문): 윗사람 귀에 들어감.

20 易名(역명): 諡號.

祭海上, 以寓朝家曠感[21]之思."[22] 仍親撰祭文, 遣丞旨, 賜祭文曰: "世之云創, 淸士迺見, 穴居海浮, 或隱或顯。維漢太史, 特書伯夷, 名之不揚, 盖以爲悲。千載歸來, 聞其風者[23], 巖巖幷峙, 弟爲兄亞。滄海[24]浩渺, 一望荊楚[25], 春花如雨, 杜宇[26]何處? 東有積水[27], 魯連所蹈, 賢而思齊[28], 异代同道。武王應天[29], 先式商閭[30], 我乃紹述[31], 遂褒熊魚[32]。何

21 曠感(광감): 曠世之感. 동시대에 태어나지 못해 서로 만나지 못한 것에 대한 감회.

22 《弘齋全書》 권36 〈敎七〉에 실려 있음.

23 聞其風者(문기풍자): 《孟子》〈萬章章句 下〉에서 맹자가 伯夷에 대해 "백이의 풍도를 들은 자라면 완악한 자가 청렴해지고, 나약한 자가 입지를 갖게 된다.(聞伯夷之風者, 頑夫廉, 懦夫有立志.)"라고 칭송한 말을 원용한 것.

24 滄海(창해): 중국 하북성 보정시 동쪽 방면에 있는 방대한 규모의 白羊淀의 습지. 고대 발해만의 內海를 가리킨다. 위나라의 초대 황제 曹操가 지은 〈觀滄海〉가 있다.

25 荊楚(형주): 荊州. 형주는 중원을 차지할 수 있는 천하의 중심에 있는 요새로 인식되었던 곳. 漢나라가 저물고 군웅할거의 시대가 되어 魏蜀吳의 쟁탈전이 벌어지자 촉나라 유비와 오나라 손권의 연합군이 장강에서 위나라 조조의 군대를 대파한 뒤 유비는 그곳을 차지하여 한중왕이 되었다. 그러나 위나라와 오나라가 연합한 여몽의 군에게 끝내 형주를 잃고서 끝내 쇠퇴하고 말았다.

26 杜宇(두우): 전국시대 蜀王 望帝의 죽은 넋이 변해서 새가 되었다는 두견새. 두견새가 된 뒤 봄철에 밤낮으로 슬피 울었다는 전설에서 蜀魄이라고도 한다.

27 積水(적수): 바다.

28 賢而思齊(현이사제): 《論語》〈里仁篇〉의 "공자가 말하기를 '어진 사람을 보면 그와 같기를 생각하고, 어질지 않은 사람을 보고는 안으로 스스로 반성해야 한다.' 하였다.(子曰: '見賢思齊焉, 見不賢而內自省也.')"에서 나오는 말.

29 應天(응천): 周나라를 세운 武王이 "하늘의 명에 따르고 백성의 뜻에 응했다.(順乎天而應乎人.)"라고 한 《周易》〈革卦〉의 구절에서 취한 말. 대개 왕조를 일으킨 창업군주가 처음으로 起義한 곳을 가리킨다.

30 商閭(적려): 商閭의 오기. 紂王 때의 대부 商容의 마을. 《世說新語》에서 陳仲擧가 豫章이란 곳의 태수로 좌천되어 갔을 때 그곳의 유명한 선비 徐孺子를 먼저 만나려 하자 주변에서 만류했는데, 이에 "옛날 周나라 武王은 폭군 紂王을 멸한 뒤 商容을 찾아다니느라 자리가 따뜻해질 틈이 없었는데 내가 먼저 현자를 찾아뵙는 것이 어떻게 안 된다는 말인가.(武王式商容之閭, 席不暇煖, 吾之禮賢, 有何不可?)"라고 말했다.

31 紹述(소술): 앞사람의 일을 이어받아 행함.

32 熊魚(웅어): 곰 발바닥 요리와 생선 요리라는 뜻으로, 의리와 이욕을 비유하는 말. 《孟子》〈告子章句 上〉의 "생선 요리도 내가 원하는 것이요, 곰 발바닥 요리도 내가 원하는 것이다. 그러나 두 가지를 동시에 얻을 수 없다면, 나는 생선을 버리고 곰 발바닥을 택하겠다. 삶도 내가 원하는 것이요, 의리도 내가 원하는 것이다. 그러나 두 가지를 동시에 얻을 수 없다면, 나는 삶을 버리고 의리를 택하겠다.(魚我所欲也, 熊掌亦我所欲也. 二者不可得

錫予之? 咨汝太常[33]! 兄及弟矣, 其誥[34]煌煌。遂命近臣, 廣招以侑, 英爽不泯, 兄與弟又."[35]

보충

류장원(1724~1796)이 찬한 쌍절기

류장원(柳長源)의 〈쌍절기(雙節記)〉

예로부터 충신(忠臣)과 의사(義士)는 역사서에 끊이지 않고 기록되었으나, 그 형제가 모두 아름다우며 나란히 빛나는 사람은 오직 백이(伯夷)와 숙제(叔齊) 이들이다. 저 중국처럼 땅이 넓고 인물이 많아도 만세토록 겨우 두 사람만 얻었을 뿐이다. 하물며 바다 너머의 먼 변방에서도 형제의 절의가 늠름하니, 바로 두 사람과 똑같기만 하랴. 그 일의 비장함으로는 오히려 더 심한 것이 있으니, 어찌 천지가 다하도록 예나 지금이나 변치 않는 기개와 절조가 아니겠는가?

삼가 이전 고려조의 지군사(知郡事: 군수) 김제(金濟) 선생과 전서(典書) 농암(籠巖) 김주(金澍) 선생을 살피니, 바로 판서 김원로(金元老)의 아들이었다. 고려 말에 군사공은 평해 고을의 수령이었는데, 고을은 동쪽의 해변에 있었다. 우리 조선이 왕위를 선양받은 것을 듣고는 '제해(齊海)'라고 이름을 고쳤으니, 이는 대개 제나라 노중련이 동해를 밟겠다고 한 뜻을 취한 것이었다. 하루는 벽 위에 시를 써 놓고서

兼, 舍魚而取熊掌者也. 生亦我所欲也, 義亦我所欲也. 二者不可得兼, 舍生而取義者也.)"에서 나온 말이다.

33 太常(태상): 奉常寺. 조선시대 국가의 제사 및 贈諡 등의 일을 의론하여 정하는 일을 관장하기 위해 설치되었던 관서.

34 誥(고): 誥命.

35 《弘齋全書》 권24 〈祭文六〉에 실려 있음.

배를 타고 바다로 떠나갔으나 어떻게 생을 마쳤는지 알지 못한다. 때마침 전서공은 중국 조정에 사신으로 갔다가 귀국길에 올라 압록강에 이르러 본국에 혁명이 났다는 소식을 듣고는 고향집으로 가는 인편에 편지를 써서 부치고 형만(荊蠻)의 땅으로 숨었다.

두 선생이 순절한 본말은 대강 이와 같았는데, 배를 타고 바다로 떠났다는 한 가지 일만은 전해 들은 것으로부터 나온 것이라 세상에서 옛사람의 언행과 인품을 논하는 자들이 그 일을 두고 긴가민가하였다. 을사년(1785)간에 농암의 내격묘(來格廟: 불천위 사당)를 중수(重修)하다가 상량문을 찾았는데, 그 송축하는 글에 이르기를, "동해에 아침마다 밝은 해가 붉으니 한 곡조 질나발 소리가 어디서 끊기랴만, 천년 뒤에 서글피 노중련과 같은 기풍을 우러르리라." 하였다. 이에, 전해 들은 말이 징험되어 믿을 만한 것임을 비로소 알았으나, 아직 그 당시에 손수 썼던 글을 찾지 못하였다. 그런데 기유년(1789) 가을에 구성(龜城)의 선비 집에서 《해동시보(海東詩譜)》를 발견했는데, 공(公)이 지은 〈도해(蹈海)〉란 시가 제1권에 실려 있었으니 바로 평해(平海)의 벽에다 써 놓은 시이었다. 그 시에 이르기를, "동해의 저 배야 노중련의 나루터가 어디더냐, 오백 년 왕조에 지금 일개 신하뿐이로구나. 외로운 내 영혼 죽지 않고 견딜 수만 있다면, 저 붉은 해 따라서 온 천하를 비추고 싶구나."라고 하였다. 그 시어가 격렬한 어조라서 족히 천고의 뜻있는 선비들이 눈물 흘리도록 할 만하였으니, 선생의 순절한 자취가 거의 사라질 뻔하였으나 이 시 1수가 인간 세상에 남아서 훗날에 그것을 떨쳐 드러내는 그 장본이 된 것은 어찌 우연이겠는가?

그 시의 끝 구절은 대개 육수부(陸秀夫, 1236~1279)를 위해 지은 '붉은 해가 바다에 떠오르니, 그대의 마음은 불멸하리로다.'라는 시어를 활용한 것인데도 전서공에게 뜻을 전한 것이 되었다. 형제는 속마음을 만리 밖에서도 서로 터놓은 것이니 더욱 귀신을 울릴 만하였다.

슬프다! 두 선생이 보잘것없는 몸으로 오백 년 강상(綱常)의 막중함을 맡아서 한 명은 이름을 동해(東海) 속에 숨겼고 한 명은 발자취를 남만(南蠻)에서 없어지게 하였다. 그러나 자못 이른바 인(仁)을 구하려고 하여 인을 얻은 격이라 원망하거나 후회함이 없는 것이었는데도 그 이름과 더불어 발자취가 끝내 숨거나 없어질 수가 없었던 것이다.

생각건대 하늘이 백이와 숙제를 낳은 것은 인륜과 기강을 중국에서 부지(扶持)하려는 것이었고, 또한 두 선생을 낳은 것은 바다 너머 변방에서도 강상을 부식(扶植)하려는 것이었다. 두 선생이 어린 아이였을 때 강가에서 연구(聯句)를 지은 적이 있었는데, 평해공이 지은 연구에 이르기를, "바위는 물굽이에 씻기고 씻겨 천 층이나 희어졌네."라고 하자, 전서공이 지은 연구에 이르기를, "노을은 물에 떨어져 한 폭의 붉은 비단을 펼쳐 놓은 듯하네."라고 하였으니, 그들이 동해를 밟고 남만에 숨으려 했던 지조와 절개가 은연중에 시구에서 드러난 것이니 아! 또한 기이하구나.

선생은 영남 사람이다. 지금 그 유허지가 선산(善山) 치소(治所)의 북쪽에 있는데, 산처럼 높고 물처럼 깊은 기상이 늠름하니 지나는 사람들은 자연히 머리털이 곤두선다고 한다.

경술년(1790) 정월 어느 날 쓰다.

自古忠臣義士, 史不絶書, 而其兄弟, 並美齊光, 惟伯夷叔齊是已。夫以中國, 幅員之廣, 人物之盛, 歷萬世而僅得二子。況在海外遐陬, 而雙節凜然, 直與二子同調? 其事之悲壯, 抑又有甚焉者, 則豈非窮天地亘古今之氣節也哉? 謹按前朝知郡事金先生諱濟·典書籠巖先生諱澍, 乃判書元老之子。當麗末, 郡事公出知平海郡, 郡在東海上。聞我朝受禪, 改名齊海, 蓋取齊仲連蹈東海之意也。一日, 題詩壁上, 浮海而去, 不知所終。時典書公, 奉使中朝, 歸到鴨江, 聞本國革命, 寄書家人, 而遜于荊蠻。二先生殉義本末, 大槩如是, 而惟浮海一事, 出於傳聞, 世之尙論者, 輒置之疑信之間。乙巳年間, 因重修籠巖來格廟, 得上樑文, 其頌曰: "東海朝朝赫日紅, 一曲塤音何處斷, 千秋悵仰魯連風." 於是, 始知傳聞之說, 爲可徵信, 而猶未得其當時眞蹟。己酉秋, 於龜城士人家, 得海東詩譜, 公蹈海之作, 載在第一卷, 乃平海壁上詩也。其詩曰: "呼船東問魯連津, 五百年今一介臣。可使孤魂能不死, 願隨紅日照中垠." 其辭氣激烈, 足以隕千古志士之淚, 先生殉義之蹟, 幾乎泯滅, 而此一詩, 留落人間, 爲後日發揮之張本, 豈偶然哉? 其末句, 蓋用陸秀夫, '赤日出海心不死'之語, 而寄意於典書公也。兄弟肝膽, 萬里相照, 尤可以泣鬼神矣。嗟夫! 二先生以藐然者身, 任五百年綱常之重, 一沈名於東海, 一泯跡於南蠻。殆所謂求仁得仁, 無所怨悔者, 而其名與跡, 卒不可沈而泯焉。意者天生二子, 扶倫紀於中州, 又生兩先生, 植綱常於海外也。二公童子時, 有江上聯句。平海公聯曰: "巖磨水府千層白." 典書公聯曰: "錦落天機一段紅." 其蹈海遜蠻之志節, 隱然見於詩句, 吁亦異矣。先生嶺南人也。今其遺墟, 在善山治之北, 山高水深, 氣象凜然, 過者爲之髮竪云。庚戌正月日記。

〔東巖先生文集, 권9〕

02. 김주 충정공

김주의 자는 택부, 호는 농암, 본관은 선산이다. 충개공(忠介公: 金濟)의 동생으로 벼슬이 예의판서에 이르렀다. 고려 말 중국에 사신으로 갔다가 돌아오지 않았다. 선산의 월암서원에 향사하였는데, 안동의 쌍절사에 함께 향사하도록 하고 금상이 무오년(1798)에 시호를 내렸다.

홍무 임신년(1392) 중국에 하절사로 갔다가 귀국길에 올라 압록강에 이르러 건너려 했을 때 우리 조선이 왕위를 선양 받은 것을 듣고서 동쪽으로 향하여 통곡한 뒤, 편지를 써서 복부(僕夫: 마부)에게 부쳐 그의 부인과 결별하면서 이르기를, "충신은 두 임금을 섬기지 않는 법이니, 내가 강을 건너간다 해도 내 몸을 둘 곳이 없다오. 내 알건대 부인이 임신중이니, 만약 아들을 낳으면 이름을 양수(楊燧)라 하고 딸을 낳으면 이름을 명덕(命德)이라 하오."라고 하였다. 그리고 조복(朝服) 및 신발을 신표로 삼아 보내면서 복부에게 경계하기를, "훗날에 부인이 세상을 떠나거든 이것으로 합장할 것이지, 지문(誌文)이나 묘갈(墓碣)을 쓰지 말라. 후세 사람들이 내가 있었다는 것을 알지 못하게 할 것이며, 지금 이 편지를 보낸 날을 내가 죽은 날로 삼아라."라고 하였는데, 곧 12월 22일이었다. 마침내 몸을 빼어 홀로 떠나가서 돌아오지 않았다.

어떤 사람이 말하기를, "공(公)은 중국 조정으로 다시 들어갔는데, 태조황제(太祖皇帝: 주원장)가 본국에서 무슨 벼슬을 하였는지 묻고 그 자리에서 예부상서를 제수하였으나 공(公)이 사양하고 받지 않았지만, 상서의 봉록을 종신토록 내리라고 명하였다. 공(公)은 형초(荊楚:

荊州)에 살면서 딸 셋을 두었는데, 그 자손들이 사적(仕籍: 벼슬아치 명부)에 많이 올랐다. 만력(萬曆: 1573~1619) 연간에 황조(皇朝: 명나라)에서 사신을 파견하여 일본을 책봉하고자 했을 때, 막관(幕官: 보좌 관원) 허유성(許惟誠)이란 자가 있었으니 사신을 따라 우리나라에 들러 스스로를 공(公)의 외손자라고 일컬었다."라고 하였다. 공(公)에게 아들 하나가 있었는데, 곧 양수(楊燧)로 뒤에 수(燧)를 보(普)로 고쳤으며, 벼슬은 선위사에 이르렀다.【협주: 권상하가 지은 비문에 실려 있다.】

공(公)이 압록강에 도착했을 때 시를 지었으니, "둔덕의 나무는 푸르디푸르나 변방의 해 어둡고, 백두산의 구름과 눈은 이별의 술잔에 비치누나. 그대는 가더라도 천애 밖의 이별일랑 한탄마오, 내 되돌아가는 사람 되려니 또한 넋이 끊어지오."라고 하였다.【협주: 읍지에 있다.】

공(公)이 형 백암공과 어린 아이였을 때 강가에서 연구(聯句)를 지은 적이 있었는데, "바위는 물굽이에 씻기고 씻겨 천 층이나 희어졌네【협주: 백암】, 노을은 물에 떨어져 한 폭의 붉은 비단을 펼쳐 놓은 듯하네【협주: 농암】."라고 하였다. 공(公)의 유허지는 지금 선산 치소(治所)의 북쪽에 있다.【협주: 류장원의 지은 〈쌍절기〉에 있다.】

금상이 무오년(1798)에 친히 제문을 짓고 승지를 보냈는데, 임금이 내린 제문은 이러하다.

험준한 산이 많은 남쪽 지방
낙동강이 흐르는 그 동쪽에,
산에는 반달이 걸려 있고
물에는 긴 무지개로 비치네.
높디높은 바위가 있나니
어느 누구를 형상한 것이며,

탁 트여 훤한 집이 있나니
어느 누구를 제향하는 곳인가.
바로 상서 김주가
실로 이 땅에서 제사 받고 있나니,
나에게 주나라 곡식 먹였다 하지 말라
그대는 은나라 후관을 어찌할 것이뇨.
예물 바치러 가는 길 전송하였더니
저 명나라 도읍 남경으로 갔었지만,
귀국하려고 압록강에 이르렀을 때는
조선 개국의 아침이 맑고도 밝았어라.
단을 쌓고 휘장 치고서 절한 뒤
남들은 건너도 그는 안 건넜으니,
어찌 돌아올 수 있었으랴만
그의 갖옷이 해지고 말았네.
한번 떠나가서 다시 돌아오지 않고
초목들이 무성한 백월 땅에 머무니,
명나라 황제가 찬탄하여 이르기를
그대는 오직 충신일러라 하였네.
삼례 관장하는 예부상서 맡겨도
그대는 옛 마음을 고치지 않았고,
흰 칼날 밟을 수 있게 되고서도
절하고서 머리 조아려 사양했네.
푸줏간 사람과 창고지기가
집앞에 일용품을 계속 갖다주었다고,
우리 조선에 전해지는 말이

대개 이와 같았다 하는구나.
형님도 걸출하여
또한 배 타고 바다로 갔으니,
인을 구하는 자의 풍도는
이로써 잘못됨이 없었도다.
일찍이 시대 뛰어넘는 감회가 있어
이에 태상에 명하여
조서 내리고 제사 지내게 하니
무양을 손짓하며 부르네.

• **金澍 忠貞公**

> 金澍, 字澤夫, 號籠巖, 善山人。忠介公濟弟, 官禮儀判書, 麗末, 朝京師, 仍不返。享善山月巖院[1], 倣享安東雙節祠, 當宁戊午賜謚。

洪武壬申, 公如京師賀節, 還臨渡鴨綠, 聞我朝受禪, 東向痛哭, 以書付僕夫, 與其家人訣曰: "忠臣不事二君, 吾渡江, 無所容吾身。吾知夫人有娠, 若生男名楊燧, 生女名命德." 仍送朝服及韡以爲信, 戒: "異日夫人下世, 用此合窆, 勿用誌碣。使後世不知有我, 以今發書日爲我死日." 卽十二月二十二日也。遂脫身獨去而不返。或言: "公還入中朝, 太祖皇帝問居本國何官, 立拜禮部尙書, 辭謝不受, 則命賜尙書祿以終身。公居于荊楚, 生女三人, 子孫多登仕籍。萬曆間, 皇朝遣使冊封日本, 有幕官許惟誠者, 隨到我國, 自稱公彌甥."云。公有一子, 卽楊燧, 後改燧爲普。官至宣慰使。【權尙夏撰碑[2]】

---

1 月巖院(월암원): 月巖書院. 1630년 지방유림의 공의로 金澍·河緯地·李孟專의 학문과 덕행을 추모하기 위하여 창건한 서원. 경상북도 구미시 도개면에 있었다.

2 《寒水齋先生文集》 권24 〈神道碑·籠巖金先生澍神道碑銘幷序〉에 실려 있음.

公到鴨綠江時, 有詩曰: "隴樹蒼蒼塞日昏, 白山雲雪照離罇。君行莫恨天涯別, 我是歸人亦斷魂."【邑誌】

公與兄白巖公兒時, 有江上聯句, 曰: "巖磨水府千層白【白巖】, 錦落天機一段紅【籠巖】." 公遺墟, 今在善山治之北。【柳長源撰雙節記】

當宁戊午, 親撰祭文, 遣承旨, 賜祭文曰: "嶠山之南, 洛水之東, 山有半月, 水有長虹。有石巖巖, 侯誰象之? 有屋噲噲, 侯誰饗之? 曰金尙書, 實食玆土, 莫余周粟, 奈爾殷啤[3]? 玉帛[4]于將, 于彼南京[5], 曁乎鴨江, 會朝淸明[6]。維壇有帷, 人涉卬不[7], 曷云能來[8]? 蒙戎其裘[9]。一去不復, 百越蓁蓁[10], 皇帝曰咨, 女維忠臣。典我三禮[11], 不改其舊, 白刃可蹈[12], 拜而稽首[13]。庖人[14]廩人[15], 繼之在門[16], 海左[17]相傳, 盖如此言。伯兮傑

---

3 殷啤(은한): 殷肆의 오기.

4 玉帛(옥백): 옛날 중국의 제후들이 황제를 만날 때 바치던 예물.

5 南京(남경): 1368년 朱元璋이 명나라를 세우고 도읍으로 삼았던 때가 역사에서 가장 큰 비중을 차지함.

6 會朝淸明(회조청명): 《詩經》〈大雅·文王之什·大明〉의 "방자한 상나라 쳤는데, 그날 아침은 맑고도 밝았도다.(肆伐大商 會朝淸明)"에서 나오는 말. 會朝는 군사가 모두 모이는 아침이란 뜻으로, 아침이 다 지나기도 전에 더러운 것을 소탕해 버리고 밝고 맑은 세상을 이룩했다는 말이다. 곧 조선이 건국된 아침이라는 의미이다.

7 人涉卬不(인섭앙부): 《詩經》〈匏有苦葉〉의 "소리쳐 뱃사공 부르니, 남은 건너도 나는 안 갔다네.(招招舟子, 人涉卬否.)"에서 나오는 말. 卬은 '나'이다.

8 曷云能來(갈운능래): 《詩經》〈國風·邶風·雄雉〉의 "길은 멀고 먼데, 어찌 올수 있으리?(道之云遠, 曷云能來?)"에서 나오는 말.

9 蒙戎其裘(몽융기구): 《詩經》〈國風·邶風·旄丘〉의 "여우 갖옷 더러운데 수레 동쪽으로 오지 않네.(狐裘蒙戎, 匪車不東.)"라는 구절을 활용한 말. 蒙戎은 어지러운 모양, 더러운 모양이다.

10 百越蓁蓁(백월진진): 柳宗元이 지은 〈故襄陽丞趙君墓誌〉의 "백월 땅 초목들이 무성한 이곳, 고향 못 간 귀신들 득실대는데, 당신은 이와 같은 효자를 두어, 유독 혼자 고향 땅 돌아왔기에, 감동 겨워 눈물로 銘文을 써서, 이 효심 잊지 말길 표창한다네.(百越蓁蓁, 羈鬼相望, 有子而孝, 獨歸故鄕, 涕盈其銘, 旌爾勿忘.)"에서 나온 말.

11 三禮(삼례): 《書經》〈虞書·舜典〉에 舜임금이 伯夷에게 三禮를 관장하는 秩宗을 임명하면서, "백이여! 그대를 질종에 임명하니, 새벽부터 밤늦게까지 오직 공경하여, 마음을 곧게 하여야만 맑게 될 것이다.(咨伯, 汝作秩宗, 夙夜惟寅, 直哉惟淸.)"에서 나온 말. 삼례는 天神, 人鬼, 地祇에 제사를 드리는 예이다.

12 白刃可蹈(백인가도): 흰 칼날을 밟고 죽을 수도 있다는 뜻으로, 용기가 있으면 어려운 일도 헤쳐갈 수 있는 말.

然, 亦浮于海, 求仁[18]者風, 是以靡悔。夙予曠感, 命茲太常, 宣以侑之, 招招巫陽[19]."[20]

13 拜而稽首(배이계수): 《書經》〈虞書·大禹謨〉의 "우는 그래도 절을 하고 나서 머리를 조아리며 굳이 사양하였다.(禹猶拜而後稽首, 固辭)"에 의하면, 사양하는 모습임.

14 庖人(포인): 고기를 맡아서 바치는 사람.

15 廩人(늠인): 채소와 과일을 맡아서 바치는 사람.

16 庖人廩人, 繼之在門(포인늠인, 계지재문): 《孟子》〈萬章章句 下〉의 "그 후에는 창고지기가 곡식을 계속 주며 푸줏간 사람이 고기를 계속 주어 임금의 명으로 갖다 주지 않는다.(其後廩人繼粟, 庖人繼肉, 不以君命將之.)"에서 활용하는 구절.

17 海左(해좌): 중국을 기준으로 바다 동쪽을 가리키는 것으로 조선을 의미함.

18 求仁(구인): 求仁得仁. 인을 구하여 인을 얻었다는 뜻. 자신이 원하는 것을 얻었다는 말이다.

19 巫陽(무양): 상고시대의 여자 무당. 天帝의 명을 받들어 죽은 사람의 영혼을 불러들인다고 한다.

20 《弘齋全書》 권24 〈祭文六〉에 실려 있음.

03. 김자수

> 김자수의 자는 순중, 호는 상촌, 본관은 경주이다. 고려조에서 생원시에서 장원하고 문과에서 장원하였으며, 여러 벼슬을 거쳐 도관찰사에 이르렀다. 우리 조선조에 이르러서는 형조판서를 제수 받았으나 응하지 않고 자결하였다.

공(公)은 성품이 지극히 효성스러웠으니, 그의 어머니가 죽자 3년 동안 묘 근처에 여막을 짓고 살면서 무덤을 지켰다. 이 일이 조정에 들려 정려를 내렸고, 지금 안동부에 효자비가 있다.

공(公)은 포은(圃隱: 정몽주)·목은(牧隱: 이색)과 친하게 사귀었는데, 목은이 공(公)의 〈자설(字說)〉을 지은 것은 본집(本集)에 실려 있다.

공(公)은 정언으로서 정사에 관한 상소를 하여 돌산에 수자리 살도록 귀양보내졌다가 얼마 후에 석방되었다. 여러 벼슬을 거쳐 충청도 도관찰사에 이르렀지만, 당시의 국정이 점차 어지러워지자 벼슬에서 물러나 고향집으로 돌아갔다.

우리 조선이 개국하자 공(公)은 나아가지 않았으며, 태종이 형조판서로 불렀으나 공은 난색을 보이고서 말하기를, "신하된 자로서 나라가 망하면 같이 죽는 것이 의리이거늘, 이제 다시 몸을 지키지 못한다면 무슨 면목으로 지하에서 군부를 뵙는단 말인가? 나는 죽을 곳이 정해져 있도다!"라고 말하고는, 일행이 광주(廣州) 추령(秋嶺)에 이르자 자손에게 유언으로 당부하기를, "내가 죽거든 이곳에 장사 지내고 묘도문(墓道文)을 짓지 말아라." 하였다. 그리고 시를 지었으니, "평생토록 지킨 충효의 뜻을 지금 그 누가 알아주랴!" 하고서 드디어 자결하였다.【협주: 채유후가 지은 비문에 실려 있다.】 포은의 묘가 예전부터 추령 근처에 있었기 때문에 공이 이곳에서 자결했다고 한다.

상촌(桑村: 厖村의 오기)이 〈삼탄시(三歎詩: 三難詩의 오기인 듯)〉를 지었으니, 이러하다.

충을 행하면서 효를 행하기는 어렵나니
효를 행하면서 충을 행하기도 어려운데,
두 가지를 모두 이미 다 행했으면서도
하물며 몸까지 희생하는 어려움 겸했도다.

- **金自粹**

金自粹, 字純仲, 號桒村, 慶州人。麗朝, 生員壯元, 文科壯元, 累官至都觀察使。逮我朝, 授刑曹判書, 不膺[1]自死。

公性至孝, 母歿, 廬墓三年, 事聞旌閭, 今安東府底, 有孝子碑。公與圃隱[2]·牧隱[3]友善, 牧隱作公字說, 在本集。公以正言言事[4], 竄突山[5]戍,

---

1 不膺(불응): 응하지 않음. 대꾸를 하지 않음.

2 圃隱(포은): 鄭夢周(1337~1392)의 호. 본관은 迎日, 초명은 鄭夢蘭·鄭夢龍, 자는 達可. 출생지는 永川. 아버지는 鄭云瓘이다. 어머니 李氏가 난초화분을 품에 안고 있다가 땅에 떨어뜨리는 꿈을 꾸고 낳았기 때문에 초명을 정몽란이라 했다. 뒤에 정몽룡으로 개명하였고 성인이 되자 다시 정몽주라 고쳤다. 1360년 문과에 장원급제해 1362년 예문관의 검열·수찬이 되었다. 고려말 친원파가 득세하던 상황에서 신진사류로서 친명정책을 주장했고, 명과 왜에 직접 사절로 가는 등 담대한 외교가로서 활약했다. 성균관의 사성으로서 신진 사류를 양성하는 데도 크게 기여했다. 기울어가는 고려 국운을 바로잡고자 국가기강 정비와 민생 안정에 노력했다. 이성계의 위세와 명망이 날로 높아지고 그를 추대하려는 움직임이 있자 이들을 제거하려다가 역으로 살해당했다.

3 牧隱(목은): 李穡(1328~1396)의 호. 본관은 韓山, 자는 穎叔. 圃隱 鄭夢周, 冶隱 吉再와 함께 三隱의 한 사람이다. 아버지는 찬성사 李穀이다. 李齊賢의 문인이다. 1341년 진사가 되고 1348년 3월 원나라에 가서 국자감 생원이 되어 성리학을 연구하였다. 1352년 전제개혁, 국방계획, 교육진흥, 불교억제 등 시정개혁에 관한 건의문을 올렸다. 고려의 향시와 원나라의 과거에 모두 합격하고 관료의 길을 걸었다. 성균관 대사성으로서 신유학의 보급과 발전에 공헌하여 조선 초 성리학 부흥의 길을 열었다. 위화도회군으로 우왕이 쫓겨나자

尋放還。累官至忠淸道都觀察使，見時政漸亂，退歸鄕廬。我朝開國，公不起，太宗以刑曹判書徵之，公難曰:“爲人臣而國亡與亡，義也，今復失身，何面目見君父於地下乎? 吾自有死所矣!”行至廣州秋嶺，遺命子孫，曰:“吾死，葬於是，愼勿爲墓道之文.”仍作詩曰:“平生忠孝意，今日有誰知?”遂自決。【蔡裕後[6]撰碑[7]】圃隱墓，舊在秋嶺近地，故公自決於此地云。

桑村[8]三歎詩曰:“有忠有孝難，有孝有忠難，二者旣云得，況兼殺身難.”【黃喜[9]撰】

보충

김자수(1351~1413)의 가계와 관력

김자수(金自粹)

그의 묘에 대한 설명에 따르면, “고려의 유신이며 충신인 김자수 선생의 묘소는 다사동에 안장되어 있으며, 공의 유언에 따라 묘비를

조민수와 함께 창왕을 옹립하고 이성계 세력과 맞섰다. 조선 건국 후 이성계의 출사 종용을 끝내 고사했다.

4 言事(언사): 나랏일에 관한 상소.

5 突山(돌산): 전라남도 여수시 남쪽에 있는 돌산읍에 속하는 섬.

6 蔡裕後(채유후, 1599~1660): 본관은 平康, 자는 伯昌, 호는 湖洲. 병자호란 때 강화 천도 주장에 반대하여 주화론 편에 섰다. 효종 즉위 후 대제학으로서《仁祖實錄》,《宣祖改修實錄》 편찬에 참여하였다.

7 《湖洲先生集》 권6 〈碑銘·有明高麗國忠淸道都觀察使金公墓碑銘〉에 실려 있음.

8 桑村(상촌): 厖村의 오기.

9 黃喜(황희, 1363~1452): 본관은 長水, 초명은 壽老, 자는 懼夫, 호는 厖村. 고려가 멸망하자 은거하다가 태조의 적극적인 출사요청에 응하여 관료가 되었다. 태종과 세종 재위기까지 관직생활을 하며 국방 강화, 예법 정비, 외교문물제도의 정비, 농업 진흥, 집현전을 중심으로 한 문물 진흥의 지휘감독 등 뛰어난 업적을 남겼다. 세종 대에 영의정부사에 오른 뒤 18년 동안 국정을 총괄하면서 세종 대의 성세를 이룩한 인물로, 조선왕조 전체를 통틀어 가장 명망 있는 재상으로 칭송되었다.

건립하지 않다가 조선조 효종대에 이르러 7대손 찰방 김적(金績)의 발의에 따라 신도비를 마련하였으나, 공의 유계가 지엄하였음을 반성하고 묘하에 묻어 두었다가 추후에 세웠다. 공은 증(贈) 예조참의 김오(金珸)의 아들로 고려 충정왕 3년(1351)에 경상도 안동부에서 출생하였는데 자는 순중, 호는 상촌이다. 공은 효성이 직극하여 편모 봉양에도 극진하였을 뿐만 아니라 병환 중 시탕에도 온 정성을 다하였고, 별세 후에는 3년간 시묘하였으며 왕실에서 효자정려를 내렸다. 그 후 문과에 장원급제하여 좌정언(左正言)에 승진하였다. 당시 경상도 도순문사 조민수(曺敏修)의 포상문제를 논의할 때 반대한 것이 화근이 되어 고도(孤島) 돌산(突山)으로 정배되었다가 4년만에 풀려나 복직되었다. 공양왕 4년(1392)에 이성계가 정권을 장악하고 국호를 조선으로 칭하는 변혁이 일어나자, 공은 안동으로 귀향하여 두문불출하였다."라고 소개되어 있다.

《연려실기술(燃藜室記述)》〈태조고사본말(太祖朝故事本末)·고려수절제신부(高麗守節諸臣附)〉에 의하면, 우천(愚川) 정칙(鄭侙, 1601~1663)이 〈상촌사적변(桑村事蹟辨)〉에 말하기를, "《여지승람(輿地勝覽)》에 김 관찰(金觀察)의 이름 아래 '사본조(仕本朝)' 세 글자가 쓰여 있다. 《여지승람》을 지은 것은 광릉(光陵) 즉 세조 때의 일이니, 국초(國初)로부터 시대가 그다지 멀지 아니하여 김 관찰이 자결하여 죽던 일이 비록 은미하였다 하더라도, 당시에 반드시 그 사실을 들어 안 사람이 있었을 것이다."라고 하였다.

조부는 삼사부사(三司副使) 김영백(金英伯)이다. 아버지는 통례문부사(通禮門副使) 지제힐(知製誥) 김오(金珸)이며, 어머니 일직손씨(一直孫氏)는 판삼사사(判三司事) 손홍량(孫洪亮)의 딸이다. 초명은 자수(子粹)이다. 부인 안동권씨는 낭장 권수(權隨)의 딸이다. 아들은 평양소윤

김근(金根)이고, 사위는 중랑장 권후(權厚)이다. 문정공 불훤재(不諼齋) 신현(申賢)의 문인이다.

1369년 생원시에서 장원하였고, 1374년 친시문과에서 또 장원하여 덕령부 주부에 임명되었다. 우왕(禑王) 초에 정언이 되었고, 뒤에 전교부령(典校副令)을 거쳐 판사재시사(判司宰寺事)가 되었으며, 공양왕 때에 이르러 대사성 겸 세자좌보덕(世子左輔德)이 되었다가 충청도 관찰사에 이르렀다. 1413년 태종 이방원으로부터 형조판서를 제수받고 서울로 향하던 김자수가 경기도 광주시 오포읍 태재에서 순절하였다. 태재는 광주시 오포면 신현리에서 분당으로 넘어가는 고갯길이다. 순절 당시 이곳은 '추령'으로 불렸다.

04. 배상지

배상지의 자는 □□, 호는 백죽당, 본관은 곡강이다. 고려조에서 판태복시사를 지냈으며, 숙종 경오년(1690) 병조판서에 추증되었고 안동의 금계사(金溪祠)에 향사하였다.

공(公)은 고려의 국정이 어지러워지는 것을 보고 벼슬에서 물러나 영가(永嘉: 안동)의 금계촌에서 살았는데, 그가 살던 집에 백죽(柏竹)이라는 편액을 내걸고서 자신의 뜻을 보였다. 우리 조선이 왕위를 선양받기에 이르러서는 문을 닫아 걸고 지내다가 죽었다.

공과 야은(冶隱)이 서로 주고받은 시가 야은집(冶隱集) 안에 부록으로 실려 있다.【권해가 지은 묘갈에 있다.】

• **裵尙志**

裵尙志，字□□，號柏竹堂，曲江[1]人。高麗判太僕寺事[2]。肅宗庚午，贈兵曹判書，享安東金溪祠。

公見麗政亂，退居于永嘉[3]之金溪村[4]，扁其堂曰柏竹，以見志。逮我朝受禪，閉門而終。

公與冶隱[5]，有酬唱詩，附在冶隱集中。【權瑎[6]撰碣】

---

1 曲江(곡강): 경상북도 포항시 북구 흥해읍 일대.

2 判太僕寺事(판태복시사): 고려시대에 있었던 太僕寺의 으뜸 벼슬. 품계는 정3품이다.

3 永嘉(영가): 경상북도 안동군의 옛 이름.

4 金溪村(금계촌): 경상북도 안동시 서후면 금계리.

5 冶隱(야은): 吉再(1353~1419)의 호. 본관은 海平, 자는 再父, 호는 金烏山人. 아버지는 錦州知事 吉元進이다. 구미 출생. 부인은 중랑장 申勉의 딸이다. 1363년 冷山 桃李寺에서 처음 글을 배웠으며, 1370년 朴賁으로부터 성리학을 접하였다. 관료로 있던 아버지를 만나러 개경에 갔다가 李穡·鄭夢周·權近 등의 문하에서 학문을 익혔다. 1374년 생원시

보충

손홍량(1287~1379)의 가계와 관력

손홍량(孫洪亮)

본관은 일직(一直). 본래의 성은 순씨(筍氏)였으나 현종(顯宗)의 이름과 같아서 그것을 피해 5대조 응(凝) 때 손씨로 고쳤다. 손홍량은 1287년 복주(福州: 경상북도 안동) 일직리에서 태어났다.

증조부는 상의직장(尙衣直長) 손세경(孫世卿)이며, 조부는 전객령(典客令) 손연(孫衍)이다. 아버지는 합문지후(閤門祗候) 손방(孫滂)이며, 어머니 안동조씨(安東曺氏)는 상호군(上護軍) 조송(曺松)의 딸이다. 부인 양성이씨(陽城李氏)는 개성부윤 이천(李梴)의 딸이다. 사위는 흥해군(興海君) 배전(裵詮)과 통례문전사(通禮門殿使) 김오(金珸)이다.

충선왕 때 출사하여 충숙왕과 충혜왕 양조에서 벼슬살이 했으며, 충목왕 때인 1348년 하정사(賀正使)가 되어 원나라에 다녀왔다. 충정왕 때 도첨의찬성사(都僉議贊成事)를 거쳐 판삼사사(判三司事)가 되었다.

1351년 치사(致仕)하였는데, 1362년 홍건적의 난이 일어나자 왕이 복주로 피난할 때 평복(平服)으로 왕을 맞아 치하 받았고, 1364년 난의 평정을 축하하기 위해 개경으로 갔다가 고향으로 돌아올 때 이제현(李齊賢)·이색(李穡) 등 학자들이 시를 지어 전송하였다.

에, 1383년 司馬監試에 합격하였다. 1388년 諄諭博士를 거쳐 成均博士를 지냈다. 조선이 건국된 뒤 1400년 이방원이 太常博士에 임명하였으나 두 임금을 섬기지 않겠다는 뜻을 말하며 거절하였다.

6 權瑎(권해, 1639~1704): 본관은 安東, 자는 皆玉, 호는 南谷. 아버지는 호조판서 權大載이며, 어머니 新平李氏는 李湝의 딸이다. 1679년 당쟁에 휘말려 淸南 許穆의 당으로 몰려 청도로 유배되었다가 풀려났고, 1680년 창성으로 유배되었다가 1686년 언양으로 移配되었다. 1689년 己巳換局으로 유배에서 풀려나 사간원대사간에 복관되었다.

보충

배상지(1351~1413)의 가계와 관력

배상지(裵尙志)

1351년 현재 경기도 파주에서 태어났다. 그의 증조부는 보승별장(保勝別將) 배유손(裵裕孫)이며, 조부는 전리판서(典理判書) 배영지(裵榮至)이다. 아버지는 흥해군(興海君) 배전(裵詮)이며, 어머니 일직손씨(一直孫氏)는 정평공(靖平公) 손홍량(孫洪亮)의 딸이다. 부인 안동권씨(安東權氏)는 권희정(權希正)의 딸이다. 목은 이색의 문인이다.

음사(蔭仕)로 판사복시사(判太僕寺事)를 지냈으며, 여말 정국이 혼란하여 머지않아 변혁이 있을 것을 알고 벼슬에서 물러나 안동 금계촌(金溪村: 경상북도 안동시 서후면 금계리)으로 옮겨가 은거하였다.

그곳에서 집 주위에 추운 겨울에도 시들지 않고 꿋꿋한 절개를 보여주는 잣나무와 대나무를 심어 자신의 뜻을 나타내고서 백죽당(栢竹堂)이라고 불렀다. 조선이 건국된 후, 여러 차례 출사의 명이 내려졌으나 자신의 뜻을 그대로 지켜 나갔다. 은거하는 중 금오산(金烏山)에 숨어 살던 야은(冶隱) 길재(吉再)와 교유하였다.

그의 사후 200여 년이 지난 1690년(숙종 16) 금계마을에 사당을 세우고 용재(慵齋) 이종준(李宗準)과 경당(敬堂) 장흥효(張興孝)와 함께 향례하였다. 아울러 사림들의 상소로 병조판서에 추증되었다.

그와 김자수(金自粹)는 모두 손홍량의 외손자들로서 서로 이종사촌이다.

05. 권정

권정의 자는 안지, 호는 사복재이다. 지정 계사년(1353)에 태어났다. 홍무 병인년(1386) 문과에 급제하여 여러 벼슬을 거치고 좌사간(左司諫)에 이르렀다. 우리 조선에서 대사헌으로 여러 차례 불렀으나 모두 응하지 않았다. 태종 신묘년(1411)에 죽었다.

공(公)은 성품이 강직하고 사리에 밝은데다 청렴하고 정직하였으며, 이치를 궁구하여 학문에 독실했으며, 직언으로 임금에게 간하던 불굴의 기개는 당대 제일이었다. 우리 조선에 이르러서는 안동의 옥산동(玉山洞)에 은거하였는데, 태조(太祖: 이성계)가 승지로 여러 차례 불렀고 태종(太宗: 이방원)의 조정에서 연달아 대사간과 대사헌에 제수하였으나 끝내 나아가지 않고 죽었다. 당시 사람들이 그 동네를 기사리라고 불렀다.【우홍균(禹弘均: 禹洪鈞의 오기)이 찬한 〈수록〉에 있다.】

옥산동에는 지금 유허비가 있다.

- **權定**

權定[1], 字安之, 號思復齋。至正[2]癸巳生。洪武丙寅文科, 累官至左司諫。我朝屢徵爲大司憲, 並不膺。太宗辛卯卒。

公性剛明淸直, 窮理篤學, 諫諍[3]風節[4], 當代第一。逮我朝, 隱居安東

1 權定(권정, 1353~1411): 1780년에 영주 지역 사림들의 공의로 구호서원[영주시 영주동]에 제향함. 1868년 흥선대원군의 서원훼철령으로 철폐된 후 복설되지 않았다.

2 至正(지정): 중국 원나라 順帝 惠宗의 연호(1341~1370).

3 諫諍(간쟁): 고려와 조선 시대 국왕의 잘못된 명령과 행위에 대해 언관이 비판하는 행위. 왕권의 잘못된 행사를 견제하는 성격이 있었다.

4 風節(풍절): 불굴의 기개.

玉山洞[5], 太祖以承旨屢徵, 太宗朝連拜大司諫·大司憲, 竟不就以終。時人名其洞曰棄仕里。【禹弘均[6]撰手錄】

玉山洞, 今有遺墟碑。

보충

김위(金瑋, 1709~1788)가 찬한 묘갈명

사복재 권공 묘갈명 병서

사복재 선생 권공의 휘는 정(定), 자는 안지(安之)이다. 권씨는 태사(太師) 권행(權幸)에서부터 대대로 높은 벼슬을 역임하였는데, 휘 권척(權倜)이 검교대장군, 휘 권열(權烈)이 예빈동정 , 휘 권수영(權守英)이 중낭장, 휘 권현(權顯)이 부사를 하기에 이르렀으니 바로 공의 고조부와 증조부이고 조부와 부친이다.

공(公)은 지정(至正) 계사년(1363)에 예안현의 북계촌에서 태어나 홍무(洪武) 병인년(1386) 문과에 급제하였다. 괴산군사(槐山郡事: 괴산군수)를 거쳐 좌사간이 되어서 내직으로 들어왔다。얼마 오래지 않아 직언하여 임금의 뜻을 거슬러서 외지로 내쫓겨 김해부사가 되었다. 벼슬한 지 겨우 6년만에 우리 태조대왕이 천명을 받아 왕위에 오르니, 공은 곧 벼슬을 버리고 안동부 임하현 도목촌으로 돌아와서 반구정과 봉송대를 짓고 은둔해서 살 곳으로 삼았다. 태조가 여러 차례 승지로

5 玉山洞(옥산동): 只實於村, 지실이, 기실기, 지시러기 등과 함께 불려진 경상북도 안동시 예안면에 속하는 동네. 고려 말에 思復齋 權定이 벼슬을 버리고 이곳에 은거한 후로는 棄仕라고 하엿다.

6 禹弘均(우홍균): 《단양우씨대동보》에는 12세손으로 禹洪鈞(생몰년 미상)으로 되어 있음. 禹倬의 현손이다. 아버지는 禹義이다. 부인 安東權氏는 바로 權定의 딸이다. 문과에 급제하였다.

불렀으나 나아가지 않았고, 태종조에서도 연달아 대사간과 대사헌으로 부르는 명이 있었으나 모두 나아가지 않았으니, 당시 사람들이 그 마을 이름을 기사리라고 불렀다. 영락(永樂) 신묘년(1411)에 죽으니, 살던 마을 앞에 있는 곤향(坤向: 서남 방향)의 둔덕에 장사 지냈다.

옛날에 있었던 비석의 그 전면에 좌사간이라 새겼고, 그 후면에 생년과 졸년 그리고 이력을 기록하였는데, 그 기록에 "강직하고 사리에 밝은데다 청렴하고 정직하였으며, 이치를 궁구하여 학문에 독실했으며, 직언으로 임금에게 간하던 불굴의 기개는 당대 제일이었다."라고 한 것이 있었으나, 김해부사에 임명되어 외직으로 나간 사실에 이르러서는 단지 "직언하여 임금의 뜻을 거슬렀다."라고만 하면서도 무슨 일을 말했는지 말하지 않았으며, 끝에서도 "우리 조정에서 벼슬을 버리고 고향으로 돌아왔으나 승지·대사간·대사헌이 제수된 것 또한 기록하지 않았다."라고 하였다. 아! 공이 말과 행동으로 이룩한 사적은 족히 역사에 밝게 빛나서 고금의 사람들을 분발하게 할 만하였으나, 공은 이미 그의 발자취를 숨겨 감추었기 때문에 묘표(墓表)를 지은 사람도 또한 공의 뜻을 체득하여 감히 그 말을 다하지 못한 것이리라.

게다가 자손들이 각 고을에 흩어져 살았는데, 묘소 앞의 작은 비석이 묘소에다 바싹 붙여서 묘를 쓰려는 자에 의해 불가피하게 부수어져 묻혔어도 문적에는 증거가 없었으니 무엇을 괴이하다고 하였겠는가? 그러던 중에 공의 후손이 옛 비석의 본문을 외예손(外裔孫) 우생(禹生)의 집에서 얻었는데, 그로 인하여 지석(誌石)을 파내어 징험하려다가 깨어진 비석의 세 조각을 얻고서 합해 증거로 삼아 관직명과 출처를 대강 알게 되었다. 또 공의 사위 우홍균(禹洪鈞)의 수록(手錄)을 얻었는데, 그 내용은 우리 조정에서 공을 불렀던 명이 옛 비석에 비해 상세하였고, 더구나 "명리지학(明理之學: 사물의 이치를 밝히는 학문)에 더욱 뛰어났다."라고 한 것은 묘갈문 속에 있는 "궁리독학(窮理篤學: 이치를 궁구하여 학문에 독실함)"과 서로 부합하였다. 아, 이것이야말로 능히 출처(出處)의 대절(大節)을 갖추게 한 까닭이리로다.

부인은 숙인(淑人) 예안김씨로 묘는 공과 같은 둔덕이나 봉분은 달리하는데, 부친의 휘는 김일(金釖)이라고 하였지만 김씨본보(金氏本譜)에 뉴(鈕)자로 되어 있고 중현대부 대호군(大護軍)을 지냈다. 4남 1녀를 두었으니, 아들로 권조(權照)는 문과에 급제하여 사재정, 권요(權曜)는 현감, 권서(權曙)는 부사, 다음은 권시(權時)이며, 딸은 곧 문과 급제한 군수 우홍균에게 출가했다. 손자와 증손자 이하는 기록하지 않는다.

공의 후손 권약룡(權若龍: 1718~1798)씨가 못난 나에게 부탁하며 말하기를, "옛날 비석은 사람들에 의해 몽둥이로 부수어져서 근래에 작은 비석을 다시 세웠으나 서(序)와 명(銘)이 없으니, 그윽이 생각건대 세대가 이미 멀어진데다 문헌으로도 고증할 수 없으면 오래될수록 민멸될까 두렵소이다. 그대가 명과 서를 기록해 주소서."라고 하였다. 못난 나의 본관은 예안으로 중현공(中顯公: 金鈕)의 후손이다. 그래서 감히 사양할 수가 없었는데, 삼가 보고 들은 바에서 알게 된 것을 기록하고, 묘갈명도 지었으니 이러하다.

그 옛날 고려 말에 직언은 내치고 아첨은 용납되었지만,
공은 언관 책임 맡은 뜻이 간절해 제 몸 돌보지 않았으니
직언의 한마디 말을 기탄없이 하여 김해로 쫓겨났도다.
성인께서 천명을 받으매 밝고 어진 이의 등용을 생각하여
여러 번 승지로 부르고 더구나 대사간 대사헌에 제수했으나,
자신의 마음과 부합하지 않으니 영남으로 멀리 은둔했도다.

아, 우리 권공은 나아감과 물러남이 오직 공명정대하여
혼조에도 아첨하지 않았고 성조에도 신하 되지 않았음은
자취 감추고 국록 피한 것이니 백세토록 누가 스승이랴.
그 마을을 벼슬 버린 곳으로 농부도 오히려 알고 있나니
무덤은 깊숙이 있어도 충성스럽고 곧은 절개 빛날 것이라
모든 신하된 사람들이여 이 비석에 새겨진 명을 볼지어다.

• **思復齋權公墓碣銘并序**

思復齋先生權公, 諱定, 字安之。權氏, 自太師幸, 代有冠冕, 至諱倜檢校大將, 諱烈禮賓同正, 諱守英中郎將, 諱顯府使, 是公之高曾祖·祖考也。公以至正癸巳, 生禮安縣之北溪村, 洪武丙寅文科。歷知槐山郡事, 入爲左司諫。未幾, 直言忤旨, 斥補金海府。立朝僅六年, 而我太祖大王, 膺受天命, 公卽棄仕, 歸于安東府臨河縣桃木村, 築伴鷗亭·鳳松臺, 以爲隱遯棲息之所。太祖累以承旨徵, 不起, 太宗朝連有大諫·大憲之命, 皆不就, 時人名其洞曰棄仕里。永樂辛卯卒, 葬所居村前坤向原。舊有碣, 題其面曰左司諫, 其陰記生卒履歷, 有曰: "剛明淸直, 窮理篤學, 諫爭風節, 爲當代第一." 至出補海府, 則只曰: "言事見忤." 而不言所言者何事, 末云: "〈當〉本朝, 棄仕還鄕, 而承宣諫憲之除, 亦闕而不書." 嗚呼! 公之言行樹立, 足以輝暎竹帛, 聳動今古, 而公旣韜晦其迹, 故表墓者, 又體公志, 而不敢盡其辭。子姓又散處各邑, 墓前短石, 不免爲逼葬者所磓碎蹈埋, 文籍之無徵, 何足怪哉? 公之後孫, 得舊碣本文於外裔禹生家, 因掘驗誌石, 得破碣三片, 合而證之, 槩知官銜出處。又得公女壻禹公洪均手錄, 其言辭, 本朝徵命, 比舊碣爲詳, 乃曰: "尤長於明理之學." 與碣文中窮理篤學, 相符。嗚呼! 此其所以能辨得出處之大節者乎! 配淑人禮安金氏, 墓與公同原而異封, 考諱曰釰, 金氏本譜鈕字, 中顯護軍。有四男一女, 男曰照文科司宰正, 曰曜縣監, 曰曙府使, 曰時, 女卽禹洪均文科郡守。孫曾以下不錄。公後孫若龍氏, 屬不佞, 曰: "舊碣旣爲人所椎折, 近世改竪短碣而無序若銘, 竊恐世代已遜, 文獻無考, 愈久而泯也。子其誌之." 不佞卽禮安人, 而中顯公之裔也。不敢辭, 謹識其得於聞見者, 爲之銘曰: "昔在麗季, 直黜詔容, 公有言責, 志切匪躬, 一言而擯, 于海之方。聖人受命, 思用明良, 累徵喉司, 歷除諫憲, 我心罔僕, 嶺外遐遯。嗟哉我公, 出處惟正, 不阿于昏, 不臣于聖, 迹晦逃粟, 百世誰師。里號棄仕, 野人猶知, 有幽斧堂, 有赫忠貞, 凡爲人臣, 視此刻銘。

〔渴睡軒文集[7], 권3, 墓碣銘〕

보충

반구정과 봉송대

반구정(伴鷗亭) · 봉송대(鳳松臺)

권정은 1386년 문과에 급제하였고, 이후 괴산군수, 좌사간 등을 지냈다. 하지만 국정에 대한 기탄없는 직간으로 임금의 미움을 사 김해부사로 내쫓기기도 하였다. 1392년 고려가 멸망하자 고향인 안동 임하면 도목촌 북쪽 지어실(현 안동시 예안면 기사리)로 돌아와 그곳에 반구정과 봉송대를 짓고 은거하였다.

반구정(返舊亭)은 옛날을 돌이킨다는 뜻이고, 봉송대(奉松臺)는 고려의 수도인 송도(松都)를 받든다는 의미이니, 모두 권정의 절의 정신을 보여주는 이름들이다. 조선 건국 후에 태조와 태종이 거듭 출사를 청하였으나 모두 나아가지 않았다. 이는 권정이 살았던 마을을 '기사

---

7 金埠(1709~1788)의 문집으로 한국국학진흥원에 소장. 본관은 禮安, 자는 公準, 호는 渴睡軒. 1750년 식년문과에 급제하였다. 조부는 金泰柱이며, 아버지는 金元烈이다.

리(棄仕里)'라고 부르게 된 연유다. 그러나 후손들이 화가 미칠 것을 우려하여 반구정(伴鷗亭)과 봉송대(鳳松臺)로 불렀다고 한다.

1780년 지방유림의 공의로 권정의 학문과 덕행을 추모하기 위해 구호서원(鷗湖書院)을 창건하여 위패를 봉안하였다.

다만《태종실록(太宗實錄)》1410년 4월 26일 2번째 기사에는 "권정이 지난해에 김해 임소에서 죽었다."라고 되어 있는바, 이에 대해 살펴볼 필요가 있을 것 같다.

06. 김수

김수의 자는 □□, 호는 송정, 본관은 해평이다. 고려조에서 문과에 장원급제하여 여러 벼슬을 거치고 개성윤에 이르렀으며, 공훈을 세워 해평군에 봉해졌다. 우리 조선에서도 벼슬을 하여 예조판서에 이르렀다.

공(公)은 대사간·직제학을 역임하였으며, 우리 태조(太祖: 이성계)를 따라 홍건적을 토벌하여 평정함으로써 녹훈되었다.

공이 일선(一善: 선산)에 있었을 때는 매달 초하룻날 제자를 모아 연계소에서 학문을 가르쳤다. 성산(星山: 성주)으로 이사하여 살았을 때는 도은 이숭인과 도의지교(道義之交)를 맺고 녹봉서당을 세웠는데, 《백록동규(白鹿洞規)》에 따라 밤낮으로 강마하였다. 또 천곡(川谷)에다 정사(精舍)를 지어 정자와 주자를 제향했는데, 녹봉과 천곡의 여러 서원이 여기에서 비롯되었다. 많은 선비들이 존경하여 본보기로 삼았으니, 추로(鄒魯)처럼 글을 숭상하는 풍습이 있게 되었다.【협주: 도현보가 지은 〈행장〉에 실려 있다. ○ 자세한 것은 《성주읍지》에 있다.】

- **金銖**

金銖, 字□□, 號松亭, 海平人。麗朝文科壯元, 累官至開城尹, 策勳[1]封海平君。仕我朝, 至禮曺判書。

公歷大司諫·直提學。從我太祖, 討平紅巾賊錄功。

---

1 策勳(책훈): 국가나 군주 등을 위하여 공훈을 세운 사람의 이름과 공훈을 문서에 기록함. 또는 그 공훈을 찬양하여 상을 줌.

公在一善[2], 月朔聚諸生, 於蓮桂所[3]講學。及移居星山[4], 與李陶隱崇仁[5]爲道交, 作鹿峯書堂, 依《白鹿洞規[6]》, 日月講磨。又於川谷[7], 起精舍, 享程朱兩夫子。鹿峯·川谷諸院, 盖肇於此。多士矜式, 有鄒魯之風[8]。【都鉉輔[9]撰行狀. ○詳《星州邑誌》】

보충

김수(생몰년 미상)의 가계와 관력

김수(金銖)

본관은 해평(海平), 초명은 김수(金洙), 호는 송정(松亭)이다. 고조부

---

2 一善(일선): 경상북도 선산의 옛 지명. 고려시대 995년에 善州로 개편되어 刺史가 임명되었다가 1018년 상주의 속현이 되었다. 1143년에 일선현으로 縣令이 임명되어 主縣으로 승격됨과 동시에 해평군·군위현·효령현·부계현을 속현으로 거느리다가 知善州事로 승격되었다. 조선 건국 뒤 1413년 지방제도 개편시 선산군으로 개칭되었다.

3 蓮桂所(연계소): 지방의 인재가 학문을 연마하던 곳.

4 星山(성산): 경상북도 성주의 옛 지명. 경상북도의 서남부에 있는 고을이다. 940년 京山府로 승격한 후 1308년 星州牧으로 개편되었다. 이후 1310년 경산부로 환원되고, 1614년 신안현으로 강등되었다가 1623년 성주목으로 승격되었다. 1895년 5월 관제 개혁 때 성주목이 대구부 星州郡으로 바뀌었다.

5 李陶隱崇仁(이도은숭인): 李崇仁(1347~1392). 본관은 星州, 자는 子安, 호는 陶隱. 아버지는 李元具이며, 어머니는 彦陽金氏이다. 牧隱 李穡, 圃隱 鄭夢周와 함께 고려의 三隱으로 일컬어진다.

6 白鹿洞規(백록동규): 남송 때 朱子가 백록동에서 강학을 하며 만든 규약. 곧, "父子有親, 君臣有義, 夫婦有別, 長幼有序, 朋友有信, 右五敎之目。博學之, 審問之, 愼思之, 明辨之, 篤行之, 右爲學之序。言忠信, 行篤敬, 懲忿窒慾, 遷善改過, 右修身之要。正其義, 不謀其利, 明其道, 不計其功, 右處事之要。己所不欲, 勿施於人, 行有不得, 反求諸己, 右接物之要."이다.

7 川谷(천곡): 경상북도 성주군 벽진면 해평동에 있는 자연 지명.

8 鄒魯之風(추로지풍): 문풍이 아주 뛰어나다는 뜻. 魯나라는 孔子가 교화를 편 나라이고, 鄒나라는 孟子가 교화를 편 나라이다.

9 都鉉輔(도현보, 1505~1548): 본관은 八莒, 자는 公擧. 증조부는 성균생원 都以敬이며, 조부는 진사 都孟寧이다. 아버지는 都鈞이며, 어머니 海平金氏는 金淑熙의 딸이다. 부인 星山白氏는 만호 白珣의 딸이다. 1543년 문과에 급제하였다. 단성현감을 지냈다.

는 형조전서(刑曹典書) 김사필(金士筆), 증조부는 성균생원 김시생(金始生), 조부는 추밀원 밀직사사(樞密院密直司事) 김균(金均)이다. 아버지는 상장군(上將軍) 김용선(金用宣)이며, 어머니 인동장씨(仁同張氏)는 밀직(密直) 장순(張純)의 딸이다. 부인 성산배씨(星山裵氏)는 위위소경(衛尉少卿) 배현보(裵賢輔)의 딸이다. 송은(松隱) 박익(朴翊)은 동서이다.

김수는 성산 사례동(沙禮洞)에 사는 배현보의 딸과 혼인한 뒤 고향 해평에서 운곡(雲谷) 대암촌(臺巖村: 경상북도 성주군 벽진면 운정리)으로 이주하였다. 그 뒤 팔거(八莒) 상지촌(上枝村)의 웃갓 마을(경상북도 칠곡군 지천면 신리)로 옮겨 살았다.

목은(牧隱) 이색(李穡)과는 같은 해에 과거에 급제한 벗으로 이색이 김수에게 보낸 시가 전한다고 한다.

07. 정옥량

정옥량의 자는 곤보, 호는 경재, 본관은 초계이다. 도승지 정사중의 아들로 태조 을해년(1395)에 태어났다. 효행으로 천거되어 하양현감이 되었고 청백리에 뽑혔다. 세종 정묘년(1447)에 죽었다. 정려가 있었다. 숙종조에서 좌승지로 추증하였다. 삼가(三嘉)의 평천향사(平川鄕祠)에 향사하였다.

공(公)은 야은 길재를 따라서 배웠고, 박팽년·류성원·이석형과 교유하여 서로 시를 주고받았다.

공이 여묘살이 할 때 형 서정공(西亭公: 鄭玉潤)과 함께 아침저녁으로 비통하게 울었는데, 그들이 붙잡은 소나무와 잣나무가 다 말라 죽었다.【이제신이 찬한 〈행장〉에 실려 있다.】

- **鄭玉良**

鄭玉良, 字崑寶, 號耕齋, 草溪人。都承旨師仲子, 太祖乙亥生。以孝薦, 知河陽縣[1], 錄淸白吏。世宗丁卯卒。旌閭。肅宗朝贈左承旨。享三嘉[2]平川鄕祠[3]。

公從吉冶隱學, 與朴公彭年[4]·柳公誠源[5]·李公石亨[6]交遊, 相與酬唱。

---

1 河陽縣(하양현): 1018년부터 1895년까지 경상북도 경산시 일대에 설치되었던 지방 행정구역. 고려 초 河州였다. 1018년 하양으로 개칭하고 현이 되었다. 지금의 경상북도 경산시 하양읍·와촌면과 진량읍 북부 지역, 그리고 대구광역시 동구 각산동·괴전동·동내동·매여동·신서동 일대를 관할하였다. 고을 이름인 '하양'은 금호강이 굽이쳐 흐르는 북쪽에 자리한 곳이라는 뜻이다. 또한 하양은 '花城'이라고도 불렀다.

2 三嘉(삼가): 경상남도 합천군 남부에 있는 지역 이름.

3 鄕祠(향사): 이름난 학자, 충신 등의 공적과 덕행을 추모하기 위하여 집을 세우고 제사지내는 사당.

公廬墓時, 與兄西亭公[7], 朝夕悲號, 所攀松栢盡枯。【李濟臣[8]撰行狀[9]】

보충

이제신(李濟臣, 1510~1582)이 찬한 행장

경재 정 선생 행장

선생의 휘는 옥량, 자는 곤보, 호는 경재이다. 홍무(洪武) 28년인

---

4 朴公彭年(박공팽년): 朴彭年(1417~1456). 본관은 順天, 자는 仁叟, 호는 醉琴軒. 懷德, 지금의 대전광역시 대덕구 지역) 출신이다. 증조부는 朴元象, 조부는 朴安生이다. 아버지는 朴仲林이며, 어머니 安東金氏는 金益生의 딸이다. 부인 樂安金氏는 金彌의 딸이다. 세종 대 문과에 급제하면서 관직 생활을 시작하였다. 집현전의 여러 관직에 제수되면서 세종 대의 여러 사업에 참여하였다. 계유정난 이후 성삼문·이개·하위지·류성원·유응부 등과 단종 복위를 시도하였으나 정창손의 사위 김질의 고발로 실패하였고, 혹독한 고문으로 죽었다. 숙종 대 관작이 회복되고 증직 및 증시되었다.

5 柳公誠源(류공성원): 柳誠源(?~1456). 본관은 文化, 자는 太初, 호는 琅玕. 증조부는 柳濡, 조부는 柳諿이다. 아버지는 사인 柳士根이며, 어머니 南原尹氏는 尹臨의 딸이다. 1444년에 문과에 급제하고, 《의방유취》, 《고려사》, 《세종실록》의 편찬에 참여하였다. 문종이 세자를 위한 서연에 선발하여 세자 보필을 부탁하였다고 한다. 1453년 수양대군이 집권한 후, 정난녹훈 교서의 초안을 작성하였다. 1456년 단종 복위 모의에 참여하였다가 모의가 발각되었다는 소식을 듣고 자결하였다. 남효온이 지은 〈육신전〉에 수록되었다. 노량진의 민절서원, 홍주의 노은서원, 영월의 창절사 등에 제향되었다.

6 李公石亨(이공석형): 李石亨(1415~1477). 본관은 延安, 자는 伯玉, 호는 樗軒. 증조부는 사복시정 李庄, 조부는 임천부사 李宗茂이다. 아버지는 대호군 李懷林이며, 어머니는 朴彦의 딸이다. 金泮의 문인이다. 1441년 사마진사 양시에 합격하고, 식년문과에 급제하여 左正言이 되었으며, 1447년 重試에 급제하였다. 1451년 집현전직제학으로 춘추관기주관을 겸하여 정인지 등과 함께 《고려사》의 편찬에 참여하였다. 1446년 八道都體察使로 나가 지방의 호패법의 시행을 독찰하였다. 1470년 판중추부사가 되었다.

7 西亭公(서정공): 鄭玉潤(1392~1439)의 호. 본관은 草溪, 자는 崑玉. 태종 때 사마양시에 장원으로 합격하였는데, 이때 지은 시는 세인의 칭송과 경탄을 받았다. 야은 길재의 문인이었다. 학행과 효행으로 칭송되었다. 현감을 지냈다.

8 李濟臣(이제신, 1510~1582): 본관은 古城(鐵城), 자는 彦遇, 호는 陶丘. 경남 의령 거주. 증조부는 李根이며, 조부는 李世亨이다. 아버지는 李瓊이며, 어머니 昌寧成氏는 司正 成玉岡의 딸이다. 부인 碧珍李氏는 司果 李有儉의 딸이다. 安宙에게 수학하고, 남명의 문하에서 종유하였다.

9 李濟臣의 문집 《陶丘先生實記》에 수록되어 있으며, 1887년 鄭邦冑가 편한 《三賢實記》 권6에 〈耕齋先生·行狀〉에도 수록되어 있음.

을해년(1395)에 태어났다. 나면서부터 남보다 뛰어나게 총명하였고, 효성과 우애를 타고났다. 고향 마을 사람들은 공의 형제가 지닌 효성을 옛 사람 옥상(王祥: 王祥, 계모를 위해 얼음을 깨고 잉어를 잡아 대접했다는 晉나라 사람)과 맹종(孟宗, 병든 모친을 위해 한겨울에 죽순을 구해 바쳤다는 吳나라 사람)에 견주더라도 이보다 더할 수 없을 것으로 여겼다.

장성해서는 그의 형 서정공(西亭公: 鄭玉潤)과 함께 야은(冶隱) 길재(吉再)·매헌(梅軒) 권우(權遇)의 문하에서 종유하여 도학을 자임하는 것이 참으로 중하였다.

병진년(1436)에 부친상을 당하여 여묘살이를 하면서 상제(喪制)를 극진히 하였다. 상복(喪服)을 벗고 난 뒤에 서정과 함께 봉성(鳳城)으로 거처를 옮겨 이웃 마을에 지냈는데, 과거 공부하는 것을 달갑게 여기지 않고 덕을 숨기며 벼슬하지 않았다. 모친을 지극한 효성으로 섬겼고, 아침저녁으로 사당을 배알하는 것을 비록 날씨가 몹시 추워도 장마 져도 더워도 끝내 폐하지 않았다.

당대에 교유한 자로 취금헌(醉琴軒) 박팽년(朴彭年), 영봉헌(迎鳳軒) 하위지(河緯地), 사예(司藝) 류성원(柳誠源), 죽계(竹溪) 정창(鄭昌), 저헌(樗軒) 이석형(李石亨), 팔계(八溪) 정준(鄭悛) 등 여러 명현(名賢)인데, 서로 시를 주고받으며 또한 공에게 벼슬살이하도록 권하였으나 끝내 기꺼이 나아가지 않았다. 그 뒤 유일(遺逸)로 천거되어 처음에는 봉직랑(奉直郎)에 제수되었다가 하양현감(河陽縣監)으로 특진하였다. 공은 어머니를 위하여 부득이 부임하였지만 털끝만큼이라도 사적인 일을 도모하지 않았으니, 교체되었을 때 심지어 거리의 아이와 여항의 여자들도 공의 청백을 우러러 사모하였다.

벼슬을 버리고 집으로 돌아와서는 항상 자애로운 어머니가 홀로 지내는 것을 생각하여 형제가 곁을 떠나지 않고 모셨으니, 날마다 직접 아침저녁으로 문안인사를 하였고 콩을 먹고 물을 마시는 가난한 살림을 하면서도 봉양을 다하였다. 정통(正統) 4년인 기미년(1439)에 모친이 세상을 떠나자, 형제가 애통해하기를 예보다 더 심하게 하여 서정은 그로 인해 병이 들어 죽고 말았다. 공이 홀로 여묘살이 3년을 한 후에도 집안의 사당 앞에 아침저녁으로 음식을 올렸으니, 반드시 모친 임씨가 평소에 좋아하던 대추차를 썼다. 겨울철에 대추차가 다하여 제사 때에 미처 올리지 못하게 되자 밤을 꼬박 새우며 울부짖었는데, 백조(白棗)가 사당에서 두어 자 가량 되는 곳에 홀연히 자라 흰 열매를 맺어 있어서, 그것을 따다가 제사에 올리니 사람들은 효성에 감동한 까닭이라고 여겼다. 고을 수령 정자숙(鄭自淑)이 백조를 몸소 살피고 영문(營門)에 보고하였다. 정묘년(1447)에 죽었는데, 죽은 날로부터 백조도 말라 죽은 것이 6년이 되었다.

공의 종증손자 정지린(鄭之麟)이 한 권을 소매에 넣어 와서 나에게 글을 지어달라고 부탁하였다. 나는 공의 형제가 행한 효행을 익숙하게 들어왔기 때문에 감히 사양하지 못하고 찬한다.

황조 가정(嘉靖) 25년인 병오년(1546)
철성 후학 이제신이 삼가 찬하다.

• **鄭耕齋先生行狀**

先生, 諱玉良, 字崑寶, 號耕齋。洪武二十八年乙亥生。生而穎悟, 孝友出天。鄕里之人, 以公兄弟之孝, 比古人王祥·孟宗之孝, 無以加此焉。及長, 與其兄西亭公, 從師友於吉冶隱再·權梅軒遇之門, 道學自任, 甚重焉。丙辰丁外艱, 居廬盡制。服闋後, 與西亭, 移居于鳳城, 有麟里, 不屑科業, 隱德不仕。事母至孝, 晨昏拜廟, 雖祁寒潦暑, 終不廢也。一時所與遊者, 醉琴軒朴彭年, 迎鳳軒河緯地, 司藝柳誠源, 竹溪鄭昌, 愣軒李石亨, 八溪鄭悛諸名賢, 相爲唱酬, 亦勸公爲仕, 終不肯就。後擧遺逸, 初除奉直郎, 超遷河陽縣監。公爲親不得已赴職, 無一毫營私, 遞任時, 至於街童巷婦, 景慕淸白。棄官歸家, 每念慈母寡居, 兄弟不離侍側, 日親定省, 躬盡菽水之奉。正統四年己未母歿, 兄弟哀毁逾禮, 西亭因而成疾以卒。公獨居廬三年, 後於家廟前, 朝夕上食, 必用母任氏之平生所嗜棗茶。於冬月茶盡, 未盡臨祭, 號泣一夜之間, 白棗忽生廟傍可數尺許, 乃結白實, 摘而薦之, 人以爲孝感所致。縣倅鄭自淑, 躬審白棗, 報于營門。丁卯公卒, 卒之日, 白棗枯死, 凡六年也。公之從曾孫之麟, 袖致一卷, 囑余作文。余耳熟於公之兄弟孝行, 故不敢辭而撰。

皇朝嘉靖二十五年丙午, 鐵城後學, 李濟臣謹撰

〔陶丘先生實記, 권1, 行狀〕

08. 김효정 문정공

김효정의 자는 □□, 본관은 선산이다. 충개공 김제(金濟)의 손자이다. 세종조 때 문과에 급제하여 관찰사를 거쳐 이조판서·대제학에 이르렀다.

공(公)은 편안하고 고요한데다 물욕이 없었으니 사람들이 그 풍도에 탄복하였다. 공신의 반열에 들어 의당 봉작(封爵)해야 했지만, 공은 고사하고 받지 않았다. 세종조에 어명을 받들어 《성리군서(性理群書)》의 발문을 지었고, 또한 〈팔로명승누관기(八路名勝樓觀記)〉를 찬하였다.

• **金孝貞 文靖公**

金孝貞, 字□□, 善山人。忠介公濟孫。世宗朝文科, 歷觀察使, 至吏曹判書·大提學。

公恬靜冲澹, 人服其風度。叅勳當封, 固辭不受。世宗朝承命, 著性理群書[1]跋, 又撰八路名勝樓觀記。

보충

김효정(1383~1440)의 가계와 관력

김효정(金孝貞)

본관은 선산(善山), 자는 경부(敬夫), 호는 주촌(注村). 경상도 선산도

---

1 性理群書(성리군서): 宋代 諸儒의 遺文을 분류해서 23권으로 편찬한 《性理群書句解》의 약칭. 송나라의 熊節이 편찬하고 熊剛大가 주를 단 책이다. 周敦頤, 程子, 張載, 邵雍, 司馬光, 朱子 등의 글을 모아 類編한 것이다.

호부 주아리(경상북도 구미시 옥성면 주아리)에서 태어났다. 증조부는 신호위 보승 낭장(神虎衛保勝郎將) 김원로(金元老)이며, 조부는 평해군사(平海郡事) 김제(金濟)이다. 아버지는 김자연(金自淵)이며, 어머니 전주이씨(全州李氏)는 상호군(上護軍) 이문정(李文挺)의 딸이다. 첫째부인은 진치(秦峙)의 딸이며, 둘째부인 안동권씨(安東權氏)는 권후(權厚)의 딸이다.

1399년 사마시에 합격하였으며, 1402년 식년문과에 급제하였고, 1427년 문과중시에 급제하였다. 1410년 사헌부감찰이 되었고, 1417년 예조좌랑, 1418년 형조좌랑, 1420년 우헌납이 되었다. 이듬해 봉숭도감부사판관(封崇都監副使判官)이 되었고, 1423년 이조정랑, 1427년 사간원의 우사간·좌사간에 임명되었다.

1428년 1월 13일, 이전(吏典)출신으로 결성현감이 된 유맹하(柳孟河)는 재주와 행실이 천거를 보장할 만한 것이 없다면서 파면을 청하는 상소를 하였다. 그해 1월 15일, 양녕대군(讓寧大君)은 광폐하고 태종과 종사에 죄를 얻었는데, 그 자식을 성안에 거주하게 하는 것은 잘못이라며 탄핵하였다. 그해 같은 날, 탄신과 정월 초하루·동짓날의 하례에 승려들을 참예시키지 말 것과 예악 문물을 갖출 것, 풍속 중 사월 초파일에 연등회를 열고 남녀가 무리를 지어 복을 비는 것은 고려시대의 폐습이라며 혁파를 청하였다.

1427년 집현전 부제학을 거쳐, 1432년 호조우참의·이조좌참의를 거쳐, 1434년 예문관제학으로 경상도관찰사로 나아갔다. 1437년 대사헌이 되고, 1452년 동지춘추관사가 되어 《고려사절요》의 편찬에 참여했다. 그 뒤 벼슬이 이조판서에 이르렀으며, 주로 간관으로 지내면서 청빈한 정치와 국가의 질서를 바로잡는 데 노력하였다.

09. 하위지 충렬공

> 하위지의 자는 중장, 호는 단계, 본관은 진주이다. 세종 을묘년(1435) 생원시에 합격하고 무오년(1438) 문과에 장원급제하여 집현전에 뽑혔다. 세조 을해년(1455) 예조참판에 제수되었고, 병자년(1456) 성삼문 등과 함께 같이 죽었다. 숙종 신미년(1691)에 관작이 회복되었고, 영조 갑자년(1744) 이조판서에 증직하며 시호를 내렸다. 금상이 정유년(1777)에 정려를 내렸다. 영월 창절사·과천 민절사·선산 월암서원·홍주 녹운서원·대구(大丘: 大邱) 낙빈서원에 제향(祭享)되었고, 장릉 충신단에 배향(配享)되었다.

공(公)은 사람됨이 조용하고 과묵하였으며, 공손하고 예의가 있었으니, 대궐문을 지날 때면 말에서 내렸고, 비록 비가 내려 질퍽하더라도 일찍이 길을 피한 적이 없었으며, 경연에서 글을 강연하며 보좌한 것이 많았다. 당시 인재(人才)에 대해 논할 때면 공을 으뜸으로 손꼽았다.

천순황제(天順皇帝: 명나라 영종)가 북로(北虜)에게 사로잡히자, 공은 감개하여 말하기를, "천자가 몽진하였으니, 우리가 비록 해외 너머의 배신(陪臣)이라 하더라도 어찌 편안하게 있으면서 그것에 대한 근심을 하지 않겠는가?" 하고는, 매일 바깥채에서 거처하며 침실에 들어가지 않았다.

을해년(1455) 세조가 왕위를 물려받으면서 공을 불러 예조참판에 제수하니, 녹을 받을 때마다 따로 방 하나를 마련하여 쌓아 두었다. 병자년(1456) 단종 복위의 일이 발각되었을 때, 세조가 그의 재주를 아껴서 은밀히 타이르며 말하기를, "네가 만약 처음 음모에 참여한 것을 숨긴다면 죄를 면할 수 있다."라고 하자, 공이 웃기만 하고 대답하지 않은 채 성공(成公: 성삼문) 등과 함께 같은 날에 죽었다.

공이 옥중에 있으면서 손수 가산(家產)을 적어서 그의 조카 하괵(河礖)에게 주며 후사를 부탁하였다. 하괵은 어렸기 때문에 죄를 면하고서 이름을 하원(河源)으로 고쳤으며, 자손들은 안동에 살았다. 숙종 을유년(1705)에 민진후가 그 일을 아뢰니, 하원을 공의 후사를 잇게 하도록 명하였다.【협주: 장릉지에 실려 있다.】

회재(晦齋: 이언적)·퇴계(退溪: 이황)는 사사로운 말을 기록한 것에서 이르기를, "동방에 절의와 도학을 전하는데 있어 포은 이후로 하위지와 박팽년 두 선생이 가장 으뜸이다."라고 하였다.【협주: 선산읍지에 실려 있다.】

• **河緯地 忠烈公**

河緯地, 字仲章[1], 號丹溪, 晉州人。世宗乙卯生員, 戊午文科壯元, 選集賢殿。世祖乙亥, 拜禮曹參判, 丙子, 與成三問[2]等同死。肅宗辛未復官, 英宗甲子, 贈吏曺判書, 賜諡。當宁丁酉旌閭。享寧越彰節祠[3]·果川愍節祠[4]·善山月巖書院·洪州綠雲書院[5]·大丘洛濱書院[6],

---

1 仲章(중장): 裵龍吉의 문집《琴易堂集》권6〈碣誌·僉知河公墓誌銘〉과 趙慶男의〈歷代要覽〉에는 天章이라 하기도 함.

2 成三問(성삼문, 1418~1456): 본관은 昌寧, 자는 謹甫, 호는 梅竹軒이다. 충청남도 洪城 출신이다. 증조부는 개성유후 成石瑢이며, 조부는 판중추부사 成達生이다. 아버지는 도총관 成勝이며, 어머니 竹山朴氏는 현감 朴襜의 딸이다. 부인 延安金氏는 金仍의 딸이다. 사육신 중 한 명이다. 세종 대 문과에 급제하여 관직 생활을 시작하였다. 집현전의 여러 관직을 역임하면서 세종 대의 주요 사업에 참여하였다. 특히, 신숙주와 함께 요동에 질정관으로 파견되어 어문 사업에서 중요한 역할을 수행하였다. 계유정난 이후 박팽년·이개·하위지·류성원·유응부 등과 단종 복위를 시도하였으나 정창손의 사위였던 김질의 고발로 실패하고 처형되었다.

3 彰節祠(창절사): 강원도 영월군 영월읍 영흥리에 있는 사육신 등이 배향되어 있는 사당. 원래 단종의 묘 옆에 세운 六臣祠였다. 1685년 강원도관찰사 洪萬鍾과 都事 柳世鳴이 영월군수 趙爾翰과 상의하여 단종의 廟宇 옆에 건물 3칸을 세워 사육신의 신주를 봉안하였

| 配食于莊陵忠臣壇。

公爲人沈靜寡默，恭而有禮，過闕必下，雖雨淖，未嘗避路，侍講經筵，多所裨正。當時論人才，推公爲首[7]。

天順皇帝[8]陷北虜，公感慨曰："天子蒙塵，我輩雖海外陪臣，豈可恬然不預其憂乎?" 每處外廊，不入寢室。

乙亥，世祖受禪，召拜禮曺參判，每受祿，別貯一室。丙子事發，世祖愛其才，密諭曰："汝若諱初謀，則可免." 公笑而不答，與成公等同日死。

다. 1698년 단종의 복위가 이루어지면서 왕릉 곁에 신하들의 사당을 둘 수 없다고 하여 1705년 강원도 영월군 영월읍 영흥리로 옮겼다.

4 愍節祠(민절사): 서울특별시 동작구 노량진에 있었던 단종 복위를 도모하다 죽임당한 사육신을 배향하기 위해 숙종 대에 건립한 서원. 1679년 노량에서 숙종이 군대 사열을 하면서 영의정 許積의 요청으로 사육신의 묘에 封植을 시행하게 되었다. 사육신에 대한 배향은 1676년 충청도 홍주에서 六臣祠宇가 건립되면서 시작되었고, 1679년 사육신의 묘에 봉식이 시행되면서 추존 사업이 본격화 되었다. 이어서 같은해에 대구에도 육신사우가 건립되었고 1681년에 민절서원의 터가 있는 당시 경기도 과천에 사육신 제향을 위한 사당인 祠宇가 건립되는 계기를 맞았다. 이때 과천 사림의 발의와 조정 관인의 청원이 모아져 사육신묘 옆에 사당이 세워지게 되었다. 이후 1691년 9월 숙종은 김포 章陵에 幸行하던 중에 노량의 교장에서 군사 훈련을 참관한 후 사육신묘 옆에 있던 사당에 치제하게 되었다. 이때 숙종이 사우에 '愍節'이라고 사액까지 하도록 하여 愍節祠가 되었다. 이듬해인 1692년 1월에는 서원으로 고쳐 민절서원이 되었다. 이후 3월에는 告由祭를 실시하였다.

5 綠雲書院(녹운서원): 1676년 成三問의 舊宅 근방인 충청남도 홍성군 홍북면 魯恩里에 건립한 성삼문의 사당집 魯恩壇. 성삼문의 외조부 朴膽의 고택이 있던 곳이자 성삼문이 출생한 곳이다. 1692년 조정에서 綠雲書院을 賜額하고 해마다 사육신을 奉祀하였다.

6 洛濱書院(낙빈서원): 대구광역시 달성군 하빈면 묘리에 있는 서원. 박팽년을 봉안하기 위하여 세운 河濱祠에 연원을 두고 있다. 박팽년의 혈손이 하빈에 세거하였는데, 朴繼昌 때 와서 祠宇를 세우고 박팽년을 향사하게 되었다. 1679년 박팽년을 비롯한 나머지 사육신 하위지, 이개, 성삼문, 유성원, 유응부를 위한 사당을 짓고 봉사하게 되었다. 1691년 별묘와 강당을 건립하고 도내 유생들의 소청으로 1694년 '낙빈'이란 현액을 하사받아 사액서원이 되었다.

7 이 단락은 南孝溫이 《秋江集》의 〈六臣傳〉에서 하위지의 인품에 대해 논평한 것임.

8 天順皇帝(천순황제): 명나라 英宗. 1449년 王振의 권유로 와랄야선(瓦剌也先)으로 親征을 나갔다가 土木堡에서 패하고 포로로 잡혔다. 동생 郕王 朱祁鈺이 즉위하고 그는 太上皇으로 추존되었다. 다음 해(景泰 원년) 석방되어 돌아와 南宮에 머물렀다. 1457년 1월大將 石亨과 太監 曹吉祥이 맞아 황위에 복귀하고 天順으로 연호를 고치니, 이것이 奪門之變이다.

公在獄中, 手錄家産, 予其從子礪, 托以後事。礪以幼免, 改名曰源, 子孫居安東。肅宗乙酉, 閔鎭厚[9]白其事, 命以源繼其後。【莊陵誌】

晦齋·退溪, 私語錄曰: "東方節義道學之傳, 圃隱以後, 河朴兩先生爲之首."【善山邑誌】

보충

하위지(1412~1456)의 가계와 관력

하위지(河緯地)

본관은 진주(晉州), 자는 천장(天章)·중장(仲章), 호는 단계(丹溪)·적촌(赤村)이다. 선산 출신. 증조부는 하윤(河胤)이며, 조부는 문하평리(門下評理) 하지백(河之伯)이다. 아버지는 군수 하담(河澹)이며, 어머니 기계유씨(杞溪兪氏)는 유면(兪勉)의 딸이다.

1438년 식년문과에 장원으로 급제한 뒤, 집현전부수찬에 임명되었다. 1444년 집현전부교리가 되어 《오례의주(五禮儀註)》의 편찬에 참여하였다. 1446년 동복현감으로 있던 형 하강지가 무함으로 전라감옥에 갇혀 병이 깊자, 간호를 위해 관직을 사임하였다. 1448년 집현전교리로 복직된 뒤 이듬해 춘추관의 사관(史官)으로 《고려사》의 편찬과 개수 작업에 참여하였다. 문종이 승하하자 벼슬을 그만두고 낙향하였다.

1454년 집현전 부제학으로 복직된 뒤, 《세종실록》을 편찬하는 데

---

9 閔鎭厚(민진후, 1659~1720): 본관은 驪興, 자는 靜純, 호는 趾齋. 증조부는 閔機이며, 조부는 강원도관찰사 閔光勳이다. 아버지는 驪陽府院君 閔維重이며, 어머니 恩津宋氏는 좌참찬 宋浚吉의 딸이다. 첫째부인 延安李氏는 李德老의 딸이며, 둘째부인 延安李氏는 李端相의 딸이다. 숙종비 仁顯王后의 오빠이자, 유수 閔鎭遠과 현감 閔鎭永의 형이다. 宋時烈의 문인이다.

편수관으로 참여했다. 1455년 집현전직제학이 되었다가 예조참의로 전임되었고, 수양대군이 김종서를 죽이고 영의정이 되자 조복을 던져 버리고 선산에 퇴거하였다.

그해 수양대군이 왕위에 올라 그를 예조참판으로 불렀는데, 곧 이어 세자우부빈객(世子右副賓客)을 겸하게 되었다. 그러나 그의 속마음은 진실로 단종에게 있었다. 세조의 녹(祿)을 먹는 것을 부끄럽게 여겨 세조가 즉위하면서 받은 봉록은 별실에 차곡차곡 쌓아두고 먹지 않았다.

1456년 사예(司藝) 김질(金礩)의 고변으로 단종복위운동이 탄로나 국문을 받았지만, 기개를 전혀 굽히지 않았다. 사육신 등 여러 절신과 함께 거열형(車裂刑)을 당하였으며, 선산에 있던 두 아들도 연좌되어 사형을 받았다.

10. 류의손

류의손의 자는 □□(효숙), 호는 회헌, 본관은 전주이다. 세종 기해년(1419) 생원시에 합격하고, 병오년(1426) 식년문과에 급제했으며, 병진년(1436) 문과중시에 급제하였다. 응교·집현전직제학을 거쳐 이조참판에 이르렀다.

남수문(南秀文)·권채(權埰: 權採의 오기)와 함께 집현전에 같이 있을 때 '집현 세 선생'으로 일컬어졌다. 참판 평호(萍湖) 이경(李瓊: 李瓊仝의 오기)이 《국조오례의(國朝五禮儀)》를 찬할 때 〈공의 말을 많이 인용하였다〉. 세종 무오년(1438: 병진년의 오기, 1436) 《강목(綱目: 思政殿訓義資治通鑑綱目)》 서(序)를 지어 바쳤다. 《계주문》·《무원록서》·《풍월루기》·《승정원제명기》 등 글들이 《동문선》에 수록되어 있다.【협주: 보첩에 실려 있다.】

세종대왕이 매번 공과 함께 경서를 펼쳐 놓고서 묻고 따졌는데, 의심나는 것을 질문하고 의혹된 것을 변별할 때마다 선생을 일컬었다. 정관(貞觀: 당태종)의 태평시대로부터 전해 오는 제도를 똑같이 본받아 집현전을 세우고 영주십팔학사(瀛洲十八學士)와 같은 출중한 동량을 뽑아두었는데, 날마다 세 번씩 임금 앞에 나아가 경서 등을 강론하였다.【협주: 서거정의 일기에 실려 있다.】

공은 만년에 벼슬살이하기가 즐겁지 않아서 소와정을 짓고 시를 지었으니, 이러하다.【협주: 《여지지》에 실려 있다.】

소와당 늙은이가 한가로이 드러누워 웃나니
하늘을 보고 크게 웃고 다시 길게 웃는도다.

옆의 사람은 주인이 웃는다고 비웃지 말지니
찡그림도 이유 있고 웃음도 이유가 있을지라.

공은 세 조정을 두루 섬겼다. 을해년(1455) 단종이 왕위에서 쫓겨난 뒤로 벼슬에서 물러나 고향으로 돌아와 한가로이 지냈는데, 사람들이 세상일을 물으면 유연히 웃기만 하고 베개를 높이 베고서 누워 있을 뿐이니, 세상사람들이 소와선생이라 일컬었다. 그 정자의 아래에는 다리가 있으니 세상사람들은 '소와정 다리'라고 일컬었으며, 그 정자 동쪽에는 수십 명이 앉을 수 있는 반석이 있으니 사람들은 '소노암(笑老巖)'이라고 일컬었다.

공은 세종 때 참판을 지냈고 세조조 때 판서를 지냈는데, 녹훈을 받지 않아 정의(旌義)로 귀양을 갔다가 귀양지에서 죽었다. 묘표에 참판이라고 쓴 것은 유훈을 따른 것이다.【협주: 가승에 실려 있다.】

• **柳義孫**

柳義孫，字□□[1]，號檜軒，全州人。世宗己亥生員，丙午文科，丙辰重試。歷應教·集賢殿直提學，至吏曹參判。

與南公秀文[2]·權公採[3]，同在集賢殿，稱爲集賢三先生。同萍湖李參

---

1 □□: 《文宗實錄》 1450년 6월 9일 4번째 기사인 〈전 예조참판 유의손의 졸기〉에 의하면 孝叔.

2 南公秀文(남공수문): 南秀文(1408~1443). 본관은 固城, 자는 景質·景素, 호는 敬齋. 조부는 恭安府尹 南奇이다. 아버지는 병조참판 南琴이며, 어머니 池谷李氏는 副令 李春明의 딸이다. 부인 河陰李氏는 李漢儉의 딸이다. 집현전부수찬, 집현전응교, 집현전직제학 등을 역임한 문신이다

3 權公採(권공채): 權採(1399~1438)의 오기. 본관은 安東, 자는 汝鋤. 아버지는 提學 權遇이며, 어머니 南陽洪氏는 判事 洪贇의 딸이다. 權近의 조카이다. 집현전응교, 동부승지, 대사성, 우승지 등을 역임한 문신이다.

判瓊[4], 撰《國朝五禮儀》。世宗戊午[5], 製《綱目序》以進。《誡酒文[6]》·《無冤錄序[7]》·《風月樓記[8]》·《承政院題名記[9]》等篇, 載《東文選》。【譜牒】

世宗大王, 每與公, 橫經問難, 質疑辨惑, 輒稱先生。一依貞觀[10]太平遺制, 刱立集賢殿, 選置瀛洲十八學士[11], 日三進講。【徐居正[12]日記】

公晩年不樂仕進, 築笑臥亭, 有詩曰: "笑臥堂翁閒臥笑, 仰天大笑復長笑。傍人莫笑主人笑, 嚬有爲嚬笑有笑[13]."【輿地誌】

公歷事三朝。乙亥遜位[14]之後, 退歸閒居, 人問時事, 則悠然而笑, 高枕而臥, 世稱笑臥先生。亭下有橋, 世稱笑臥亭橋, 亭東有盤石, 可坐

---

4 李參判瓊(이참판경): 柳義孫의 문집《晦軒先生逸稿》〈拾遺〉에 "萍湖李參判瓊仝, 撰國朝五禮儀, 多用公語(名臣錄)"라고 기록되어 있어, 李瓊仝(1438~1494)의 오기일 뿐만 아니라 '多用公語'를 누락하여 의미가 맞지 않음.

5 戊午(무오): 《世宗實錄》 1436년 7월 29일 1번째 기사에 의하면 '丙辰'의 오기.

6 誡酒文(계주문): 1433년 류의손이 예문관 응교로서 왕명을 받아 지은 것으로 술을 경계하는 글.

7 無冤錄序(무원록서): 1438년 류의손이 법의학서 〈무원록〉의 서문을 지은 것.

8 風月樓記(풍월루기): 1442년 류의손이 목욕을 하고자 平海에 갔다가 지은 글.

9 承政院題名記(승정원제명기): 1444년 류의손이 임금을 모시고 청주에 갔다가 돌아와 좌승지가 되어서 지은 글.

10 貞觀(정관): 당태종의 연호(627~649).

11 瀛洲十八學士(영주십팔학사): 영주는 三神山의 하나로 仙境을 가리키는 말인데, 당태종이 일찍이 인재들을 망라하여 문학관을 설치하고 杜如晦, 房玄齡 등 18인의 文官을 學士로 임명하고서 한가한 때면 이들에게 政事를 자문하기도 하고 함께 典籍을 토론하기도 하면서 이들을 十八學士라 불렀으므로, 당시 사람들이 그들을 사모하여 '영주에 올랐다.(登瀛洲)'라고 일컬었던 데서 나온 말.

12 徐居正(서거정, 1420~1488): 본관은 大邱, 자는 剛中·子元, 호는 四佳亭·亭亭亭. 증조부는 徐益進이며, 조부는 戶曹典書 徐義이다. 아버지는 목사 徐彌性이며, 어머니 安東權氏는 權近의 딸이다. 부인 善山金氏는 군사 金如晦의 딸이다. 崔恒은 매형이다. 세종, 문종, 단종, 세조, 예종, 성종의 여섯 임금을 섬겼다. 오랜 기간 대제학을 지냈으며, 《경국대전》, 《삼국사절요》, 《동문선》 등 주요 책의 서문을 작성한 '서문 전문가'였다. 그의 명문들은 《四佳集》을 통해 전해지고 있다.

13 嚬有爲嚬笑有笑(빈유위빈소유소): 《韓非子》〈內儲說 上〉의 "밝은 군주는 한 번 찡그리고 한 번 웃는 것도 아끼니, 찡그림도 이유가 있어서이고, 웃음도 이유가 있어서이다.(明主之愛一嚬一笑, 嚬有爲嚬而笑有爲笑.)"에서 나온 구절.

14 遜位(손위): 임금의 자리를 사양하여 내놓음. 왕위에서 쫓겨나 폐위된 임금의 경우에도 썼다.

數十人，人稱笑老巖。

公世宗時參判，世祖朝判書，錄勳不受，謫旌義[15]，卒於謫所[16]。墓表書以參判，從遺訓也。【家乘】

보충

류의손(1398~1450)의 가계와 관력

류의손(柳義孫)

본관은 전주(全州), 자는 효숙(孝叔), 호는 회헌(檜軒)·농암(聾巖). 증조부는 류습(柳濕)이며, 조부는 류극서(柳克恕)이다. 아버지는 직제학 류빈(柳濱)이며, 어머니 덕산윤씨(德山尹氏)는 윤방익(尹邦益)의 딸이다. 첫째부인 하음봉씨(河陰奉氏)는 봉원량(奉元良)의 딸이며, 둘째부인 파평윤씨(坡平尹氏)는 윤수미(尹須彌)의 딸이다.

식년문과에 급제한 뒤로 1430년 집현전직제학으로서 저작랑(著作郎) 김서진(金瑞陳)과 함께 《춘정집(春亭集)》을 교정하였다. 1433년 집현전부교리로 있을 때 왕명으로 지리를 연구하는 학관(學官)이 되었고, 예문관응교로서 왕명을 받아 술을 경계하는 〈계주문(誡酒文)〉을 지었다. 1434년 김말(金末)·이중윤(李中允)·이사증(李師曾)·이계전(李季甸)·최항(崔恒)·남계영(南季瑛)·어효첨(魚孝瞻)·강맹경(姜孟卿)·민원(閔媛) 등과 함께 《자치통감(資治通鑑)》을 교정하였으며, 1436년 《자치통감훈의(資治通鑑訓義)》의 서문을 짓기도 하였다.

---

15 旌義(정의): 제주도 남제주지역의 옛 지명.

16 錄勳不受, 謫旌義, 卒於謫所(녹훈불수, 적정의, 졸어적소): 柳範休의《壺谷集》권12〈遺事·先祖檜軒先生遺事〉에 "於是, 先生錄二等勳, 進階資憲, 尋拜吏曹判書, 辭不赴, 責旌義, 卒於謫所."라는 기록에서 확인할 수 있음. 류의손의 졸년을 고려하건대 세조와 결부짓는 것은 와전으로 생각된다. 또한 세 조정을 섬겼다는 것도 와전일 것이다.

이후 승정원의 동부승지, 좌부승지, 우승지를 거쳐 1445년 도승지가 되었으나 학문에만 능할 뿐, 과단성이 결여되어 사무처리는 좌부승지인 황수신(黃守身)에게 맡겨서 처리하게 하였다. 1446년에는 자신의 무능과 건강상의 문제, 그리고 노부모의 봉양을 이유로 관직을 그만두려 했으나 윤허 받지 못하였다. 1447년 이조참판으로 역임하면서 동반직(東班職)에 있던 우부승지 김유양(金有讓)의 아들을 서반직(西班職)에 잘못 옮겨놓은 죄로 의금부에서 국문을 받고 직첩을 빼앗겼으나, 얼마 지나지 않아 다시 예조참판에 임명되었다.

이렇듯, 류의손은 세종 대에 집현전과 승정원에서 주로 활동하였으며, 문장이 뛰어나 각종 서적의 서문을 많이 작성하였다.

1979년 12월 18일 경상북도 민속문화유산으로 지정된 안동시 임동면 수곡리(水谷里)의 기양서당(岐陽書堂)에서 류복기(柳復起)와 함께 제향을 받는다.

11. 권희맹

> 권희맹의 자는 자순, 본관은 안동이다. 세종 무오년(1438: 성화 을미년의 오기, 1475)에 태어났다. 을묘년(1495: 정묘년의 오기, 1507) 문과에 급제하여 한림(翰林: 예문관 검열)·양사(兩司: 사헌부와 사간원)를 거쳐 관찰사(觀察使: 강원도관찰사)에 이르렀다.

공은 외직으로 나가 나주목사이었을 때 선비들을 장려하여 육성하는 데에 뜻을 두어 학업을 권면하는 과정에 방도가 있었다. 이로부터 남쪽 지방의 선비들이 과거에 급제하여 세상에 널리 알려진 자들이 끊임없이 이어졌는데, 모두 말하기를, "권공의 은혜이다."라고 하였다.

기묘년(1519) 정암 조광조가 능주에서 사사되자, 평소 그와 교유했던 사람들은 화가 미칠까 두려워하여 모두 돌아보지 않았다. 나주가 능주와 접경이라 하더라도 공은 정암과 얼굴조차 본 적이 없었는데, 그 소식을 듣고 가련하게 여기고서 시신을 염습하여 상여를 보내도록 도구를 있는 힘을 다해 장만하였으니 친구와 다름이 없었다. 사림의 여론은 매우 훌륭하게 여겼다.

- **權希孟**

> 權希孟, 字子醇, 安東人。 世宗戊午生。乙卯文科[1], 歷翰林·兩司, 至觀察使。

---

1 字子醇, 安東人, 世宗戊午生, 乙卯文科(자자순, 안동인, 세종무오생, 을묘문과): 《人物考》 권7 〈名流 1〉의 '權希孟'에 따르면, "字景醇, 安東人. 成化乙未生. 戊午司馬, 丁卯別擧"로 되어 있음. 《인물고》는 조선 후기 정조 연간에 왕명으로 조선 초기부터 영조 때까지의 중요 인물들의 행적을 수록한 인물지이다. 수록 대상 인물은 1,795명이며, 성명·본관·생몰년 등의 인적 사항과 중요 언행과 업적을 정리하고 있다. 이 가운데 7권은 김희락이 내용을 검토하고 초략한 담당자이다.

公出牧羅州, 留意於誘掖[2]士子, 勸課有方。自此, 南士之登科第, 列名流[3]者, 前後相望, 咸曰: "權公之賜也."

己卯, 靜庵趙公光祖[4], 賜死於綾州[5], 平日所與交, 恐禍及, 皆莫之顧。羅與綾接境, 公於靜庵, 未曾識面, 聞而憐之, 殮殯送喪之具, 悉力營辦, 無異親舊。士論韙之。

보충

권희맹(1475~1525)의 가계와 관력

권희맹(權希孟)

본관은 안동(安東), 자는 자순(子醇)·경순(景醇), 호는 수암(水庵). 1475년 경상북도 성주에서 태어났다. 증조부는 진보현감 권자용(權自庸)이며, 조부는 예문관직제학 권효량(權孝良)이다. 아버지는 어모장군 권상(權詳)이며, 어머니 성주이씨(星州李氏)는 목사 이우(李友)의 딸이다. 부인 성주여씨(星州呂氏)는 우후(虞候) 여한경(呂漢卿)의 딸이다.

1498년 생원시에 합격하고, 1507년 증광문과에 급제였다. 이에 권

---

2 誘掖(유액): 인도하여 도와줌.

3 名流(명류): 널리 세상에 알려진 사람들.

4 靜庵趙公光祖(정암조공광조): 靜庵 趙光祖(1482~1519). 본관은 漢陽, 자는 孝直, 호는 靜庵. 아버지는 감찰 趙元綱이다. 魚川察訪이던 아버지의 임지에서 무오사화로 유배 중인 金宏弼에게 수학하였다. 1510년 진사시에 장원 합격하고 성균관에 들어가 공부하던 중, 성균관에서 학문과 수양이 뛰어난 자를 천거하게 되자 유생 200여 명의 추천을 받았고, 다시 이조판서 安瑭의 천거로 1515년 造紙署司紙에 임명되었다. 같은 해 증광문과에 급제하여 홍문관에 들어갔으며 전적·감찰·정언·수찬·교리·전한 등을 역임하고 1518년 부제학을 거쳐 대사헌이 되었다. 사림의 지지를 바탕으로 도학 정치의 실현을 위해 적극적으로 활동했다. 천거를 통해 인재를 등용하는 현량과를 주장하여 사림 28명을 선발했으며 중종을 왕위에 오르게 한 공신들의 공을 삭제하는 위훈삭제 등 개혁정치를 서둘러 단행하였다. 사흘 후 기묘사화가 일어나 능주로 귀양갔으며 한달만에 사사되었다.

5 綾州(능주): 전라남도 화순군 능주면 지역 일대.

지승문원부정자가 되었다가 사관이 될 만하다 하여 예문관검열이 되었다. 같은 해에 이과(李顆)의 역옥을 처리한 공을 인정받아 성균관전적으로 발탁되었다. 사헌부감찰, 병조좌랑, 사간원 정언, 헌납, 형조정랑, 사헌부지평 등 청요직을 역임하였다. 1512년 서장관으로 명나라에 다녀온 뒤, 예조정랑으로 전직되었다. 1516년 나주목사로 나갔는데 백성들이 생업을 즐기게 되었고, 힘쓴 업적이 날로 드러났다. 관찰사 허굉(許硡)이 그러한 사실을 기록하여 아뢰자 임금이 교서를 내려 칭찬하고 옷감 한 벌을 하사하였다. 그리고 기묘사화로 인해 조광조(趙光祖)가 능주에서 사사되자 성심껏 장례를 지내 주었는데, 세상 사람들이 의롭게 여겼다. 1522년 첨지중추부사가 되었다가 형조참의를 거쳐 1524년 강원도관찰사가 되었으나 재직 중 전염병에 걸려 1525년 영월에서 사망하였다.

12. 류숭조

류숭조의 자는 종효, 본관은 완산(完山: 전주)이다. 문종 임신년(1452)에 태어났다. 세조조(世祖朝: 성종 임진 1472년의 오기)에 진사가 되었고, 성종 기유년(1489) 문과에 급제하여 한림(翰林: 예문관 검열)·삼사(三司: 사헌부, 사간원, 홍문관)·대사성을 거쳐 동중추(同中樞: 동지중추부사)에 이르렀다. 중종 임신년(1512)에 죽었다.

공(公)은 역서(易書)·예기(禮記)로부터 천문(天文)·역상(曆象)에 이르기까지 정통하여 털끝을 나누고 실오라기를 쪼개듯 세밀히 분석하였다. 일찍이 손수 혼천의를 만들었는데, 모든 전도(躔度: 천체 운행의 도수)와 절기(節氣)의 추이가 두 입술을 합치듯 꼭 맞았다.

공이 검열이었을 때, 이극증이 주상에게 아뢰기를, "류 아무개는 벼슬이 비록 낮을지라도 사표(師表)가 될 만하오니, 청컨대 성균관을 겸직토록 하여 여러 유생들을 가르치게 하소서"라고 하니, 주상이 그대로 따랐다.

하루는 공이 우의정 허종과 같이 입대(入對)하였는데, 허종이 주상에게 아뢰기를, "재상과 대간은 화합하는데 힘써야 조정이 편안해질 것입니다."라고 하자, 공이 말하기를, "이치에 맞는 것을 구하지 않으면서 오로지 화합하는 것만 힘쓰는 것은 조정의 복이 될 수 없을 것입니다."라고 하였으니, 꺾으려 해도 굽히지 않았다.

계해년(1503) 장령이 되었는데, 폐조(廢朝: 연산군)의 어지러운 정치가 날로 심해지자, 공이 동료와 함께 실정 10여 조목을 논하는 상소를 올렸으니 모두 절실하고 곧았을 뿐 아무런 숨김이 없었다.

하루는 폐주(廢主: 연산군)가 궐 밖에 거동했다가 돌아오면서 바른길로 오지 않았다. 이에 공이 간하기를, "군자는 다닐 때 지름길로 다니지 않거늘, 하물며 임금이겠습니까? 하나의 일이라도 바른 것을 따르지 않으면, 만 가지 생각이 이를 따라서 모두 바르지 않게 됩니다."라고 하며 계속 극간하자, 폐주가 크게 노하였다.

갑자년(1504) 사화(士禍)가 일어나자 공 또한 이전의 직간했던 일에 연관되어 곤장을 맞고 원주로 귀양 갔다. 얼마 지나지 않아서 다시 잡히어 옥에 끌려왔는데, 고문을 가해 그전에 간관(諫官)으로 있을 때 지름길로 다니지 말아야 한다고 먼저 말한 자에 대해 심문하도록 하자, 함께 갇힌 옛 동료들은 다 얼굴빛이 변하였으나, 공만은 웃으며 말하기를, "제가 발설한 것입니다."라고 하였다. 다시 곤장을 맞고 이전 귀양지로 유배되었다.

갑자년 이래로 관리들은 송사를 들을 겨를이 없었으니, 원통한 누명을 써서 억울한 일들에 대해 아무런 처결도 내리지 않았다. 병인년(1506) 반정(反正: 중종반정)이 일어나서 공도(公道: 공평하고 바른길)가 처음으로 열리자 첩소(牒訴: 진정서와 소장)가 구름처럼 쌓였다. 주상이 특별히 4품이나 올려서 판결사에 제수하니, 삼공(三公: 영의정·좌의정·우의정)이 아뢰기를, "류 아무개는 학술에 연원이 있어서 경악(經幄: 經筵)에 이 사람이 없어서는 아니 됩니다."라고 하자, 주상이 이를 따라서 공조참의로 바꿔 제수하고 경연 참찬관을 겸임하게 하였는데, 이는 특별한 총애이었다. 또 대사성에 제수하니, 삼공이 또 주상에게 아뢰기를, "성리학이 전해지지 않도록 해서는 아니 되니, 청컨대 나이 젊은 문신(文臣)을 뽑아서 류 아무개에게 보내어 가르침을 받도록 하소서."라고 하자, 주상이 기꺼히 받아들였다.

공이 태학(太學: 성균관)에 있은 지 5년만에 황해도관찰사로 제수되니, 삼공이 주상에게 아뢰기를, "가까운 시일에 주상 앞에서 《주역도

서계몽(周易圖書啓蒙: 易學啓蒙圖書의 오기)》을 강론하려 했사온데, 류아무개를 외직에 제수함은 온당치 않습니다."라고 하자, 곧바로 동지중추부사로 바꾸었다.【협주: 강혼이 지은 비문에 실려 있다.】

연산군이 사망하자, 주상이 초상 치르고 장사 지내는 예절을 조정에 물으니, 대신 등이 아뢰기를, "장례는 왕자의 예로 치르면 될 것이나, 정조시(停朝市: 조회의 정지와 상인의 거래 중지) 및 수묘(守廟: 사당지기)까지 하는 것은 옳지 못합니다."라고 하자, 공이 차자(箚子)를 올려 말하기를, "전왕(前王: 연산군)이 종묘사직에 죄를 지었으므로 종묘에 신주를 모시며 제사 지내줄 수는 없지만, 신하로서 임금을 위한 상례(喪禮)와 장례(葬禮)를 의당 이와 같이 할 수는 없습니다. 그러니 장사는 능(陵)에 하는 의식으로 지내고 따로 사당을 세워 신주(神主)를 모시며, 상국(上國: 명나라)에 부고를 전하는 것이 정의에 지극하고 의리를 다하는 것입니다."라고 하였다. 이에 류자광은 국문하기를 청하였고, 박원종도 말하기를, "의당 가까이서 모시게 해서는 안 됩니다."라고 하자, 주상이 경연관을 바꾸라고 명하니, 양사(兩司: 사헌부와 사간원)에서 간했으나 뜻대로 되지 못하였다.【협주: 《동각잡기》에 실려 있다.】

공은 경서(經書)의 언해서를 만들어서 학생들에게 가르쳤는데, 경서의 언해서가 있게 된 것은 공으로부터 비롯되었다.【협주: 류희춘이 찬한 일기에 실려 있다.】

- **柳崇祖**

柳崇祖[1]，字宗孝，完山人。文宗壬申生。世祖朝[2]進士，成宗己酉文

1 柳崇祖(류숭조, 1452~1512): 증조부는 영흥대도호부사 柳濱이며, 조부는 중부령 柳敬孫이다. 아버지는 전생서령 柳之盛이며, 어머니 安東權氏는 權得의 딸이다. 첫째부인 驪州閔氏는 감찰 閔亨孫의 딸이며, 둘째부인 順天朴氏는 습독 朴季孫의 딸이다.

2 世祖朝(세조조): 한국국학진흥원 소장 《眞一齋文集》〈眞一齋先生年譜〉에 따르면, 成化八

| 科，歷翰林·三司·大司成，至同中樞。中宗壬申卒。

公邃於易書·禮記，以至天文·曆象，毫分縷析[3]。嘗手製渾天儀[4]，凡躔度[5]節氣[6]，推移脗合[7]。

公爲檢閱時，李克增[8]啓言："柳某，官雖卑，可爲師表，請令兼帶[9]成均館，訓誨[10]諸生." 從之。

一日，公與右議政許琮[11]同對，許啓："宰相與臺諫，務要和同[12]，朝廷乃安." 公言："不求合理，惟務和同，非朝家之福也." 折抑不撓。

年(成宗壬辰)의 오기.

3 毫分縷析(호분누석): 털을 나누고 실오라기를 쪼갠다는 뜻으로, 아주 잘게 나눔을 이르는 말.

4 渾天儀(혼천의): 천체의 운행과 그 위치를 측정하던 천문관측기. 지평선을 나타내는 둥근 고리와 지평선에 직각으로 교차하는 子午線을 나타내는 둥근 고리, 하늘의 적도와 위도 따위를 나타내는 눈금이 달린 원형의 고리를 한데 짜 맞추어 만든 것이다.

5 躔度(전도): 천체 운행의 도수.

6 節氣(절기): 한 해를 스물넷으로 나눈, 계절의 표준이 되는 것.

7 脗合(문합): 윗입술과 아랫입술이 꼭 맞음.

8 李克增(이극증, 1431~1494): 본관은 廣州, 자는 景撝, 호는 三峯. 서울 종로구 신문로에서 출생했다. 증조부는 李集이며, 조부는 李之直이다. 아버지는 李仁孫이다. 1451년 생원시에 합격하여 蔭補로 宗廟署錄事가 되었다. 1456년 식년문과에 급제하여 군기시직장에 임명되었다. 1468년 廣川君에 봉해졌다. 1469년 도승지를 거쳐, 1470년 이조판서에 올라 국가경비의 식례인《式例橫看》을 撰定하였다. 이듬해 호조판서와 전라도관찰사를 역임하였다. 1482년 우참찬으로 정조사에 임명되어 명나라를 다녀왔으며, 병조판서, 지경연사, 형조판서, 좌참찬을 지냈다. 1488년 한성부판윤이 되었다.

9 兼帶(겸대): 두 가지 이상의 직무를 겸하여 봄.

10 訓誨(훈회): 가르치고 일깨움.

11 許琮(허종, 1434~1494): 본관은 陽川, 자는 宗卿·宗之, 호는 尙友堂. 경상도 김천 출신. 증조부는 許愭이며, 조부는 양양도호부사 許扉이다. 아버지는 군수 許蓀이며, 어머니 和順崔氏는 부녹사 崔安善의 딸이다. 부인 淸州韓氏는 韓瑞鳳의 딸이다. 좌의정 許琛의 형이다. 1459년 언로 개방, 이단 배척, 경연 실시 등을 주장하는 소를 올려 세조의 신임을 얻었다. 한명회의 종사관이 되어 북변경영에 공헌하였고, 이시애의 난을 평정한 공으로 적개공신에 책록되었다. 건준위 여진족이 침입하자 평안도순찰사로 파견되었고, 여진족 우디거가 함길도 방면으로 침입하자 북정도원수가 되어 격파하였다. 문무를 겸비해 국방과 문예에 큰 공을 남겼으며 의학에도 조예가 깊었다.

12 和同(화동): 두 사람 사이가 벌어졌다가 다시 뜻이 서로 맞게 됨.

癸亥, 爲掌令, 廢朝亂改日甚, 公與同僚, 疏論十餘條, 皆切直不諱。

一日, 廢主出幸, 及還, 不由正路。公諫曰: "君子行不由徑, 況人君乎? 一事不由於正, 萬念從而皆不正." 因極諫, 主大怒。

甲子, 士林禍起, 公亦坐前事, 杖竄原州[13]。尋逮繫[14], 命加栲掠問[15]前在臺時先發行不由徑之言者, 同囚舊僚皆失色。公獨笑曰: "吾所發也." 復杖配前所。

甲子以來, 吏不暇聽訟, 冤枉無所決。丙寅反正, 公道初開, 牒訴雲委。上特超公四資, 授判決事, 三公啓: "柳某, 學術有源, 經幄[16]不可無此人." 上從之, 移授工曹參議, 令兼帶經筵參贊官, 盖殊寵也。又拜大司成, 三公又啓: "性理之學, 不可絶其傳, 請選年少文臣, 就柳某受業." 上嘉納[17]。

公, 在太學五年, 拜黃海道觀察使。三公啓曰: "近將進講《周易圖書啓蒙[18]》, 柳某不宜外授." 乃改同知中樞府事。【姜渾[19]撰碑】

燕山之卒也, 上以喪葬之禮問于朝, 大臣等奏曰: "葬用王子禮, 至於停朝市[20]及守廟, 不可." 公上箚[21]曰: "前王得罪宗社, 固不得祔祀[22]宗

---

13 原州(원주): 강원도 서남쪽에 있는 고을.

14 逮繫(체계): 붙잡아서 옥에 가둠.

15 栲掠(고략): 拷掠. 조선시대에 법률상 허용한 고문. 고문하여 때림.

16 經幄(경악): 經筵. 조선시대 왕과 신하들이 경서와 역사 등 학문을 배우는 제도.

17 嘉納(가납): 옳지 못하거나 잘못한 일을 고치도록 권하는 말을 기꺼이 받아들임.

18 圖書啓蒙(도서계몽): 《中宗實錄》 1511년 11월 24일 1번째 기사에 의하면, '계몽도서'의 오기. 易學啓蒙은 원래 주희가 《주역》의 심오한 이치를 학문이 미숙한 초학자들이 이해하기 쉽도록 알기 쉽게 해설한 것이다.

19 姜渾(강혼, 1464~1519): 본관은 晉州, 자는 士浩, 호는 木溪·東皐. 증조부는 姜友德이며, 조부는 집의 姜叔卿이다. 아버지는 姜仁範이며, 어머니 星州呂氏는 호군 呂仁甫의 딸이다. 金宗直의 문인이다. 1483년 생원시에 장원으로 합격하고 1486년 식년문과에 급제하였다. 1498년 무오사화 때 김종직의 문인이라 하여 杖流되었으나, 부인의 힘으로 방면되고 文章으로써 연산군의 총애를 받았으며 도승지가 되었다. 1506년 중종반정에 참여하여 靖國功臣 3등으로 晋川君에 봉해지고 좌승지를 거쳐 대제학, 1511년 공조 판서, 이듬해 한성부판윤, 1514년 판중추부사·우찬성을 역임했다. 그런데 연산군 말년 愛姬의 죽음을 슬퍼한 왕을 대신하여 宮人哀詞와 제문을 지은 뒤 사림으로부터 질타의 대상이 되었고, 반정 후에도 홍문관으로부터 폐조의 倖臣이라는 탄핵을 받았다.

祧[23], 而人臣爲君喪葬之禮, 不宜若是也。葬用陵儀, 別立廟主[24], 訃聞上國, 情之至, 義之盡也." 柳子光[25]請鞫問, 朴元宗[26]以爲: "不宜在近侍." 上命遆經筵官, 兩司爭之不得。【東閣雜記[27]】

公爲諺釋經書, 以曉諸生, 經書之有諺解, 自公始也。【柳希春[28]撰日記】

보충

강혼(姜渾, 1464~1519)이 찬한 신도비명

가선대부 동지중추부사 완산류공 신도비명

공(公)의 휘는 숭조, 자는 종효, 그 선조는 완산(完山: 전주)에서 나왔

---

20 停朝市(정조시): 國喪이나 대신의 장례 또는 큰 재변이 있을 때에 얼마 동안 衙門은 공사를 보지 않고, 각기 상인들도 저자를 보지 않던 일.

21 箚(차): 箚子. 疏章의 일종으로 일정한 격식을 갖추지 않고 간단히 사실만을 기록하여 올리는 글. 상소보다는 형식은 간단하면서도 말하고자 하는 것은 다 표현하는 이점이 있다.

22 祔祀(부사): 사당에 신주를 모시는 제례.

23 宗祧(종조): 宗廟. 역대 임금과 왕비의 위패를 모시던 왕실의 사당.

24 廟主(묘주): 사당에 모신 神主.

25 柳子光(류자광, 1439~1512): 본관은 靈光, 자는 于後. 증조부는 柳濡이며, 조부는 柳斗明이다. 아버지는 부윤 柳規이다. 이시애의 난 때 자원하여 종군하여 서얼로서 벼슬길을 허락받고 세조의 총애를 입었다. 예종 때는 남이의 옥을 주도했고, 연산군 때는 김종직의 〈조의제문〉에 주석까지 달아 연산군에게 고하여 무오사화를 일으켰다. 이로써 여러 차례 공신에 녹훈되어 조정과 민간에 권세를 떨쳤다. 중종반정 때도 참여하여 정국공신에 올랐으나 대간과 홍문관·예문관의 잇따른 탄핵으로 광양으로 유배되었고 유배지에서 사망했다.

26 朴元宗(박원종, 1467~1510): 본관은 順天, 자는 伯胤. 조부는 副知敦寧府事 朴去踈이다. 아버지는 敵愾佐理功臣 朴仲善이며, 어머니 陽川許氏는 許稛의 딸이다. 조참지, 강원도관찰사, 우의정 등을 역임하였다.

27 東閣雜記(동각잡기): 李廷馨(1549~1607)이 고려 말부터 조선 선조 때까지의 史實을 뽑아 엮은 책.

28 柳希春(류희춘, 1513~1577): 본관은 善山, 자는 仁仲, 호는 眉巖. 해남 출신. 증조부는 柳陽秀이며, 조부는 柳公濬이다. 아버지는 柳桂鄰이며, 어머니 耽津崔氏는 사간 崔溥의 딸이다. 부인 礪山宋氏는 宋駿의 딸이다. 金麟厚와는 사돈간이다. 金安國·崔山斗의 문인이다. 장령, 전라도관찰사, 이조참판 등을 역임하였다.

다. 고려 말에 휘 류습(柳濕)은 음덕을 쌓아 집안에 경사가 넘쳤으니, 아들 다섯 명과 사위 한 명이 모두 문과에 급제하여 영화가 당시에 빛났으며, 죽어서는 사헌부 장령에 증직되었으며, 부인은 삼한국대부인(三韓國大夫人)에 봉해졌다. 그 둘째아들 휘 류극서(柳克恕)는 벼슬이 보문각 직제학에 이르렀다. 그가 휘 류빈(柳濱)을 낳으니, 우리 태종과 과거에 같이 합격하여 진사가 되었으며, 청현직(淸顯職)을 두루 역임하고 죽었으며, 벼슬은 영흥대도호부사에 이르렀다. 그가 휘 류경손(柳敬孫)을 낳으니 무공랑으로 중부령에 죽었지만 이조참의에 증직되었고, 이 부령이 휘 류지성(柳之盛)을 낳으니 선무랑으로 전생서령을 지냈지만 이조참판에 증직되었는데, 모두 공(公)의 덕 때문이었다.

전생서령이 안동권씨에게 장가들었으니 직장 권득지의 딸이었는데, 경태 임신년(1452)에 공을 낳았다. 공은 어려서부터 놀기를 좋아하지 않고 배움의 길로 나아간 뒤 문득 성리학에 뜻을 두어 미사여구로 문장을 꾸미는 데에 힘쓰지 않았다. 성장해서는 학문이 더욱 향상되어 진사시에 합격하였다. 얼마 안 되어 모친상을 당하여 여묘살이 3년을 마쳤는데, 비록 추우나 더우나 비가 오나 눈이 오나 반드시 아침저녁으로 묘에 가서 절하기를 오직 공경히 하였다.

삼년상을 마치자 성균관에서 18년을 지내면서 어진 스승과 벗을 만나 함양한 것이 이미 오래되니, 학문이 더욱 넓어져 경사자집(經史子集)을 꿰뚫지 못한 것이 없었는데다 역서(易書)·예기(禮記)에 더욱 정통하였다. 천명(天命)·인성(人性)·이수(理數)의 근원에서부터 천문(天文)·역상(曆象)의 오묘함에 이르기까지 사람들이 능히 이해할 수 없는 것들을 반드시 심오하게 탐색하였으니, 털끝을 나누고 실오라기를 쪼개듯 세밀히 분석하고 융합하여 총체적으로 철저히 이해하였다. 일찍이 손수 혼천의(渾天儀)를 만들었는데, 모든 일월(日月)과 성신(星

辰)의 전도(躔度: 천체 운행의 도수)와 절기(節氣)의 추이가 두 입술을 합치듯 꼭 맞았다.

앞서 삼사(三舍: 성균관)에 전하여 하나가 되어 남을 추천하고 자신은 사양하여서 명성이 사림 사이에 진동하였는데, 다시 관시(館試: 성균관 유생이 응시하는 식년문과 초시)에서 장원하고 기유년(1489) 문과에 급제하였다. 예문관 검열로 선발되어 제수 받자, 사유(師儒) 이극증이 주상에게 아뢰기를, "류 아무개는 벼슬이 비록 낮을지라도 그 학문과 덕행이 사표(師表)가 될 만하오니, 청컨대 성균관을 겸직토록 하여 여러 유생들을 가르치게 하소서"라고 하니, 주상이 그대로 따랐다. 때마침 천문(天文)에 정통한 자를 선발하여 흠경각 보수하는 것을 감독케 하라는 왕명이 있었는데, 공과 지금의 영지중추부사 김응기(金應箕)가 실제로 그 일을 관장하였다.

여러 번 옮겨서 시강원사서가 되었다가 사간원정언으로 전직되었다. 하루는 공이 우의정 허종과 같이 경연에 입대(入對)하였는데, 허종이 주상에게 아뢰기를, "재상과 대간은 화합하는데 힘써야 조정이 편안해질 것입니다."라고 하자, 공이 극력 말하기를, "재상과 대간이 서로 옳으니 그르니 시비를 다투는 것은 이치에 어그러져서 어지러운 것이 아니라 바로 임금을 도에 합당하도록 인도하여 어떤 일이든 이치에 어긋나지 않게 하려는 것일 뿐입니다. 이치에 맞는 것을 구하지 않으면서 오로지 화합하는 것만 힘쓰는 것은 국가의 복이 될 수 없을 것입니다."라고 하였다. 연달아 꺾으려 해도 굽히지 않자, 허종이 그 강직함에 감탄하였다.

여러 차례 승진하다가 성균관직강이 되었다. 무오년(1498) 부친상을 당하여 몹시 슬퍼하는 것이 이전의 모친상과 같았는데, 대학생(大學生: 성균관 유생)이 모두 재계하고 와서 조문하였다.

신유년(1501) 상복을 벗게 되었을 때 홍문관부교리에 제수되었고, 계해년(1503) 사헌부장령으로 전직되었다. 폐조(廢朝: 연산군)의 정치가 어지러워질 조짐이 실로 이때 있자, 공이 동료들과 발의하여 군주의 실정 10여 조목을 논하는 상소를 올렸으니 모두 절실하고 곧았을 뿐 아무런 숨김이 없었다.

하루는 임금의 수레가 궐 밖으로 거동했다가 궁궐로 돌아올 때 바른길로 오지 않고 지름길로 서운관(書雲觀) 앞의 고개를 지나왔다. 이에 공이 간하기를, “군자는 다닐 때 지름길로 다니지 않거늘, 하물며 임금이겠습니까? 하나의 일이라도 바른 것을 따르지 않으면, 만 가지 생각이 이를 따라서 모두 바르지 않게 됩니다.”라고 하며 계속 극간하자, 임금이 크게 노하였으니 뒷날 죄를 받을 일이 아닌데도 좌천시켜 호군으로 삼았다.

갑자년(1504) 정사가 더욱 어지러워져 사화(士禍)가 일어나자 공 또한 이전의 직간했던 일에 연관되어 곤장을 맞고 원주로 귀양 갔다. 얼마 지나지 않아서 다시 잡히어 의금부 감옥에 끌려왔는데, 고문을 가해 그전에 간관(諫官)으로 있을 때 지름길로 다니지 말아야 한다고 먼저 말한 자에 대해 심문하도록 하자, 함께 갇힌 옛 동료들은 다 서로 돌아보며 얼굴빛이 변하였으나, 공만은 웃으며 대답하기를, “제가 발설한 것입니다.”라고 하였다. 다시 곤장을 맞고 이전 귀양지로 유배되었다.

병인년(1506) 9월에 금상(今上: 중종)이 즉위하여 상사(喪事)와 난리를 겨우 진정시키고 모든 교화를 새롭게 하였으니, 가장 먼저 경연을 열어서 단정하고 명철한 선비를 맞아들였다. 이에, 삼공(三公: 영의정·좌의정·우의정)은 번갈아서 공이 현명하다며 추천하니, 공을 불러 홍문관부응교에 제수하였다. 공은 매번 경연에 나아가 면대할 때마다 그 논설이 종횡무진하면서 경전의 깊고 오묘한 뜻을 죄다 드러내니, 주상이 매우 가상히 여겼다. 얼마 되지 않아서 전한으로 승진하였다.

갑자년 이래로 관리들은 송사를 들을 겨를이 없었으니, 원통한 누명을 써서 억울한 일들에 대해 아무런 처결도 내리지 않았다. 이때에 이르러서 공도(公道: 공평하고 바른길)가 처음으로 열리자, 첩소(牒訴: 진정서와 소장)가 구름처럼 쌓여 관리들이 그것을 처결하느라 현혹되었다. 주상이 특별히 4품이나 올려서 통정대부 판결사에 제수하니, 삼공이 아뢰기를, "류 아무개는 학술에 연원이 있어서 경악(經幄: 經筵)에 이 사람이 없어서는 아니 됩니다."라고 하자, 주상이 이를 따라서 공조참의로 바꿔 제수하고 경연 참찬관을 겸임하게 하였는데, 이는 특별한 총애이었다.

얼마 되지 않아서 대사성에 제수하니, 삼공이 또 주상에게 아뢰기를, "성리학이 전해지지 않도록 해서는 아니 되니, 청컨대 나이 젊은 문신(文臣)을 뽑아서 류 아무개에게 보내어 가르침을 받도록 하소서."라고 하자, 주상이 기꺼히 받아들였다.

신미년(1511) 3월 주상은 성균관에 거둥하여 유생들의 공부하는 상황을 돌아보고 선성(先聖)을 배알한 뒤 명륜당에 나아가 경서를 옆에 끼고 다니며 어려운 곳을 묻고서 따로 여러 신하들에게 사서이경(四書二經)을 진강(進講)하도록 하였다. 공이 가장 먼저 《대학(大學)》을 강의하였으니, 마음을 보존하고 정치를 하는 요체에 대해 반복하여 논변하면서 바르게 경계하고 풍간하는 뜻을 덧붙였는데, 주상이 이를 경청하였다. 그 다음날 공은 성균관 유생들을 이끌고서 대궐로 나아가 표문을 올려 사례하고, 자신이 지은 대학잠(大學箴) 십장(十章)과 성리연원(性理淵源: 본성의 이치에 대한 연원) 등의 책을 올렸다. 주상은 이를 읽고서 가상히 여겨 속히 간행하도록 명하고, 특별히 가선대부로 품계를 올리며 금대(金帶) 1개와 당나라 비단 안감과 겉감 1벌을 하사하였다. 공이 재삼 고사하자, 전교(傳敎)하기를 "이것은 한가지 일 때문만은 아니다. 경(卿)은 오랫동안 성균관을 맡아오며 인재를 키워 나의 정치를 돕게 하여 공로가 상줄 만하니, 사양하지 말라." 하였다. 6월에 병으로 사직하자, 대학생(大學生: 성균관 유생)들이 상소문을 올려 만류하도록 청하니, 주상이 따랐다.

공이 태학(太學: 성균관)에 있은 지 5년만에 외직으로 나가 황해도관찰사에 제수되니, 삼공이 경연관들과 함께 주상에게 아뢰기를, "가까운 시일에 주상 앞에서 《주역도서계몽(周易圖書啓蒙: 易學啓蒙圖書의 오기)》을 강론하려 했사온데, 류 아무개는 역학에 정통하니 외직에 제수함은 온당치 않습니다."라고 하자, 곧바로 동지중추부사로 바꾸었다. 이어서 공과 김응기에게 홍문관과 독서당의 여러 선비들과 같이 주역(周易)·예기(禮記)·성리대전(性理大典) 등을 토론하여서 진강(進講)에 대비하도록 명하였다.

임신년(1512) 2월 3일 질병으로 죽으니 향년 61세였다. 부음 소식이 전해지자, 주상은 애도하며 관곽(棺槨) 및 부의(賻儀)와 제사를 규정보다 후하게 하사하였다. 관각(館閣: 홍문관·예문관·규장각)의 문사(文士)들이 서로 조문하며 말하기를,= "류 아무개가 이제 세상을 떠났으니, 우리 유림의 횡액(橫厄)이로다."라고 하였다. 조정의 벼슬아치들과 성균관의 유생들이 모두 달려와 조문하여 곡하였고 제사에 정성껏 부의(賻儀)하였다. 성균관 유생 가운데는 소식(素食)을 7일간이나 하여 마치 자신의 친척상(親戚喪)을 당한 것처럼 한 자도 있었다. 이해 5월 17일에 여주 문곡 둔덕에다 장사지냈으니, 선영(先塋)이 있는 곳에 장사한 것이다. 때마침 비가 내렸지만 성균관 유생들이 모두 비를 무릅쓰고 울며 교외에까지 전송하는데 뒤처지는 사람이 없었다.

공의 첫째부인 여주민씨는 감찰 민형손의 딸이고, 둘째부인 순천박씨는 습독관 박계손의 딸인데, 모두 대대로 명망이 있는 집안 출신으로 정부인(貞夫人)에 봉해졌다. 민씨는 1남1녀를 낳았는데, 아들 류응태는 목사 이덕근의 딸에게 장가들었고, 딸은 내금위 하익수에게 시집갔다.

민씨는 갑자년(1504) 2월 16일에 죽었는데, 그해 4월에 광주(廣州) 치소(治所)의 서쪽에 장사지냈으나, 그 터가 나빠 다른 곳으로 옮기려 하여 임신년(1512) 5월 17일 공의 묘소 왼쪽에 합장하였다.

나 강혼은 공과 오랫동안 동료였던 사람이다. 이 때문에 공을 가장 잘 알 수 있었다. 이제 공의 아들이 청을 하게 되었던 것이다.(이하 명문 생략)

병충분의 정국공신 숭록대부 진선군 강혼이 짓다.

• **嘉善大夫同知中樞府事完山柳公神道碑銘**

公諱崇祖, 字宗孝, 其先出完山。高麗末有諱濕, 積慶于家, 五子一壻, 俱捷文科, 榮耀當時, 卒贈司憲府掌令, 妻封三韓國大夫人。其第二子諱克恕, 官至寶文閣直提學。生諱濱, 爲我太宗, 同榜進士, 敭歷淸顯卒, 官至永興大都護府使。生諱敬孫, 務功郎中部令卒, 贈吏曹參議, 部令生諱之盛, 宣務典牲署令, 贈吏曹參判, 皆以公故。署令娶安東權氏, 直長得之女, 景泰壬申生公。公自弱齡, 不好弄, 旣就學, 便有志於性理之學, 不事雕篆。旣長, 學益進, 中進士。旣而, 丁內憂, 廬墓終三年, 雖寒暑雨雪, 必晨夕上墓, 拜唯謹。服闋, 居泮宮十八年, 得賢師友, 涵養旣久, 學問益廣, 經史子集, 靡不淹貫, 而尤邃於易禮記, 天人性命理數之原, 以至天文曆象之妙, 人所不能曉者, 必探索幽微, 毫分縷析, 融會貫通。嘗手制渾天儀, 凡日月星辰, 躔度節氣, 推移朒合。先傳三舍[29], 翕然推讓, 名動士林, 再魁館試, 擢己酉科。選授藝文檢閱, 師儒李克增啓: "柳某, 官雖卑, 其學行可爲師表, 請令兼帶成均館, 訓誨諸生." 從之。時有命選精於天文者, 監修欽敬閣, 公與今領中樞金應箕, 實掌其事。累遷侍講院司書, 移司陳院[30]正言。一日, 與右議政許琮, 同對經筵, 許啓: "宰相與臺諫, 務要和同, 朝廷乃安." 公力言: "宰相臺諫, 相可否·爭是非, 非爲乖亂, 正欲引君當道, 事不悖理耳。不求合理, 惟務和同, 非國家之福也." 因折抑不撓, 許歎其直。累遷成均館直講。戊午丁外憂, 哀毁如前喪, 大學生闔齋來吊。辛酉免喪, 拜弘文館副校理, 癸亥轉司憲府掌令。廢朝亂政, 實兆此時, 公倡議同僚, 疏論主失十餘條, 皆切直不諱。一日, 法駕出幸還宮時, 不由正路, 徑由書雲峴。公諫曰: "君子行不由徑, 况人君乎? 一事不由於正, 萬念從而皆不正." 因極諫, 主大怒, 後以非所當罪, 左授護軍。甲子政益亂, 士林禍起, 公亦坐前事, 杖竄原州。尋逮繫禁府獄, 命加栲掠問前在臺時, 先發行不由徑之言者, 同囚舊僚, 皆相顧失色, 公獨笑對: "吾所發也." 復杖配前所。丙寅九月, 今上卽位, 喪亂甫平, 萬化維新, 首開經幄, 以待端明之士。於是, 三公交薦公賢, 召拜弘文館副應敎。公每進對, 論說縱橫, 發盡秘奧, 上甚嘉之。未幾, 陞典翰。自甲子以來, 官吏不暇聽訟, 寃枉無所決。至是, 公道初開, 牒訴雲委, 吏眩於裁決。上特超公四資, 授通政判決事, 三公啓: "柳某, 學術有源, 經幄不可無此人." 上從之, 移授工曹參議, 令兼帶經筵參贊官, 蓋殊寵也。俄授成均館大司成, 三公又啓: "性理之學, 不可絶其傳, 請選年少文臣, 就柳某授業." 上嘉納。辛未三月, 上視學謁先聖, 仍御明倫堂, 橫經問難, 分命諸臣, 進講四書二經。公首講大學, 反復論辨存心出治之要, 寓以規諷, 上爲之傾聽。明日, 公率諸生, 詣闕上表陳謝, 進其所撰大學箴十章·性理

---

29 三舍(삼사): 宋나라 때 太學에서 생도를 考選하던 법. 처음 태학에 들어갈 때는 外舍로 가고, 여기에서 성적이 우수하면 선발되어 內舍로 가고, 또 여기에서 성적이 우수하면 선발되어 上舍로 올라가는 것을 말한다.

30 司陳院(사진원): 司諫院의 오기.

淵源等書。上覽而嘉之, 亟命刊行, 特加嘉善階, 賜金帶一腰·唐表裏一襲。公固辭再三, 教曰: "此非爲一事。卿久掌成均, 作成人才, 以助予治, 功在可賞, 其勿辭." 六月, 以病辭職, 大學生上章請留, 上從之。在大學凡五年, 出拜黃海道觀察使, 三公同經筵官, 啓曰: "近將進講周易圖書啓蒙, 柳某精於易學, 不宜外授." 乃改同知中樞府。仍命公與金應箕, 同弘文館讀書堂諸儒, 討論易禮記性理大全等書, 以備進講。壬申二月初三日, 以疾卒, 年六十一。訃聞, 上傷悼, 促賜棺槨賻祭有加。館閣文士, 相吊曰: "柳某今亡, 斯文之厄也." 朝廷搢紳之列與大學諸生, 皆奔走吊哭, 賻祭以誠。大學生有行素七日, 如喪其親屬者。是年五月庚申, 葬于驪州文谷之原, 從先兆也。會天雨, 諸生咸冒雨, 哭送郊外, 無後者。公先娶驪州閔氏, 監察亨孫之女, 繼室順天朴氏, 習讀官季孫之女, 皆累世望族, 封貞夫人。閔氏生一男一女, 男應台娶牧使李德根之女, 女適內禁衛河益粹。閔氏, 歿在甲子二月十六日, 其年四月, 葬廣州治西, 以非其地遷之, 壬申五月庚申, 祔葬于公之左。渾於公, 忝爲同僚久。以此知公爲最悉。今因其孤之有請也。……(이하 명문 생략)…… 秉忠奮義靖國功臣崇祿大夫晉川君姜渾撰。

〔眞一齋先生遺集[31], 下, 附錄〕

31 『韓國歷代文集叢書』682(경인문화사, 1993)에 실려 있으나, 姜渾의 문집《木溪先生逸稿》에는 실려 있지 않음.

13. 김용석

김용석의 자는 연숙, 호는 담암, 본관은 광주(光州: 光山)이다. 성종 임진년(1472) 진사시에 합격하였다.

공(公)은 점필재 김종직 선생의 문하에 종유하였는데, 연산군 초에 가솔을 데리고 안동의 구담에 은거하였다.

세상에서 전하기를, 공이 임종할 때 책상에 쌓인 문적을 가져다가 불살랐다고 하니, 아마도 이름을 세상에 남기지 않으려는 것이었으리라.

추강 남효온의 《사우록》에 중화재(中和齋) 강응정이 향약을 설립하고 《소학》을 태학에서 회강(會講)한 사실이 실려 있으니, "그 선임된 사람은 모두 당시의 명사이니, 이를테면 김용석·신종호·박연·손효조·정경조·권주·정석형·강백진·김윤제는 더욱 뛰어나다."라고 하였고, 끝부분에서 이르기를, "세상에서 그들을 좋아하지 않는 자는 그들을 비방하여 소학계나 효자계로 지목하기도 했으며, 공자·사성(四聖)·십철(十哲)이라는 기롱도 있었다."라고 하였다.【협주: 이광정이 찬한 유허비에 실려 있다.】

• 金用石

金用石[1], 字鍊叔, 號潭庵, 光州人。成宗壬辰進士。

---

1 金用石(김용석, 1453~1523): 고조부는 대사헌과 충청도관찰사 金若采이고, 증조부는 형조좌랑 退村 金閑이며, 조부는 직장 金達孫이다. 아버지는 강화도호부사 金洙이며, 어머니 安東權氏는 權恒의 딸이다. 부인은 順天金氏이다.

公遊佔畢[2]金先生之門，燕山初，挈家隱于安東九潭。

世傳，公臨終，將案上書火之，盖不欲留名於世。

南秋江孝溫[3]《師友錄》載姜中和[4]設鄕約，會講《小學》於太學事，"其選皆一時名士， 如金用石·申從濩[5]·朴演[6]·孫孝祖·鄭敬祖[7]·權柱·丁碩亨·康伯珍[8]·金允濟，其尤也." 末云: "世之不悅者喧之，指以爲《小學》·孝子之契，有夫子四聖十哲之譏."云。【李光庭[9]撰遺墟碑】

---

2 佔畢(점필): 佔畢齋. 金宗直(1431~1492)의 호. 경상남도 밀양 출신. 본관은 善山, 자는 孝盥·季昷. 아버지는 사예 金叔滋이며, 어머니 밀양박씨는 司宰監正 朴弘信의 딸이다. 정몽주와 길재의 학통을 계승하여 김굉필- 조광조로 이어지는 조선시대 도학 정통의 중추적 역할을 하였다. 세조의 왕위찬탈을 풍자해 생전에 지은 〈弔義帝文〉은 무오사화가 일어나는 원인이 되어 사후에 부관참시되었다가 중종반정으로 신원되었다. 병조참판, 홍문관제학, 공조참판 등을 역임한 문신이자 학자이다. 화려한 문장보다는 정의를 숭상하고, 시비를 분명히 밝히려는 의리를 중요하게 여겼다.

3 南秋江孝溫(남추강효온): 秋江 南孝溫(1454~1492). 본관은 宜寧, 자는 伯恭, 호는 杏雨·最樂堂·碧沙. 영의정 南在의 5대손으로, 조부는 감찰 南俊이다. 아버지는 생원 南恮이며, 어머니 鐵城李氏는 도사 李谷의 딸이다. 김종직의 문인이며, 김굉필·정여창 등과 함께 수학하였다. 1478년에 문종의 비 현덕왕후의 소릉을 복위하자고 주장하여 훈구파의 반발을 샀다. 당시 언급이 금기시되었던 死六臣을 위해 〈六臣傳〉을 저술하였다. 1504년 갑자사화 때 소릉 복위 상소를 이유로 부관참시를 당하였다. 1513년 소릉이 복위되자 남효온도 신원되었다. 김시습 등과 함께 生六臣으로 칭송되고 있다.

4 中和(중화): 中和齋. 姜應貞(생몰년 미상)의 호. 본관은 晉州, 자는 公直. 아버지는 첨지중추부사 姜毅이다. 은진에 살면서 효행으로 이름이 있었다. 1470년 효행으로 천거되었으나 사퇴하고 1483년 생원시에 합격하여 성균관 유생이 되었다. 金用石·申從濩·朴演·孫孝祖·鄭敬祖·權柱 등과 함께 주자의 고사에 따라 향약을 만들고, 《소학》을 강론하였다. 그리하여 세상에서는 小學契 또는 孝子契라 하였다.

5 申從濩(신종호, 1456~1497): 본관은 高靈, 자는 次韶, 호는 三魁堂. 조부는 영의정 申叔舟이다. 아버지는 봉례랑 申澍이며, 어머니 淸州韓氏는 영의정 韓明澮의 딸이다. 대사헌, 이조참판, 경기도관찰사 등을 역임하였다.

6 朴演(박연, 생몰년 미상): 본관은 密陽, 자는 文叔. 아버지는 어모장군 朴時霖이다. 1472년 진사시에 합격하였다.

7 鄭敬祖(정경조, 1455~1498): 본관은 河東. 아버지는 鄭麟趾이다. 예조참판, 사헌부대사헌, 동지의금부사, 한성부부윤 등을 역임하고, 1496년 동지중추부사로서 성절사로 명나라에 다녀왔다.

8 康伯珍(강백진, 생몰년 미상): 본관은 信川, 자는 子韞, 호는 無名齋. 아버지는 康惕이다. 康仲珍의 동생이다. 金宗直의 문하생으로 있다가 그의 사위가 되었다. 무오사화에 연루되어 유배지에서 죽었다.

9 李光庭(이광정, 1674~1756): 본관은 原州, 자는 天祥, 호는 訥隱. 조부는 문과도사 李時馣

보충

이광정(李光庭, 1674~1756)이 찬한 유허비명

진사 담암선생 김공 유허비명 병서

복주(福州: 안동)의 구담은 용궁과 예천 두 고을이 만나는 곳이다. 앞으로는 낙동강을 굽어보고, 세 고을의 백성들이 연안을 따라 살고 있어서 집들이 서로 잇대어져 대촌(大村)을 이루었다. 북으로 용궁산이 있는데, 그 산에 고(故) 진사 담암 김 선생의 무덤이 있다.

선생의 휘는 용석, 자는 연숙, 성화연간(成化年間, 1465~1487)의 사람이다. 대대로 경성(京城)의 동문 밖에 살았다. 20세 때 성종 3년인 임진년(1472)의 진사시에 합격하였고, 점필재 김 선생 문하에 유학하였다. 교동(喬桐: 연산군 유배지로 연산군 지칭) 초에 가솔들을 이끌고 구담으로 와서 은거하였으니 부인 김씨의 고향이었다.

공이 죽고서 자손들이 그 집을 팔구대(八九代) 동안 이어가며 지켰다. 그러나 공의 묘소 앞에 있는 비석에는 단지 성(姓)과 휘(諱)만 쓰여 있을 뿐 묘비문이 없었다. 공은 아들 8명이나 두었고 자손들도 문아(文雅: 詩文)를 닦아 전수하였는데도, 공이 죽은 뒤의 일을 도모함이 이렇게까지 전혀 없었음은 무엇 때문인가. 세상에 전해오기로는 공이 임종할 때 책상에 쌓인 문적을 가져다가 불살랐다고 하니, 아마도 이름을 세상에 남기지 않으려는 것이었으리라. 그래서 자손들은 공이 남기신 뜻을 받들어 비석에 감히 비문을 싣지 못한 것이었다.

지금 공이 살았던 시대와는 거의 300년이나 지났으니, 당시의 사적을 징험할 수 없다. 다만 추강 남효온의 《사우록》에 공의 성과 이름이

이다. 아버지는 李後龍이며, 어머니는 公州李氏이다. 백부 李先龍의 양자로 갔다. 1699년 진사가 되었으나, 생부모와 양부모 喪을 연이어 당하자, 과거시험을 포기하고 태백산 자락 小川山으로 들어가 젊은이를 가르치면서 문장가로서의 일생을 보냈다.

실려 있을 뿐인데, 중화재(中和齋) 강응정의 사적 속에서 말하기를, “공이 젊었을 때 주문공(朱文公)의 고사에 의거하여 향약을 설립하고 매월 초하룻날에 《소학》을 태학에서 회강(會講)하였다. 그 선임된 사람은 모두 당시의 명사이니, 이를테면 김용석(연숙) · 신종호(차소) · 박연(문숙) · 손효조(무첨) · 정경조(효곤) · 권주(지경) · 정석형(가회) · 강백진(자온) · 김윤제(자주)는 더욱 뛰어나다.”라고 하였고, 그 끝부분에서 이르기를, “세상에서 그들을 좋아하지 않는 자는 그들을 비방하여 소학계나 효자계로 지목하기도 했으며, 공자(孔子) · 사성(四聖) · 십철(十哲)이라는 기롱도 있었다.”라고 하였다. 추강옹(秋江翁)은 한 시대를 고고하게 살았고 다른 사람을 인정하는 일이 드물었데도 차례로 장안의 빼어난 선비를 열거하고 유독 10명을 거명하며 더욱 뛰어나다면서 공을 으뜸으로 꼽았으니 공을 알 수 있을 것이다.

바로 이때는 성종이 인재를 키웠으니, 한 시대의 준수한 인재들이 융성했다고 이를 만하다. 그 향약을 태학에 설치하고 《소학》을 강론했음은 대개 고도(古道: 옛 도)를 앞장서 밝혀 이 세상에 시행하려는 것일 뿐이었다. 그러나 희롱하면서 저지하는 자들이 있었으니, 공 또한 사도(斯道)가 시행될 수 없을 줄 알고서 다시는 과거시험에 응시하지 않았다. 동문 중에 한원당(寒暄堂: 김굉필)과 일두(一蠹: 정여창) 같은 어진 이는 이 《소학》으로 몸과 마음을 닦도록 몸소 후세에 전하려다가 끝내 세상의 화를 면치 못했고, 정암(靜庵: 조광조) 선생은 한훤당으로부터 배워서 이 소학을 당대에 시행하려다가 또 기묘사화가 있고 말았다. 우리 동방은 참으로 좁고 작다. 그런데 어찌 그리도 고도(古道)와 서로 어긋남이 이와 같은가.

가만히 생각건대 선생은 학술이 순수하고 올곧은 데다 지혜가 깊고 넓어 천문의 변화를 통해 인간사의 길흉을 헤아려 보고서 하루가 다하기를 기다리지 않고도, 단번에 천리를 나는 고니처럼 초연하게 득의하였다. 무오년과 갑자년의 양대 사화를 겪으며 동료들은 뼛가루가 되어 어육이 되었지만, 재능을 감추고 한 해씩 마쳐서 몸과 명성이 파묻히는데도 한하지 않았으니, 주역에 이르기를, “기미를 알면 신이라 할 수 있다.”라고 함이 아마도 선생을 일컬은 것이리라.

이야기하는 이의 말에 의하면, “어떤 사람이 선생의 묘산(墓山)에 남몰래 묘 쓴 것을 현감이 현장 조사하다가 묘 앞의 비석을 보고 놀라 울며 말하기를, ‘나는 이 어른의 유해가 이곳에 묻힌 줄 몰랐도다.’라고 하면서 제문을 지어 곡을 하며 제사 지내고 갔다.”라고 하였다. 그렇다면 당시의 사람들 중에 선생의 처소를 알지 못하는 자가 많았을 것이다.

선생의 후손이 재사(齋舍)를 짓고 1년에 1번씩 선생의 묘소에 제사를 지냈는데, 금년 봄에 9세손 김광현이 분개하며 선생의 유적이 없어지는 것을 염려하였다. 같은 종인들에게 비석을 세우자면서 선생의 사적 약간을 기록하여 그 유허지에 드러내자고 발의하니, 모두 두 손 모아 절하면서 좋다고 하였다. 이에, 김광현이 그 일로 와서 비명을 지어 달라고 청하였다. 이광정 또한 먼 외손이 된 처지로서 늙었고 글 솜씨가 없다는 이유만으로는 사양할 수가 없어 삼가 그 부탁을 받아드리고 위와 같이 서술하였다. (이하 명문 생략)

• **故進士潭巖先生金公遺墟碑銘 幷序**

福州之龜潭，則龍醴二郡之交也。前俯洛江，三邑之民，絡岸而居，屋廬相連爲大村。北則龍宮山， 其上有故進士潭巖金先生塚焉。先生諱用石，字鍊叔，成化間人也。世家京城之東門外。二十，中成廟三年壬辰進士，遊佔畢翁門下。喬桐初，則挈家來隱于九潭，夫人金氏之鄉也。公沒而子孫守其廬， 相傳八九世。而公墓前石， 只書姓諱， 闕顯刻。公男八人，子孫文雅傳業，而爲公身後謀，沒沒若此，何也？世傳，

公臨終, 將案上書火之, 盖不欲留名於世。而子孫遵遺意, 不敢載之石歟。今距公幾三百年, 當時事無可徵。獨南秋江孝溫錄師友, 載公姓名, 而姜中和應貞事中, 言: "公少時依朱文公故事, 設鄕約, 月朔會講小學於太學。其選皆一時名士, 如金用石鍊叔·申從濩次韶·朴演文叔·孫孝祖無忝·鄭敬祖孝昆·權柱支卿·丁碩亨嘉會·康伯珍子韞·金允濟子舟, 其尤也." 末云: "世之不悅者喧之, 指以爲小學·孝子之契, 有夫子四聖十哲之譏."云。秋江翁, 高蹈一世, 少許可人, 而列數長安俊士, 獨擧十人爲尤, 而公首焉, 則公可知也。當是時, 成廟作人, 一時才俊, 可謂盛矣。其設鄕約于太學, 講論小學, 盖欲倡明古道, 措諸斯世而已。有戱而沮之者, 公亦知斯道之不可行, 不復應擧。同門如寒暄·一蠹之賢, 欲以此學修之, 身傳諸後, 而終不免世禍, 靜庵先生, 受學於暄翁, 欲以此學試之一世, 而又有己卯之禍。我東固褊小矣。何其與古道相盭若是哉? 竊惟先生, 學術醇正, 知慮淵偉, 觀象玩占, 不俟終日, 超然鵠擧。歷戊甲兩大禍, 同人鼇粉, 而葆光卒歲, 不恨身名之薶沒, 易曰: "知幾其神乎?" 殆先生之謂歟? 說者言: "有人偸瘞先生墓山者, 知縣按驗, 見墓石驚, 則泣曰: '我不料此老之委骸於此也.' 爲文哭奠而去."云。然則, 當時人, 不識先生處所者多矣。先生後孫, 設齋舍, 歲一祭先生墓, 今年春, 九世孫光鉉, 慨然念遺迹之泯沒也。倡議同宗伐石, 載先生事若干, 表厥遺墟, 皆拜手曰諾。於是, 光鉉以其事來索銘。光庭亦忝在外裔, 不敢以老洫無能辭, 謹受而敍之。(이하 명문 생략)

〔訥隱先生文集, 권11, 碑銘〕

14. 문경동

문경동의 자는 흠지, 호는 창계, 본관은 안동이다. 세조 정축년(1457)에 태어났다. 성종 병오년(1486) 사마양시에 합격하였고, 연산군 을묘년(1495) 문과에 급제하였다. 벼슬은 군수를 지냈다. 중종 신사년(1521)에 죽었다.

공의 사람됨은 모습이 보통사람들과 다른 데다가 욕심없이 대범하고 솔직하였으며, 공명을 이루지 못해도 구애를 받지 않아 사람들과 처신할 때면 선입견이 없어 거리낌없이 말하고 우스갯소리를 잘하였으며, 일찍이 세상의 잡다한 일에 마음을 둔 적이 없었다. 그래서 세상 사람들이 사리와 인정에 어둡다고 지목하였으며, 평생 동안 이로 인해 일이 순조롭지 못함이 많았어도 연연하지 않았다.

문장을 잘 짓는 데다가 사부(詞賦)에 더욱 뛰어났으니, 과거를 보던 유생이었을 때는 가는 곳마다 남을 압도하고 휩쓸었는지라, 그가 지은 글은 후생들이 앞다투어 전해 익혔다. 그리고 문인(文人)이나 묵객(墨客)을 만나면 번번이 그들과 함께 시를 읊다가 마음에 맞아 흥이 나면 낭랑하게 읊조리며 곁에 사람이 없이 제 세상인 듯이 하였는지라, 이따금 도리에 맞지 않게 겉치레를 차리는 자들에게 웃음을 샀으나, 당시의 명사들 또한 즐거이 함께 시문도 주고받았고 서찰도 오고 갔다.【협주: 이황이 찬한 묘갈명에 실려 있다.】

• **文敬仝**

文敬仝[1], 字欽之, 號滄溪, 安東[2]人。世祖丁丑生。成宗丙午司馬兩試, 燕山乙卯文科。官郡守。中宗辛巳卒。

公爲人, 狀貌異衆, 虛曠坦率, 托落[3]無拘檢, 與人處, 不設畦畛[4], 放言諧謔, 未嘗留意於世務[5]。故人目之爲闊於事情, 平生坐是多蹇滯[6], 不顧也。善屬文, 尤長於詞賦, 其爲擧子, 所至擅場[7], 其所述作, 後生爭傳習之。遇文人墨客, 輒與之吟詩, 得意發興, 諷誦琅然, 而旁若無人, 往往爲曲修邊幅者所笑, 而一時名流亦樂與爲唱酬往復焉。【李滉撰碣】

보충

이황(李滉, 1501~1570)이 찬한 묘갈명

통훈대부 행성균관사성 문공 묘갈명 병서

정덕(正德) 16년 신사년(1521) 6월 그믐날에 청풍군수 문공이 고을 관아에서 병으로 죽었다. 대를 이을 자식이 없어 아우 몇 명이 관을 부여잡고서 돌아왔다. 공의 사위로 의춘(宜春: 宜寧)에 사는 허공(許公: 許瓚, 이황의 장인)이 부음을 듣고서 달려가 영로(嶺路)에서 상여를 맞이하여 영주의 초곡에 있는 옛집에다 빈소를 차렸다. 이해 어느 달 고을 동쪽 말암리 석봉의 동향(東向) 언덕에 장사 지냈으니, 공의 유언을 따른 것이다.

---

1 文敬仝(문경동, 1457~1521): 증조부는 보성감무 文淑器이며, 조부는 안동판관 文孫貫이다. 아버지는 전연사직장 文續命이며, 어머니 豐基秦氏는 소윤 秦有經의 딸이다. 부인 平海黃氏는 건공장군 黃兌孫의 딸이다. 경상도 영주시 조암동 일대에 거주하였다. 외손녀 金海許氏가 퇴계 李滉의 첫째부인이다. 김해허씨는 許瓚의 딸이다. 허찬은 문경동의 사위이다.

2 安東(안동): 문경동의 문집 《滄溪先生文集》에는 '安東甘泉人'으로 되어 있음.

3 托落(탁락): 落托의 오기. 실의에 빠짐. 공명을 이루지 못함.

4 畦畛(휴진): 상대와 다른 견해. 선입관. 선입견.

5 世務(세무): 세상을 살아가는 온갖 잡다한 일.

6 蹇滯(건체): 마음대로 되지 않음.

7 擅場(천장): 그 자리에서 대적할 사람이 없는 제일인자.

오래지 않아서 공의 집안에 크고 작은 상사(喪事)와 병환이 잇따르자, 그 외손들이 그대로 살거나 이사하기도 하여 공의 일에 관심을 기울일 겨를이 없었던 경우가 많았다. 지난해 장수희(張壽禧) 군이 와서 나 이황에게 말하기를, "우리 외조부가 돌아가신 지 지금 거의 40년이나 되었지만, 묘표(墓表)도 새기지 못한 책임은 우리들에게 있습니다. 감히 묘갈명 지어주기를 청합니다."라고 하였다. 나 이황은 그의 말을 매우 옳게 여겨 그가 가져온 행장을 검증하였더니, 문적과 서찰은 흩어져 없는 데다 옛사람이 한 명도 살아 있지 않아서 무릇 역임한 관직이며 행했던 일들은 겨우 전해 들은 것이어서 상세히 알 수가 없었다. 이제 그 큰 것만 추린 것이라 하겠다.

공의 휘(諱)는 경동, 자는 흠지, 본관은 안동의 감천(甘泉)이다. 조선 초기에 휘 문귀(文龜)라 한 사람이 있었는데 정승을 지냈다. 고조부 문한영은 내부령을 지냈고, 증조부 문숙기는 보성감무를 지냈고, 조부 문손관은 안동 판관을 지냈으니, 3대에 걸려 모두 정과(正科: 문과와 무과의 통칭) 출신이었다. 아버지의 휘는 문속명으로 전연사 직장을 지냈으며, 어머니 진씨는 강순부 소윤 진유경의 딸이다.

공은 천순(天順) 정축년(1457) 10월에 태어났다. 성화(成化) 병오년(1486) 생원시와 진사시에 모두 합격하고, 홍치(弘治) 을묘년(1495) 별시문과에 급제하였다. 성균관에 보임되었다가 성균관을 떠나 비안현감이 되었고, 병인년(1506) 강원도도사가 되었다가 종부시첨정으로 승진하여 춘추관편수관을 겸임하였다. 무진년(1508) 양산군수가 되었다가 경오년(1510) 고을의 군사를 거느리고서 왜적을 막아 공로가 있어서 내직으로 들어와 성균관사성이 되었다. 임신년(1512) 예천군수에 제수되어 임기를 채운 뒤로 몇 년 동안 한가하게 지냈지만, 어버이가 늙었기 때문에 다시 외직으로 나가기를 청하여 청풍군수가 되어 봄에 부임했다가 여름에 죽었으니, 향년 65세였다.

공의 사람됨은 모습이 보통사람들과 다른 데다가 욕심없이 대범하고 솔직하였으며, 공명을 이루지 못해도 구애를 받지 않아 사람들과 처신할 때면 선입견이 없어 거리낌없이 말하고 우스갯소리를 잘하였으며, 일찍이 세상의 잡다한 일에 마음을 둔 적이 없었다. 그래서 세상 사람들이 사리와 인정에 어둡다고 지목하였으며, 평생 동안 이로 인해 일이 순조롭지 못함이 많았어도 연연하지 않았다.

문장을 잘 짓는 데다가 사부(詞賦)에 더욱 뛰어났으니, 과거를 보던 유생이었을 때는 가는 곳마다 남을 압도하고 휩쓸었는지라, 그가 지은 글은 후생들이 앞다투어 전해 익혔다. 그리고 문인(文人)이나 묵객(墨客)을 만나면 번번이 그들과 함께 시를 읊다가 마음에 맞아 흥이 나면 낭랑하게 읊조리며 곁에 사람이 없이 제 세상인 듯이 하였는지라, 이따금 도리에 맞지 않게 겉치례를 차리는 자들에게 웃음을 샀으나, 당시의 명사들 또한 즐거이 함께 시문도 주고받았고 서찰도 오고 갔다.

나 이황이 젊어서 일찍이 공이 집에서 기거하던 때를 본 적이 있었는데, 공은 서적을 많이 소장하였으며 붓과 벼루 등 문방구도 반드시 화려하고 좋은 것이라 볼 만했다. 난간 밖에는 이름난 꽃과 기이한 풀들을 줄지어 심어 두었는데, 새벽이면 일어나 곧장 짚신에다 지팡이를 짚고 그 사이에서 한가로이 거닐다가 돌아와 책상을 마주한 채로 하루종일 즐거워하였다. 손님이 오면 술을 차리게 하여 두어 순배 지나지 않아서 파했는데, 간혹 술 한 단지를 직접 끌어와 손님에게 여러 잔을 권하면서 이르기를, "나는 술 마시기를 좋아하지 않지만, 그대는 취하는 대로 마셔도 좋소이다."라고 했으니, 대체로 그의 진실된 성품이 이와 같았다. 공이 지은 《창계시고》 2권이 집안에 간직되어 있다.

부인 평해황씨의 부친은 건공장군 황태손, 조부는 훈도 황중하, 증조부는 청도군수 황전, 고조부는 한성부윤 황유정이다. 두 딸을 낳았는데, 장녀는 곧 진사 허공에게, 차녀는 생원 장응신에게 시집갔다. 진사의 두 아들로 허사렴은 진사이고 그 다음은 허사언이며, 두 딸로 장녀는 공조참판 이황에게 차녀는 충의위 김진에게 시집갔다. 생원의 세 아들로 장윤희·장순희·장수희이며, 두 딸로 장녀는 울진현령 김사문에게 차녀는 습독 이효충에게 시집갔다.

공이 세상을 떠난 지 7년 뒤에 황씨도 이어서 죽으니 같은 봉분에 합장하였다. 측실에도 딸 하나가 있었다. 장군(張君: 장수희)이 그 조카 장언보 등 가까이 사는 여러 사람과, 나의 아들 이준은 비록 외지에 살지만 또한 그 어미의 산소가 같은 둔덕에 있어서 서로 함께 묘소를 수호하고 속사(俗祀)를 받든다.(이하 명문 생략)

• **通訓大夫行成均館司成文公墓碣銘 幷序**

正德十六年歲在辛巳六月晦日, 清風守文公, 病卒于郡衙。無嗣子, 弟數人, 扶櫬以歸。公之壻宜春許公某, 聞訃馳來, 迎喪于嶺路。殯于榮川草谷之故居。是年月, 葬于郡東末巖里石峯東向之原, 從遺命也。既而, 公家大小, 喪患相仍, 其外孫或處或移, 事多有未遑者。去年, 張君壽禧, 來謂滉, 曰:“吾外祖下世, 今垂四十年, 而墓表不刻, 責在吾輩。敢以碣銘爲請.” 滉甚善其言, 徵其行狀, 則文牒散逸, 舊人無存, 凡歷官行事, 僅得於傳聞, 不能詳也。今撮其大者云。公諱敬仝, 字欽之, 安東甘泉人也。國初, 有諱曰龜, 爲政丞。高祖漢英, 內部令, 曾祖淑器, 寶城監務, 祖孫貫, 安東判官, 連三世皆由正科。考諱纘命, 典涓司直長, 妣秦氏, 江順府少尹有經之女。公生於天順丁丑十月。成化丙午, 俱中生員·進士試, 弘治乙卯, 登別擧。補成均館, 去館爲比安縣

監, 丙寅, 爲江原道都事, 陞宗簿寺僉正, 兼春秋館編修官。戊辰, 爲梁山郡守, 庚午, 率郡兵禦倭有勞, 入爲成均館司成。壬申, 除醴泉郡守, 瓜滿, 閒居數年, 以親老復乞外, 得守淸風郡, 赴以春而卒以夏, 享年六十五。公爲人, 狀貌異衆, 虛曠坦率, 落托無拘檢, 與人處, 不設畦畛, 放言諧謔, 未嘗留意於世務。故人目之, 爲闊於事情, 平生坐是多蹇滯, 不顧也。善屬文, 尤長於詞賦, 其爲擧子, 所至擅場, 其所述作, 後生爭傳習之。遇文人墨客, 輒與之吟詩, 得意發興, 諷誦琅然, 旁若無人, 往往爲曲修邊幅者所笑, 而一時名流, 亦樂與爲唱酬往復焉。滉少嘗及見公家居之日, 公多蓄書籍, 文房筆硯之屬, 必華好可玩。軒外, 列植名花異卉, 晨起, 卽杖屨, 徜徉於其間, 還對几案, 終日怡愉。客至命酒, 不過數巡而罷, 或自引一甌, 勸客多酌云: “吾不喜飮, 公可自醉.” 蓋其眞性如此。公所著滄溪詩藁二卷, 藏于家。配平海黃氏, 考建功將軍兌孫, 祖訓導仲夏, 曾祖淸道郡守銓, 高祖漢城府尹有定。生二女, 長卽進士許公, 次適生員張應臣。進士二男, 士廉進士, 次士彦, 二女, 工曹參判李滉·忠義衛金震。生員三男, 胤禧·順禧·壽禧, 二女, 蔚珍縣令金士文·習讀李孝忠。後公歿七年, 而黃氏繼逝, 同塋祔葬焉。側室亦惟一女。張君與其姪彦輔等諸人近居者及滉子寯雖外居, 亦以其母墳同原, 相與護丘壟, 修俗祀。(이하 명문 생략)

〔退溪先生文集, 권46, 墓碣誌銘〕

15. 권주

권주의 자는 지경, 호는 화산, 본관은 안동이다. 성종조 문과에 급제하였다. 응교·감사를 거쳐 이조참판에 이르렀다. 연산조에 화를 입었다. 우참찬에 증직되었다.

공은 곧은 절조가 있었고, 문장에도 능하며 글씨와 그림에도 묘한 재주가 있었다. 일찍이 대마도에 사신의 임무를 띠고 갔다. 연산조에 사사되었다.

퇴계가 시를 지었으니, 이러하다.

정도 지키다 고난 겪음은 하늘 시킨 것 아니랴
잣 우거지니 솔숲 사이에 비취빛 안개 덮였나니,
절조 높은 행실은 뒷날 응당 기록으로 남겠지만
천고에 전할 문장은 전할 것이 없어 한스러워라.
【협주: 《영가지》에 실려 있다.】

안형(安亨: 신영희의 호)의 《사우록》에 이르기를, "관찰사 권주는 총명이 남보다 뛰어나서 한번 보면 곧 기억하였다. 8세 때 사서(四書)를 읽었고, 10세 때 경서와 사서에 통달하였으며, 13세 때 사람을 놀라게 하는 말을 하였다. 대체(大體)를 견지하고 지조와 절개가 있었는데, 폐조(廢朝: 연산군)를 만나 몸을 보전하지 못했다."라고 하였다.【협주: 신영희가 찬하였다.】

홍치 6년(1493)에 섬 오랑캐가 변경의 백성들과 다투어서 장차 섬 오랑캐의 추장에게 교서를 내리려고 했을 때, 주상이 말하기를, "반드시 지식과 아량이 있으며 국가의 대체를 아는 자를 뽑아서 보내라."라고 하였는데, 공이 그 선발에 뽑혔다.【협주: 홍귀달 문집에 실려 있다.】

성종의 인산(因山: 장례) 때, 공은 응교로서 시책(諡冊: 죽은 뒤 시호를 올리는 책)을 찬하여 올렸다.【협주: 가첩에 실려 있다.】

• **權柱**

權柱, 字支卿, 號花山, 安東人。成宗朝文科。歷應教·監司, 至吏曹參判。燕山朝被禍。贈右參贊。

公有直節, 能文章, 字畫工妙。嘗奉使對馬島。燕山朝賜死。

退溪詩曰: "明夷蒙難[1]豈非天, 茂柏深松瑣翠烟, 節行他年應有史, 文章千古恨無傳."【永嘉誌】

安亭[2]師友錄曰: "觀察使權柱, 聰悟超卓, 一覽輒記。八歲讀四書, 十歲通經史, 十三有驚人之語。持大體有操節, 遇廢朝不保."【辛永禧撰】

弘治六年, 島夷與邊民爭, 將下諭島酋, 上曰: "必擇有識量知國家大體者遣之." 公應其選。【洪貴達[3]文集】

成廟因山[4]時, 公以應教, 撰進諡冊。【家牒】

1 明夷(명이): 군자가 소인에게 해침을 당하는 어려운 때를 만나 정도를 굳게 지키는 것. 《周易》〈明夷卦〉에 "명이는 어려울 때에 정도를 지킴이 이롭다.(明夷, 利艱貞.)" 하였다.

2 安亭(안형): 辛永禧(1442~1511)의 호. 본관은 靈山, 자는 德優). 서울 출생. 조부는 참판 辛碩祖이다. 아버지는 현감 申壽聃이며, 어머니 安東金氏는 감찰 金孟廉의 딸이다. 김종직의 문하에서 수학하여, 金宏弼·鄭汝昌·南孝溫·李黿 등과 교우를 맺고 학문을 깊이 강마하였다.

3 洪貴達(홍귀달, 1438~1504): 본관은 缶林, 자는 兼善, 호는 虛白堂·涵虛亭. 증조부는 사재감정 洪淳이며, 조부는 洪得禹이다. 아버지는 洪孝孫이며, 어머니 安康盧氏는 盧緝의 딸이다. 부인 商山金氏는 司正 金叔貞의 딸이다. 대제학, 대사헌, 이조판서 등을 역임하였다.

4 因山(인산): 왕족들의 장례.

보충

이유장(李惟樟, 1625~1701)이 찬한 갈음명(碣陰銘)

증자헌대부 의정부 우참찬 행가선대부 예조참판 영가 권공 갈음명

공의 휘는 주, 자는 지경, 성은 권씨로 고려 대광아부 공신태사 권행(權幸)의 19대손이다. 증조부의 휘는 권심(權深)으로 문과에 급제하여 강릉판관을 지냈고 좌통례에 증직되었다. 조부의 휘는 권항(權恒)으로 관직은 성균사예에 이르렀고 이조참의에 증직되었다. 아버지의 휘는 권이(權邇)로 종묘서령을 지냈고 이조참판에 증직되었으며, 어머니 덕산송씨는 찰방 송원창의 딸이다.

공은 천순 정축년(1457)에 태어났는데, 총명이 남보다 뛰어나서 한 번 보면 곧 기억하였다. 8세 때 사서(四書)를 읽었고, 10세 때 경서와 사서에 통달하였으며, 13세 때 사람을 놀라게 하는 말을 하였다. 대체(大體)를 견지하고 지조와 절개가 있었으며, 문장에도 능하였고 글씨와 그림에도 묘한 재주가 있었다.

성화 갑오년(1474) 진사시에 합격하였다. 무술년(1478) 모친상을 당했다. 경자년(1480) 반궁(泮宮: 성균관)에 유학했는데, 최부(崔溥, 협주: 자는 淵淵)와 허물없이 아주 친하게 사귀었으며, 10월 별시문과에 갑과(甲科) 2등으로 급제하였다. 홍치 경술년(1490) 지평이 되었고, 그해 부친상을 당했다. 갑인년(1494) 부응교로서 사명을 받들어 섬 오랑캐 추장을 만났다. 이때 섬 오랑캐로 우리 변경에 와서 살던 자들이 변경의 백성들과 작은 이해문제로 다투고도 상당히 공손스럽지 못하였는데, 형세상 모름지기 섬 오랑캐 추장에게 교서를 내리어 그 죄를 자복하도록 해야 했다. 조정에서 그 사신으로 보낼 적격자의 인선을 어려워하자, 주상이 하교하여 말하기를, "문신으로 지식과 아량이 있으며 국가의 대체를 하는 자를 뽑아서 보내도록 하라."라고 하였다. 이에 공이 실로 그 선발에 뽑힌 것이다. 정사년(1497)에는 도승지가 되었고, 가선대부(嘉善大夫: 종2품)에 올라 충청감사에 제수되었다. 교서에 이르기를, "통정대부(通政大夫: 정3품) 도승지 권주는 품성이 단정하고 아담하며, 일처리가 정밀한 데다 문장 짓는 재주도 남달리 뛰어나 훌륭하다. 이는 관리로서의 능력으로 바로 아무리 복잡하고 어려운 일이라도 잘 처리하는 재주이니, 간쟁하는 자리에 있으면 충성스럽고 곧은 기풍이 있을 것이고, 국사를 의논하고 생각하는 반열에 있으면 유익한 간언이 있을 것이다."라고 하였다. 후설(喉舌: 승지)이 되어서 오랫동안 윤음(綸音: 어명)을 관장하였는데, 유독 전고(典故)를 잘 알았으니 바로 왕명 출납을 능히 미덥게 하여 성대하게 이룬 공적이 이미 많았거늘, 서직(庶職: 보통 관직)의 일처리에서야 한 지방에선들 무슨 어려움이 있었으랴. 이에 임금과 가장 가까이 있었던 자리를 거두어 들이고 세상을 밝히려는 뜻을 펼쳤다.

임술년(1502) 동지(同知: 동지중추부사)로서 연경에 다녀왔다. 계해년(1503) 경상감사에 제수되어 안동부에 도착하니, 사민(士民)들이 남향자(南鄕子: 詞牌로 곡조명) 한 곡조를 바쳤다. 그 노랫말은 이러하다.

재주가 무리 중에서 가장 뛰어나니
궁궐 드나들며 일찍 벼슬길 올랐네.
조야의 좋은 자리에서 명성 진동하니
조정의 벼슬아치로다.
다시 남쪽 고을 살펴 우리 백성 편안케 하소서.

갑자사화가 일어나자 평해군으로 귀양을 갔는데, 시를 지었으니 이러하다.

장기 낀 구름 비 뿌려서 사립문을 적시나니
열흘에 하루라도 갠 날을 본 적이 있었던가,
베개를 베노라면 벼룩 떼 모여들어 견디기 어렵고
밥상 대하면 요란한 파리들 소리에 다시금 괴롭네.

모진 뱀 서까래 끝에 똬리 틀고서 꿈틀대고
자줏빛 개미가 이리저리 자리 위 쏘다니거늘,
어느 곳에서는 집이 높아 티끌이 이르지 않고
주렴 걷고서 높이 누워 신선의 꿈을 꾸는구나.

6월 13일 사약을 내리라는 명이 이르자, 임종을 앞두고 시를 지었으니 이러하다. 향년 48세였다.

길든 짧든 천명은 일정한 규칙이 있거늘
횡액에 걸린 못된 화가 제일로 속상하나,
충신은 나라를 위해 무참히 죽음을 당하고
의사는 목숨 가벼이 여겨 칼날에 나아가네.

비오는 음침한 장성에는 슬픔이 다함이 없고
바람이 찬 수수에는 한을 헤아리기 어렵나니,
아득한 만고에도 혼령은 떠돌아다닐 터이라
천지간에 홀로 서서 술 한잔 따라 부을거나.

병인년(1506) 정국(靖國: 어지럽던 나라를 태평하게 함, 곧 反正)이 되자, 공에게 자헌대부 의정부 우참찬을 증직하였다. 묘는 풍산현 서정산

서쪽 기슭의 모향(某向) 둔덕에 있다.

공의 평소 언행과 사적은 공이 저술한 시문 등과 여러 명승지를 칭송하는 뜻을 살피면 그 대강을 찾아볼 수 있을 것이다. 또 문집에는 〈인참친수(因讒親讎)〉·〈불회완풍(不回頑風)〉·〈천지불화(天地不和)〉 등의 시가 있는데, 아마도 왕명을 받들어 지어서 임금에게 바친 시인 것 같다. 그 〈인참친수(因讒親讎)〉는 이러하다.

자족으로 교묘하게 날조하여 시비가 어지러우니
백옥에 파리똥 붙은 격이라 현혹되어 알기 어렵네.
교외로 2년 나가 있던 주공을 성왕 되레 의심하고
한밤중 여희가 참소하니 헌공 또한 신생 의심하네.

초나라 신하 못가에서 울었으니 한탄스럽고
연나라 장수에게 편지를 보냈으니 가련한데,
바로 그해 이들의 한을 누구에게 말했으랴만
다행히도 분명하게 청사에 길이 빛나고 있네.

〈불회완풍(不回頑風)〉은 이러하다.

말로에 기강이 해이해져서 대도가 무너지니
마른 나뭇가지 원상태로 다시 돌이킬 수 없거늘,
범연히 보건대 어리석은 백성 마음도 변했으니
돌이켜 궁구하면 당당히도 그 이치는 같을지라.

풍속 교화를 속된 관리 통해 어찌 가르치랴만

만회하려 함이 임금 의중에서 나오기만 바라니,
공명정대한 정치하려는 오늘 요임금을 만나서
때마침 상고의 화락한 풍속을 비쳐 보리로다.

〈천지불화(天地不和)〉는 이러하다.

높고 낮게 처음 나뉘어 삼라만상이 열려서
컴컴함과 밝음이 몇 번이나 되풀이했을꼬,
온화한 기운이 상나라 주나라와 함께 사라졌고
요사한 재앙이 말세를 좇아서라 많이도 왔었네.

음양이 고르지 못함은 임금의 오사가 이지러져서고
태평성세의 요체는 천지인 삼재 다스리는 것에 있나니,
지금 성상의 덕은 천지와 동일한지라
온화한 기운과 아름다운 상서가 차례로 일어나리도다.

세상을 걱정하고 시대를 아파하면서 나라를 걱정하여 충성을 바치려는 마음이 언사(言詞)의 밖으로 넘쳐흘렀다. 만일 그에게 때를 만나 도를 행하도록 하여 시행한 바가 있었으면, 그 공업과 교화가 사람들에게 끼칠 것이야 이루 다 말할 수 있겠는가. 어찌 만난 시절이 좋지 못하여 쇠약해질 나이 50세도 되지 않아서 아무런 잘못도 없는 죄로 죽임을 당하여서 생을 마친단 말인가. 이는 실로 어진 이와 뜻있는 선비가 하늘을 우러르고 가슴을 치며 길게 탄식하는 까닭인 것이다. 뒷날 퇴계 선생 이황이 공의 묘도문(墓道文)을 지었으니, 이러하다.

정도 지키다 고난 겪음은 하늘 시킨 것 아니랴
잣 우거지니 솔숲 사이에 비취빛 안개 덮였나니,
절조 높은 행실은 뒷날 응당 기록으로 남겠지만
천고에 전할 문장은 전할 것이 없어 한스러워라.

이 시를 읽은 자라면 눈물을 흘리지 않는 자가 있겠는가?

아, 공의 부인은 중추(中樞: 지중추부사) 정숙공 이칙(李則)의 딸로 4남1녀를 낳았다. 장남 권질(權礩)은 봉사, 차남 권전(權磌)은 이조좌랑, 그 다음은 권석(權碩), 그 다음 권굉(權硡)은 참봉이다. 딸은 현감 박영석(朴永錫)에게 시집갔다. 후세 여러 분의 자손들은 끊어지기도 하고 이어지기도 했지만, 유독 참봉공의 후손만은 자못 번창하였다. 참봉공의 5대손은 군수 권박(權搏)이고, 그 동생 권정(權挺)의 아들은 부사 권선(權愃)인데, 모두 문과에 급제하여 이름이 드러났다. 수재(秀才) 권협(權協, 1659~1733)은 곧 군수공의 아들로 일찍이 훌륭한 명망을 지니고 그 집안의 전통을 잘 이었는데, 내게 와서 명(銘)을 써달라고 청하였다.(이하 명문 생략)

• **贈資憲大夫議政府右參贊行嘉善大夫禮曹參判永嘉權公碣陰銘**

公諱柱, 字支卿, 姓權氏, 高麗大匡亞父功臣太師幸之十九代孫也。曾祖諱深, 文科, 江陵判官, 贈左通禮。祖諱恒, 官至成均司藝, 贈吏曹參議。考諱邇, 宗廟署令, 贈吏曹參判, 妣德山宋氏, 察訪元昌之女。公生于天順丁丑, 聰悟超卓, 一覽輒記。八歲, 讀四書, 十歲, 通經史, 十三, 有驚人之語。持大體有節操, 能文章, 字畫工妙。成化甲午, 中進士試。戊戌, 丁內艱。庚子, 游泮宮, 與崔溥淵淵, 爲莫逆交, 十月, 登別試甲科第二人。弘治庚戌, 以持平, 丁外艱。甲寅, 以副應教, 奉使島酋。時島夷之來居我邊者, 有與邊民爭小利, 頗不遜, 勢須下諭島酋,使服其辜。朝廷難其使，上敎若曰：“必擇文臣之有識量知國家大體者，遣之.” 於是，公實膺其選。丁巳，以都承旨，陞嘉善，除忠淸監司，敎書有曰：“通政大夫都承旨權柱，稟性端雅，處事精硏，詞華有脫穎之妙。吏能乃治劇之才，處諫諍之地，則有讜直之風，在論思之列，則有獻替之益.” 迨居喉舌，久掌綸綍，惟獨諳於典故，乃能允於出納，茂績旣多，於庶職游刃，何有於一方？玆輟近密之班，俾展澄淸之志。壬戌，以同知赴燕京。癸亥，除慶尙監司，行到安東府，士民進南鄕子一闋。其辭曰：“才調冠群倫，出入君門早致身。中外歷敭華聞動，簪紳。更按南州惠我民.” 甲子禍作，被謫于平海郡，有詩曰：“瘴雲篩雨濕柴荊，十日何曾見一晴，欹枕不堪群蚤集，臨飧還苦亂蠅鳴。獰蛇鬱屈椽間動，紫蟻縱橫席上行，何處堂高塵不到，捲簾高臥夢蓬瀛.” 六月十三日，賜藥之命至，臨終有詩曰：“脩短天年自有常，橫罹奇禍最堪傷，忠臣許國爲菹醢，義士輕生就劍鋩。雨暗長城悲不盡，風寒睢水恨難量，茫茫萬古魂飄蕩，獨立乾坤酹一觴.” 享年四十八。丙寅靖國，贈公資憲大夫議政府右參贊。墓在豐山縣西井山西麓某向之原。公之平生言行事蹟，以公之所著詩文等篇及諸名勝推許之意觀之，庶可見其梗槪。又集中，有〈因讒親讎〉·〈不回頑風〉·〈天地不和〉等篇。恐是承命題進御之作。其〈因讒親讎〉曰：“巧搆囂囂亂是非，靑蠅白璧眩難知，二年公孫君猶惑，半夜姬讒父亦疑。堪歎楚臣吟澤日，可憐燕將上書時，當年此恨憑誰說，賴有分明汗簡垂.”〈不回頑風〉曰：“末路陵夷大道訌，標枝無復返鴻濛，泛觀貿貿民情變，反究昭昭此理同。移易那敎由俗吏，挽回惟冀自宸衷，平章今日逢堯聖，會見熙熙上古風.”〈天地不和〉曰：“高下初分萬象開，晦冥光霽幾番回，沖融倂與商周去，沴異多從叔季來。愆伏政緣虧五事，淸寧要在理三才，卽今聖德同天地，和氣佳祥次第催.”其愍世傷時憂國願忠之心，溢於言詞之表。儻使之得時行道，有所施設，則其功化之及人，可勝言哉？奈何遭時不淑，年未始衰，以非罪被戮以終？此實仁人志士所以仰天撫膺而長喟者也。後退溪李先生題公墓曰：“明夷蒙難豈非天，茂柏深松鎖翠煙，節行他年應有史，文章千古恨無傳.”

讀是詩者, 其有不隕淚者乎? 噫! 公配中樞貞肅公李則之女, 生四男一女。男長碩奉事, 次磌吏曹佐郞, 次碩, 季硡參奉。女適縣監朴永錫。後來諸房子姓, 或絶或續, 獨參奉公之後頗繁昌。參奉之五代孫郡守搏, 其弟挺之子府使愃, 皆以文科顯。秀才協, 卽郡守公之子, 夙有雅望, 克世其家, 爲來乞銘。(이하 명문 생략)

〔孤山先生文集, 권8, 墓碣銘〕

16. 이종준

이종준의 자는 중균, 호는 용재, 본관은 경주이다. 대사헌 이승직의 손자이다. 성종 정유년(1477) 진사시에 합격하고, 을사년(1485) 별시 문과에 급제하였다. 벼슬은 대사성에 이르렀다. 연산군 무오년(1498) 국문을 당하다가 죽었다. 안동의 경광사에 향사하였다.

공(公)의 흉금은 씻은 듯이 깨끗하니, 바라보면 신선 가운데 있는 사람인 듯했다. 문장을 지으면 탁월한 데다 고상하고 옛스러웠으며, 글씨와 그림 솜씨도 모두 아주 절묘하였다. 일찍이 문소(聞韶: 義城)현령이었을 때, 비록 소첩(訴牒: 송사 문서)을 두서없이 쓴 것일지라도 사람들은 번번이 보배로 삼아 보관하였다.

공은 탁영 김일손·수헌 권오복과 벗으로 의좋게 지냈는데, 명분과 절개로 서로 격려하였으며, 역임한 벼슬 또한 대략 서로 같았다.【홍여하가 찬한 비음명(碑陰銘)에 실려 있다.】

추강 남효온의 《사우록》에 이르기를, "젊은 시절에 군요(君饒: 權景裕)를 잘 알지 못했는데, 나와 정중(正中: 李貞恩)이 함께 달빛 아래 꽃을 감상하면서 군요의 집에 이르렀다. 나는 군요를 속여 말하기를, '호현방(好賢坊: 회현동) 살구꽃 아래에 이인(異人)이 시를 읊고 있어서 그를 불러 같이 왔네. 그의 말을 듣건대 뜻이 크고 기개가 있어 구애됨이 없었으며, 그의 시를 보건대 맑고도 깨끗하여 속세를 벗어나서 화식(火食)하는 사람이 말하는 바가 아니었네. 세상에 선인(仙人)이 있다면 바로 이런 사람이 아니겠나?'라고 하였다. 군요는 신을 거꾸로 신고 나와 맞아서 서로 함께 달빛 아래 앉았다. 중균(仲匀: 이종준)이 짐짓 시를 지으며 맑고 야윈 모습을 보이니, 군요는 과연 크게 감복하여 무릎을 꿇고 말하기를, '누추한 집이 궁벽한 곳에 있는데, 뛰어난 선비가 나의 정다운 벗과 함께 다행히도 오셨으니 무슨 인연이란 말이오? 하룻밤 묵고 가기를 바라오.' 하였다. 그래도 중균은 굳이 가겠다고 하니, 군요는 꿇고서 옷자락을 붙잡고 머물기를 청하였다. 담소하며 밤을 지새우다가 아침이 밝아서야 비로소 어배동(於背洞)에 우거하는 진사 이종준(李宗準)임을 알았다. 서로 함께 손뼉을 치며 크게 웃었는데, 중균과 군요는 드디어 마음을 알아주는 벗이 되었다."라고 하였다.

일찍이 서장관으로 연경에 갔을 때, 역관(驛館)의 그림 병풍이 좋지 못한 것을 보고 붓으로 거의 다 먹칠해 버렸다. 역관(驛官)이 통사(通事)를 불러 괴이하게 여기며 꾸짖자, 통사가 말하기를, "서장관이 서화(書畫)에 능하여 필시 그의 마음에 들지 않아서 그러했을 것입니다."라고 하였더니, 역관이 깨닫고서 머리를 끄덕였다. 돌아오는 길에 그곳에 이르자, 새로 단장한 하얀 병풍 두 폭이 펼쳐져 있었다. 이종준이 한 폭에는 글씨를 쓰고 한 폭에는 그림을 그렸는데, 모두 지극히 절묘하자 보는 이들이 감탄하였다.

무오년(1498) 북계(北界)로 귀양 가는 길에 고산역(高山驛)을 지나게 되었는데, 이사중의 "외로운 충절을 자부하지만 뭇사람이 따르지 않으니.(孤忠自許衆不與)"이라는 율시 한 수를 벽에 쓰고 떠났다. 감사가 이를 아뢰니, 연산군은 원망하는 뜻이 있다고 여겨서 체포하여 국문하고 죽이려 하자, 홍귀달이 구하여 풀어 주려 하였으나 구할 수 없었다.【무오당적에 실려 있다.】

• **李宗準**

李宗準[1]，字仲匀，號慵齋，慶州人。大司憲繩直[2]孫。成宗丁酉進士，乙巳文科。官大司成。燕山戊午，鞫殺之。享安東鏡光祠[3]。

公襟韻洒落，望之如神仙中人。爲文章，卓偉高古，書畫俱妙絶。嘗宰聞韶[4]，雖訴牒[5]胡題，人輒珍藏。

公與金濯纓馹孫[6]·權睡軒五福[7]友善，以名節相激勵，歷仕亦大抵相同。【洪汝河[8]撰碑陰】

南秋江《師友錄》曰："少時，不識君饒[9]，與余及正中[10]，乘月玩花，到

---

1 李宗準(이종준, 1458~1499): 부인 安東權氏는 權綽의 딸이다. 혈육이 없어 아우 李公準의 셋째아들 李德淵을 후사로 삼았다.

2 繩直(승직): 李繩直(1378~1431). 본관은 慶州, 자는 繩平. 증조부는 우참찬 李揆이며, 조부는 사복판사 李元林이다. 아버지는 대호군 李蔓實이며, 어머니는 鐵城李氏이다. 첫째부인 延安李氏는 李亮의 딸이며, 둘째부인 曲江裵氏는 裵尙志의 딸이다.

3 鏡光祠(경광사): 경상북도 안동시 서후면에 있는 사당.

4 聞韶(문소): 경상북도 의성군의 옛 지명.

5 訴牒(소첩): 송사 문서. 청원이 있을 때 관아에 내던 서면 문서.

6 金濯纓馹孫(김탁영일손): 濯纓 金馹孫(1464~1498). 본관은 金海, 자는 季雲, 호는 濯纓·少微山人. 대대로 청도에서 살았다. 조부는 金克一이다. 아버지는 집의 金孟이며, 어머니는 李氏이다. 첫째부인은 丹陽禹氏이며, 둘째부인은 禮安金氏이다. 김종직의 문인이다. 연산군이 즉위하고 사림파의 중앙진출이 활발했을 때 언론 활동의 중심 역할을 했으나 훈구파가 일으킨 무오사화 때 죽임을 당했다. 그는 주로 언관으로 있으면서 유자광·이극돈 등 훈구파 학자들의 부패와 비행을 앞장서서 비판했고, 춘추관 기사관으로 있을 때는 세조찬위의 부당성을 풍자하여 스승 김종직이 지은 〈조의제문〉을 사초에 실었다.

7 權睡軒五福(권수헌오복): 睡軒 權五福(1467~1498). 본관은 醴泉, 자는 嚮之, 호는 睡軒. 예천 출신. 증조부는 權詳이며, 조부는 權幼孫이다. 아버지는 별좌 權善이며, 어머니 韓山李氏는 이조판서 李季甸의 딸이다. 부인 全州李氏는 烏川正 李嗣宗의 딸이다. 김종직의 문인이다. 사관이 되어 사초를 쓸 때 〈弔義帝文〉을 써서 단종을 중국의 의제에 비유하고 세조를 항우에게 비유한 김종직의 글을 김일손이 삽입하고, 권오복이 김종직의 史傳을 적어 넣었는데, 본래 사이가 나쁘던 李克墩·柳子光이 《成宗實錄》을 편찬하다가 이 사초를 보고 연산군에게 보고하여 무오사화가 일어났으며 이로 인해 김일손 등과 같이 피살되었다.

8 洪汝河(홍여하, 1620~1674): 본관은 缶溪, 자는 百源, 호는 木齋·山澤齋. 증조부는 洪景參이며, 조부는 洪德祿이다. 아버지는 대사간 洪鎬이며, 어머니 長興高氏는 高從厚의 딸이다. 첫째부인 長水黃氏는 黃德柔의 딸이며, 둘째부인 義城金氏는 金烇의 딸이다.

9 君饒(군요): 權景裕(?~1498)의 字. 본관은 安東, 자는 子汎, 호는 痴軒·翠亭. 증조부는 權執智이며, 조부는 權永和이다. 아버지는 판관 權耋이며, 어머니 永川李氏는 우참찬 李承孫의 딸이다. 부인 陽川許氏는 許混의 딸이다. 김종직의 문인이다. 사관 때 김일손과 함께 스승 김종직의 〈조의제문〉을 사초에 실은 일로 무오사화 때 아들 권연·김일손 등과

君饒家。余誣君饒, 曰: '好賢坊[11]杏花下, 有異人吟詩, 招與偕來。聞其語, 倜儻不羈不覊, 見其詩, 淸泠出塵, 非烟火食人所道。世有仙者, 無乃是耶?' 君饒倒屣出迎, 相與坐月下。仲匀故作詩, 淸瘦態, 君饒果大服跪曰: '陋幕至僻, 秀才何因我情友幸臨耶? 幸望一宿.' 仲匀必欲求去, 君饒跪奉衣裾而請留。談竟夜, 朝明始識於背洞寓舍進士李宗準也, 相與撫掌大笑, 仲匀·君饒, 遂爲知心交."

嘗以書狀官赴京, 見驛舘畫屛不佳, 以筆塗抹殆盡。驛官招通事怪詰之, 通事曰: "書狀能書畫, 必以不滿其意而然也." 驛官悟而首肯之。回程至其處, 張新粧素屛二坐。宗準一書一畫, 俱臻其妙, 觀者歎賞。

戊午, 謫北界路, 經高山驛[12], 書李師中[13]"孤忠自許淸不與"一律于壁上而去。監司以聞, 燕山以爲有怨意, 逮鞫殺之, 洪貴達救解不得。【戊午黨籍[14]】

보충

홍여하(洪汝河, 1620~1674)이 찬한 비음기(碑陰記)

용재 이공 묘석 음기

공의 휘는 종준, 자는 중균, 호는 용재, 경주 이씨이다. 세거지는

함께 사형되었다.

10 正中(정중): 李貞恩(생몰년 미상)의 자. 본관은 全州, 호는 月湖·雪窓·嵐谷. 조부는 태종 이방원이다. 아버지는 益寧君 李袳이다. 일찍이 秀川副正에 봉해졌다가 도정에 올랐다. 인품이 독실, 돈후하여 스스로 겸손하며, 식견과 도량이 있고, 학문의 이치를 터득하여, 일찍부터 金宏弼·南孝溫 등의 사림파 학자들과 교유하였다.

11 好賢坊(호현방): 조선시대 초기부터 있던 한성부 남부 11방 중의 하나. 고종 때에 회현방으로 명칭이 바뀌었다. 이곳에는 어진 선비가 많이 살았다 하여 이름이 유래하였다.

12 高山驛(고산역): 함경도 安邊의 屬驛.

13 李師中(이사중, 1013~1078): 송나라 관원.

14 戊午黨籍(무오당적): 1498년 무오사화 때 화를 당한 金宗直 등 30여 명의 성명을 기록한 명부.

안동 금계리(金溪里)이다. 아버지 이시민(李時敏)은 생원이고, 조부는 대사헌 이승직(李繩直)이며, 증조부는 대호군 이만실(李蔓實)이다. 성화(成化) 정유년(1477) 진사시에 합격하고 을사년(1485) 문과에 급제하였다. 탁영 김일손·수헌 권오복과 벗으로 의좋게 지냈는데, 명분과 절개로 서로 격려하였으며, 역임한 벼슬 또한 대략 서로 같았다.

공(公)의 흉금은 씻은 듯이 깨끗하니, 바라보면 신선 가운데 있는 사람인 듯했다. 문장을 지으면 탁월한 데다 고상하고 옛스러웠으며, 글씨와 그림 솜씨도 모두 아주 절묘하였다. 연경에 사신으로 갔을 때와 외직으로 나가서 문소(聞韶: 義城)현령이었을 때, 사람들은 그의 필적을 구하였고 심지어 소첩(訴牒: 송사 문서)을 두서없이 쓴 것일지라도 번번이 보관해 두며 보배로 여겼다.

교동(喬桐: 연산군 유배지로 연산군 지칭)조에 김일손과 권오복의 사초(史草)와 관련된 일에 연좌되어 북방으로 귀양 가던 중 도로 잡혀서 돌아와 장차 중형에 처해지려 할 때, 나의 선조 문광공(文匡公: 홍귀달)이 글을 올려 구하려 했지만, 임금은 끝내 듣지 않았다. 이때가 홍치 무오년(1498)이다. 170여 년이 지난 뒤에 금계의 사람들이 사당을 세워 공을 제사 지냈다. 신해년(1671) 그 고을 사람 김계광(金啓光)이 풍기군수가 되어 비석을 만들고 묘도를 세우려고 하면서 나에게 명문(銘文)을 부탁했다.

내가 생각건대, 교동주(喬桐主: 연산군)가 잔학한 데다 술주정이 심하여 이름난 선비들을 죽인 것이 걸핏하면 백여 명이나 되었는데, 우리 문광공도 감히 구하지는 못하였으나 단단히 아뢰어 공을 구하기 위해 간절한 진심을 진달하고 충성을 바쳐 차라리 함께 죽을지언정 이를 달게 여겼으니, 사대부들이 지금에 이르러서도 그 일을 이야기한다. 나는 문광공의 후손인지라, 공의 묘지에 기록하는 것을 감히 문장이 졸렬하다고 하여 사양할 수 있으랴. 이로써 명을 짓는다.

• **慵齋李公墓石陰記**

公諱宗準, 字仲匀, 號慵齋, 慶州李氏。世居安東金溪里。父時敏生員, 祖大司憲繩直, 曾祖大護軍蔓實。中成化丁酉進士, 乙巳文科。與金濯纓馹孫·權睡軒五福友善, 以名節相激勵, 歷仕亦大抵相同。公襟韻灑落, 望之如神仙中人。爲文章, 卓偉高古, 書畫俱妙絶。嘗赴燕京, 出宰聞韶, 人得其揮灑之蹟, 至於訴牒胡題, 輒藏襲珍之。喬桐朝, 坐金·權史事, 北竄拿還, 將置重典, 吾先祖文匡公上書救解, 主竟不聽。時弘治戊午歲也。後百七十餘年, 金溪人立社俎豆公。歲辛亥, 鄉人金啓光[15], 守豐基郡, 爲礱石樹墓道, 索余銘。余惟喬桐主, 方肆虐酗怒, 名流被戮者, 動以百數, 吾文匡莫之敢救, 銳爲救公, 陳懇獻忠, 寧同死而是甘, 士大夫至今談之。余文匡裔孫也, 其於識公之墓, 敢辭拙文? 是爲銘。

〔木齋先生文集, 권7, 碣銘〕

---

15 金啓光(김계광, 1621~1675): 본관은 安東, 자는 景謙, 호는 鳩齋. 안동 출생. 증조부는 金克이며, 조부는 좌찬성 金希孟이다. 아버지는 金㙉이며, 어머니 全州柳氏는 柳友潛의 딸이다. 첫째부인은 全州李氏이며, 둘째부인은 安東權氏이다. 金尙憲과 金應祖의 문인이다.

17. 이홍준

이홍준의 자는 군식, 호는 눌재, 본관은 경주이다. 대사성 이종준의 동생이다. 진사이다. 안동의 백록사(白麓社: 柏麓里社)에 향사하였다.

공(公)이 스스로 묘갈문을 지어서 이르기를, "아, 삶을 기뻐하고 죽음을 싫어하는 것은 사람이면 누구나 가지는 보통의 마음이어늘, 죽는 것을 꺼려서 입으로 감히 말하지 않는 것은 심히 미혹된 것이다. 이를테면 형해(形骸)에 대한 집착을 잊으라 한 칠원수(漆園叟: 莊子)와 벌거벗은 몸으로 장사를 지내라고 한 양왕손(王陽孫: 陽王孫의 오기) 같은 사람은 지금 세상에 그런 사람이 없다. 그 삶과 죽음의 이치를 능히 알면서도 한으로 여기지 않은 자들이니, 몇 사람이나 있겠는가. 내 일찍이 시를 지었으니, 이러하다.

태어남이 없으면 곧 죽음도 없고
태어남이 있으면 곧 죽음도 있어,
태어남과 죽음 모두 그지없나니
조물이란 마침과 시작이 없으리라.

비록 달관한 이들의 소견에는 미치지 못할지라도 소견이 이와 같을 따름이다. 무릇 사람이 세상을 떠난 뒤에는 남에게 묘갈(墓碣)의 글을 청하는데, 허세를 부린 뛰어난 문장이지만 실제로 일어났던 일들을 빠뜨리니 더욱 가소롭다. 이 늙은이는 평생토록 게으르고 졸렬하여 세상의 공명에 뜻이 없음을 자부하고 항상 농사에 힘써서 처자식을 먹여 살렸는지라, 일곱 번이나 과거에 응시하였으나 급제하지 못하였고 산천에서 유유자적하며 생을 마친다. 명(銘)은 이러하다.

이미 재주도 없고 또 덕도 없으니 사람일 따름이요
살아 작록도 없고 또 죽어 명성도 없이 혼일 따름이니,
근심과 즐거움이 없어지고 비방과 칭송도 그쳤으니 흙일 따름이라네.

공은 일찍 부모를 여의었고, 늘그막에 학문을 좋아하였다. 무오년(1498) 사화가 일어나 그로 인해 화가 중형(仲兄: 이종준)에게까지 미치자, 이로부터 세상의 벼슬길에 뜻이 없어 그윽하게 사는 풍취를 스스로 즐겼다. 감사가 재행(才行)이 있다 하여 공을 천거하였으나 병으로 쓰이지 못하였다. 당시의 폐단에 관한 편의봉사(便宜封事)를 올려서 안동의 임현(任縣: 屬縣)에 물품을 바치게 한 고통을 덜어주도록 하였다. 일찍이 가훈을 지어서 자손들을 가르쳤다. 훗날 사림들이 제사를 지냈다.【가장(家狀)에 실려 있다.】

• **李弘準**

李弘準[1], 字君式, 號訥齋, 慶州人。大司成宗準第。進士。享安東白麓社[2]。

公自碣曰: "噫! 悅生惡死, 人之常情, 以死爲諱, 口不敢言, 惑之甚矣。有如漆園叟之忘骸, 王陽孫之裸葬, 世無人矣。其能知死生之理而

1 李弘準(이홍준, 생몰년 미상): 부인 咸昌金氏는 주부 金淀敬의 딸이다. 1남5녀를 낳으니, 아들 李德璋은 황산도찰방을 지냈다. 딸들은 생원 李希侗, 余漢瑾, 부사 琴椅, 참봉 鄭穆蕃, 李麟에게 각각 시집갔다.

2 白麓社(백록사): 柏麓里社. 경상북도 봉화군 봉화읍 해저리의 자연부락인 송내마을.

不爲之恨者, 有幾人哉? 余嘗有詩曰: '無生卽無死, 有生卽有死, 生死兩悠悠, 造物無終始.' 雖不及達觀之徒所見, 所見如斯而已。凡人視化[3]之後, 倩人碣辭, 虛張逸筆, 以沒其實, 尤可笑也。此老平生, 以懶拙自任, 恒力農以給妻子, 七擧不中, 優遊溪山, 以是終焉。銘曰: '旣無才, 又無德, 人而已, 生不爵, 死無名, 魂而已, 憂樂空, 毁譽息, 土而已.'"

公早孤, 晩而好學。戊午, 士林禍作, 仍及仲兄, 自是無意世路, 幽居自適。監司以才行薦, 病不克用。因時弊, 上便宜封事, 減任縣[4]進封之苦。嘗著家訓, 教子孫。後士林俎豆之。【家狀】

3 視化(시화): 觀化의 오기. 죽음을 일컫는 말.

4 任縣(임현): 屬縣. 안동의 속현으로 才山縣과 小川縣이 있었음. 재산현은 경상북도 봉화지역의 옛 지명이다.

18. 김시좌

김시좌의 자는 자광, 본관은 안동이다. 성종 경술년(1490)에 태어났다. 벼슬은 참봉을 지냈다. 명종 임술년(1562)에 죽었다. 정려가 있다.

어머니가 등에 종기를 앓았을 때, 공(公)이 밤낮으로 종기의 고름을 빨아서 종기가 곧 나았다. 어머니의 상을 당했을 때 부주의하여 빈소에 불이 났는데 때마침 큰 바람이 불자, 공은 관을 끌어안고 가슴을 두드리니 도리어 바람이 불을 껐다. 장례를 치를 때 돌을 다듬어 묘비를 세우고 싶었으나 가난하여 그 비용을 마련할 수가 없었는데, 어떤 승려가 자진하더니 이미 돌 다듬기를 끝내고 돌아갔으나 어디로 갔는지 알 수 없었다.

국기일(國忌日)에는 고기를 먹지 않았고, 국상(國喪) 때는 상제와 같은 마음으로 3년상을 치렀다. 만년에 천거의 명단에 올라 서랑(署郎)을 제수하였으나 나아가지 않았다.

서애 류성룡 상국(相國: 재상)이 일찍이 말하기를, "김공은 충성과 효성을 겸하였으니 마땅히 충효문(忠孝門)을 세워야 한다."라고 하였는데, 중종 경자년(1540: 만력 경술년의 오기, 1550) 조정에 알려져 정려가 내려졌다.【협주: 이상진이 찬한 비문에 실려 있다.】

- **金時佐**

金時佐[1], 字子匡, 安東人。成宗庚戌生。官參奉。明宗壬戌卒。旌閭。

---

1 金時佐(김시좌, 1490~1562): 증조부는 주부 金三友이며, 조부는 생원 孟龜이다. 어머니 仁同張氏는 張敬孫의 딸이다. 부인 中和楊氏는 감찰 楊淑의 딸이다. 아들은 金繼, 金緒, 金緝, 딸들은 權景紳, 南夢鰲, 李葆에게 각각 시집갔다.

母夫人患背瘡, 公晝夜吮瘡, 瘡便愈。及歿, 殯宇失火, 時大風, 公抱柩叩心, 反風滅火。及葬, 欲治碣竪墓, 而貧無以爲役費, 有僧自願, 礱治旣訖, 不知所往。

國忌不食肉, 國恤心喪三年。晩登薦書, 除署郞不赴。

西厓[2]柳相國, 嘗曰: "金公, 忠孝兼全, 當立忠孝門." 中宗庚子[3], 聞于朝旌閭。【李象辰[4]撰碑】

보충

이상진(李象辰, 1710~1772)이 찬한 비음기(碑陰記)

효자 김공 비음기

공의 휘는 시좌, 자는 자광, 본관은 안동이다. 고려조의 공신 태사 김선평(金宣平)의 후예로, 아버지 김용려는 생원이었으며, 어머니는 인동장씨이다. 홍치 경술년(1490)에 태어나서 가정 임술년(1562)에 죽었으니 향년 73세였다.

천성이 지극히 효성스러워서 일찍 아버지를 여의었어도 어머니를 모시며 뜻을 받들어 따르는데 조금도 어긋남이 없었다. 동생 김시량(金時亮)·김시우(金時佑)와 함께 직접 사냥하고 고기를 잡아서 맛있는 음식을 바쳤다. 어머니가 질병이 있을 때마다 인분을 맛보아 환후의 차도를 살폈으며, 또 등에 종기를 앓자 밤낮으로 종기의 고름을 빨아서 종기가 곧 나았다. 어머니의 상을 당했을 때 어린 아들로서 사모하

---

2 西厓(서애): 柳成龍(1542~1607)의 호. 본관은 豊山, 자는 而見. 의성 출생. 증조부는 柳子溫이며, 조부는 柳公綽이다. 아버지는 황해도관찰사 柳仲郢이며, 어머니 安東金氏는 진사 金光粹의 딸이다. 퇴계 李滉의 문인이다. 金誠一과 동문수학했으며 서로 친분이 두터웠다. 이조판서, 좌의정, 영의정 등을 역임하였다.

3 中宗庚子(중종경자): 1540년. 만력 임술년, 곧 1610년의 오기.

4 李象辰(이상진, 1710~1772): 본관은 禮安, 자는 若天, 호는 下枝. 아버지는 李載基이며, 어머니 東萊鄭氏는 鄭之鎰의 딸이다. 權渠·權相一의 문하에서 수학하였다.

는 마음이 한결같았는데, 하루는 마침 큰 바람이 불고 있는 와중에 부주의하여 빈소에 불이 나자 공은 관을 끌어안고 가슴을 두드리니 바람이 도리어 불을 껐다. 장례를 치를 때 여묘살이를 하면서 야채와 과일도 먹지 않고 죽만 먹으며 3년을 마쳤다.

여묘했던 곳에는 예전부터 샘이 없어 우물을 파도 물을 얻지 못하였으나, 공이 샘 주위를 돌며 울부짖으니 이윽고 샘물이 솟아났다. 또 돌을 다듬어 묘비를 세우고 싶었으나 가난하여 그 비용을 마련할 수가 없었는데, 어떤 승려가 자진하더니 이미 돌 다듬기를 끝내고 돌아갔으나 어디로 갔는지 알 수 없었다. 아! 이상한 일이었다.

아침저녁으로 집의 사당을 배알하는 일과 하루에 한 번씩 성묘하는 일은 비록 거센 비바람이 쳐도 그만두지 않았다. 두 동생에게는 우애가 독실하고 지극하여 젊은 노비와 기름진 밭과 논을 주었으며, 자신은 늙은 노비와 척박한 땅을 가졌다.

국기일에는 재계하고 고기를 먹지 않았으며, 국상(國喪) 때는 상제와 같은 마음으로 3년상을 치렀다. 만년에 천거의 명단에 올라 서랑(署郎)을 제수하였으나 나아가지 않았다.

서애 류성룡 상국(相國: 재상)이 일찍이 말하기를, "김공의 충성과 효성은 마땅히 충효문(忠孝門)을 세워야 한다."라고 하였는데, 만력 경술년(1610) 조정에 알려져 정려가 내려졌다. 숙종 경신년(1680) 공의 증손과 현손들이 비로소 정려각을 세웠고, 경종 임인년(1722)에 이르러서야 돌을 캐어 공의 성명을 새겨서 세웠지만, 금상 을해년(1755) 큰 홍수가 나서 창풍천(昌豐川)을 가로질러 강둑을 무너뜨려서 비석이 있던 곳을 모르게 되었다.

신묘년(1771) 봄에 그 자손들이 뜻을 모아 비각의 유허지 수십 보가 되는 곳을 파내다가 마침내 비석을 찾았는데, 자획(字劃)이 옛날과 다

름없이 그대로였으니 그것을 본 사람들은 놀라며 이상하게 여겼다. 아, 이 비석이 아무런 탈 없었던 것은 실로 귀신이 몰래 보호한 덕분이었다. 그리하여 김씨의 남은 후손들이 땅속을 파고 정성껏 꺼내어 다시 옛터에 세웠으니, 그 집안의 효자에 욕됨이 없게 되었다.

도리로 마땅히 이 뛰어난 공의 행적 및 비석을 세우게 된 전말을 덧붙여 보여야 했으니, 비석의 후면에 그것을 새겨 동서로 다니는 사람들에게 고찰할 수 있도록 한다. …(이하 명문 생략)…

• **孝子金公碑陰記**

公諱時佐, 字子匡, 安東人。麗朝功臣太師宣平之後, 考諱用礪生員, 妣仁同張氏。生以弘治庚戌, 歿以嘉靖壬戌, 享年七十三。天性至孝, 早孤, 奉母夫人, 承順無違。與弟時亮·時佑, 躬畋漁供美旨。母夫人有疾, 輒嘗糞以驗差劇, 又患背瘡, 晝夜吮瘡, 瘡便愈。及歿, 孺子慕顚顚, 一日適大風, 殯宇失火, 公抱柩叩心, 風反滅火。及葬, 廬墓不食菜果, 歠粥終三年。廬所舊無泉, 掘井不得水, 公環井號泣, 有頃泉水湧出。又欲治碣竪墓, 而貧無以爲役費, 有僧自薦, 礱治旣訖, 不知所往。吁異矣哉! 晨昏拜家廟, 日一省墓, 雖大風雨不廢。與二弟, 友愛篤至, 臧穫土田, 自取老且瘠者。國忌, 齋戒食素, 國恤心喪三年。晚登薦書, 除署郎不赴。西厓柳先生, 嘗曰: "金公忠孝, 當立忠孝門." 萬曆庚戌, 聞于朝旌閭。肅廟庚申, 公之曾玄孫, 始立旌閣, 景廟壬寅, 乃伐石劖公姓名以竪之, 今上乙亥, 大水昌豐川橫決崩岸, 失碑所在。辛卯之春, 晜雲合議, 掘閣墟數十步地, 竟得之, 字畫宛然, 觀者驚異。噫! 斯碑無恙, 實賴鬼物之陰護。而金氏遺昆, 刳誠尋出, 復樹故墟, 於乃家孝爲無忝。法當附見玆最公行蹟及立碑顚末, 刻之碑陰, 俾東西行者有所攷。…(이하 명문 생략)…

〔下枝遺集, 권4, 記〕

19. 권벌 충정공

권벌의 자는 중허, 호는 충재, 본관은 안동이다. 성종 무술년(1478)에 태어났다. 연산군 병진년(1496) 진사시에 합격하고, 중종 정묘년(1507) 문과에 급제하였다. 한림(翰林)·삼사(三司)·사인(舍人)·감사(監司)를 거쳐 찬성(贊成)에 이르렀다. 인종 을사년(1545) 녹훈되었으나 이내 삭훈되었고, 삭주로 귀양 갔다. 명종 무신년(1548)에 죽었다. 선조가 즉위하자 관작(官爵)을 회복시키고 좌의정을 증직하였다. 안동의 삼계서원에 향사하였다.

연산군 갑자년(1504) 공이 응시한 과거의 책문(策文)이 합격되었는데, 시권(試卷) 중에 '처(處)'란 글자가 있음을 알고 고관(考官: 시험관)이 다시 청하여 합격자 명부에서 지웠다. 이보다 앞서 연산군이 김처선(金處善)의 직간에 노하여 그를 죽이고서 조정과 민간의 문장에 처(處)와 선(善)이란 글자를 쓰지 못하도록 명하였던 까닭이었다.

중종 계유년(1513)에 의정부의 종 정막개(鄭莫介)가 상변(上變: 반역행위의 고발)하며 신윤무(辛允武)와 박영문(朴永文)이 반역을 꾀한다고 알려서 당상관에 제수되었다. 이에, 공이 지평으로서 아뢰기를, "정막개는 이미 그 모의를 알았으면 마땅히 지체하지 않고 즉시 고발했어야 했지만, 여러 날이 지난 뒤에야 고하였으니 그에 대한 죄를 받지 않은 것만으로도 요행이옵니다. 청컨대 그 관직을 삭탈하소서."라고 하자, 주상이 따랐다.

무인년(1518)에 공이 승지로서 입시하여 승지 김정국(金正國)과 함께 같은 말로 아뢰기를, "인(仁)으로서 끊어진 세대를 이어 주는 것보다 더 큰 것이 없습니다. 노산(魯山)도 조종(祖宗)의 의친(懿親: 近親)이고, 연산(燕山)도 전하(殿下)의 지친(至親)입니다. 임금으로서 한때 나라를 다스렸으니 비록 종묘에 죄를 얻었을지라도 영원히 후사를 끊어 제사를 지내지 못하도록 하는 것은 전하의 어짊에 매우 손상이 되옵니다."라고 하였다. 그리하여 청의(淸議: 뜻이 높고 올바른 논의)가 분분하여 끝내 거행되지 못하였다.

공은 당시의 정세에 변고가 많아지는 것을 보고 제공(諸公)을 위하여 힘써 말했으나. 제공이 그 말을 따르지 않았다. 그러다가 북문(北門: 경복궁의 신무문)의 화(禍: 기묘사화)가 일어나기에 미치자, 오히려 공을 그 당파라 하고 파면하여 고향으로 돌아가 있은 지 15년이나 되었다.

세종 황제(世宗皇帝: 명나라 嘉靖帝)에게 궁비(宮婢)의 변고가 있었는데, 공이 경연의 석상에서 진언하기를, "천자의 존엄으로도 뜻하지 않은 재앙이 천한 종에게서 나왔으니, 무릇 임금이 된 이가 조금이라도 소홀하여 경계하지 않은 것이야말로 위태로운 화를 자초하는 것에 관계되옵니다. 전하께서는 상국(上國: 명나라)의 일을 심상하게 여기지 마소서."라고 하였다. 말이 임금에게 매우 거슬렸으므로 같은 반열에 있는 자들이 모두 두려워 목을 움츠렸다.

을사년(1545) 7월에 인종(仁宗)이 승하하였다. 명종(明宗)이 아직 어리니, 공(公)을 우찬성으로 삼고 삼공(三公)과 함께 원상(院相: 어린 임금을 보좌하며 정무를 맡아보던 임시 직책)으로 삼아 번갈아서 승정원에 숙직하며 기무(機務: 국가의 중요한 일)에 참여하여 처리하게 하였다. 8월에 이기(李芑)·정순붕(鄭順朋)·허자(許磁)·임백령(林百齡)이 장차 류관(柳灌)·윤임(尹任)·류인숙(柳仁淑) 등의 죄를 아뢰려고 하니, 공은 이들과 의논하였으나 서로 맞지 않았다. 머지않아 문정왕후(文定王后)가 충순당에 나아가 육경(六卿: 6조 판서) 이상을 불러들여 논의하게 하였는데, 공이 아뢰기를, "물론(物論)을 신은 듣지 못하여 전일의 대윤이니 소윤이니 하는 말이 어디에서 나왔는지 알지 못합니다. 그러나 지난날 예종(睿宗)이 후사가 없었으니 월산대군(月山大君)이 마땅히 왕위계승을 할 차례였으나, 정희왕후(貞熹王后)가 그 차례를 건너서 성종(成宗)을 세워 나이가 겨우 13세였는데도 오히려 처음부터 끝까지 편안하였고 아무런 일이 없었습니다. 하물며 지금 주상께서는 바로 인종(仁宗)의 적제(嫡弟)로서 이미 정당한 자리에 있음에야 어찌 다른 염려가 있겠습니까. 또한 지금 왕자군(王子君)도 도당을 결성하지 않았고, 대신도 권세를 제 마음대로 휘두르지 않으니, 누가 감히 음험하고 사특한 마음을 가지겠습니까. 윤임이 만약 사특한 마음이 있었다면 죽여도 아까울 것이 없으나, 신의 생각으로 가만히 생각해 보건대 바야흐로 이처럼 정치를 처음 펼칠 때는 인심을 얻기에 힘써서 매사를 마땅히 아주 공정하게 지극히 바르게 행해야 할 것입니다. 중종께서 처음 정사를 펼칠 때 대신이 제대로 보도(輔導)하지 못하여, 이과(李顆)가 반역을 꾀한다고 무고한 노영손(盧永孫)을 당상관으로 삼고 말았습니다. 이로부터 반역을 고발하는 자가 많아지자, 중종이 나중에서야 그 연고를 알고서 연좌된 사람들을 죄다 풀어주니 온 나라 사람들이 모두 감복하여 인심이 안정되었던 것입니다. 이는 오늘날 마땅히 경계로 삼아야 할 것입니다."라고 하였다. 이날 윤임은 멀리 유배되었고 류관은 재상에서 체직되었으며 류인숙은 파면되었다. 이때 헌납 백인걸이 대간(臺諫)들을 배격하면서 제대로 자기의 주장을 고집하지 못한다고 비난하자, 밀지(密旨)로 백인걸을 의금부의 옥에 가두고서 국문하여 치죄하도록 하고, 죄를 더하여 윤임도 외딴섬으로 귀양 보내고 류관과 류인숙도 중도부처(中道付處)하였다. 공이 다시 홀로 대궐에 나아가 글로써 아뢰기를, "어린 임금으로 왕위에 오른 지 얼마 안 되어 대신을 멀리 귀양 보내니 사람들이 모두 그 갈피를 잡지 못할 것이고, 또 간관마저 가두니 누가 감히 죽음을 무릅쓰고서 진언하겠습니까. 신(臣)이 밤에도 잠을 이루지 못하여 죽음을 무릅쓰고 감히 아뢰니다. 윤임은 비록 중죄를 지었으니 진실로 족히 아까울 것이 없으나, 신이 가만히 생각건대 왕대비(王大妃)는 사왕(嗣王: 후사를 이은 왕)에게 어머니로 섬겨할 도리가 있으니, 만약 이로 인해 걱정하고 상심하여 편치 않게 된다면 어찌 큰 누가 되지 않겠습니까. 근거 없이 떠도는 말은 옛날부터 있었으나 옛날의 밝은 임금은 그 떠도는 말로서 사람을 죄주지 않았습니다. 류관은 본래 뱃병이 있어서 조당(朝堂)에서도 항상 병풍이나 벽에 기대어 앉았고, 류인숙은 상기증(上氣症)을 앓은 지 지금 이미 여러 해가 되었습니다. 이처럼 늙고 병든 유생들이 신하로서는 최고의 지위에 이르렀으니 어찌 훗날이 있겠습니까? 이제 만약 멀리 귀양 갔다가 병을 얻어 죽으면 사람들이 모두 말하기를, '나라에서 그들을 죽였다.'라고 할 것이니, 바라옵건대 주상께서는 평정한 마음으로 살피소서."라고 하였다.

정순붕(鄭順朋)이 상소하여 세 사람의 죄를 극단적으로 말하였다. 이에, 세 사람이 모두 역모를 꾀했다는 죄목으로 주벌되자, 논공행상할 때에 공 또한 추성위사홍제보익(推誠衛社弘濟保翼) 공신이라는 칭호를 하사받고 길원군(吉原君)에 봉해졌다. 이윽고 정순붕 등이 아뢰기를, "권벌은 의론이 서로 같지 않았으니 공훈을 삭탈하소서."라고 하자, 10월에 양사(兩司)가 파면하기를 아뢰니 모두 그대로 윤허하였다. 이때 도성 안이 술렁거리며 두려워하였는데, 공의 사위 홍인수(洪仁壽)가 도성 밖에서 분주히 달려와 뵈니, 공은 책을 보고 있었는데 말투와 안색이 평소와 같았다.

정미년(1547) 부제학 정언각(鄭彦慤)이 양재역의 벽에 익명의 비방하는 말을 고발했는데, 이 때문에 을사사화 때의 사람들에게 죄가 크게 더해졌다. 공은 구례(求禮)에 부처(付處)되었다가 조금 뒤에 태천(泰川)으로 옮겨졌는데, 압송하기 위한 관원이 문에 도착하자, 공은 태연히 귀양 길에 오르며 향당(鄕黨)에서 이별하러 온 사람들에게 말하기를, "천은이 망극하다."라고 하였다. 진사 금원정(琴元貞)이 공의 손을 잡고 소리를 내어 울기를 마지아니하니, 공이 웃으며 말하기를, "나는 그대를 대장부로 여겼는데, 어찌 이렇게까지 한단 말이오? 생사(生死)와 화복(禍福)은 하늘에 달렸으니 그 하늘을 어떻게 할 수 있겠소."라고 하였다. 아들 권동보에게 편지를 부쳐 이르기를, "예전에 범충선(范忠宣: 송나라 范純仁)이 나이 70에 만리 길을 귀양간 일이 있었으니, 너의 아비의 죄는 매우 관대한 형벌이라 하겠다. 그리고 내가 나라의 은혜를 저버려서 이에 이르렀으니, 죽거든 간단히 장사지내는 것이 좋겠다."라고 하였다. 길을 떠나 용안역(用安驛)에 이르렀을 때 금부랑(禁府郎)이 안동(安東)을 가리키며 급히 달려오고 있어서 일행이 놀라 자빠지며 울부짖으니, 공이 정색하며 이들을 꾸짖었는데, 그 금부랑이 이른 것은 또다시 삭주(朔州)로 옮겨 귀향 보내려는 것이었다. 길을 떠나 벽제역(碧蹄驛)에 이르니, 회재(晦齋) 이언적(李彦迪)이 강계(江界)로 귀양 가려고 또한 이르렀는데, 공이 장난삼아 말하기를, "이 이상(李貳相: 좌찬성)과 권 이상(權貳相: 우찬성)이 동시에 귀양 가는 길이 어찌 이리도 밝고 빛나는가."라고 하였다. 매우 가까운 거리임에도 서로 만나 보지 못하고 길을 떠났다.

명종(明宗) 말년에 간악하여 왕위를 더럽힌 자들이 제거되고 국시(國是: 국가의 기본 방침)가 조금 변하였다. 금상(今上: 宣祖)이 왕위를 계승하자 선왕의 뜻을 잘 따라서 무릇 을사년(1545) 이후의 원통하고 억울한 일들을 차례로 밝혀 깨끗이 씻어주었다. 삼공(三公)이 의론하여 아뢰기를, "권벌의 덕행은 순수하고 충성도 지극히 갖추었으니,

공의 관작(官爵)과 직질(職秩)을 애초대로 회복시키도록 명하소서." 하고, 경상도 관찰사 박계현이 아뢰기를, "권벌의 충의(忠義)와 풍절(風節)은 이와 같으니, 이언적과 함께 모두 추장(追奬: 사후에 상 주는 일)을 내려 주소서." 하니, 주상이 가상히 여기고 감탄하여 대신들에게 의논해서 처리하게 하자, "두 사람은 학행이 환히 빛나 일컬을 만하여 참으로 소급해서 장려하여야 마땅하오니, 선왕의 뜻을 계승하여 빛나도록 선비의 기풍을 더욱 진작시켜 유도(儒道)를 더욱 중해지게 하소서."라고 하였다. 무진년(1568) 공에게 좌의정을 증직하였다.

본래 독서를 좋아하였으니, 비록 관청에 숙직하거나 공무를 보는 중에도 일찍이 그만두고 하지 않은 적이 없었다. 만년에는 더욱 《자경편(自警編)》·《근사록(近思錄)》을 좋아하여 소매 속에서 넣어놓은 채 품고 다녔다. 중종(中宗)이 일찍이 재상(宰相: 2품 이상의 벼슬)들을 불러 잔치를 베풀며 후원(後苑)에서 꽃을 감상했을 때, 각자 마음껏 술을 마시도록 명하자 술에 취해서 부축을 받아 대궐 밖으로 나온 적이 있었다. 그때 궁궐 안에 있던 어떤 소신(小臣)이 《근사록》 작은 책자를 주웠는데 누구의 것인지 알지 못하자, 주상이 말하기를, "권벌의 소매 속에서 떨어진 것이다." 하고는 그에게 돌려주도록 명하였다.

공의 외할아버지가 정현왕후(貞顯王后: 종종의 모후)와 가까운 친족이어서 임금의 총애가 남달랐으나, 공은 더욱 스스로 삼가고 피하였다. 재상으로서 내궁(內宮)과 연관된 피붙이가 있는 자는 중국에 조회하러 갔다가 돌아오면 반드시 사사로이 물품을 바치고 있었는데, 공만은 홀로 그렇게 하길 거부하며 말하기를, "감히 할 바가 아니다."라고 하였다.

국가의 이해에 임하거나 사변을 당해서는 낯빛에 의기가 나타나 거침없이 곧바로 나아가 앞장서서 담당하여 맹분(孟賁)과 하육(夏育)

처럼 용기있게 결단하였다. 그가 다시 서면으로 그 사실을 적어 아뢸 때에 밤새도록 아뢸 글을 초하여 일찌감히 조정에 나아가려고 하니, 집안의 사람과 자식·사위들이 번갈아 붙잡고 만류하여 울면서 간하였으나 번번이 뿌리치고 나갔다. 대궐에 이르러서 신광한(申光漢)을 우연히 만나 함께 가게 되었는데, 공의 주장을 물어 알고는 깜짝 놀라 굳이 만류하였다. 공은 듣지 않고 원상(院相) 이언적(李彦迪)이 사무 보는 자리에 나아가서 주서(注書) 류경심(柳景深)을 불러 계사(啓辭)를 쓰게 하니, 이공(李公: 이언적) 초본(草本)을 보고 또한 놀라 말하기를, "형세가 이미 이 지경인데 말을 해도 공연히 예기치 못한 화만 야기할 것이니, 무엇이 유익하겠소이까?"라고 하고는 그 위태로운 말이 있는 곳마다 모두 지워버렸다. 공이 물러나 앉아 무릎을 싸안고서 길게 한숨을 쉬며 말하기를, "이렇게까지 깎아 없앤다면 하지 않는 것이 더 낫겠네."라고 하였다.

윤사익(尹思翼)은 사람됨이 거칠고 사리에 어긋나서 공이 여러 번에 걸쳐 꾸짖었다. 주상의 부름을 받고 알현하던 날에 윤사익이 아뢰기를, "대행왕(大行王)의 병환이 크게 위중했을 때 신(臣)이 권벌에게 말하기를, '마땅히 대군(大君)을 급히 맞아 궐내로 들어오게 해야 한다.'라고 했는데, 권벌이 대답하지 않았습니다."라고 하니, 공은 다만 아뢰기를, "대신이 있었으므로 신이 능히 함부로 처단할 바가 아니었습니다."라고만 말하고 물러나 빈청(賓廳)으로 나왔다. 허자(許磁)가 윤사익을 괴이쩍게 여겨 눈을 부릅뜨고 물끄러미 바라보며 말하기를, "공이 권공(權公: 권벌)을 잡고자 하는 것은 무엇 때문인가? 위태하여 불안한 때를 당하여 권공은 대의(大義)로써 나라의 대계(大計)를 힘써 도왔으니, 권공의 충심은 조정이 모두 아는 바인데 어찌 다른 마음이 있었겠는가." 하자, 윤사익은 낯을 붉히며 아무런 대답을 하지 못했

다.【협주: 이황이 찬한 행장에 실려 있다.】

• 權橃 忠定公

權橃[1]，字仲虛，號冲齋，安東人。成宗戊戌生。燕山丙辰進士，中宗丁卯文科。歷翰林·三司·舍人·監司至贊成。仁宗乙巳錄勳， 旋削，配朔州[2]。明宗戊申卒。宣祖嗣服[3]，復官，贈左議政。享安東三溪書院[4]。

燕山甲子，公試策得中，卷中有處字，考官復請去之。先是，燕山怒金處善[5]直諫，殺之，命中外文字不得用'處善'字故也。

中宗癸酉，政府奴鄭莫介[6]，上變告辛允武[7]·朴永文[8]謀逆，授堂上。

---

1 權橃(권벌, 1478~1548): 본관은 安東, 자는 仲虛, 호는 冲齋·萱亭·松亭. 안동 출신. 증조부는 횡성현감 權計經이며, 조부는 副護早 權琨이다. 아버지는 성균생원 權士彬이며, 어머니 坡平尹氏는 主簿 尹塘의 딸이다. 부인 和順崔氏는 직장 崔世演의 딸이다. 1513년 사헌부지평으로 재임할 때, 당시 辛允武·朴永文의 역모를 알고도 즉시 보고하지 않은 鄭莫介의 당상관 품계를 삭탈하도록 청하여 강직한 신하로 이름을 떨쳤다. 1519년 예조참판에 임용되었는데, 이때 趙光祖를 비롯한 사림들이 왕도정치를 극렬히 주장하자, 기호지역 사림파와 연결되어 훈구파와 사림파 사이를 조정하려다가 파직되었다. 1545년 명종이 어린 나이로 즉위하자 院相에 임명되었다. 1547년 양재역벽서사건에 연루되어 유배지에서 세상을 떠났다.

2 朔州(삭주): 평안북도 삭주군 일대.

3 嗣服(사복): 왕위를 물려받던 일.

4 三溪書院(삼계서원): 경상북도 봉화군 봉화읍에 있는 서원. 1588년 지방 유림의 공의로 권벌의 학문과 덕행을 추모하기 위해 창건하여 위패를 모셨다. 임진왜란 당시 소실된 것을 1601년에 중건을 시작하여 1613년에 준공하였다. 1660년 '삼계'라고 사액되어 선현 배향과 지방교육의 일익을 담당하여 왔다.

5 金處善(김처선, ?~1505): 全義金氏의 시조. 세종조에 내시부에 들어가 문종, 단종, 세조, 예종, 성종, 연산군 등 7명의 임금을 모신 환관이었다. 폭군 연산군에게 죽임을 당하였다.

6 鄭莫介(정막개, 생몰년 미상): 조선 중종 때의 관노. 1513년 전 공조판서 朴永文과 전 병조판서 辛允武가 반란을 모의한다고 고변하여 상을 받고 상호군에 제수되었다. 그러나 지평 權橃의 상소로 직책과 상을 박탈당하였으며, 사람들의 따돌림을 받다가 굶어죽었다.

7 辛允武(신윤무, ?~1513): 본관은 寧越. 조부는 첨지중추원사 辛永孫이다. 아버지는 辛叔琚이며, 어머니 義城金氏는 정언 金統의 딸이다. 1506년 연산군의 학정에 불만을 품은 成希顔·朴元宗 등에게 내외정세를 세밀히 알려주어 중종반정을 결심하게 하고, 거사일에

公以持平, 啓曰: "莫介已知其謀, 則當無留卽發, 而屢日乃告, 不伏其辜幸矣。請奪其職." 上從之。

戊寅, 先生[9]以承旨入侍, 與承旨金正國[10], 同辭啓曰: "仁莫大於繼絶世。魯山[11], 祖宗懿親, 燕山, 殿下至親。君臨一時, 雖獲戾於宗廟, 而永絶不祀, 甚損殿下之仁." 淸議紛紜, 竟不擧行。

公見時事多故, 爲諸公力言之, 諸公不能從。及北門禍[12]作, 猶以公爲其黨, 罷歸田里者十五年。

世宗皇帝有宮婢之變[13], 公於經席, 進曰: "以天子之尊, 不虞之禍出於賤御。凡爲人君, 秒忽不戒, 危禍所係。殿下勿以上國之事而尋常

는 군사를 모아 任士洪·愼守勤·愼守英 등을 격살하고 일을 성사시켰다. 그 공으로 靖國功臣 1등에 책록되고, 寧川君에 봉하여졌다. 그 뒤 병조판서에 제수되었으나 대간의 탄핵으로 파직되었는데, 역시 파직된 朴永文이 울분에 못 이겨 자주 신윤무의 집을 찾아와 조정을 비방하고 난언을 많이 하였다. 신윤무는 늘 박영문에게 시기가 아니라며 타일러서 말렸으나, 이와 같은 사실을 엿들은 의정부의 노비 鄭莫介의 고변으로 주살되고, 두 아들 辛恭·辛儉은 모두 교살당하였다.

8 朴永文(박영문, ?~1513): 본관 咸陽. 생원으로서 무과에 급제, 연산군 때 군기시첨정을 지냈다. 1506년 중종반정에 참여하여 靖國功臣 1등에 책록, 咸陽君에 봉해졌다. 그 뒤 공조판서에 임명되었으나 간관의 탄핵으로 파직되자, 辛允武의 집에 드나들면서 조정을 비난하고 문신들을 비방하였다. 마침내 신윤무 등과 함께 寧山君 李恮을 추대하고 무신난을 모의하자, 의정부의 관노 鄭莫介가 이를 밀고하였다. 대역죄로 몰려 사형되고, 다섯째 아들 朴信을 제외하고 모두 교수형에 처해졌다.

9 先生(선생): 公의 오기.

10 金正國(김정국, 1485~1541): 본관은 義城, 자는 國弼, 호는 思齋. 증조부는 金統이며, 조부는 金益齡이다. 아버지는 金璉이며 어머니 陽川許氏는 許芝의 딸이다. 첫째부인 平壤趙氏는 趙仲文의 딸이며, 둘째부인 慶州李氏는 李承祖의 딸이다. 김굉필의 문인이다. 병조참의, 공조참의, 형조참판을 역임하였다.

11 魯山(노산): 조선의 端宗이 세조에게 왕위를 빼앗기고 그 신분이 격하되었을 때 붙여진 칭호.

12 北門禍(북문화): 神武門의 화로 일컬어지기도 하는 己卯士禍. 南袞이 정식 절차를 밟지 않고 밤중에 비밀리에 景福宮의 北門인 神武門을 열게 하고 들어가서 화를 일으켰다는 데서 나온 말이다.

13 宮婢之變(궁비지변): 1542년 10월에 명나라 세종이 端妃 曺氏의 궁에서 잠을 자던 중 궁비이 楊金英 등이 황제가 깊이 잠든 틈을 노려 끈으로 황제의 목을 졸라 죽이려다가 실패한 사건. 이에 단비와 寧嬪 및 양금영 등을 주범과 종범을 가리지 않고 모두 사형에 처하였으며, 그 가속들은 모두 잡아다가가 공신들의 집에 종으로 주었다.

之." 辭甚觸犯, 同列縮頸。

乙巳七月, 仁廟昇遐。明宗幼冲, 公以右贊成, 與三公, 同爲院相[14], 更直政院, 參斷機務。八月, 李芑[15]·鄭順朋[16]·許磁[17]·林百齡[18], 將啓柳灌[19]·尹任[20]·柳仁淑[21]等罪, 公與之議不合。俄而, 文定王后[22]御忠順

---

14 院相(원상): 어린 임금을 보좌하며 정사를 맡아 다스리던 직책.

15 李芑(이기, 1476~1552): 본관은 德水, 자는 文仲, 호는 敬齋. 증조부는 李明晨이며, 조부는 知溫陽郡事 李抽이다. 아버지는 사간 李宜茂이며, 어머니 昌寧成氏는 成熺의 딸이다. 부인 光山金氏는 金震의 딸이다. 김종직의 문인이다. 좌의정 李荇의 형이다. 율곡 이이의 재종부이다. 명종이 즉위해 文定王后가 수렴첨정을 하자, 윤원형, 윤원로, 윤춘년, 정순붕, 임백령 등과 손잡고 을사사화를 일으켰다. 이때 윤임·유관 등을 제거하고, 1547년 윤원형·尹仁鏡 등과 더불어 良才驛壁書事件(일명 丁未士禍)를 일으켜 지난날 윤원형을 탄핵한 바 있는 宋麟壽, 윤임 집안과 혼인 관계에 있던 李若水를 賜死하고, 李彦迪·鄭磁·盧守愼·鄭熿·柳希春·白仁傑·金鸞祥·權應挺·權應昌·李天啓 등 사림파 20여 명을 유배하였다.

16 鄭順朋(정순붕, 1484~1548): 본관은 溫陽, 자는 耳齡, 호는 省齋. 증조부는 鄭袍이며, 조부는 지평 鄭忠基이다. 아버지는 헌납 鄭鐸이며, 어머니 星州都氏는 都震孫의 딸이다. 부인 全州李氏는 鳳陽副正 李終南의 딸이다. 형조판서 鄭百朋의 아우이다. 이른바 소윤이 을사사화를 일으켜 대윤의 우두머리인 윤임과 세 아들을 죽이고 수많은 관리를 숙청하였는데, 정순붕도 여기에 적극적으로 가담하였다. 이에 사람들은 그를 간흉이라고 몰래 비난하며 林百齡, 鄭彦慤과 함께 '乙巳三奸'으로 칭하였다.

17 許磁(허자, 1496~1551): 본관은 陽川, 자는 南仲, 호는 東崖. 증조부는 許扉이며, 조부는 許薰이다. 아버지는 義盈庫令 許瑗이며, 어머니 善山金氏는 金粹溫의 딸이다. 첫째부인 全州李氏는 양녕대군의 손자 李終巖의 딸이며, 둘째부인 光山金氏이다. 金安國의 문인이다. 소윤에 가담하여 대윤을 제거한 공으로 陽川君에 봉해졌으나, 강경파 李芑의 심복인 李無疆 등의 탄핵을 받아 홍원에 유배되어 그곳에서 죽었다.

18 林百齡(임백령, 1498~1546): 본관은 善山, 자는 仁順, 호는 槐馬. 해남 출신. 증조부는 林得茂이며, 조부는 林秀이다. 아버지는 林遇亨이며, 어머니 陰城朴氏는 朴子回의 딸이다. 부인 咸陽吳氏는 吳聲遠의 딸이다. 林億齡의 아우이다. 朴祥의 문인다. 소윤에 가담하여 대윤을 제거한 공으로 崇善君에 봉해졌다.

19 柳灌(류관, 1484~1545): 본관은 文化, 자는 灌之, 호는 松庵. 증조부는 柳尙榮이며, 조부는 柳霆이다. 아버지는 장령 柳廷秀이며, 어머니 密陽朴氏는 朴潤孫의 딸이다. 부인 驪興閔氏는 閔季曾의 딸이다. 이조판서 재직 시에는 병조판서 李芑의 비행을 공격했는데, 이것이 후일 이기의 모함을 받는 직접적인 계기가 되었다. 소윤에 의해 일어난 을사사화에서 尹任·柳仁淑 등과 함께 三兇으로 몰려, 宗社를 謀危했다는 죄목으로 처벌받았다. 처음에는 絶島流配刑에 처해져 서천으로 귀양갔지만, 온양에 이르러 賜死되었다.

20 尹任(윤임, 1487~1545): 본관은 坡平, 자는 任之. 증조부는 尹士昀이며, 조부는 尹甫이다. 아버지는 중종의 장인 坡原府院君 尹汝弼이며, 어머니 順天朴氏는 朴仲善의 딸이다. 첫째부인 驪州李氏는 李俌의 딸이며, 둘째부인 玄風郭氏는 병마절도사 郭翰의 딸이다. 章敬王后의 오빠이다. 중종 반정에 참여하여 중종을 옹립하는데 기여하였다. 仁宗이 세자로

堂[23], 召六卿以上入議, 公啓曰: "物論臣不得聞, 前日大小尹之說, 不知何自而出也。然往者, 睿宗無嗣, 月山[24]當次, 貞熹王后[25]越次而援立成宗, 年甫十三矣, 猶終始帖然無事。況今主上乃仁廟嫡弟, 旣已正位, 豈復有他虞乎? 且今王子君[26]無結黨, 大臣無執權, 誰敢有陰邪之心? 尹任若有邪心, 死且無惜, 臣意竊謂, 方此初政, 務得人心, 每事當以大公至正行之。中宗之始, 大臣不能善導, 以李顆[27]爲叛, 盧永孫取堂上。自是告變者多, 中宗後乃知其故, 盡放連坐人, 一國咸服而人心定。此今日之所當戒也." 是日, 尹任竄, 灌遞, 仁淑罷。于時, 獻納白仁傑, 擊臺諫, 不能論執, 密旨命下仁傑于禁獄鞫治, 加任竄絶島, 二柳付

있을 때, 중종의 繼妃 文定王后가 慶源大君(뒤에 명종)을 낳자, 金安老와 함께 세자를 보호해야 한다고 주장하여 문정왕후와 알력이 생겼다. 대윤과 소윤 사이에 알력이 생기자 대윤의 거두가 되었는데, 명종이 즉위하여 소윤이 을사사화를 일으키게 되자 평소 반목하던 대윤 일파를 모두 숙청하였으며, 마침내 윤임은 남해로 귀양가다가 충주에 이르러 사사되었다.

21 柳仁淑(류인숙, 1485~1545): 본관은 晉州, 자는 原明, 호는 靜叟. 증조부는 柳依이며, 조부는 柳宗植이다. 아버지는 사간 柳文通이며, 어머니 德水李氏는 온양군수 李抽의 딸이다. 부인 星州李氏는 李駁의 딸이다. 端敬王后 愼氏의 복위를 주장한 朴祥과 金淨의 처벌을 적극 반대하였다. 1519년 기묘사화에 연루되어 기묘당인으로 대간의 탄핵을 받았고, 신사무옥으로 경주부윤에 좌천되었다가 파면되었다. 1537년 재서용되어 대사헌·대사간, 형조·호조·이조·공조의 판서 등을 역임하였다. 1545년 을사사화에 연루되어 윤임과 유관 등과 함께 죽임을 당하였고, 네 아들도 모두 교살되었다.

22 文定王后(문정왕후, 1501~1565): 中宗의 繼妃. 1517년 왕비에 책봉되었으며, 아들 明宗이 12세 때 왕위에 오르자 섭정하여 권력을 잡았으며 동생 尹元衡과 함께 을사사화를 일으켰다. 승려 普雨를 가까이하여 불교의 부흥을 꾀하였다.

23 忠順堂(충순당): 조선시대 景福宮의 후원에 있던 전각의 하나.

24 月山(월산): 月山大君. 조선 초기의 宗親. 德宗)의 맏아들 李婷(1454~1488), 成宗의 형. 산수를 좋아하여 高陽의 北村에 별장을 짓고 寓興을 읊은 등 풍류적인 생활을 하였다.

25 貞熹王后(정희왕후, 1418~1483): 조선 世祖의 妃. 예종이 어린 나이로 즉위하자 수렴청정하였으며, 성종이 즉위한 후에도 7년간이나 섭정하였다.

26 王子君(왕자군): 임금의 庶子에게 주던 작위. 大君과 구별하기 위한 말이다.

27 李顆(이과, 1475~1507): 본관은 全義, 자는 顆之. 증조부는 李淳伯이며, 조부는 李亮이다. 아버지는 동지중추부사 李昌臣이며, 어머니 全州李氏는 德泉君 李厚의 딸이다. 관작이 높지 않음에 불만을 품고, 중종이 宣陵에 親祭하러 가는 틈을 타서 李纘·尹龜壽·金岺 등과 모의하여 甄城君 李惇을 추대한 뒤, 朴元宗·柳順汀 등을 제거하려 하였으나 서얼 盧永孫의 밀고로 발각되어 처형되었다.

處。公復獨詣闕，書啓曰：“幼主卽位未幾，遠竄大臣，人皆莫測其端，又囚諫官，誰敢冒死進言乎？臣夜不能寐，知死敢啓。尹任雖被重罪，固不足惜，臣竊以王大妃於嗣王，有母之道，若因此憂傷不豫[28]，豈不爲大累哉？飛言自古有之，古之明君，不以此罪人。柳灌本有腹病，於朝堂，每倚屛壁而坐，柳仁淑得上氣證[29]，今已有年。此等老病儒生，位極人臣[30]，豈有他日？今若遠行，得病而死，人皆曰：‘國殺之也.’ 願上平心察之.”

順朋上疏，極言三人罪。於是，三人皆以逆誅，論功行賞，公亦賜推誠衛社弘濟保翼功臣，號吉原君。已而，順朋等啓：“權橃，議論不同，請削勳.” 十月，兩司啓罷，皆依允。時都下洶懼，女婿洪仁壽[31]，自外奔走來謁，則公對書，言色如平日。

丁未，副提學鄭彦慤[32]，告良才驛壁無名謗言，因而大加罪乙巳人。公求禮[33]付處，俄移[34]泰川。押官到門，公恬然就道，謂鄕黨來訣者，曰：“天恩罔極矣.” 進士琴元貞[35]，執公手，哭失聲，公笑曰：“吾以子爲大丈夫，

28 不豫(불예): 임금이나 왕비가 편치 않거나 죽음.

29 上氣症(상기증): 피가 머리로 몰려 홍조, 두통, 귀울음을 일으키는 현상.

30 位極人臣(위극인신): 신하로서는 최고의 지위. 곧, 관직의 품계가 가장 높은 재상의 직에 오른 것을 일컫는다.

31 洪仁壽(홍인수, 1520~1575): 본관은 南陽, 자는 榮叟. 조부는 洪伯慶이며, 아버지는 洪允佑이다. 선산에 살았다. 문과에 급제하여 형조 좌랑을 지냈다.

32 鄭彦慤(정언각, 1498~1556): 본관은 海州, 자는 謹夫. 증조부는 鄭忱이며, 조부는 鄭延慶이다. 아버지는 진사 鄭希儉이며, 어머니 平山申氏는 申承濬의 딸이다. 부인 高靈申氏는 申公濟의 딸이다. 鄭希良의 조카이다. 1547년 부제학으로 재임시 良才驛에서 “여왕이 집정하고 간신 李芑 등이 권세를 자행하여 나라가 장차 망하려고 하니 이를 보고만 있을 것인가.”라는 익명의 벽서를 발견, 李芑·鄭順朋 등에게 알림으로써 벽서사건을 일으켰다. 이로 인하여 을사사화의 잔당이 아직 남아 있다고 하여 鳳城君(중종의 아들)·宋麟壽·李若氷 등을 죽이고, 權橃·李彦迪 등 20여 명을 유배시킴으로써 尹元衡 일파가 정권을 장악하게 하였으며, 그 권세를 빌려 온갖 횡포를 자행하였다.

33 求禮(구례): 전라남도의 북동부에 있는 고을.

34 泰川(태천): 평안북도의 남서부에 있는 고을.

35 琴元貞(금원정, 1472~1556): 본관은 奉化, 자는 正叔, 호는 聾叟. 아버지는 동래현령 琴徽이다. 부인 昌原黃氏는 진사 黃益卿의 딸이다. 아들로 琴應均, 琴應石, 琴應男, 琴應成이 있고, 딸로는 權東弼, 金鸞祥에게 시집갔다. 이현보, 권벌, 김안국, 김정, 주세붕 등과

何至是耶? 死生禍福, 天也, 其如天何?" 奇書子東輔[36], 曰: "昔范忠宣[37], 年七十, 有萬里之行, 汝父之罪, 甚寬典也。且吾負恩至此, 死卽薄葬可也." 行至用安驛[38], 有禁府郎指安東, 星馳而來, 一行驚倒號哭, 公正色叱之, 至則又移朔州[39]矣。至碧蹄驛[40], 李晦齋彦迪[41], 配江界[42]亦到, 公戱曰: "李貳相·權貳相, 一時之行, 何赫赫也?" 咫尺不相見而行。

明宗末, 剪去奸穢, 國是稍變。今上嗣服[43], 克追先志, 凡乙巳以後庶冤群枉, 以次昭雪。三公議啓: "權橃, 德行純粹, 忠誠俱至, 命復公職秩如初." 慶尙觀察使朴啓賢[44]啓: "權橃忠義風節如此, 請與李彦迪, 俱賜追奬." 上嘉歎, 令大臣議處, 謂: "二人所學所行, 燁然可稱, 允合追

도의를 강마하였다.

36 東輔(동보): 權東輔(생몰년 미상): 본관은 安東, 자는 震卿, 호는 靑巖. 고조부는 횡성현감 權啓經이고, 증조부는 부호군 權琨이며, 조부는 성균생원 權士彬이다. 아버지는 우찬성 權橃이며, 어머니 和順崔氏는 직장 崔世演의 딸이다. 부인 密陽朴氏는 朴文琬의 딸이다. 후사가 없어 동생 權東美의 2남을 양자로 삼았다.

37 忠宣(충선): 范純仁(1027~1101)의 시호. 范仲淹의 둘째아들.

38 用安驛(용안역): 조선시대 충청도 지역의 역도 중 하나인 연원도에 속한 역. 오늘날의 충청북도 충주시 신니면에 있었던 역참이다.

39 朔州(삭주): 평안북도 삭주군 일대. 신의주에서 북동쪽에 있다.

40 碧蹄驛(벽제역): 경기도 고양시 덕양구 대자동에 있었던 역참.

41 李晦齋彦迪(이회재언적): 晦齋 李彦迪(1491~1553). 경상북도 경주 출신. 본관은 驪江, 초명은 李迪, 자는 復古, 호는 紫溪翁. 조부는 군 李壽會이다. 아버지는 생원 李蕃이며, 어머니 慶州孫氏는 鷄川君 孫昭의 딸이다. 金安老의 등용을 반대하다가 관직에서 쫓겨나 7년간 성리학 연구에 전념했다. 복직 후 좌찬성에 이르렀으나 을사사화가 발생하여 추국하는 역할이 주어지자 스스로 관직에서 물러났다. 이후 양재역벽서사건에 무고하게 연루되어 유배됐고 유배지에서 많은 저술을 남긴 후 세상을 떴다. 조선시대 성리학의 정립에 선구적인 인물로서 성리학의 방향과 성격을 밝히는 데 중요한 역할을 하였고, 朱熹의 주리론적 입장을 정통으로 확립하여 李滉에게 전해주었다.

42 江界(강계): 평안북도 북동부에 있는 고을.

43 嗣服(사복): 先代의 偉業을 계승하거나 왕위를 물려받던 일.

44 朴啓賢(박계현, 1524~1580): 본관은 密陽, 자는 君沃, 호는 灌園. 증조부는 朴光榮이며, 조부는 朴藻이다. 아버지는 이조판서 朴忠元이며, 어머니 星州李氏는 李獜壽의 딸이다. 부인 善山金氏는 金智孫의 딸이다. 趙晟 형제의 문인이다. 1567년 경상도관찰사로 나가 權橃·李彦迪 등의 신원을 계청했고, 이듬해 호조참판 등을 지냈다. 1573년 예조참판을, 1575년 전라도관찰사를 지냈다. 1577년 지중추부사와 호조판서 등을 역임하였다. 당시 동인·서인의 당쟁이 심해지자 이를 걱정해 제지하려 했으나 실패하였다.

奬, 用光繼述, 使士氣益振, 儒道增重." 戊辰, 贈公左議政。

雅好讀書, 雖直省在公, 亦未嘗廢忘。晩節尤好《自警編》·《近思錄》, 不去懷袖間。中宗嘗召宰執宴, 後苑賞花, 命各盡歡醉, 扶携而出。有內小臣拾得近思小冊, 不知爲誰某, 上曰: "落自權橃矣." 命還之。

公外氏[45]於貞顯王后[46]爲近親, 宸眷異他, 而公益自謹避。凡宰相聯內屬者, 朝京[47]回, 必有私獻, 公獨否曰: "非所敢也."

臨利害, 遇事變, 義形于色, 直前擔當, 勇決如賁·育[48]。當其再啓事也, 通夜草啓辭, 趁早將趨朝, 家人子婿, 更扳挽泣諫, 輒麾去之。至闕, 申公光漢[49], 相遇並行, 問知公議, 愕然固止之。公不聽, 詣院相李公彦迪座, 招注書柳景深, 使書啓辭, 李公視草本, 亦驚曰: "勢已至此, 言之徒惹起不測耳, 奚益?" 盡抹去其危言處。公却坐抱膝長噫曰: "刪沒如此, 不如不爲之爲愈也."

尹思翼[50]爲人踈繆, 公累責之。引對日, 思翼啓曰: "大行王[51]大漸[52]時, 臣語權橃, 曰: '宜急迎大君入內.' 橃不答矣." 公但啓云: "有大臣

---

45 外氏(외씨): 외할아버지. 權橃의 외조부는 尹塘이다.

46 貞顯王后(정현왕후, 1462~1530): 조선 成宗의 세 번째 왕비. 중종의 모후이다. 영언부원군 파평윤씨 尹壕와 延安府夫人 潭陽田氏 사이에서 태어났다.

47 朝京(조경): 조선의 사신이 중국에 조회하러 감.

48 賁育(분육): 중국의 용사였던 齊나라의 孟賁과 衛나라의 夏育.

49 申公光漢(신공광한): 申光漢(1484~1555). 본관은 高靈, 자는 漢之·時晦, 호는 駱峰·企齋. 증조부는 공조참판 申檣이며, 조부는 영의정 申叔舟이다. 아버지는 내자시정 申泂이며, 어머니 延日鄭氏는 사포 鄭溥의 딸이다. 첫째부인 平澤林氏는 면산군수 林萬根의 딸이며, 둘째부인 海州吳氏는 석성현감 吳玉貞의 딸이다. 趙光祖 등과 함께 신진사류로서 1518년 대사성에 특진되었으나 이듬해 기묘사화에 연좌, 삭직되었다. 1537년에 등용되어 이조판서가 되고 홍문관제학을 겸임, 靈城府院君에 봉해졌으며, 1550년 좌찬성에 올랐다.

50 尹思翼(윤사익, 1478~1563): 본관은 茂松, 자는 彦禮. 증조부는 尹忠輔이며, 조부는 尹彌堅이다. 아버지는 府使 尹徵이며, 어머니 竹山朴氏는 朴粹信의 딸이다. 부인 東萊鄭氏는 鄭世傑의 딸이다. 명종 초·중기까지 정치를 천단한 李芑와 尹元衡에게 아부하고, 아들 尹玉이 李芑의 심복노릇을 해 장기간 공조판서에 재직하였다. 그러나 식견이 짧아 별 치적을 남기지 못했다 한다.

51 大行王(대행왕): 임금이나 왕비가 죽은 뒤 諡號를 아직 올리기 전의 칭호.

52 大漸(대점): 임금의 병세가 점점 더하여 감.

在, 非臣所能擅斷." 退詣賓廳。許公磁瞠視尹, 曰: "公欲捉權公, 何耶? 當危疑時, 權公以大義, 力贊大計, 權公赤心, 朝廷所共知, 安有他意?" 尹面赤無以答。【李滉撰行狀[53]】

53 《退溪先生文集》 권49 〈行狀〉에 실려 있음.

20. 류공작

류공작의 자는 유재, 본관은 풍산이다. 성종 신축년(1481)에 태어났다. 벼슬은 군수를 지냈다. 명종 기미년(1559)에 죽었다. 좌찬성에 증직되었다.

공은 사람됨이 성실하고 순후하며 검소하고 부지런하였으니, 어머니를 섬겼다고 하여 사사롭게 재물을 갖지 않고 여러 아우들과 의복을 함께 입었으며, 남의 선행을 드러내어 칭찬하기를 좋아하고 남의 허물을 덮어 주기를 힘썼으며, 궁한 사람을 불쌍히 여겨 구제하는 데에 진심을 다하였다. 일찍이 사자(嗣子: 柳仲郢)를 가르치며 말하기를, "은혜를 입어 여기에까지 이르렀으니, 다시 두터운 명리(名利)를 구하는 일은 내가 능히 하지 않아야 할 것이나, 관직에 몸담고 있으면서 일을 게을리하는 것은 네가 하지 말아야 할 것이다."라고 하였다.

아, 공은 음덕으로
처음에 낮은 관직을 지냈었건만,
내 마음이 어질고 너그러워지니
사람들은 벼슬살이 오래된 줄 아니라.
사헌부 감찰로 들어갔다가
외직으로 나가 군수에 이르기까지,
겉치레 꾸밀 겨를이 없었으니
오로지 온통 백성만 생각하니라.
어찌하여 세상 사람들을 위하여
지혜 부리는데 사심에 옹색하랴만,

그 실상이 하찮은 것임을 알진대
헛된 명성이 사방으로 내닫누나.
누가 행실에서 더 나앗겠으며
누가 다스림에서 더 나앗겠는가만,
수양을 깊이 하여 보존하는 것이 근원이요
공업을 두터이 하여 쌓는 것이 바탕이리라.
공에게 대대로 이어지는 자손이 있었으니
초나라 재목처럼 아주 뛰어난 인재인지라,
혹시 큰 집을 짓는데서 쓰려고 하면
쓰임에 마땅하지 않은 곳이 없었도다.
하늘이 공에게 보답함이야말로
진실로 여기에 있었다 하겠으니,
무엇으로 징험하여 믿게 하랴만
이 묘갈명의 시를 살펴보리로다.

【협주: 이황이 찬한 비문에 실려 있다.】

• **柳公綽**

柳公綽[1], 字裕哉, 豊山人。成宗辛丑生。官郡守。明宗己未卒。贈左贊成。

公之爲人, 愨而淳, 約而能勤, 事母不有私財, 與諸弟衣服共之, 喜於稱善, 力於揜過, 惓惓乎恤窮濟人之意。嘗訓嗣子[2], 曰: "蒙恩至此, 更

1 柳公綽(류공작, 1481~1559): 본관은 豐山, 자는 裕哉. 증조부는 柳洪이며, 조부는 柳沼이고 할머니 安東權氏는 權雍의 딸이다. 아버지는 柳自溫이며, 어머니 安東金氏는 金係行의 딸이다. 부인 延安李氏는 李亨禮(1448~1507)의 딸이다. 柳成龍의 조부이다. 음직으로 예빈시주부, 사헌부감찰 등을 거쳐 간성군수가 되었다.

營厚利, 吾所不能, 居官怠事, 汝勿爲也."

繄公隱德, 初試冗卑, 我心休休[3], 人久自知。入焉臺察[4], 出至郡麾, 罔修邊幅[5], 職擧民思。胡爲世人, 逞智窮私? 欲然厥實, 游聲四馳。孰賢于行? 孰裨于治? 存深者源, 積厚者基。公有胤嗣, 楚材挺奇, 式或搆厦, 用無不宜。天之報公, 允屬于玆, 何以徵信? 視此銘詩。【李滉撰碑[6]】

---

2 嗣子(사자): 대를 이을 아들.

3 休休(휴휴): 마음이 너그러운 모양.

4 臺察(대찰): 사헌부감찰.

5 邊幅(변폭): 겉을 휘갑쳐서 꾸밈.

6 퇴계 이황의 문집《退溪先生文集》권46 〈墓碣誌銘〉에 〈通訓大夫行杆城郡守柳公墓碣銘幷序〉가 실려 있음.

21. 권예

권예의 자는 경신, 호는 마애, 본관은 안동이다. 연산군 을묘년(1495)에 태어났다. 중종 병자년(1516) 사마시와 문과에 급제하였다. 한림·삼사·사인·대사성·부제학·대사헌·경상도감사를 거쳐 이조판서에 이르렀다. 명종 기유년(1549)에 죽었다.

기묘사화가 일어나자 공은 사관(史官: 記事官)으로서 아뢰기를, "대신들이 도당(都堂)에 모여 대낮에 해야하는 것인데, 어제의 일은 낮이 아니라 밤이었습니다. 낮은 양(陽)이고 밤은 음(陰)인지라 양은 군자(君子)에 속하고 음은 소인(小人)에 속하는데다, 북문(北門: 神武門) 또한 거사하는 곳이 아닙니다."라고 하니, 주상이 아무런 대답을 하지 않았다.【협주: 기묘록에 실려 있다.】

정해년(1527) 이항(李沆)이 재상이 되었는데, 공이 때마침 대간(臺諫)으로 있으면서 이항을 논박하여 멀리 귀양 보내기를 청하였다. 이때 허흡을 장령으로 삼아서 공(公)과 이름이 나란하였다. 김극핍(金克愊)이 경연에서 말하기를, "권예와 허흡의 언행이 온당하지 아니하고 격렬하니, 청컨대 내치소서."라고 하고는, 또 말하기를, "대신(大臣)에게 문의하면 그 정상을 알 수 있을 것이옵니다."라고 하였다. 심정(沈貞) 또한 재상의 지위에 있다가 그 말을 듣고 대궐에 나아가 말하기를, "김극핍이 어찌 스스로 이 말을 하였으리오? 내가 장차 그 논의를 충족시키려고 왔소."라고 하니, 공이 말하기를, "한때의 이해(利害) 또한 좋아할 만하나, 만세의 명예와 절의만을 어찌 버릴 것이오."라고 하자, 심정이 잠자코 도로 나왔다. 얼마 안 되어 김극핍이 폐출당했는데, 사람들이 심정이 김극핍을 매수하였다고 하였다.【협주: 김육이 찬한

해동명신록에 실려 있다.】

경인년(1530) 12월 공이 대사간이 되었는데, 대사헌 김근사(金謹思)와 함께 상소하여 말하기를, "심정은 간사하고 탐오(貪汚)스러워 오로지 권세를 제 마음대로 부리려고만 하였으니, 김극핍과 이항을 죽음도 같이하는 벗으로 맺어 서로 도와서 구해 주기로 하였습니다. 김극핍과 이항이 배척당한 뒤로부터는 좌우의 손을 잃은 듯이 분을 품으며 스스로 위태롭게 여기어 간사한 꾀와 비밀스런 계교가 이르지 않는 바가 없이 때를 틈타 들고 일어나려 한 지가 이미 오래되었습니다. 마침 성세창(成世昌)이 논사(論思: 경연에서 임금과 학문을 논하고 계책을 건의함)하는 자리에 들어오게 되자, 심정은 스스로 기회를 얻었다고 생각하고서 때마다 성세창을 몰래 사주하여 그 계교를 이루고자 하였으나, 열 눈이 보는 바요 열 손가락이 가리키는 바이니 끝내 가릴 수가 없어서 사실 있는 그대로의 상태가 드러나고 말았습니다. 성세창은 이미 조옥(詔獄: 禁府獄)에 갇히었으니 응당 형률에 의하여 바르게 다스려지겠지만, 심정이야말로 죄의 괴수인데 그 괴수는 놓아 두고 단지 협박에 못 이겨 복종한 자만 다스리고서야 어찌 임금이 법을 적용함에 공평하다고 하겠습니까? 대개 임금이 대신을 중하게 여기는 까닭은 대신의 도리를 다하게 하기 위한 것입니다. 심정은 후진(後進)을 끌어들여 인심을 모으고 시신(侍臣: 侍從臣)과 교류하여 간사한 꾀를 부렸는바, 도리에 맞지 않게 이항(李沆)을 맞이해 유숙시키면서 사사로이 의논하였고, 박씨(朴氏)의 뇌물을 받고도 박씨의 계집종을 요구하였으니, 과연 대신의 도리입니까?"라고 하였다. 며칠 지난 뒤에 심정은 강서(江西)에 부처(付處)되었다가 신묘년(1531)에 사사되었다.【협주: 기묘록에 실려 있다.】

퇴계(退溪)가 강정(江亭: 洛江亭)으로 공을 만나러 갔다가 시를 지었으니, 이러하다.

작은 배로 한 줄기 강 하늘을 가로질러
초가 속으로 한가히 물러난 현인 뵙고는,
상락의 바위 앞에 천 길의 물이 있나니
이제부터 판서연이라 지어서 불러야겠네.

퇴계가 공(公)을 위해 만시(挽詩)를 지었으니, 이러하다.

학가산 봉우리가 뜻밖에 부러져 탄식하노니
당당히도 일찍이 조정의 우뚝한 동량이었네.
천 번 달군 지극한 보배처럼 녹이기 어려웠고
백 번 단련한 강철처럼 날카로움 꺾지 않았네.
참새 그물 쳐진 문 찾은 지 삼 년 뒤
황천길에 제수조차 바치지 못하였으니,
오직 저 양담의 만 섬 눈물만 가지고서
푸른 단풍과 빽빽한 대숲 향해 뿌리노라.

• **權輗**

權輗[1], 字景信, 號磨厓, 安東人。燕山乙卯生。中宗丙子司馬·文科。歷翰林·三司·舍人·大司成·副提學·大司憲·慶尙監司, 至吏曹判書。明宗己酉卒。

1 權輗(권예, 1495~1549): 본관은 安東, 자는 景信, 호는 磨厓. 증조부는 權居約이며, 조부는 權自謙이다. 아버지는 權哲經이며, 어머니 昌原黃氏는 黃允卿의 딸이다. 기묘사화 때 조광조 일파의 구원에 앞장섰고, 대사헌으로 있을 때 三奸과 三兇의 죄상을 상주하여 그들을 중죄에 처하도록 하였다.

己卯禍作, 公以史官, 啓曰: "大臣會于都堂, 白日之中可也, 昨日之事, 非晝而夜。晝陽也, 夜陰也, 陽屬君子, 陰屬小人, 北門亦非擧事之地也." 上不答。【己卯錄[2]】

丁亥, 李沆[3]爲相, 公時爲臺諫, 駁之請遠竄。時許洽[4]爲掌令, 與公齊名。金克愊[5]發於經筵, 曰: "權許詭激[6], 請黜之." 又曰: "問於大臣, 則可得其情狀矣." 沈貞[7]亦在相位, 聞之詣闕曰: "金克愊, 何自發此語? 吾將足其議." 公曰: "一時利害, 亦可愛也, 萬世名節獨可棄乎?" 貞默然還出。未幾, 克愊敗, 人以貞爲賣金。【金堉撰海東名臣錄[8]】

---

2 《중종실록》 1519년 11월 17일 4번째 기사에 실려 있으나 문장은 일치하지 않음. 국립중앙도서관 소장 《기묘록》(청구기호: 한古朝57-가91)의 인물목록에 없는데, 安璹이 편한 것으로 1639년에 쓴 申翊聖의 서문이 있는 문헌이다. 또한 金堉이 편한 국립중앙도서관 소장 《기묘록》(청구기호: 古2153-40)의 인물목록에도 없으며, 미국 하버드대학옌칭도서관 소장 해당자료(청추기호: TK3487.4-8140 ; TK3487.4-8142)의 인물목록에도 없다. 그리고 국립중앙도서관 소장 《기묘록보유》(청구기호: 한古朝57-가740)에도 수록되어 있지 않다.

3 李沆(이항, 1474~1533): 본관은 星山, 자는 浩叔, 호는 洛西軒. 증조부는 李孝純이며, 조부는 李璧1이다. 아버지는 李世仁이며, 어머니 信川康氏는 康應謙의 딸이다. 부인 晉州姜氏는 姜誼의 딸이다. 1496년 진사시에 합격하고, 1498년 별시문과에 급제하였다. 학문이 뛰어나고 강직했으나, 말년에 심정·김극핍과 국정을 전횡하여 탄핵을 받고 사사되었다.

4 許洽(허흡, 생몰년 미상): 본관은 陽川, 자는 仲和. 증조부는 許蓀이며, 조부는 許琮이다. 아버지는 許確 이며, 어머니 延安金氏는 金守祖의 딸이다. 부인 韓山李氏는 李惟清의 딸이다. 1507년 진사시에 합격하고, 1513년 식년문과에 급제하였다.

5 金克愊(김극핍, 1472~1531): 본관은 光山, 異名은 克福, 자는 子誠. 증조부는 金問이며, 조부는 감찰 金鐵山이다. 아버지는 좌리공신 좌참찬 金謙光이며, 어머니 三陟陳氏는 中軍司直 陳繼孫의 딸이다. 부인 全州李氏는 把城君 李哲仝의 딸이다. 金明胤, 金弘胤, 金懿胤이 아들이다. 1498년 식년문과에 급제하였다. 李沆·沈貞과 함께 세간에서 三奸으로 지칭했으며, 사림파와 대립해 많은 비난을 받기도 하였다.

6 詭激(궤격): 언행이 온당하지 아니하고 격렬함.

7 沈貞(심정, 1471~1531): 본관은 豊山, 자는 貞之, 호는 逍遙亭. 증조부는 沈龜齡이며, 조부는 沈寘이다. 아버지는 부사를 지내고 敵愾功臣이었던 沈膺이며, 어머니 達城徐氏는 徐文翰의 딸이다. 1495년 생원시에 합격하고, 1502년 별시문과에 급제하였다. 김안로의 사주를 받은 대사헌 金謹思, 대사간 權輗의 탄핵으로 강서로 귀양갔다가 이항·김극핍과 함께 辛卯三奸으로 지목되어 사사되었다. 후일 김안로가 죽은 뒤에도 많은 사림의 미움을 받아 신원되지 못하고, 남곤과 함께 '袞貞'으로 일컬어져 소인의 대표적 인물이 매도되었다.

庚寅十二月，公爲大司諫，與大司憲金謹思[9]，上疏曰："沈貞奸邪貪黷[10]，專權恣行，以金克愊·李沆，結爲死友，交相援救。自克愊及沆見斥，如失左右手，懷憤自危，奸謀秘計，無所不至，乘時欲廢[11]者久矣。適値成世昌[12]，入論思[13]之地，其心自謂得其機會，輒陰嗾欲售其計，而十目十手[14]，不能終掩，情狀敗露[15]。世昌旣下詔獄[16]，自當按律繩治之，然沈貞罪之魁也，舍其魁而只治脅從，豈人君用法之公乎？夫人君所以重大臣者，以其盡大臣之道也。貞之延引後進，以收人心，交結侍臣，以售奸術，曲邀李沆，留宿私議，受朴氏之賂，要朴氏之婢，果大臣之道乎？"後數日，沈貞江西付處，辛卯賜死。【己卯錄[17]】

---

8 국립중앙도서관 소장 해당자료(청구기호: 한古朝57-가180)의 인물목록에 있지 않음. 金若鍊(1730~1802)의 〈資憲大夫吏曹判書權公神道碑銘 幷序〉에서 위의 글귀를 확인할 수 있으며, 또한 張錫龍(1823~1908)의 〈資憲大夫吏曹判書磨厓權公諡狀〉에서는 위의 문장과 거의 일치함을 확인할 수 있지만, 權訪(1740~1808)의 〈謹書判書先祖磨厓公遺事後〉에서는 확인할 수 없고 대략적인 언급만 있다. 한편, 許篈(1551~1588)이 찬한《海東野言》권3 〈中宗 上〉에 거의 그대로 수록되어 있음을 확인할 수 있다.

9 金謹思(김근사, 1466~1539): 본관은 延安, 자는 明通. 증조부는 金脩이며, 조부는 金元臣이다. 아버지는 부사 金勉이며, 어머니 韓山李氏는 李垓의 딸이다. 부인 平壤趙氏는 趙純의 딸이다. 1486년 생원시에 합격하고, 1494년 별시문과에 급제하였다. 金安老 일파로 들어가 우의정에 올랐으나, 김안로가 실각하자 귀양 가서 죽었다.

10 貪黷(탐독): 貪瀆. 욕심이 많고 하는 짓이 더러움.

11 欲廢(욕폐): 欲發의 오기.

12 成世昌(성세창, 1481~1548): 본관은 昌寧, 자는 蕃仲, 호는 遯齋. 증조부는 成抃이며, 조부는 판한성부사 成念祖이다. 아버지는 예조판서 成俔이며, 어머니 韓山李氏는 李塾의 딸이다. 첫째부인 全州李氏는 長陽副正 李儔의 딸이며, 둘째부인 固城李氏는 참판 李陸의 딸이다. 金宏弼의 문인이다. 1501년 진사생원 양시에 모두 합격하고, 1507년 증광문과에 급제하였다. 형조참판, 대사헌, 형조판서 등을 역임하였다.

13 論思(논사): 경연에서 임금과 학문을 논하고 계책을 건의함.

14 十目十手(십목십수): 보는 사람과 손가락질하는 사람이 많음을 비유적으로 이르는 말.

15 敗露(패로): (나쁜 일이나 음모 등이) 폭로됨. 발각됨.

16 詔獄(조옥): 禁府獄.

17 편찬자가 미상인《己卯錄續集》의 〈誅奸罪目〉에 그대로 실려 있음. 이 기묘록속집은《己卯錄》·《己卯錄補遺》와는 달리 기묘년에 화를 입은 인물들의 전기 뿐만 아니라 그 사건을 꾸며낸 사람들의 전기도 수록했다. 또, 체계를 달리해 당시 사건을 중심으로 전후좌우의 사실을 계통적이고 종합적으로 분류, 정리하고 있는 문헌이다. 또한《중종실록》1530년 11월 23일 5번째 기사에도 실려 있다.

退溪謁公于江亭[18], 詩曰: "小舟橫渡一江天, 草屋中門[19]謁退賢。上洛[20]巖前千丈水, 從今換[21]作判書淵."

退溪挽公, 詩[22]曰: "歎息新摧鶴駕峰[23], 堂堂大厦[24]棟曾隆。千燒至寶難鎔化, 百鍊精剛未挫鋒。羅雀門[25]登三歲後[26], 綿鷄[27]奠闕九原中。唯將萬斛羊曇淚[28], 灑向青楓苦竹叢."

---

18 江亭(강정): 洛江亭. 경상북도 안동시 남후면 단호리에 있는 정자. 원래 경상북도 예천에 있었던 정자이다. 권예는 1538년 어머니가 죽자 고향으로 돌아왔는데, 1541년에 지은 정자라 한다. 퇴계가 1546년 권예을 만나기 위해 이곳에 방문하였다고 한다.

19 中門(중문): 《退溪先生續集》 권1에는 '中開'으로 되어 있음.

20 上洛(상락): 金方慶(1212~1300)을 가리킴. 고려 후기 삼별초의 난을 진압하고 몽골군과 함께 일본 정벌을 지휘했던 무신이다. 1296년 上洛公에 봉해졌다. 그의 묘는 경상북도 예안면 서쪽 산록에 안장되어 있다.

21 換(환): 《退溪先生續集》 권1에는 '喚'으로 되어 있음.

22 이 작품은 퇴계의 문집에는 실려 있지 않고, 張錫龍(1823~1908)의 〈資憲大夫吏曹判書磨厓權公諡狀〉에 수록되어 있음.

23 鶴駕峰(학가봉): 鶴駕山의 봉우리. 경상북도 안동시 북후면, 서후면과 예천군 보문면 사이에 있는 산이다.

24 大厦(대하): 큰 집이라는 뜻으로, 국가의 조정이나 종묘사직을 비유하는 말.

25 羅雀門(나작문): 참새 잡는 그물을 펼쳐 놓을 수 있을 정도로 門庭이 적막한 것. 권세를 잃거나 빈한해져 찾아오는 손님의 발길이 끊어진 것을 비유하는 門可羅雀을 활용한 표현이다.

26 三歲後(삼세후): 퇴계가 낙강정을 찾은 지 3년 뒤에 권예가 죽은 것을 일컬음.

27 綿鷄(면계): 솜에 적신 술과 한 마리 구운 닭. 먼 곳으로 조문할 때 가지고 가는 제수를 뜻하는데, 後漢 때 高士 徐穉가 黃瓊의 죽음에 조문하고자 식량을 싸 짊어지고서 한 마리의 닭과 솜에 적신 술을 가지고 멀리 江夏로 가서 제수를 차려 놓고 곡을 한 다음 이름을 말하지 않은 채 돌아왔다는 고사에서 유래하였다.

28 羊曇淚(양담루): 옛날의 은혜를 생각하며 비감에 젖어 흘리는 눈물. 양담은 晉나라 謝安의 생질이다. 사안이 평소에 양담을 애지중지하였으므로, 사안의 사후에 그가 살던 西州의 길을 차마 밟지 못하였는데, 어느 날 大醉하여 자기도 모르게 서주의 문에 이르렀다가 측근이 그 사실을 알려 주자 슬픈 감회를 이기지 못하여 말채찍으로 문을 두드리며 "살아서는 화려한 집에 살았는데, 영락하여 산언덕에 돌아갔네.(生存華屋處, 零落歸山丘.)"라는 曹植의 시구를 외며 통곡하고 떠났다 한다.

22. 권응정

권응정의 자는 사우, 호는 묵암, 본관은 안동이다. 관찰사 권희맹(權希孟)의 아들로 연산군 무오년(1498)에 태어났다. 중종 임오년(1522) 사마시에 합격하고, 무자년(1528) 문과에 급제하였다. 한림·주서·삼사·이랑(吏郞)·사인·감사·대사간을 역임하고, 명종 정미년(1547) 양재벽서(良才壁書) 사화(士禍)에 연루되어 단천(端川)으로 귀양갔다가 계축년(1553)에 사면을 받아 고향으로 돌아왔다. 벼슬은 동지중추부사에 이르렀다. 갑자년(1564)에 죽었다.

공은 마음에 자신의 능력을 드러내려고 하지 않아 거짓으로 꾸며대는 짓을 하지 못하였다. 친구나 동료들이 잘못이나 허물이 있으면 면전에서 책망하여 숨기지 않았으며, 심지어 재앙이나 환난을 겪으면 마음을 다하여 구호하느라 권세가의 뜻에 저촉되는 것을 돌보지 않았으니, 사람들이 모두 탄복하였다. 7년 동안 유배 생활에 곤궁하였다고 이를 만하였으나, 품은 뜻은 갈수록 확고하여 꺾인 적이 없었다.【협주: 박충원이 찬한 비문에 실려 있다.】

- **權應挺**

權應挺, 字士遇, 號默庵, 安東人。觀察使希孟子, 燕山戊午生。中宗壬午司馬, 戊子文科。歷翰林·注書·三司·吏郞·舍人·監司·大司諫, 明宗丁未, 以良才壁書禍, 配端川[1], 癸丑宥還。官至同中樞。甲子卒。

---

1 端川(단천): 함경남도 동북부에 있는 고을.

公心無表襮[2], 不事矯飾[3]。親舊·朋儕有過謬, 面斥不隱, 至於罹禍患, 盡情救護之, 不顧觸犯, 人皆歡服。七年之謫, 可謂窮矣, 秉志愈確, 未嘗摧折。【朴忠元[4]撰碑[5]】

보충

박충원(朴忠元, 1507~1581)이 찬한 비문(碑文)

권응정 비명

공의 휘는 응정, 자는 사우, 본관은 안동이다. 고려 태사공(太師公) 권행(權幸)의 먼 후손이다. 고조부 권자용(權自庸)은 진보현감을 지내고 장악원 정에 증직되었으며, 증조부 권효량(權孝良)은 예문관직제학을 지내고 승정원 도승지에 증직되었으며, 조부 권상(權詳)은 공조참판에 증직되었으며, 아버지 권희맹(權希孟)은 강원도 관찰사를 지냈다. 어머니 정부인(貞夫人) 성주여씨(星州呂氏)는 병마우후 여한경(呂漢卿)의 딸이다. 공조전서(工曹典書) 여극회(呂克誨)가 바로 그의 증조부이다. 안팎으로 덕행으로 쌓고 남의 아내가 되어 현인(賢人)을 잉태하였으니, 홍치 무오년(1498)에 공(公)을 낳았다.

공은 어려서부터 배우기를 좋아하였으며, 나이 겨우 10여 세에 어머니를 잃고 성인처럼 장례를 치렀다. 임오년(1522) 사마시에 합격하

2 表襮(표박): 자신의 공로나 능력을 겉으로 드러내는 것.

3 矯飾(교식): 거짓으로 겉만을 그럴듯하게 꾸미는 것.

4 朴忠元(박충원, 1507~1581): 본관은 密陽, 자는 仲初, 호는 駱村·靜觀齋. 증조부는 朴楣이며, 조부는 朴光榮이다. 아버지는 별좌 朴藻이며, 어머니 幸州奇氏는 奇櫝의 딸이다. 부인 星州李氏는 李麟壽의 딸이다. 아들이 朴啓賢이다. 외숙부 奇遵의 문인이다. 1528년 사마시에 합격하고, 1531년 문과에 급제하였다.

5 비문은 서울대학교 규장각한국학연구원에 소장된 박충원의 문집 《駱村朴先生遺稿》(청구기호: 奎15503-v.1-3)와 《駱村先生文集》(청구기호: TK5568.2/4351)에는 실려 있지 않고, 정조 초기에 편찬한 《國朝人物考》〈乙巳以後罹禍人〉에 실려 있음.

여 성균관에 있을 때 아첨하지 않고 곧은 품격을 지니어 사람들이 감히 업신여기지 않았다. 무자년(1528) 별시문과에 급제하여 승문원 권지정자에 선발되어 제수하였으며, 예문관 검열에 천거되어 들어갔다가 대교·봉교로 승진되었으며, 승정원 주서와 시강원 설서·사서로 전직되었으며, 여러 차례 공조와 병조 좌랑·사간원 정언으로 옮기었다가 예부낭중(禮部郎中)을 거쳐 홍문관 부교리에 제수되었으며, 이조(吏曹)와 중서당(中書堂)으로 전직되어 검상(檢詳)으로 추천되었다가 이윽고 사인(舍人)으로 승진되었으며, 봉상시 부정(奉常寺副正)을 거쳐 사간, 군자감 정·군기감 정·승문원 판교에 제수되었다가 특별히 병조 참의에 제수되었다. 임인년(1542) 사은사로 연경(燕京)에 가려고 첨지중추(僉知中樞)로 옮겼는데, 돌아와서는 승정원 동부승지가 되었다가 좌승지로 승진되었지만 어떤 사건에 연좌되어 파직되었다. 얼마 지나지 않아서 황해도 관찰사로 나갔다.

을사년(1545) 금상(今上: 명종)이 왕위에 올랐을 때, 원종공신(原從功臣) 1등으로 책봉되었다. 때마침 역신(逆臣) 이유(李瑠: 桂林君)를 추대하려는 음모가 드러나게 되자, 이유가 모습을 바꾸고 산골짜기로 도망쳐 숨는 바람에 대대적인 수색을 펼쳤으나 붙잡지 못했다. 공이 잘 조치해서 그를 체포하여 상으로 가선대부에 승진되어 동지중추부사에 제수되었다가 사간원 대사간으로 옮겼다. 그때 기밀을 요하는 일이 많아서 의논하다가 권세가를 거스리게 되었는데, 끝내 정미년(1547) 봄에 이르러서 논핵을 당해 정직되었다.

말 한 마리를 혼자 타고 성주(星州)로 돌아와 문을 닫아걸고 허물을 반성하였다. 그러나 지난날의 의론이 그치지 않았으니, 처음에는 강진(康津)으로 귀양 갔다가 얼마 뒤에 단천(端川)으로 유배되었다. 신해년(1551) 여름에 순회세자(順懷世子)가 탄생하자, 사은(賜恩: 신하에게 내리는 은전)과 사면(赦免: 죄인을 용서함)으로 감형되어 문의(文義)로 옮겼다. 계축년(1553) 봄에 한재(旱災)가 들자 사면을 받아 석방되어 고향으로 돌아왔다. 정사년(1557) 가을에 복직되었는데 이윽고 경주부윤을 거쳐 안동부사가 되어 임기가 차자, 동지중추부사(同知中樞府事)로 제수되었다. 고향을 지나 경성(京城)으로 올라가려던 중 이질에 걸려 앓다가 병세가 악화되어 집에서 세상을 떠났는데, 때는 갑자년(1564) 9월 임인일(壬寅日: 3일)로 향년 67세였다. 공의 부음(訃音)을 보고하자, 부의(賻儀)를 내리고 예관(禮官)을 보내어 제사를 지냈는데, 그 은총 또한 융성하였다. 그해 12월 을유(乙酉: 17일) 고을 관아의 동쪽 오도종리(吾道宗里)에 묏자리를 잡아 자좌 오향(子坐午向)의 터에 묻혔다.

공이 군수 김엽(金燁)의 딸에게 장가들어 아들 둘을 낳았다. 큰아들 권용(權容)은 갑진년(1544) 별시문과에 장원으로 급제하였고 벼슬이 홍문관 직제학에 이르렀으며, 둘째아들 권수(權守)는 사근도 찰방(沙斤道察訪)이다. 직제학은 문충공(文忠公) 신숙주(申叔舟)의 후손인 신반(申潘)의 딸에게 장가들었으나 일찍 죽었고 자녀를 두지 못하였다. 찰방은 먼저 충순위(忠順衛) 홍순평(洪舜平)의 딸에게 장가갔고, 뒤에 별좌(別坐) 하관(河灌)의 딸에게 장가들어 2남1녀를 낳았는데, 큰아들은 권경남(權慶男), 둘째 아들은 권덕남(權德男)이고, 딸은 어리다.

공은 마음에 자신의 능력을 드러내려고 하지 않아 거짓으로 꾸며대는 짓을 하지 못하였다. 친구나 동료들이 잘못이나 허물이 있으면 면전에서 책망하여 숨기지 않았으며, 심지어 재앙이나 환난을 겪으면 마음을 다하여 구호하느라 권세가의 뜻에 저촉되는 것을 돌보지 않았으니, 사람들이 모두 탄복하였다. 7년 동안 유배 생활을 하고 5년 동안 한직(閑職)에 있었으니 곤궁하였다고 이를 만하였으나, 품은 뜻은 갈수록 확고하여 꺾인 적이 없었다. 조정에 나간 지 40년이나 되었지만, 후일의 자손을 위한 재산이 없었다. 고향 집 빈 땅에다 조그만 집을 지어 벼슬을 그만두고 아우와 같이 여생을 보내려고 하였다. 뜻만 있었을 뿐 이루지 못하였으니, 애석하다. 공의 아우는 지금 전라도 관찰사로 있는 권응창(權應昌)인데, 그 역시 당대에 이름이 알려졌다. 나와는 모두 의분(義分)이 있는 사이다. …(이하 명문 생략)…

• **權應挺碑銘**

公諱應挺, 字士遇, 系出安東。高麗太師公幸之遠裔也。高祖諱自庸, 眞寶縣監, 贈掌樂院正, 曾祖諱孝良, 藝文館直提學, 贈承政院都承旨, 祖諱詳, 贈工曹參判, 考諱希孟, 江原道觀察使。妣貞夫人呂氏, 籍星州, 兵馬虞候漢卿之女。工曹典書諱克誨卽其曾祖。內外積慶, 配德娠賢, 以弘治戊午生公。自幼稚嗜學, 年纔十餘歲, 喪母夫人, 執禮如成人。中壬午司馬擧, 居泮宮, 持風裁, 人不敢侮。登戊子年文科別試, 選補承文院權知正字, 薦入藝文館爲檢閱, 陞待教·奉教, 遷承政院注書·侍講院說書·司書, 累遷工兵曹佐郎·司諫院正言, 由禮部郎中, 授弘文館副校理, 轉吏曹·中書堂, 薦爲檢詳, 俄陞舍人, 歷奉常寺副正, 拜司諫·軍資軍器監正·承文院判校, 特授兵曹參議。壬寅, 以謝恩使如京師, 移僉樞, 還爲承政院同副承旨, 陞左承旨, 坐事見罷。未幾, 出按黃海道。乙巳紀年, 今上卽位, 錄原從功臣一等。適有逆臣瑠陰謀垂露, 變形貌逃竄山谷, 大索未捕。公善措斯得, 賞嘉善階, 拜同樞, 移長薇垣。時多機事, 議忤權勢, 至丁未春, 被論停職。匹馬還星州, 杜門省愆。前議不息, 初謫康津, 追配端川。辛亥夏, 順懷世子誕生, 推恩肆赦, 量移文義。遇癸丑春旱災, 蒙宥放還田里。丁巳秋, 復職, 尋尹慶州, 使安東府, 至瓜期, 遞授同知中樞。過桑梓, 將向京, 患痢轉革, 終于正寢, 實甲子九月壬寅也, 享年六十七。訃聞, 賜賻遣祭, 恩眷亦隆。十二月乙酉, 卜州治東吾道宗里, 葬子坐午向之原。公娶郡守金燁

之女, 生二男。長曰容, 魁甲辰別試, 官至弘文館直提學, 次曰守, 沙斤道察訪。提學娶申文忠叔舟之後潘之女, 早歿, 無子女。察訪前娶忠順衛洪舜平女, 後娶別坐河灌女, 生二男一女, 長曰慶男, 次曰德男, 女幼。公心無表襮, 不事矯飾。親舊·朋儕有過謬, 面斥不隱, 至於罹禍患, 盡情救護, 不顧觸犯, 人皆歎服。七年之謫, 五年之散, 可謂窮矣, 秉志愈確, 未嘗摧折。立朝將四十年, 曾無産業爲他日子孫計。鄕家隙地, 構一小室, 期與其弟謝官終老。有志未就, 惜哉! 弟則今爲全羅監司, 名應昌, 亦知名一世。於予皆有義分。…(이하 명문 생략)…

〔國朝人物考, 권47, 乙巳以後罹禍人〕

23. 권응창

권응창의 자는 경우, 호는 지족당, 본관은 안동이다. 관찰사 권희맹(權希孟)의 둘째아들로 연산군 경신년(1500)에 태어났다. 중종 기묘년(1519) 생원시에 합격하고, 무자년(1528) 문과에 급제하였다. 한림·수찬·승지·경상감사·전라감사를 역임하고, 명종 정미년(1547) 사화(士禍)에 연루되어 북청(北青: 맹산의 오기)으로 귀양갔다가 계축년(1553)에 사면을 받아 고향으로 돌아왔다. 벼슬은 이조참판에 이르렀다. 선조 무진년(1568)에 죽었다.

계사년(1533) 공(公)은 질정관(質正官)으로서 찬성(贊成) 소세양(蘇世讓)과 함께 북경에 다녀왔다. 임인년(1542) 또 천추사(千秋使)로서 북경에 가게 되었다. 회재 이언적 선생이 시를 주었으니, 이러하다.

풍도로서 상서로운 세상의 영걸로 추앙되어
청춘에 두 번이나 북경 가는 사명을 받드니,
채봉이 처음 응대했던 우뚝함 멀리서 알지라
응당 중국인들 눈 모두 그대에게 쏠리리라.

퇴계 이황 선생 또한 시를 주었으니, 대략 이러하다.

아비와 아들이 동방의 수재이더니
묘령에 기상마저 준걸스레 뛰어나,
높디높은 조정에 쓰일 인재이로고
감격스럽게도 풍운의 형세이로다.

화류 준마처럼 머나먼 길 치달리고
악족 봉황새 나는 성세의 모범이라,
주상의 돌봄과 기대 한창 깊으시니
이때 공론이 얽매이는 것을 삼가네.
천조의 진하사로서 슬기롭고 밝으니
전대의 사신으로 나라의 폐백 받드네.
(원문에서 중략)
사명을 받들어 그 위의를 조신함은
국가의 체통이 그 사신에 달려 있네.
중국의 조정도 응당 사람 있을지라
높은 감식안에는 티끌이 없으리로다.
진실로 오나라 계찰처럼 어짐 알고서
다시 추로지향의 학문에 탄식할지니라.
(원문에서 이하 생략)

공이 죽자, 퇴계 이황 선생이 또 제문을 지었으니, 이러하다.

아, 혼령이여.
이름난 가문의 자제이었고
왕국의 걸출한 인물이었네.
기상 웅호하고 정신 고매한데다
재주 뛰어나고 국량 남달랐으니,
난형에 난제가 모두 뛰어나서
명성이 궁궐에 떨칠 만했도다.
소과와 대과에 재주를 발휘하여

성대한 명망 풍운제회 되었으니,
승정원과 홍문관에서 활약하였고
사인과 사간원에서도 직언하였네.
더위잡아 하늘에서 노니고자
발걸음이 무지개에 올랐으니,
내직으로 참판에 이르렀고
외직으로 관찰사를 지냈네.
젊은 나이에 대신과 재상이 되자
조정과 민간에서 다 기울어지니,
얼음과 숯불 같이 들이지 못하듯이
올바름과 사특함 병존하기 어려웠네.
누가 근거 없는 말을 만들었나
저들 마음의 칼날에 저촉되니.
빛나는 쇠사슬 끌어당겨 끊어지고
날던 솔개가 물에 떨어져서 걷네.
한밤중에 북극성을 우러르며
십년을 서쪽 변방에 머무르자,
하늘이 위엄과 은혜를 베푸니
붉게 번쩍이던 칼날 거두어졌네.
대궐 뜰에 다시 나아가게 되매
백발로 새로이 은택을 입고서,
그래도 재능 죄다 마음껏 펼치려
애오라지 가시밭에 부쳐 깃들었네.
하늘 위에서 뗏목을 타고
호남의 민정을 살폈지만,

귀신은 현인의 노고를 틈타서
그 몸 돌림병에 걸리게 했네.
세 번 걸려서 삼 년을 누웠으나
다 약 없이 쾌차하길 기다렸으니,
어찌 게으른 탓이라고 하겠는가만
갑자기 죽는데 이르렀단 말인가.
살아 있는 연한이야 똑같기가 어려우나
마음 속에 품은 생각 시행할 수 없었으니,
현인이 죽어 나라가 병들까 탄식하는 시를
누군들 통분하고 슬퍼하지 않으랴.
아, 슬프다.
옛날 나의 죽은 형과
뜻도 같고 운치도 합치되었으니,
날개를 펴고 원대한 뜻을 품어
같은 해 급제자 명부에 올렸네.
종남산에 집을 짓고서
같은 동네 위집 아랫집 살았네.
조정에서 물러나 돌아오고부터는
아침 저녁을 가리지 않았네.
마음속에 품은 회포 털어놓으니
헌걸찬 풍채와 훌륭한 품격이었고,
동생이 어리석고 못났어도
또한 외람되이 말석이었다네.
그 여파에 흠뻑 젖었더니
나약한 죽친 마음 얼마나 고무되었던가,

화복의 이치 아득하여
우리 형제가 두 차례 곡하도다.
어찌 뜻했으랴만 지금에 이르기까지
또한 거듭 운수가 좋지 못하단 말인가,
분주하게 다니며 일 처리하였지만
고인을 좇아가지 못하여 부끄럽네.

• 權應昌

權應昌, 字景遇, 號知足堂, 安東人。觀察使希孟次子, 燕山庚申生。中宗己卯生員, 戊子文科。歷翰林·修撰·承旨·慶尙全羅監司, 明宗丁未禍, 謫北青[1], 癸丑宥還。官吏曹參判。宣祖戊辰卒。

癸巳, 公以質正官, 與蘇贊成世讓[2]如京。壬寅, 又以千秋使, 赴朝。晦齋李先生, 贈詩[3]曰: "風度推君瑞世英, 青春銜命[4]再朝京。遙知彩鳳初應[5]峙, 應使華人共目傾." 退溪李先生, 亦贈詩[6], 略曰: "夫子[7]東方秀, 妙齡氣俊銳。嶷嶷廊廟[8]具, 感激風雲[9]勢。驊騮[10]騁長路, 鸑鷟[11]儀盛

---

1 北青(북청): 함경남도 중동부에 있는 고을. 《明宗實錄》 1550년 5월 15일 1번째 기사에 의하면 孟山임.

2 蘇贊成世讓(소찬성세양): 贊成 蘇世讓(1486~1562). 본관은 晋州, 자는 彦謙, 호는 陽谷·退齋·退休堂. 증조부는 中軍司正 蘇禧이며, 조부는 漢城府判尹 蘇效軾이다. 아버지는 의빈부도사 蘇自坡이며, 어머니 開城王氏는 王碩珠의 딸이다. 부인 昌寧曺氏는 曺浩의 딸이다. 1504년 진사시에 합격하고 1509년 식년문과에 급제하였다. 형조판서, 호조판서, 병조판서, 이조판서를 역임하였다.

3 《晦齋集》 권3 〈律詩絶句〉에 〈送權景遇以千秋使赴燕京〉이 수록되어 있음.

4 銜命(함명): 명령을 받듦.

5 應(응): 회재집에는 庭임.

6 《退溪先生文集》 별집 권1 〈詩〉에 〈送權景遇 應昌 千秋使赴京〉이 수록되어 있음.

7 夫子(부자): 권응창의 아버지인 권희맹은 1507년 문과에 급제하고 1512년 서장관으로서 명나라에 다녀온 적이 있음.

8 廊廟(낭묘): 나라의 정사를 맡아보는 곳.

世。主眷佇方深，時議重所繫。天朝賀重明[12]，專對[13]奉國幣[14]。銜命愼其儀，國體使乎[15]繫。漢庭應有人，眼高鑑無翳。固知吳札[16]賢，更歎魯邦[17]藝."

公卒，退溪李先生，又祭以文[18]曰："惟靈，名公之子，王國之特。氣雄神邁，才俊局嶷。難弟難兄，名振京闕。播芬蓮桂[19]，蔚望風雲[20]。銀臺玉署，藥階薇垣。攀遊霄漢，步武虹烟。入眷參卿[21]，出寵典藩[22]。黑頭公相，朝野盡傾。氷炭不入，正邪難幷。誰將蜚語，觸彼心兵？麟鎖掣斷，鳶水墮跕。三更北辰，十年西極。天行雷雨[23]，劍收紫爍。丹墀[24]再趨，白首新渥。猶奄展驥[25]，聊寄棲棘。天上乘槎，湖南憩茇[26]。鬼爨賢

9 風雲(풍운): 용이 바람과 구름을 타고 하늘로 오르는 것처럼 영웅 호걸들이 세상에 두각을 나타내는 좋은 기운.

10 驊騮(화류): 周나라 穆王의 八駿馬의 하나.

11 鸑鷟(악족): 왕업을 이루게 될 때 나타난다는 봉황새의 일종.

12 重明(중명): 해와 달처럼 빛나고 밝다는 말.

13 專對(전대): 외국에 사신으로 나가서 독자적으로 응대하며 일을 잘 처리하는 것.

14 國幣(국폐): 나라의 폐백. 나라의 선물. 이하의 시는 원시에서 5언 24구절을 생략하고 이어짐.

15 使乎(사호): 사신의 자질을 인정받음. 專對는 사신이 외국에 나가 독자적으로 임기응변하며 응답하는 것을 말하는데, 蘧伯玉의 사신이 전대를 잘 하자 孔子가 훌륭한 사신(子曰 使乎使乎)이라고 두 번이나 찬탄한 고사가 전한다.

16 吳札(오찰): 춘추시대 오나라 공자 季札. 어진 대부였다.

17 魯邦(노방): 鄒魯之鄕. 공자와 맹자의 고향이라는 뜻으로, 예절을 알고 학문 활동이 활발하게 이루어지는 곳을 이르는 말.

18 《退溪先生文集》 권45, 〈祝文祭文〉에 〈祭權參判 應昌 文〉이 수록되어 있음.

19 蓮桂(연계): 과거의 소과와 대과를 아울러 이르는 말.

20 風雲(풍운): 風雲際會. 임금과 신하가 의기투합하는 것. 雲從龍風從虎에서 나온 말이다.

21 參卿(참경): 六曹의 참판을 가리킴. 권응창은 형조참판, 병조참판, 이조참판을 지냈다.

22 典藩(전번): 국가의 울타리를 맡은 사람. 곧 관찰사를 뜻한다. 권응창은 경상도관찰사를 지냈다.

23 雷雨(뇌우): 위엄과 은혜를 뜻하는 말. 황제가 辭免令을 내린 것을 말한다. 《周易》〈解卦·象〉에 "우레 치고 비가 내리는 것이 해이다. 군자는 이 상을 보고서 잘못을 저지른 자를 사면하고 죄 지은 자를 너그럽게 처리한다.(雷雨作解. 君子以赦過宥罪.)"라는 말이 나온다.

24 丹墀(단지): 붉은 칠을 한 궁전 앞의 섬돌.

勞, 身罹沴毒。三臥三霜, 咸冀勿藥。云胡不憖, 遽至騎箕[27]? 壽命難齊, 抱負罔施。殄瘁[28]之詩, 誰無痛悲? 嗚呼哀哉, 昔我先兄, 志同韻合。矯翮鵬程[29], 名登仙籍[30]。占宅終南, 巷南巷北。朝退還從, 莫間昕夕。披豁[31]襟懷, 蕩峻風格。以弟懵陋, 亦忝末契[32]。餘波剩需, 幾激懦滯。禍福茫茫, 鴒原[33]兩哭。何意于今, 又重不淑? 奔走經理, 愧古靡逮[34]."

25 展驥(전기): 재능을 충분히 발휘함. 기량을 한껏 펼침.

26 憩茇(게불): 훌륭한 정사를 敬愛하는 기리는 말. 《詩經》〈召南·甘棠〉에서, 백성들이 周나라 召伯이 南國을 巡行하면서 文王의 政事를 편 것을 추모하여 "무성한 저 감당나무를, 자르지 말고 베지도 마라. 소백이 초막으로 삼았던 곳이니라.(蔽芾甘棠, 勿翦勿伐 召伯所茇.)"라고 하였다.

27 騎箕(기기): 재상이 세상을 떠난 것을 이르는 말. 傳說이 죽은 뒤 그 정신이 箕星과 尾星 사이에 응결되었다는 고사에서 유래한 것이다

28 殄瘁(진췌): 현인이 죽어 나라가 병들 것을 탄식함. 東漢의 郭泰가 陳蕃 등 현인군자들이 환관들에 의해 禁錮되자, 들판에 나가 통곡하면서 盡悴의 시를 읊었다. 그 시는 훌륭한 사람이 죽어 나라가 병들 것을 탄식하는 것으로, 《詩經》〈大雅·瞻仰〉에 이르기를, "훌륭한 사람이 없으매 나라가 끊기고 병이 들리라.(人之云亡, 邦國殄瘁.)"라고 하였다.

29 鵬程(붕정): 鵬程萬里. 원대한 뜻을 품었다는 말.

30 名登仙籍(명등선적): 李滉의 친형 溫溪 李瀣(1496~1550)가 권응창과 1528년 식년문과에 같이 급제한 것을 일컬음. 仙籍은 과거 급제자의 명부를 말한다.

31 披豁(피활): 진심을 보임. 흉금을 털어놓음.

32 末契(말계): 교우관계에 있어서의 말석.

33 鴒原(영원): 우애 있는 형제를 뜻하는 말. 《詩經》〈小雅·常棣〉의 "저 할미새 들판에서 급할 때는 형제들이 서로 돕는 법이라오. 항상 좋은 벗이 있다고 해도, 그저 길게 탄식만을 늘어놓을 뿐이라오.(鶺鴒在原, 兄弟急難. 每有良朋, 況也永歎.)"라는 말에서 유래하였다.

34 靡逮(미체): 따라 가려고 해도 미치지 못하는 것처럼, 죽은 사람을 따라가지 못하는 슬픔을 이르는 말.

24. 김진

김진의 자는 형중, 호는 청계, 본관은 의성이다. 연산군 경신년(1500)에 태어났다. 중종 을유년(1525) 생원시에 합격하였다. 선조 경진년(1580)에 죽었다. 이조판서를 증직하였다. 안동의 사빈정사(泗濱精舍)에 향사하였다.

공(公)은 태어나면서부터 매우 영특하였고, 어려서부터 학문에 뜻을 두었다. 기묘년(1519) 현량과(賢良科)에 급제한 이름난 선비를 종유하여 당대 여러 군자들의 서론(緖論)을 들을 수 있어서 듣고 보는 것으로 깨달은 지식이 날로 넓어졌으며, 학업도 날로 진보하였다.

공은 부정(不淨)한 귀신에게 제사 지내는 일에 대해서 분노하고 미워하는 것이 마치 자기를 더럽히는 것같이 하였으니, 무당과 박수가 감히 그 마을에 들어오지 못하였다. 고을의 남산에 사당이 있었는데, 세속에서 전하기를 고려 염흥방이 바로 그 사당의 신(神)이라고 하였다. 공이 내달려 가서 꾸짖기를, "너는 전조(前朝: 고려)에서 간인(奸人)의 괴수였기 때문에 죽었어도 죄가 남거늘, 어찌 네가 영험도 없는 귀신이 되어 순박한 백성들 현혹하도록 용납할 수 있단 말인가?"라고 하고는 즉시 헐어서 치워 버렸다.

일찍이 여러 자식들에게 말하기를, "임금을 섬기는 도리는 마땅히 정성을 다해 신의를 보이는 것이 우선이고, 그런 다음에야 임금이 언짢아 하는 것을 무릅쓰고서도 능히 바른 말을 할 수가 있는 것이다."라고 하였으며, 또 말하기를, "사람은 차라리 도를 곧게 지키다가 죽을지언정, 도를 굽혀 정도에서 벗어나 살아남아서는 아니 된다. 너희들이 군자가 되어서 죽는다면 나는 산 것처럼 여길 것이지만, 소인이 되어서 살아남는다면 나는 죽은 것으로 볼 것이다."라고 하였다.
【협주: 정경세가 찬한 비문에 실려 있다.】

공에게 다서 아들이 있었으니, 김극일·김수일·김명일·김성일·김복일로 모두 같은 서원에 향사하자, 당시 사람들이 칭도(稱道)하였다.

• **金璡**

金璡，字瑩仲，號青溪，義城人。燕山庚申生。中宗乙酉生員。宣祖庚辰卒。贈吏曹判書。享安東泗濱精舍[1]。

公生而岐嶷，幼而知學。從遊已卯名儒，得聞當世諸君子緒論，聞見日廣，藝業日進。

公於淫祀非鬼[2]之事，憤疾之若浼己，巫覡不敢入其閭。縣之南山有祀，俗傳高麗廉興邦[3]乃其神。公馳往數之曰："汝以前朝巨奸，死有餘罪，豈可容汝不靈之鬼，以惑愿民乎?" 卽毁撤之。

嘗語諸子曰："事君之道，當以積誠見信爲先，然後犯顔[4]而能入." 又曰："人寧直道而死，不可枉道而生，汝等爲君子而死，則吾視猶生也，爲小人而生，則吾視猶死也."【鄭經世[5]撰碑】

---

1 泗濱精舍(사빈정사): 泗濱書院. 경상북도 안동시 임하면에 있는 서원. 1709년 의성김씨 문중에서 金璡·金克一·金守一·金明一·金誠一·金復一 등의 부자를 배향하기 위하여 건립하였고, 선현배향과 지방교육의 일익을 담당하여 왔다.

2 非鬼(비귀): 나쁜 귀신. 不淨한 귀신.

3 廉興邦(염흥방, ?~1388): 본관은 坡州, 자는 仲昌, 호는 東亭. 홍건적의 난 때에 개경을 수복한 공으로 提學에 올랐다. 매관매직을 자행하고 토지와 노비를 강탈하여 양민을 괴롭히다가 처형되었다.

4 犯顔(범안): 임금이 언짢아 하는 것을 무릅쓰고 바른 말로 간하는 것.

5 鄭經世(정경세, 1563~1633): 본관은 晉州, 자는 景任, 호는 愚伏. 증조부는 鄭繼咸이며, 조부는 鄭銀成이다. 아버지는 좌찬성 鄭汝寬이며, 어머니 陜川李氏는 李軻의 딸이다. 첫째부인 全義李氏는 部將 李海의 딸이며, 둘째부인 眞寶李氏는 충순위 李潔의 딸이다. 柳成龍의 문인이다. 1578년 생원진사 양시에 합격하고, 1586년 알성문과에 급제하였다. 예조판서, 이조판서, 대제학 등을 역임하였다.

公有五子，克一·守一·明一·誠一·復一，並享一院，時人稱之。

보충

정경세(鄭經世, 1563~1633)이 찬한 비문(碑文)

증 자헌대부 이조판서 김공 묘갈명 병서

의성(義城)에 관향(貫鄕)을 둔 김씨는 동한(東韓)의 명망이 있는 집안이다. 고려 때 김용비(金龍庇)는 벼슬이 태자첨사(太子詹事)를 지냈고, 그 아들 김의(金宜)는 은청광록대부(銀靑光祿大夫) 상서좌복야(尙書左僕射)를 지냈다. 자손들이 드디어 크게 빛났는데, 대체로 5대를 지나서 공의 증조부로 부지승문원사(副知承文院事)를 지낸 휘 김한계(金漢啓)에 이르기까지 명망 있는 권문세가와 고관대작으로 세상에 이름났다. 오직 공의 조부 성균진사(成均進士) 휘 김만근(金萬謹)과 아버지 병절교위(秉節校尉) 휘 김예범(金禮範)만 비로소 은거하여 벼슬하지 않았다. 공의 어머니 영해신씨(寧海申氏)는 군수 신명창(申命昌)의 딸이다.

공의 휘는 진(璡), 자는 영중(瑩中)이다. 태어나면서부터 매우 영특하였고, 어려서부터 학문에 뜻을 두었다. 백고서(伯姑壻: 가장 큰 고모부) 권간(權幹: 權穆의 아들)은 집안에서 대대로 이어 오는 행실과 품행이 있어 효성과 우애로 사람들을 가르쳤는데, 공이 겨우 15세가 되자마자 찾아가서 가르침을 받았다. 20세가 되어 여흥민씨(驪興閔氏)에게 장가들었는데, 민씨의 막내 숙부 민세정(閔世貞)은 바로 중종 현량과(賢良科)에 급제한 기묘명유(己卯名儒)이었다. 공은 그를 종유하여 당대 여러 군자들의 서론(緖論)을 들을 수 있어서 듣고 보는 것으로 깨달은 지식이 날로 넓어졌으며, 학업도 날로 진보하였다.

태학(太學)에 유학하여 상사(上舍: 교육과정)에 들어갔는데, 한순간에 동료들이 칭찬하고 인정하였다. 얼마 뒤에 과거 공부를 그만두고 임하현(臨河縣)의 부암(傅巖)에 집을 짓고서 후생들 가르치는 것을 일삼았다. 서당 한 채를 짓고는 집안의 자제들과 향리의 어린 선비들을 그 안에 모아 놓고 규칙을 세워 학업을 감독하면서 일깨우고 인도하며 그 방도를 빈틈없이 갖추었는데, 수십 년이 지나서도 멈추지 않아 학도들이 점차 많아져서 글 읽는 소리가 온 경내에 들렸다. 공의 다섯 아들 가운데 세 사람이 대과(大科)에 급제하고 두 사람이 상상(上庠: 성균관 생원)에 올랐는데, 모두 공이 강건했을 때의 일이라서 공의 영광이 되었으니 설 명절이 되어 부모를 뵈러 돌아올 때면 화홀(韡笏: 조정의 신하가 착용하던 가죽신과 홀)이 상 위에 가득하여 보는 자들의 찬탄하는 소리가 자자하였다. 옛날에 공이 태어나자, 진사공(進士公: 조부 김만근)이 공을 몹시 사랑하여 아명(兒名)을 문회(文會)라 지어 주면서 말하기를, "이 손자가 반드시 우리 집안을 창성케 할 것이다."라고 하였는데, 이때에 이르러서야 과연 증험(證驗)되었다.

공은 집에 있으면서 양친을 효성으로 매우 공경히 봉양하였으니, 잠자리가 찬지 따뜻한지 살피면서 달고도 부드러운 음식을 공양하여 양친의 기쁨을 극진히 하는 데에 힘썼고, 상(喪)을 당하여서는 애통한 마음을 다하면서 3년 동안 여묘살이를 하였다. 아우와 누이에 대한 우애가 돈독하고 지극하였으니, 재산을 나누면서 문권을 만들어 두지 않았어도 집안에서 이의를 달지 않고 그대로 따랐다. 누이의 자식들을 자기의 친자식처럼 어루만지고 길렀으니, 가난하여 시집가지 못하거나 장가가지 못하는 이에게는 온 힘을 다해 비용을 마련하여 보내주었다. 더욱이 제사에 대해서는 정성을 다하였으니, 재계(齋戒)를 하는 날에는 안팎의 사람들에게 시끄럽게 떠들지 못하도록 신칙하고, 제사를 지내는 날에는 엄숙히 공경하게 제삿일을 살피며 항상 말하기를, "제사를 조심하지 않으면 조상들이 흠향하지 않을 것이고, 또한 집안이 흥하거나 망하는 것도 달려 있으니 삼가지 않을 수 있겠는가?"라고 하였다.

심지어 부정(不淨)한 귀신에게 제사 지내는 일에 대해서는 또 분노하고 미워하는 것이 마치 자기를 더럽히는 것같이 하였으니, 무당과 박수가 감히 그 마을에 들어오지 못하였다. 고을의 남산에 사당이 있었는데, 세속에서 전하기를 고려 염흥방(廉興邦)이 바로 그 사당의 신(神)이라고 하였다. 무당과 박수들이 이에 의지해 요망한 짓을 하면서 함부로 속여 현혹하였다. 공이 내달려 가서 꾸짖기를, "너는 전조(前朝: 고려)에서 간인(奸人)의 괴수였기 때문에 죽었어도 죄가 남거늘, 어찌 네가 영험도 없는 귀신이 되어 순박한 백성들 현혹하도록 용납할 수 있단 말인가?"라고 하고는 즉시 헐어서 치워 버리자, 습속이 조금 진정되었다.

일찍이 벼슬살이를 하고 있는 여러 자식들에게 말하기를, "임금을 섬기는 도리는 마땅히 정성을 다해 신의를 보이는 것이 우선이고, 그런 다음에야 임금이 언짢아 하는 것을 무릅쓰고서도 능히 바른 말을 할 수가 있는 것이다."라고 하였으며, 또 말하기를, "사람은 차라리 도를 곧게 지키다가 죽을지언정, 도를 굽혀 정도에서 벗어나 살아남아서는 아니 된다. 너희들이 군자가 되어서 죽는다면 나는 산 것처럼 여길 것이지만, 소인이 되어서 살아남는다면 나는 죽은 것으로 볼 것이다."라고 하였다.

만년에 이르러 영해(寧海)의 청기현(靑杞縣)에서 노닐다가 산이 감돌고 물이 굽이진 것을 좋아했는데 농사지으면서 낚시질하는 즐거움까지 있자, 마침내 온 집안을 이끌고 그곳으로 가서 살았다. 사내아이 종을 시키며 농사와 누에치기를 힘써서 생활하였다. 매번 좋은 날과 아름다운 계절이면 황계(黃鷄)와 백주(白酒)를 차려 놓고 산옹(山翁: 산속의 늙은이)과 계우(溪友: 낚시질하는 벗)들을 불러 서로 진솔하게 지냈는데, 술이 몇 순배 돌 때면 활쏘기를 시켰다. 먼저 활줄을 당기기 위해 팔싸개를 갖추고 깍지를 끼고서 활쏘기 할 짝을 불러 나섰는데, 학발(鶴髮)에 동안(童顔)으로 당당하게 똑바로 서서 활을 쏘면 반드시 표적을 명중시키니, 그 자리에 있던 사람들이 모두 놀라면서 지상의 신선으로 여겼다. 죽음을 맞이해서는 온화한 기색으로 자제들에게 말하기를, "내 나이가 80이 넘었으니, 하늘은 나에게 많은 것을 주었는데 다시 무엇을 구하겠는가?"라고 하였다.

공은 홍치 경신년(1500)에 태어나 만력 경진년(1580)에 죽으니 향년은 81세였다. 임하현(臨河縣) 동쪽에 있는 경출산(景出山) 진향(震向)의 언덕에 장사 지냈는데, 부인인 민씨(閔氏)와 앞뒤로 봉안하였다. 민씨는 고(故) 좌의정 민제(閔霽)의 5대손으로 병절교위를 지낸 민세경(閔世卿)의 딸인데, 부녀자의 도리를 매우 잘 갖추었지만 공보다 34년 먼저 젊은 나이로 죽었다.

공이 죽고 12년이 지난 뒤인 임진년(1592)에 공의 아들인 김성일(金誠一)이 경상우도 절도사에 제수되자, 공에게 가선대부 이조참판 겸 동지의금부사(同知義禁府事)를 추증하였고, 민씨에게는 정부인을 추증하였으며, 공의 조부와 부친에게도 모두 법식대로 추증되었다. 또 14년 뒤인 병오년(1606)에 조정에서 김성일이 왜적을 토벌하는 데 공이 있었다는 이유로 선무원종공신 1등에 녹훈되었는데, 공에게 자헌대부 이조판서 겸 지의금부사(知義禁府事)를 추증하였다. 아, 공의 영광은 이에서 더욱더 드러나게 되었다.

공의 장남 김극일(金克一)은 내자시 정(內資寺正)을 지냈고 시로 세상에 이름났으며, 차남 김수일(金守一)은 성균관 생원으로 자여도 찰방(自如道察訪)을 지냈으며, 삼남 김명일(金明一)은 성균관 생원으로 일찍 죽었으며, 사남은 곧 김성일인데 덕행이 있고 업적이 있어서 후학들이 학봉선생(鶴峯先生)이라고 칭하였으며, 오남 김복일(金復一)은 창원도호부사를 지냈다. 장녀는 류성(柳城)에게 시집갔고, 차녀는 성균관 직강 이봉춘(李逢春)에게 시집갔고, 삼녀는 류란(柳瀾)에게 시집갔다. 서얼 아들은 김연일(金衍一)이고, 서얼 딸은 2명이다. 내외의 손자와 증손은 남녀 모두 100여 명이다. …(이하 생략)…

• 贈資憲大夫吏曹判書金公墓碣銘 并序

金之氏於義城者。爲東韓望族。高麗時有名龍庇, 仕爲太子詹事, 其子宜爲銀青光祿大夫, 尙書左僕射。子孫遂煒赫, 凡歷五世, 至公之曾祖副知承文院事諱漢啓, 皆以鉅卿達官名于世。惟公之祖成均進士諱萬謹, 考秉節校尉諱禮範, 始隱不仕。公之妣曰寧海申氏, 郡守命昌女也。公諱璡, 字瑩中。生而岐嶷, 幼而知學。伯姑壻權公幹, 有家行, 以孝悌教人, 公甫成童, 卽往受業。旣冠, 聘驪興閔氏, 則閔氏之季父曰世貞, 乃中廟朝賢良科及第己卯名儒也。公又從之游, 得聞當世諸君子緖論, 自是聞見日廣, 藝業日進。遊太學, 入上舍, 駸駸爲輩流所推許。尋棄擧子業, 卜築于臨河縣之傅巖, 以訓後生爲事。闢書堂一區, 聚子弟及鄕之蒙士于其中, 立科條, 程督之, 提撕誘掖, 備盡其方, 積數十年不輟, 學徒稍盛, 絃誦聞一境。公之五子, 三人取大科, 二人升上庠, 皆及公康健時, 爲公之榮, 歲時省覲, 韡笏滿床, 觀者嘖嘖歆歎。始公之生也, 進士公奇愛之, 小字以文會, 曰: "是孫必能昌吾門." 至是而果驗焉。公居家奉二親甚謹, 省寒燠供滫瀡, 務盡其歡, 喪而致哀, 廬墓三年。友弟妹篤至, 分財産不置券, 家庭無間言。撫育甥姪如己子, 其貧不能嫁娶者, 悉力資遣之。尤致誠於祭祀, 齊之日, 飭內外無得譁, 祭之日, 肅敬將事, 常曰: "祭祀不謹則祖考不享, 亦人家也, 可不謹乎?" 至於淫祀非鬼之事, 則又憤疾之若浼己, 巫覡不敢入其閭。縣之

南山有祠, 俗傳高麗廉興邦乃其神。巫覡輩倚以作妖, 肆爲誣惑。公馳往數之曰: "汝以前朝巨奸, 死有餘罪, 豈可容汝不靈之鬼, 以惑愿民乎?" 卽毁撤之, 俗以稍定。嘗語諸子之仕者曰: "事君之道, 當以積誠見信爲先, 然後犯顔而能入." 又曰: "人寧直道以死, 不可枉道以生。汝等, 爲君子而死, 則吾視猶生也, 爲小人而生, 則吾視猶死也." 晩年, 遊寧海之靑杞縣, 愛其山廻水繞, 有耕釣之樂, 遂挈家而居之。課童僕, 力農桑以自給。每遇佳辰令節, 黃鷄白酒, 招山翁溪友, 相與爲眞率, 酒數行輒命射。先決拾呼耦, 鶴髮童顔, 昂然正立, 發必破的, 一座皆驚, 以爲地仙焉。臨命, 怡然謂子弟曰: "吾年逾大耋, 天餉我厚矣, 復何求哉?"公生于弘治庚申, 歿以萬曆庚辰, 得年八十一。葬于臨河縣東景出山震向之原, 與閔氏爲前後封。閔氏故左議政霽之五代孫, 秉節校尉世卿之女, 得婦道甚, 先公三十四年, 年若干而終。公歿後十二年壬辰, 公之男誠一, 爲慶尙右道節度使, 推恩贈公嘉善大夫吏曹參判兼同知義禁府事, 閔氏貞夫人, 公之祖若考, 皆有贈如式。又後十四年丙午, 朝廷以誠一討賊有功, 錄宣武原從勳一等, 加贈公資憲大夫吏曹判書兼知義禁府事。嗚呼。公之榮, 於是而益顯矣。男長克一, 內資寺正, 以詩鳴, 次守一, 成均生員, 自如道察訪, 次明一, 成均生員, 早卒, 次卽誠一, 有德行有事業, 後學稱爲鶴峯先生, 季復一, 昌原都護府使。女長適柳城, 次適成均館直講李逢春, 季適柳瀾。庶男衍一, 庶女二。內外孫曾男女凡百餘人。…(이하 생략)…

〔愚伏先生文集, 권18, 碣銘〕

25. 김희삼

김희삼의 자는 사노, 호는 칠봉, 본관은 의성이다. 중종 정묘년(1507)에 태어났다. 신묘년(1531) 사마시에 합격하고 경자년(1540) 문과에 급제하였다. 삼사·이랑(吏郎)을 거쳐 통정대부 부사(府使)에 이르렀다. 명종 경신년(1560)에 죽었다. 이조판서를 증직하였다. 성주(星州)의 천곡사(川谷祠)에 향사하였다.

과거에 급제했을 때, 고관(考官: 시험관) 모재 김안국(金安國) 선생이 김희삼의 대책문(對策文)을 보고서 매우 기뻐하였고, 이미 선발되고 나서는 또 힘을 다해 천거하여 괴원(槐院: 승문원)에 들어가게 하였다. 공(公)과 하서 김인후(金麟厚) 선생이 교분을 매우 깊게 맺었는데, 하서가 모재를 찾아뵙도록 하였지만 따르지 않다가 나중에 공이 비로소 그의 문하에 갔다.

을사사화(乙巳士禍) 이후 공은 스스로를 드러내지 않으려고 조정에서 퇴근할 때마다 문을 닫아걸었는데, 이 때문에 위험을 겪기도 했지만 세상의 화를 면할 수 있었다.

공은 사람을 알아보는 식견이 있었으니, 윤춘년(尹春年)이 당대의 조정에서 맑고도 진솔하게 말하기를 좋아했으나, 공만은 홀로 그가 마음속에 품은 간사함을 알고 결코 교제하지 않았으며, 게다가 진복창(陳復昌)·이무강(李無彊) 같은 부류들이 권세를 부릴 때에도 공은 그들이 반드시 패망할 것이라고 예언하였다.

신해년(1551) 재상 경차관(災傷敬差官: 지방에 파견하는 임시 벼슬)으로서 경상우도로 나가게 되었을 때, 의정(議政: 영의정) 이기(李芑)가 이르기를, "나라 살림이 곧 부족하니, 공은 모름지기 풍작을 흉작으로 보고한 자야 엄히 조사할 것이지만, 만약 흉작을 풍작으로 보고하였으면 굳이 따질 것까지 없네."라고 하였지만, 공은 그 말을 비루하게 여겨 도임하자마자 흉작을 풍작으로 보고한 자를 엄히 조사하였다.

공이 일찍이 첩을 얻으려 했었는데, 하서가 말하기를, "그대의 부인이 어린 자식들을 보살피고 기르느라 고향 마을에서 곤궁하게 지내거늘, 그대는 갑자기 스스로 편안하게 첩의 시중을 받겠단 말인가?"라고 하니, 공은 흠칫 놀라 두려워하며 그로부터 다시는 쳐다보지도 않았고 죽을 때까지 첩을 두지 않았다.【협주: 아들 김우옹이 찬한 행록(行錄)에 실려 있다.】

공이 일찍이 대궐에 들어가 임금을 모셨을 때, 주상이 좌우의 신하들에게 말하기를, "각자 자신들의 뜻을 말하라." 하자, 여러 신하들이 차례대로 대답하였지만 공만은 홀로 아무런 말도 하지 않았다. 주상이 말하기를, "그대는 어찌하여 혼자 말이 없느냐?"라고 하자, 공이 대답하기를, "신(臣)의 집은 성산(星山)에 있는데, 일곱 봉우리들이 앞뒤로 둘러싸고 있습니다. 신은 원컨대 벼슬에서 물러나 산 아래로 돌아가 나물도 캐고 물고기도 낚으며 여생을 마치고 싶습니다."라고 하니, 주상이 말하기를, "내가 칠봉(七峯)을 호(號)로 그대에게 내리니, 그대는 그곳에 가서 살아라." 하였다.

공이 삼척(三陟)에 부임했을 때, 관아에 있었던 말이 8년 동안 낳은 새끼 두 마리를 장차 돌아올 즈음 그대로 남겨두었으며, 또한 채찍도 동헌에 걸어두고 말하기를, "이것은 삼척의 물건이다."라고 하였다.【협주: 유사(遺事)에 실려 있다.】

• **金希參**

金希參[1], 字師魯, 號七峯, 義城人。中宗丁卯生。辛卯司馬, 庚子文科。歷三司·吏郎, 至通政府使。明宗庚申卒。贈吏曹判書。享星州川谷祠。

登第時, 考官慕齋[2]金先生, 得其對策[3]喜甚, 旣得擧, 又力薦選槐院。公與河西[4]金先生, 交契甚深, 河西勸謁慕齋, 不從, 後因公始造其門。

乙巳以後, 公自晦, 公退輒杜門, 以此經歷危險, 免於世禍。

公有藻鑑[5], 尹春年[6]當朝, 好爲淸疎語, 公獨知其懷奸, 絶不與交, 又如陳復昌[7]·李無彊[8]輩用事時, 公預言其必敗。

---

1 김희삼(金希參, 1507~1560): 증조부는 金季孫이며, 조부는 金從革이다. 아버지는 金致精이며, 어머니 星州李氏는 訓練院參軍 李季恭의 딸이다. 부인 淸州郭氏는 郭人和의 딸이다. 지금의 경상북도 성주군 대가면 칠봉리에서 태어났다. 佛溪 宋希奎에게 배우고 뒤에 裵以張, 李光, 宋希奎와 함께 眞樂堂 金就成에게 배웠다. 1540년 문과에 급제하였고, 1547년 정언, 1551년 수찬이 되었다. 1552년 이조정랑에 임명되었다가 다음해인 1553년 삼척부사에 임명되었다. 여러 관직을 역임하였으나 병을 핑계로 자주 사직을 청하여 사화에서 벗어날 수 있었다. 삼척부사에 재임할 때에는 백성들을 자애로 돌보았다고 전한다. 벼슬에서 물러난 후 왕이 내린 七峰山 아래에 進齋란 집을 지어서 七峰 선생이라 불렸다.

2 慕齋(모재): 金安國(1478~1543)의 호. 본관은 義城, 자는 國卿. 증조부는 金統이며, 조부는 金益齡이다. 아버지는 참봉 金璉이며, 어머니 陽川許氏는 許芝의 딸이다. 부인 全州李氏는 松林君 李孝昌의 딸이다. 金正國의 형이다. 金宏弼의 문인이다. 1501년 생원진사 양시에 합격하고, 1503년 별시문과에 급제하였다. 1507년 문과중시에도 급제하였다. 경상도관찰사, 전라도관찰사, 예조판서, 대제학, 병조판서 등을 역임하였다.

3 對策(대책): 조선시대, 문과 고시과목의 하나. 국왕이 출제한 질문에 답변을 진술하는 양식의 제술문이다.

4 河西(하서): 金麟厚(1510~1560)의 호. 본관은 蔚山, 자는 厚之, 호는 湛齋. 전라남도 장성 출신. 증조부는 金義剛이며, 조부는 金丸이다. 아버지는 참봉 金齡이며, 어머니 玉川趙氏는 趙孝謹의 딸이다. 부인 驪州尹氏는 尹任衡의 딸이다. 崔山斗의 문인이다. 1531년 사마시에 합격하고, 1540년 별시문과에 급제하였다. 세자시강원설서, 홍문관수찬, 제술관 등을 역임하였다.

5 藻鑑(조감): 사람을 겉만 보고도 그 인격을 알아보는 식견.

6 尹春年(윤춘년, 1514~1567): 본관은 坡平, 자는 彦久, 호는 學音·滄洲. 증조부는 尹繼謙이며, 조부는 尹琳이다. 아버지는 이조참판 尹安仁이며, 어머니 河東鄭氏는 鄭汝寬의 딸이다. 부인 驪興閔氏는 閔光門의 딸이다. 1534년 생원시에 합격하고, 1543년 식년문과에 급제하였다. 중종 사후에 소윤과 대윤의 분열이 일어나자 소윤의 영수인 윤원형의 세력에 가담하여 명종이 즉위한 후에 많은 선비들을 숙청하면서 윤원형 독주체제의 구축에 적극적으로 나서다가 윤원형이 실각하자 파직되었다. 교리, 대사간, 이조판서 등을 역임하였다.

辛亥, 以灾傷敬差官, 出慶尙右道時, 議政李芑謂曰: "國計方不足, 公須嚴核將熟作荒者, 若將荒作熟, 則不須問也." 公鄙其言, 到任尤嚴核將荒作熟者。

公嘗卜一妾[9], 河西曰: "君之內子, 提挈群稺, 窮困於鄕邑, 而君遽自安姬侍乎?" 公瞿然稱善, 自是不復眄, 終身無姬妾。【子宇顒[10]撰行錄[11]】

公嘗入侍, 上謂左右, 曰: "各言其志." 群臣以次對, 公獨默然。上曰: "爾何獨無言?" 公對曰: "臣家在星山, 七峯環其前後。臣願退歸山下, 採山釣水, 以終餘年." 上曰: "予以七峯賜爾, 爾其棲息焉."

公赴三陟[12]時, 有馬在官, 八年産二駒, 將還留之, 又掛鞭於東軒, 曰: "此三陟物也."【遺事】

---

7 陳復昌(진복창, ?~1535): 본관은 驪陽, 자는 遂初, 호는 洋谷. 경기도 風德 출신이다. 증조부는 陳有蕃이며, 조부는 陳錫卿이다. 아버지는 현감 陳義孫이며, 어머니 淸道金氏는 金大有의 딸이다. 부인 淸州韓氏는 한침의 딸이다. 屛菴 具壽福의 문인이다. 1531년 생원진사 양시에 합격하고, 1535년 별시문과에 급제하였다. 척신 세도가였던 소윤 尹元衡의 심복이 되어 1545년 을사사화 때 대윤에 속한 사림의 숙청에 크게 활약하였으며, 많은 사람들이 해를 입자 史官들로부터 '毒蛇'로 기록되었다.

8 李無彊(이무강, 생몰년 미상): 본관은 陽城, 자는 景休. 증조부는 李重連이며, 조부는 李適이다. 아버지는 李瑞建이며, 어머니 延安李氏는 李鐵鈞의 딸이다. 부인 潘南朴氏는 朴讓의 딸이다. 1522년 진사시에 합격하고, 1536년 별시문과에 급제하였다. 李芑의 심복이었다.

9 卜一妾(복일첩): 같은 성을 피하여 성이 다른 여자로 들인 첩.

10 宇顒(우옹): 金宇顒(1540~1603). 본관은 義城, 자는 肅夫, 호는 東岡·直峰布衣이다. 아버지는 부사 金希參이며, 어머니 淸州郭氏는 郭人和의 딸이다. 24세 때 曺植의 외손녀와 혼인하였다. 吳健의 문인이다. 伊溪 金宇弘(1522~1590)과 開巖 金宇宏(1524~1590)의 동생이다. 1558년 진사시에 합격하고 1567년 식년문과에 급제하였다. 정치적으로 류성룡, 김성일 등과 가까워 동인에 속하였다. 김우옹은 학문적 문제와 정치에 시무책을 진언하여 선조의 두터운 신임을 받았다.

11 金宇顒의 《東岡先生文集》 권17 〈行狀〉에 수록되어 있음.

12 三陟(삼척): 강원도의 동해안 남단에 있는 고을.

26. 권전

> 권전의 자는 군안, 본관은 안동이다. 참판 권주(權柱)의 아들이다. 중종 경오년(1510) 생원시에 합격하고, 무인년(1518: 기묘년의 오기, 1519) 문과에 급제하였다. 정언·이랑(吏郎)을 거쳐 수찬에 이르렀다. 선조(宣祖: 중종의 오기) 기축년(1529: 신사년의 오기, 1521) 송사련의 무함(誣陷)에 얽혀 형장을 맞다가 죽었다.

공은 뜻과 기개가 굳세고 곧은데다 말이 간결하고 스스로 지켰으며 학문과 식견이 있고 재주와 덕행도 있었는데, 일찍이 말하기를, "상복을 벗어 버리고라도 변고를 아뢰거나, 임기응변하는 책략이 있다고 자부하는 무리들은 이익을 보면 의를 잊어서 못하는 짓이 없다."라고 하자, 남곤과 심정이 매우 꺼려하였다. 사화가 일어나 잇달아 귀양 보낼 사람을 기록한 명부에 이름이 있었던 데다 파과(罷科: 과거 무효)가 되자 벼슬을 그만두었다. 그 뒤에 시산 정(詩山正) 이정숙(李正叔)과 같은 동네에 살다가 송사련의 무고(誣告)에 연루되었는데, 문초를 당하며 곤장 170여 대를 맞고 운명하였으나 수일이 지나 법에 따라 처리되었다.

공이 태학(太學: 성균관)에 있으면서 진사 안처겸과 함께 석전(釋奠: 문묘의 제향의식)의 의물(儀物)을 고쳐 다시 정하기를 건의하여, 형갱(鉶羹: 양념을 넣은 국)·대갱(大羹: 양념을 넣지 않은 국)·양수(陽燧: 불을 일으키던 기구)·명수(明水: 제사에 쓰던 맑은 찬물)를 각각 그 제도를 갖추어 지금까지 그대로 따르고 있다.

기묘사화가 일어났는데, 공은 그때 정언으로서 대사간 이성동(李成童), 사간 이청(李淸), 헌납 송호지(宋好智), 정언 김익(金釴)과 함께 궁궐에 나아가 장계(狀啓)를 올려 조광조 등과 같이 조옥(詔獄: 의금부의 감옥)에 나아가 함께 형벌을 받겠다고 청하였다.【협주: 기묘록에 실려 있다.】

정축년(1517)에 공이 상소하여 정 문충공(鄭文忠公: 정몽주)을 문묘(文廟)에 종사(從祀)하도록 청하자, 주상이 기쁘게 받아들이고 조정 신하와 의논하여 시행하였으니, 실로 9월 17일이었다. 또 예관(禮官)을 보내어 묘소를 수리하고, 나뭇꾼과 목동의 출입을 금하여 비석 세우기를 청하였다. 그 상소에 대략 이르기를, "황천(皇天)이 돌보시어 고려 말기에 유종(儒宗) 정몽주(鄭夢周)를 태어나게 하였는데, 걸출한 자질이 빼어나고 세상을 다스릴 만한 재주를 온축하였으며, 성리학(性理學)를 깊이 연구하여 학문의 세계가 깊고 넓은 데다 깊이 자득한 바가 있어 강론과 설명이 아주 뛰어났고 심오한 뜻을 말없이 깊이 생각해 깨달은 바가 있어 선유(先儒)와 절로 맞았으며, 충효의 빛나는 절행은 당대를 놀라게 하였으며, 상제(喪祭)를 제정하고 사당(祠堂)을 세우면서 한결같이 《가례(家禮)》를 따라 문물(文物: 제도)과 의장(儀章: 儀禮)을 모두 그가 고쳐 정하였습으며, 학교를 세워서 가르침을 베풀어 유술(儒術: 유가의 학술)을 진흥하였으니, 사도(斯道)를 밝히고 후학을 계도한 이는 동방에서 이 한 사람뿐입니다."라고 하였다.【포은집의 부록에 실려 있다.】

• **權碩**

權碩[1], 字君安, 安東人。參判柱子。中宗庚午生員, 戊寅[2]文科。歷正

1 權碩(권전, 1490~1521): 증조부는 權恒이며, 조부는 權邇이다. 아버지는 참판 權柱이며, 어머니 固城李氏는 지중추부사 李則의 딸이다. 1510년 생원시에 합격하고, 1519년 현량과에 급제하였다. 1517년 유생으로 성균관에 들어가 鄭夢周의 文廟從祀와 昭格署의 혁파를 청하는 상소를 하였다. 정언이 되고 이조좌랑을 거쳐 수찬으로 있을 때 기묘사화가

言·吏郎, 至修撰。宣祖己丑[3], 爲宋祀連[4]所搆, 杖死。

公志氣勁直, 簡潔自守, 有學識, 有才行, 嘗言: "釋衰告變[5]·自許權謀[6]之徒, 見利忘義, 無所不爲." 南袞[7]·沈貞, 甚憚之。禍作, 名在續竄錄中, 及罷科而棄之。後與詩山正正叔[8]同里閈, 爲宋祀連所搆告, 訊杖百七十餘而殞命。數日置于法[9]。

일어나 파직되었다. 1521년 기묘사화의 여파로 沈貞·南袞 등이 세력을 떨치자, 安處謙·李正淑 등과 함께 남곤·심정이 사림을 해치고 왕의 총명을 흐린다 하여 이를 제거할 것을 모의한 것이 宋祀連에 의하여 고발당하였다. 그 결과 安瑭과 아들 안처겸, 柳仁淑·鄭順朋·申光漢 등과 함께 체포되어 곤장 170도를 맞고 죽었으며, 며칠 후에는 시체에 대해서도 형벌이 가해졌다.

2 戊寅(무인): 《國朝文科榜目》에 의하면, 己卯의 오기.

3 宣祖己丑(선조기축): 《中宗實錄》 1521년 10월 15일 13번째 기사에 의하면, 中宗辛巳의 오기.

4 宋祀連(송사련, 1496~1575): 본관은 礪山. 아버지는 宋璘이며, 어머니는 성균관사예 安敦厚의 庶出인 甘丁(安瑭의 庶妹)이다. 서얼 출신으로 벼슬할 기회를 살피던 중 安瑭과 사이가 나쁜 權臣 沈貞에게 청탁하여 觀象監判官이 되었다. 1521년 처조카 鄭瑺과 공모하여 안처겸·안당·권전 등이 심정·南袞 등 대신을 제거하려 한다고 무고, 신사무옥을 일으키게 하여 안처겸 등 안씨 일가와 많은 사람들에게 화를 입혔다. 그 공으로 중추부 첨지사 堂上官에 올랐으며 이후 30여 년 간 고위 관직에 머물러 출세 가도를 달렸다. 하지만 죽은 뒤 1586년 안처겸 등의 무죄가 밝혀져 관작을 삭탈당했다. 성리학과 예학에 밝아 많은 제자들에게 추앙받았던 宋翼弼이 그의 셋째 아들이다.

5 釋衰告變(석최고변): 상복을 벗고서 변고를 고함. 南袞이 일찍이 상중에 있으면서 金公著의 옥사를 고한 것을 일컫는다.

6 自許權謀(자허권모): 임기응변하는 책략이 있음을 자부함. 沈貞이 자칭 奇謀와 權變이 있다고 하자 智囊이라고 한 것을 일컫는다.

7 南袞(남곤, 1471~1527): 본관은 宜寧, 자는 士華, 호는 止亭·知足堂. 증조부는 參知門下府事 南乙珍이며, 조부는 刑曹都官正郎 南琫이다. 아버지는 곡산군수 南致信이며, 어머니 晉州河氏는 龍驤衛護軍 河備의 딸이다. 부인 延安李氏는 숙천부사 李世雄의 딸이다. 金宗直의 문인이다. 1489년 생원진사 양시에 합격하고, 1494년 별시문과에 급제하였다. 심정 등과 함께 기묘사화를 일으켜 조광조·김정 등 신진 사림파를 숙청한 후 좌의정·영의정 등을 역임하였다.

8 正叔(정숙): 詩山正 李正叔(?~1521). 본관은 全州, 호는 三事堂. 세종의 왕자 영해군의 차남인 吉安都正 李義의 장남이다. 어머니 礪山宋氏는 부사 宋自剛의 딸이다. 외가 정읍 칠보에서 어린 시절을 보냈으며, 중종반정 후에는 조광조, 김식 등과 교유하였으며, 기묘사화 때 관작을 삭탈 당하고 신사무옥 때 재차 연루되어 처형되었다.

9 이 부분까지의 내용은 《己卯錄補遺追錄》〈權碩傳〉에 실려 있음.

公在太學, 與進士安處謙[10], 建議更定釋奠儀物, 鉶羹·大羹·陽燧[11]·明水[12], 各得其制, 至今遵用[13]。

己卯禍作, 公時爲正言, 與大司諫李成童[14]·司諫李淸[15]·獻納宋好智[16]·正言金釴[17], 詣闕陳啓, 請與趙光祖等, 俱就詔獄, 同伏刑章[18]。【己

---

10 安處謙(안처겸, 1486~1521): 본관은 順興, 자는 伯虛, 호는 謙齋. 증조부는 安瓊이며, 조부는 安敦厚이다. 아버지는 좌의정 安瑭이며, 어머니 全義李氏는 경원부사 李永禧의 딸이다. 부인 全州李氏는 玉堂副守 李壽長의 딸이다. 1513년 진사시에 합격하였다. 1519년 아우 安處諴·安處謹과 함께 賢良科에 급제하였으나 모친상을 당하여 벼슬을 그만두었다.

11 陽燧(양수): 빛이 번쩍거리는 금잔을 문질러 뜨겁게 하였다가 햇볕에 쪼이고 깃을 대어 불을 일으키던 기구이다.

12 明水(명수): 玄酒. 제사 때에 술 대신에 쓰는 맑은 찬물. 항아리에 담아 두었다.

13 이 문단은《己卯錄補遺追錄》〈安處謙傳〉에 실려 있는 내용임.

14 李成童(이성동, 생몰년 미상): 본관은 仁川, 자는 次翁, 호는 拙翁. 증조부는 李守良이며, 조부는 참판 李仲孫이다. 아버지는 판관 李希顔이며, 어머니 慶州李氏는 李堂의 딸이다. 1489년 생원진사 양시에 합격하고, 1495년 별시문과에 급제하였다. 사간·직제학·대사간 등을 역임하였다. 1518년 충청도관찰사에 제수되었으나 이듬해 형조참의를 비롯한 신진 사류들이 몰락할 때 그 일파로 지목되어 관직에서 물러났다. 1520년에 예조참의로 다시 등용되었지만 그 다음해에 다시 조광조의 일파라는 이유로 관직을 삭탈당하였다.

15 李淸(이청, 1483~1549): 본관은 韓山, 자는 季雅. 己卯名人의 한 사람이다. 증조부는 판중추부사 李季甸이며, 조부는 좌찬성 李坡이다. 아버지는 李德潤이며, 어머니 淸州李氏는 李僨의 딸이다. 부인 海州鄭氏는 鄭守慶의 딸이다. 1507년 진사시에 합격하고, 1511년 별시문과에 급제하였다. 1519년 사간원 사간에 제수되었으며, 불교 폐단 척결에 노력하였다. 그 후 사헌장령에 보임되었으나 기묘사화로 파직되어 귀양갔다가 1537년 사면으로 직첩을 되돌려 받았다.

16 宋好智(송호지, 1474~1526): 본관은 礪山, 자는 景愚. 증조부는 宋元年이며, 조부는 宋鐵山이다. 아버지는 부사 宋自剛이며, 어머니 楊州趙氏는 전주부윤 趙瑾의 딸이다. 1498년 생원시에 합격하고, 참봉·의금부도사를 거쳐 1518년 천거로 사평이 된 뒤, 지평·형조정랑을 지내고, 이듬해 賢良科에 급제, 헌납·교리를 거쳐 홍문관수찬에 이르렀다. 이때 기묘사화가 일어나자 趙光祖와 뜻을 같이 했던 여러 사류들과 함께 관직을 삭탈 당하고 화병으로 죽었다.

17 金釴(김익, 1486~1548): 본관은 安東, 자는 君擧, 異名은 金鉞·金錢. 증조부는 金哲鈞이며, 조부는 金壽亨이다. 아버지는 경력 金彦弘이며, 어머니 龍仁李氏는 李奉孫의 딸이다. 부인 晉州柳氏는 柳續의 딸이다. 趙光祖의 문인이다. 1516년 생원시에 합격하고, 1519년 현량과에 급제하였다. 기묘사화가 일어나 조광조 등이 투옥되자, 柳仁淑·孔瑞麟·洪彦弼 등과 함께 대궐에 나아가 조광조와 같이 옥에 갇히겠다고 소를 올렸으나 허락되지 않았다. 1521년 宋祀連의 무고로, 安塘·安處謙 부자 등이 처형된 신사무옥에 연루되어 삭탈관직 당하고 유배되었다. 중종 말년에 金安老 등이 다시 등용됨에 따라 유배에서 풀려났고, 1545년 명종이 즉위하자 다시 등용되었다.

卯錄】

丁丑, 公上疏請鄭文忠公從祀文廟, 上嘉納, 議廷臣施行, 實九月十七日也。又請仍送禮官修墳墓, 禁樵牧, 立碑。其疏略曰: "皇天眷佑[19], 迺生儒宗鄭夢周於麗季, 挺超卓之資, 蘊經綸之才, 研窮性理, 學海[20]淵博[21], 深有自得, 講說發越, 默會[22]奧旨, 暗合先儒, 忠孝大節, 聳動當時, 制喪立廟, 一依家禮, 文物儀章, 皆其更定。建學設敎, 丕興儒術, 明斯道啓後學, 東方一人而已[23]."【圃隱集附錄】

---

18 이 문단은 국립중앙도서관 소장《己卯錄》에서 확인할 수 없음.

19 眷佑(권우): 眷祐

20 學海(학해): 학문의 바다라는 뜻으로, 학문의 세계를 비유적으로 이르는 말.

21 淵博(연박): 아는 것이 깊고 넓음.

22 默會(묵회): 말없이 깊이 생각하는 가운데 스스로 깨달음.

23 정축년(1517) 태학생들이 포은 정 문충공을 부자의 묘정에 배향하기를 청한 상소문의 일부로 생원 권전이 지은 것임.《기묘록별집》에는 전문이 실려 있고,《포은선생집부록〉에는 원전의 상소문 일부와 함께 똑같이 실려 있다.

27. 홍인우

홍인우의 자는 응길, 호는 치재, 본관은 남양이다. 장양공(莊襄公) 홍사석(洪師錫)의 5세손이다. 중종 을해년(1515)에 태어났다. 정유년(1537) 사마시에 합격하였다. 명종 갑인년(1554)에 죽었다. 아들 당흥군(唐興君) 홍진(洪進)이 귀하게 되어 영의정에 증직되었다. 기천서원(沂川書院)에 향사하였다.

인종(仁宗)이 동궁으로 있을 때 노소재(盧蘇齋: 노수신)가 궁료(宮僚)로 있었는데, 서연(書筵)에서 의문나거나 어려운 곳이 있을 때마다 와서 묻거나 질정하여 힘입고 도움되는 바가 많았다. 뒷날 노소재가 섬으로 귀양 갔을 때 선생(先生: 홍인우)이 편지를 보냈는데, 이천(伊川: 程頤)은 정좌(靜坐)한 사람을 보면 학문을 잘한다고 감탄했다는 말 등으로 권면하였고, 또한 시를 지어 부쳤으니, 이러하다.

고요한 가운데 미발의 때를 체인하도록 보고서
감응하여 통하는 곳이 있으면 근본을 찾을지라.

서화담(徐花潭: 서경덕)이 일찍이 사람들에게 말하기를, "근래 학문에 뜻을 두고 더불어 진보해 갈 만한 자는 홍 아무개 한 사람뿐이다."라고 하였다.

화산(花山)에 임시로 거처하며 퇴계(退溪)에게 나아가 배웠는데, 마주하여서는 토론하고 서면으로는 질의하면서 강론하고 연마하여 더욱 정밀해졌다. 그 후 나정암(羅整庵)의 《곤지기(困知記)》에 "도심(道心)은 성(性)이고 인심(人心)은 정(情)이다."라는 설이 있자, 그렇지 않음을 강력히 논변하였다. 퇴계는 그것을 옳게 여겼는데, 공이 세상을 떠나자 제문을 지었는바, "밝고 빛나는 그 뛰어난 재주로고, 부지런히 힘쓰던 학문이로다."라고 하였으니, 그가 선정(先正)으로부터 존중을 받은 것이 이와 같았다.

조정암(趙靜庵: 조광조)의 덕행과 업적이 오래도록 서술된 글이 있지 않았는데, 선생(先生: 홍인우)은 도학(道學)의 맥이 묻혀 사라질까 몹시 두려워하여 두루 찾고 널리 모은 것을 가려 뽑아 행장(行狀)을 지었으니, 훗날에 상고(相考)하고 인거(引據)할 수 있도록 하였다. 문장에는 조금도 마음에 두지 않았으나 타고난 재질이 고매하여 격조 높은 시문으로 남달리 특별하였다.

기묘사화를 당한 나머지 도학이 세상사람들에게 크게 금지되었으나, 스스로 떨쳐 분발하여 낙건(洛建: 정자와 주자)의 쇠퇴한 명맥을 끝까지 잇고자 여러 동지들과 강구하고 밝히는 것을 그치지 않았으니, 그대로 생을 마칠 듯이 하였다. 이어서 을사옥사(乙巳獄事)가 일어나 오랫동안 알고 지낸 친구들이 주벌을 당하고 귀양 가는 것이 서로 잇따르자, 선비들이 혹 그 문 앞을 지나기라도 하면 목을 움츠리고 감히 바라보지도 못하였다. 선생은 홀로 우뚝 서서 두려하지 않으며 죽은 이에게는 조문하고 산 이에게는 형편을 살피고 안부를 물어서 인정과 예법에 따라 흠이 없었으니, 이것은 참으로 사람이 하기 어려운 일이었고 그에 연루되어 형벌도 또한 미치지 않았다.【협주: 심희수(沈喜壽)가 찬한 묘지명에 실려 있다.】

공의 학문은 항상 《중용(中庸)·수장(首章)》《대학(大學)·성정수장(誠正修章)》에 공력을 들이면서 자신의 마음을 엄한 스승으로 삼았고, 이천(伊川)의 '천덕(天德)과 왕도(王道)는 근독(謹獨)에 있다'는 가르침을 독실하게 믿으면서 일찍이 거실잠(居室箴)으로 지어 스스로를 경계

하였다.【협주: 한준겸(韓浚謙)이 찬한 비음기에 실려 있다.】

• 洪仁祐

洪仁祐, 字應吉, 號耻齋, 南陽人。莊襄公師錫[1]五世孫。中宗乙亥生。丁酉司馬。明宗甲寅卒。以子唐興君進[2]貴, 贈領議政。享沂川書院[3]。

仁廟在儲, 盧蘇齋[4]爲宮僚[5], 凡遇書筵上疑難處, 輒來相質, 多所資益。後謫海島, 先生抵書, 乃擧伊川[6]'靜坐善學[7]'等語勉之, 仍寄以詩,

1 師錫(사석): 洪師錫(?~1448). 본관은 南陽. 증조부는 고려시대 밀직 洪由道이며, 조부는 판사 洪福海이다. 아버지는 판윤 洪溟이며, 어머니는 盧珪의 딸이다. 1427년 대호군으로서 무과중시에 급제하였다.

2 進(진): 洪進(1541~1616). 본관은 南陽, 자는 希古, 호는 訒齋·退村이다. 1541년 중종 때 유명한 성리학자 洪仁祐의 아들로 태어났다. 1564년 사마시에 합격하고 1570년 식년문과에 급제하였다. 이후 관직에 나가 정자, 검열, 수찬, 응교 등을 지냈고 1589년 직제학으로 문사랑이 되어 정여립의 모반사건을 계기로 일어난 기축옥사를 다스렸다. 이어서 동부승지를 거쳐 좌·우승지를 역임하였다. 1592년 임진왜란이 일어나 왕을 호종할 때 왕이 요동으로 피난하려는 것을 반대하였다. 이듬해 한성부 판윤으로 승진하여 한양에서 전쟁 중에 굶주린 백성들의 진휼에 힘썼다. 1604년 호성공신 2등에 책록되었으며 唐興府院君에 봉해졌다. 1609년 관상감 제조가 되었으나 북인이 정권을 잡자 사퇴하였다.

3 沂川書院(기천서원): 1580년 馬巖에 세웠던 서원. 창건 당시에 慕齋 金安國을 봉향하다가 1611년 여주 유림에 의해 복원되면서 晦齋 李彦迪과 耻齋 洪仁祐를 追享하였다. 1625년에는 '沂川'이라 사액되어 여주를 대표하는 서원으로 발돋움하였다. 그 뒤 1661년 守夢 鄭曄·梧里 李元翼·懶齋 洪命耉를 추가로 배향하였고, 1708년 澤堂 李植을 추가 배향하였다. 그리고 순조 때에는 沂川 洪命夏를 추가함으로써 先賢 제향과 지방교육의 일익을 담당하였다.

4 蘇齋(소재): 盧守愼(1515~1590). 본관은 光州, 자는 寡悔, 호는 穌齋·伊齋·暗室·茹峰老人. 할아버지는 盧琊이다. 아버지는 활인서별제 盧鴻이며, 어머니 星州李氏는 李自華의 딸이다. 부인 廣州李氏는 李延慶의 딸이다. 이연경의 문인이다. 康惟善은 그의 동서이다. 을사사화 때 순천으로 유배되었다가, 양재역벽서사건에 연루되어 진도에서 귀양살이를 했다. 이언적에게 배우고, 이황, 김인후 등과도 학문을 논하였다. 충주의 팔봉서원 등에 제향되었다. 우의정, 좌의정, 영의정 등을 역임한 문신이자 학자이다.

5 宮僚(궁료): 시강원 보덕 이하의 벼슬아치를 통틀어 이르던 말.

6 伊川(이천): 程頤(1033~1107)의 호. 북송의 유학자로, 최초 理氣의 철학을 내세우고 儒教道德에 철학적 기초를 부여하여, 형 程顥와 함께 二程子라고 불린다.

曰: "寂未動時須顧體, 感方通處可求根.[8]"

徐花潭[9]嘗語人, 曰: "近來志學, 可與進步者, 洪某一人而已."[10]

僑居[11]于花山[12], 就學於退溪, 面論書質, 講劘益精。後讀羅整庵[13]《困知記[14]》, 有"以道心爲性, 人心爲情"之說, 力辨其不然。退溪是之, 及公之歿, 爲文祭之, 曰: "燁燁才華, 孶孶學問." 其見重於先正如此。

趙靜庵, 德行事業, 久未有敍述, 先生深懼道脉泯沒, 旁搜廣採, 撰次[15]行狀[16], 使有所考據於他日。其於文章, 不甚經意[17], 而天分高邁,

---

7 靜坐善學(정좌선학): 《二程外書》 권12의 "伊川, 每見人靜坐, 便嘆其善學."에서 나온 말.

8 體(체): 體認大本의 준말. 未發의 中인 대본을 체인한다는 뜻이다. 《心經附註》 권1 〈天命之謂性章〉을 보면, 延平先生 李侗은 40년 동안 세상과 단절하고 靜坐를 좋아하며 말없이 앉아 마음을 맑게 하고 천리를 체인할 것을 주장하였는데, 제자인 朱熹에게 편지를 보내면서, 예전에 자신이 羅從彦에게 배울 때의 일을 술회하며 "선생이 나에게 고요한 가운데에서 '희로애락미발지위중'의 미발을 어떠한 기상으로 지어 보아야 하는가라는 문제를 주셨다.(先生令靜中看喜怒哀樂未發之謂中, 未發作何氣象.)"라고 말하고는, 주희에게도 이 문제를 궁구해 보도록 권하였다. 그리고 주희도 何叔京에게 답한 편지에서, 연평이 사람을 가르칠 적에 "고요한 가운데에서 대본, 즉 미발의 기상을 체인하기를 분명하게 하도록 했다.(令於靜中體認大本未發時氣象分明.)"라고 언급하였다.

9 花潭(화담): 徐敬德(1489~1546)의 호. 본관은 唐城, 자는 可久, 호는 復齋. 증조부는 徐得富이며, 조부는 徐順卿이다. 아버지는 徐好蕃이며, 어머니는 保安韓氏이다. 부인 泰安李氏는 李繼從의 딸이다. 理보다 氣를 중시하는 독자적인 氣一元論을 완성하여 主氣論의 선구자가 되었다.

10 柳馨遠이 1656년에 편찬한 《東國輿地志》 권2 〈京畿·驪州牧〉에 "晩見李滉, 遂師之, 造詣益精。徐敬德嘗語人曰 : '志道可與進步者, 唯洪應吉一人而已.' 仁祐字也。世稱恥齋先生."라는 기록이 있음.

11 僑居(교거): 寓居. 벼슬에서 물러나 우거하거나 임시로 거처하는 곳.

12 花山(화산): 경상북도 안동시 풍천면에 있는 산. 안동 하회마을의 主山이다.

13 羅整庵(나정암): 명나라의 학자이면서 관료인 羅欽順. 처음에는 佛學에 독실했다가 뒤에는 성리학에 전념했다. 저서는 《困知記》《整菴存稿》 등이 있다.

14 困知記(곤지기): 중국 명나라 羅欽順이 편찬한 책. 송나라의 유학을 받아들여 불교를 비판하는 것이 주 내용이며, 당나라 이후 가장 정통한 불교 배척론이라고 일컬어진다.

15 撰次(선차): 시문 따위를 가려 뽑아서 순서를 매김.

16 行狀(행장): 〈정암 조선생 행장〉에 의하면, 洪仁祐(1515~1554)가 먼저 행장을 지어 퇴계에게 보여 주며 퇴계에게도 행장을 지어 달라고 청했다 한다. 홍인우의 행장이 행적 위주의 간략한 글이었다면 퇴계의 행장은 조광조의 성품과 학덕, 신하로서의 면모를 잘 보여 주는 逸話를 구체적으로 들고 있는 것이 특징이라 할 수 있다. 〈정암 조선생 행장〉은 이황의 시문집인 《退溪集》 권48에 수록되어 있다. 조광조의 문집인 《靜庵集》 부록에도

機軸[18]自別。

當己卯士禍之餘, 道學爲世大禁, 而能自振拔, 窮尋洛建[19]之墜緖[20], 與二三同志, 講明不輟, 若將終身。繼以有乙巳之獄, 知舊諸人, 誅竄相踵, 士或過門, 縮頸不敢視。先生獨立不懼, 吊死問生, 情禮無缺, 此實人所難爲, 而累亦不及。【沈喜壽[21]撰墓誌】

公之學, 常用力於《中庸·首章》《大學·誠正修章》, 而以己心爲嚴師, 篤信伊川'天德王道在謹獨'[22]之訓, 嘗作居室箴以自警。【韓浚謙[23]撰碑陰】

보충

한준겸(韓浚謙, 1557~1627)이 찬한 비음기(碑陰記)

묘표음기

기묘사화(己卯士禍) 이후로 도학(道學)이 세상사람들에게 크게 금지

실려 있는데, 제목이 〈行狀〉이라고만 되어 있다. 한편 홍인우가 지은 조광조의 행장도 있는데, 《정암집》에 함께 수록되어 있다.

17 經意(경의): 마음에 둠.

18 機軸(기축): 관건이 되는 중요한 부위를 뜻하는 말. 여기서는 격조 높은 시문을 비유한다.

19 洛建(낙건): 程子와 朱子를 이르는 말. 정자는 洛陽 사람이고 주자는 建陽 사람이기 때문에 붙여진 이름이다.

20 墜緖(추서): 쇠퇴하여 명맥만 남아 있는 것.

21 沈喜壽(심희수, 1548~1622). 본관은 靑松, 자는 伯懼, 호는 一松·水雷累人. 증조부는 掌令 沈順門이며, 조부는 동지돈령부사 沈夆源이다. 아버지는 正字 沈鍵이며, 어머니는 廣州李氏는 李延慶의 딸이다. 부인 光州盧氏는 첨정 盧克愼의 딸이다. 盧守愼의 문인이다. 1570년 진사시에 합격하고, 1572년 별시문과에 급제하였다. 헌납, 대사헌, 예문관제학, 이조판서, 대제학, 우찬성, 좌의정 등을 역임하였다.

22 《論語》〈子罕篇〉의 集註에 伊川의 "천덕이 있다면 곧 왕도를 말할 수 있으니, 그 요점은 오직 근독에 있을 뿐이다.(有天德, 便可語王道, 其要只在謹獨.)"라고 한 말이 있음.

23 韓浚謙(한준겸, 1557~1627): 본관은 淸州, 자는 益之, 호는 柳川. 증조부는 정선군수 韓承元이며, 조부는 中樞府經歷 韓汝弼이다. 아버지는 宗簿寺主簿 韓孝胤이며, 어머니 平山申氏는 禮賓寺正 申健의 딸이다. 부인 昌原黃氏는 예조좌랑 黃城의 딸이다. 1579년 생원진사 양시에 합격하고, 1586년 별시문과에 급제하였다. 딸이 仁烈王后로 책봉되자 領敦寧府事로 西平府院君에 봉해졌다.

되자, 선비들이 모두 훈고(訓詁)나 문장(文章)의 지엽적인 것에만 어지럽게 날뛰며 다시는 유자(儒者)의 할 일이 있음을 알지 못하는 때에 치재(恥齋) 홍 선생(洪先生) 같은 이가 있었으니, 유속(流俗: 공익을 버린 세상)에서 떨쳐 일어나 개연히 도학을 구하려는 뜻을 지니고 마음가짐과 일처리에서 다만 성현(聖賢)을 표준으로 삼았다. 그러나 불행하게도 일찍 세상을 떠나자, 당시 사람들은 진실로 이미 애석해 하였다. 그런데도 선생이 죽은 뒤에 사론(士論: 선비들 사이의 논의)이 세상에서 점차 행해지자, 뒤에 태어난 젊은 사람들로 선생의 풍성을 들은 자는 존모(尊慕)하고 우러러보며 본보기로 삼을 바를 알고자 하지 않는 이가 없었다.

51년 뒤에 사자(嗣子: 대를 이은 아들) 당흥부원군(唐興府院君) 홍진(洪進)이 귀하게 되어 순충 적덕 보조 공신(純忠積德補祚功臣) 대광보국숭록대부 의정부영의정 겸 영경연 관상감사 당양부원군(大匡輔國崇祿大夫議政府領議政兼領經筵觀象監事唐陽府院君)에 추증되었다. 그가 학문에 힘쓰고 덕을 쌓아서 능히 사후의 보답을 누리는 것은 이와 같이 어긋남이 없는 것이다. 오호라, 이는 세상에서 선행을 하는 자 또한 권면할 수 있을 것이다.

선생의 휘는 인우, 자는 응길, 치재는 그의 호이다. 세상에 전하기를 당나라 말에 학사 8인을 보내 국인(國人: 고구려)을 가르치도록 하였는데, 홍(洪)이 그 가운데 한 사람이다. 남양(南陽)을 관향(貫鄕)으로 내리니, 당성(唐城)에 그가 살던 곳으로 이름한 것이다. 고려조에 있어서 휘 홍복(洪復)이 있었고, 휘 홍유도(洪由道)가 있었는데, 대대로 현달한 지체가 있었다. 우리 조선에 들어와서는 휘 홍사석(洪師錫)이 서쪽지방을 정벌하는데 공로가 있어 관직이 지중추부사에 이르렀고 시호는 장양(莊襄)이었으니, 곧 선생의 5대조이다. 조부 휘 홍이평(洪以

平)은 성균사성이었고 이조판서에 증직되었다. 아버지 휘 홍덕연(洪德演)은 문과에 급제하였고 첨지중추부사를 지냈으며 의정부 좌찬성에 증직되었다. 어머니 정경부인 용인이씨(龍仁李氏)는 관찰사 이백지(李伯持)의 후손으로 우후(虞候) 이사량(李思良)의 딸이다. 정덕 을해년(1515)에 선생을 낳았다.

어려서부터 학문을 하는 데에 뜻을 굳게 두었으니, 평소에는 《소학(小學)》의 교훈으로 자신의 몸가짐을 단속하여 온종일 단정히 앉아 있으면서 가솔들에게 나태한 모습을 보인 적이 없었다. 책상에서는 항상 《심경(心經)》·《근사록(近思錄)》 등의 책을 마주하였는데, 곁에 흰콩과 검은콩을 두고 좋거나 나쁜 생각이 싹트는 은미한 곳을 징험하느라 굳게 참고 각고의 노력을 기울이며 조금도 게을리하지 않았다. 당대의 명사들과 두루 교유하여 그에 힘입어 학문과 덕행을 닦았으니, 이를테면 소재 노수신과 초당 허엽 같은 이가 무엇보다도 도의(道義)로서 서로 사귀는 것을 허락하였다.

인종(仁宗)이 춘궁(春宮: 동궁)으로 있을 때 성학(聖學)이 고명하여 소재(蘇齋: 노수신)가 궁료(宮僚)로 있었는데, 번번이 서연(書筵)에서 의문나거나 어려운 곳이 있을 때마다 서로 질정하여 깨친 바가 많았다. 뒷날 소재가 귀양살이 하고 있을 때 선생(先生: 홍인우)이 편지를 보냈는데, 희노애락이 아직 발하기 전에 공력을 기울이도록 권면하면서도 혹 분수(分殊: 유일의 이치가 천만 가지로 나뉘면 갖게 되는 각각의 다른 형태와 성질)에 어긋날까 경계하였으며, 또한 시를 지어 부쳤으니, "고요한 가운데 미발의 때를 체인하도록 보고서 / 감응하여 통하는 곳이 있으면 근본을 찾을지라. 중년에 어찌 알기 어려운 은미한 말 하나라도 즐겨 / 성심이 실로 분수 흩뜨려도 함양하면 보존될지라." 시어가 있었다.

늦게야 퇴계 이황 선생을 만나 스승과 벗이 되어서 강론하고 연마하며 밝히기 어려운 이치가 있으면 반복해 변론하여 조예가 더욱 정밀해졌다. 나정암(羅整庵)의 '인심(人心)은 이발(已發)이요, 도심(道心)은 미발(未發)이다.'라는 설의 옳지 못함을 강력히 논변하자, 퇴계는 그것을 몹시 옳게 여겼다. 화담(花潭) 서경덕(徐敬德)이 일찍이 사람들에게 말하기를, "근래 학문에 뜻을 두고 더불어 진보해 갈 만한 자는 홍 아무개 한 사람뿐이다."라고 하였다. 모재(慕齋) 김안국(金安國) 또한 선생이 학문에 뜻을 둔 데다 훌륭한 행실까지 있어 자주 칭찬하였다. 선배로부터 존중을 받은 것을 알 만하다.

공의 학문은 항상 《중용(中庸)·수장(首章)》《대학(大學)·성정수장(誠正修章)》에 공력을 들이면서 자신의 마음을 엄한 스승으로 삼았고, 이천(伊川)의 '천덕(天德)과 왕도(王道)는 근독(謹獨)에 있다'는 가름침을 독실하게 믿으면서 일찍이 거실잠(居室箴)으로 지어 스스로를 경계하였다.

문장을 지을 때는 그다지 마음을 쓰지 않았으나 동년배들 중에 우뚝히 빼어났으니 관동(關東)을 유람한 후의 기록이 있었는데, 퇴계가 발문을 지어 찬양하였다. 조정암(趙靜庵: 조광조)의 뜻과 덕행을 기술한 것 또한 사류(士類)들이 외워서 전해 온 것들이었다. 어버이 때문에 과거 공부를 폐하지 못하였지만 좋아한 적이 없었다. 가정 정유년(1537)에 사마시를 시험보고는 그만두었다.

당시 사화(史禍)가 연이어 일어나서 위험한 고비가 여러 차례 발생하여 동료들이 형벌을 당하고 귀양을 갔는데, 선생이 죽은 이에게는 조문하고 산 이에게는 안부를 물으면서 예법에 따라 흠이 없었으니, 사람들이 모두 그것을 위태롭게 생각했지만 평소와 같이 대처하였다. 명현(名賢)들의 부음을 들으면 반드시 소식(蔬食)을 여러 날 동안 하였고 세도(世道: 세상을 올바르게 다스리는 도리)를 위해 탄식하였다. 효릉(孝陵: 仁宗)이 승하하자, 성복(成服: 처음으로 상복을 입는 일)할 때까지 미음을 마셨고 그 달이 끝날 때까지 소식(素食)하였으니, 그가 방상(方喪: 부모의 상에 준하여 임금의 상복을 입는 것)에 삼가는 것이 이와 같았다.

효성과 우애의 행실은 하늘에서 타고난 성품이었으니, 부모에게 병이 났을 때 의학 서적을 공부하여 약 쓰는 방법을 알았으며, 동생들을 이끌어 도와주고 학문하는 방도를 알게 하여 능히 화기애애하였다. 계축년(1553) 찬성공(贊成公: 부친 홍덕연)의 상을 당했을 때 오직 예법대로 제사를 지냈으며, 졸곡 때까지 죽만 마셔서 야윈 끝에 병이 들었다. 그 다음해 11월 정미일(10일)에 끝내 일어나지 못하였으니, 나이가 겨우 40세였다. 여주(驪州) 북면 대송리(大松里) 병좌 임향(丙坐壬向)의 언덕에 장사지냈다. 퇴계가 제문을 지었으니, 대략 이러하다.

효우의 실질 마음속에 간직하고
선행을 즐기는 정성에 간절했네.
뛰어난 재주의 아름다움 빛나고
학문의 밝힘에 부지런히 힘썼네.
하늘은 어찌하여 군에게 이와같이 두텁게 부여하고도
이토록 수명만은 인색하여 참혹한 화를 당한단 말인가.

이 제문을 보면 또한 선생이 지녔던 바를 충분히 알 수 있을 것이다.

부인 김씨는 순천(順天)의 대성(大姓)으로 부원군 김승주(金承霔)의 후예로서 군수 김희직(金希稷)의 딸이다. 성품이 곧고 조신한 데다 효성스럽고 유순하여 군자의 좋은 배필이 될 만하였다. 어머니가 병이 들었을 때 똥을 맛보며 병세를 살폈다. 시어머니는 성품이 엄격하여 칭찬을 잘하지 않았으나, 부인의 현숙함만은 번번히 칭찬하여 여러 며느리들의 본보기가 되게 하였다. 선생이 죽었을 때는 자녀들이 모두 어렸지만 올바른 도리로 가르쳐 성인이 되게 하여 끝내 두터운 복록을 누렸으니, 아 또한 현명하였던 것이다. 정덕 기묘년(1519)에 태어나 융경 정묘년(1567)에 죽었으니 향년 49세였다. 선생의 왼쪽에 합장되었고, 정경부인에 추증되었다. (이하 생략)

만력 32년(1604) 8월 일 가선대부 행홍문관부제학
지제교겸경연참찬관 춘추관수찬관 한준겸 짓다

• **墓表陰記**

己卯以後, 道學爲世大禁, 士皆馳騖於訓詁文章之末, 不復知有儒者事, 時則有若恥齋洪先生, 振拔流俗, 慨然有求道之志, 立心行事, 直以聖賢爲標準。不幸早世, 當時之人, 固已惜之。先生旣歿, 士論稍行於世, 則後生小子, 聞先生之風者, 莫不尊尚景仰, 知所矜式。後五十有一年, 以嗣子唐興府院君進貴, 贈純忠積德補祚功臣, 大匡輔國崇祿大夫議政府領議政兼領經筵觀象監事唐陽府院君。其種學積德, 能享身後之報, 若是其不忒。嗚呼! 世之爲善者, 亦可以有勸矣。先生諱仁祐, 字應吉, 恥齋其號。世傳唐季, 遣八學士, 教國人, 洪其一也。賜貫南陽, 以唐城名其居。在麗朝, 有諱復, 諱由道, 世有顯位。入本朝, 有諱師錫, 征西有功, 官至知樞, 謚莊襄, 卽先生五代祖也。祖諱以平, 成均司成, 贈吏曹判書。考諱德演, 文科, 僉樞, 贈議政府左贊成。妣貞敬夫人龍仁李氏, 觀察使伯持之後, 虞候思良之女。以正德乙亥生先生。自少勵志爲學, 平居, 以《小學》自律, 終日危坐, 家屬未見有惰容。几案間, 常對《心經》·《近思錄》等書, 傍置白黑豆[24], 以驗念慮之微, 堅忍刻

24 置白黑豆(치백흑두); 白豆는 흰콩으로 선한 생각, 黑豆는 검은콩으로 나쁜 생각을 뜻함.

苦不少懈。遍交當世聞人, 以資切磋, 如盧穌齋守愼·許草堂曄, 最以道義相許。仁廟在春宮, 聖學高明, 穌齋爲宮僚, 每於書筵, 有疑難, 輒來問質,多所發明。後在謫中, 先生致書, 勉以用功於喜怒哀樂未發前, 戒其或差於分殊, 仍寄以詩有'寂未動時須顧體, 感方通處可求根。中何湛一微難見, 誠固散殊養則存'之語。晚得退溪李先生滉, 爲師友, 講劘論難, 造詣益精。力辨羅整庵'人心已發道心未發'之非, 退溪深然之。徐花潭敬德, 嘗語人, 曰:"年來志學, 可與進步者, 唯洪某一人而已." 金慕齋安國, 亦亟稱其志學有操行。其見重於先輩, 可知也。先生之學, 常用力於《中庸·首章》《大學·誠正修章》, 而以已心爲嚴師, 篤信伊川'天德王道在謹獨'之訓, 嘗作居室箴以自警。爲文章, 略不經意, 而拔出等夷, 遊關東有錄, 退溪跋而贊之。趙靜庵志行之述, 亦爲士類所傳誦。以親故不廢擧業, 而未嘗屑屑焉。嘉靖丁酉, 試司馬而止。時士禍相仍, 危機屢發, 儕輩之刑竄相繼, 先生吊死問生, 禮無所缺, 人皆危之, 而處之如常。聞名賢之卒, 必素食累日, 爲世道歎。孝陵賓天, 飮漿迄于成服, 疏食以終其月, 其謹於方喪者如此。孝友之行, 出於天性, 父母有疾, 爲學醫書, 知用藥之方, 誘掖羣弟, 使識爲學之道, 而能怡怡如也。癸丑, 丁贊成公憂喪, 祭一以禮, 比卒哭啜粥, 因毁成疾。越明年十一月丁未, 竟不起, 春秋僅四十。卜葬于驪州北面大松里丙坐壬向之原。退溪祭以文, 略曰:"眷眷孝友之實, 懇懇樂善之誠。燁燁才華之美, 孶孶學問之明。天之何爲旣賦君以如是之厚, 而乃獨壽之嗇而禍之酷耶." 觀於此, 亦足以知先生之所存矣。夫人金氏, 順天大姓, 府院君承霔之後, 郡守希稷之女。貞恪孝順, 克配君子。母有病嘗糞驗差劇。姑性嚴少許可, 而每稱其賢, 俾爲諸婦式。先生之歿, 子女皆幼, 敎以

《朱子語類》에 宋나라 趙槩가 선악의 마음을 징험하고자 하여 좋은 생각이 한 번 일어나면 흰콩 하나를 그릇에 넣고, 나쁜 생각이 한 번 일어나면 검은콩 하나를 그릇에 넣었는데, 처음에는 검은콩이 많고 흰콩이 적었으나 오랜 시간이 지나자 흰콩이 많아지고 검은콩이 적어지다가 끝내는 검은콩이 없어지게 되었다는 이야기가 실려 있다. 이것이 바로 마음을 다스리는 좋은 방법이다.

義方, 以至成立, 終能受其厚祉, 吁亦賢矣。生正德己卯, 卒隆慶丁卯, 壽四十九。合葬于先生之左, 從贈貞敬夫人。…(이하 생략)…

萬曆三十二年八月日
嘉善大夫行弘文館副提學知製敎兼經筵參贊官·春秋館修撰官
韓浚謙撰

〔恥齋先生遺稿, 附錄〕

28. 류중영

류중영의 자는 언우, 본관은 풍산이다. 중종 을해년(1515)에 태어났다. 경자년(1540) 문과에 급제하였다. 양사(兩司)·승지를 거쳐 관찰사에 이르렀다. 선조 임신년(1572: 계유년의 오기, 1573)에 죽었다. 영의정에 증직되었다.

공(公)은 호남에서 군적(軍籍)을 살피다가 부정을 귀신같이 적발하여 원액(元額: 원래 정해진 인원수)이 이미 채워지자 머슴이나 걸인을 죄다 없애서 모두 충실한 장부(帳簿)라고 칭찬하였는데 여러 지역 중에 최고였다.

공이 의주목사가 되어 기율(紀律)을 일신하니, 성안이 편안해졌다. 어떤 요동(遼東) 사람이 민가에 숨어 있다가 마침 공이 이르자 밖으로 나올 수가 없었는데, 공이 수색하여 잡아들이도록 명하고는 형틀에 묶어 강 연안의 진보(鎭堡)로 보내자, 진보의 관원이 부끄러워하며 사죄하였다. 공이 이어서 강을 따라 복병을 배치해 오르내리며 서로 망을 보도록 하고, 순군(巡軍)을 두어 오가게 하니, 접경이 안정되었다. 여러 유생들을 뽑아 그들에게 빈집을 주고 달마다 그달 공부한 것을 물었는데, 그 후에 학당 앞에 비(碑)를 세워서 사모하는 마음을 부쳤다.

병진년(1556) 요동에 기근이 들어 도사(都司)가 백호(百戶) 2인을 통해 자문(咨文: 외교문서)를 보내어 양식을 구하고 바로 도성에 가기를 요구하였는데, 공이 완강히 거절하자 백호들이 몹시 성을 내었지만, 공의 말이 완곡하고 뜻이 정성스러워 그들로부터 환심을 사서 마침내 아무런 일이 없었다.

관문(關門)에서 기찰(譏察)이 이미 엄하였는데, 간사하고 교활한 무리들이 팔 수가 없자 중상모략하는 말을 퍼뜨려서 온갖 비방을 불러와 기필코 공을 연루되게 하려고 하였다. 중국으로 갔던 사신이 의주(義州)에 되돌아오자, 역관들이 물품 장부를 바치며 말하기를, "목사의 사적인 물품들이옵니다."라고 하였다. 어떤 이가 공에게 스스로 해명하도록 권하였으나 공은 듣지 않았다. 관문에 이르자, 임금의 인척들이 밀수한 물품을 검사하고 모두 가져다 관가에 몰수하니, 일행은 기세에 눌려 숙연해졌다.

서원(西原: 청주)의 조세를 아산(牙山)으로 옮겨 바다에서 배로 실어 나르다가 여러 번 실패하였는데 번번이 다시 징발하였다. 공이 목사가 되어 가흥(可興)에서 강으로 옮기는 것이 편리함을 들어 방백에게 운반방법을 바꾸도록 요청하자, 백성들이 편안하게 여겼다.

뜻하지 않게 서로 저버리는 일이 있더라도 말과 얼굴에 조금도 달라진 기색이 없었으며, 집안의 친족이 전지와 가옥을 훔쳤는데도 돌아보지 않고 그 사실을 숨겼으며, 고향 사람이 땅을 도둑질하면 다시 그 반을 떼어 보태 주었다.【협주: 노수신이 찬한 비문에 실려 있다.】

이량(李樑)이 처음 뜻을 얻자 사류(士類) 중에 천박한 자들이 그와 손잡고 윤원형(尹元衡)을 배척하고자 하니, 공이 말하기를, "이 사람이 뜻을 얻으면 반드시 국가의 근심이 될 것이다."라고 하였는데, 그 훗날에 과연 공의 말과 같았다.

공이 병조참지(兵曹參知)가 되었을 때 이서(吏胥)들이 두려워하고 복종하였으며, 이미 떠나갔던 자들도 모두 뒤늦게 되돌아와 군역에 이바지하였다. 이보다 앞서, 군사들이 가진 병기(兵器)들을 일일이 점검하면서 반드시 하자를 찾아내어 관명(官名)에 비추어 속전(贖錢)을 징수하였지만, 군사들은 다만 속포(贖布)만을 갖추고 군대의 장비는 가져오지 않았다. 공이 그 폐단을 고쳤는데, 가져오는 자는 죄를 면하고 가져오지 않은 자는 죄를 주니 군사들의 마음이 편안해졌다.

옛 제도에는 대마도의 왜인들이 들어올 때 진장(鎭將)이 그들의 배를 자로 재어서 크기의 차등에 따라 양식을 받았다. 그러나 무진년 사이에 대마도주(對馬島主)가 자로 배를 재지 말아주기를 청하자, 조정에서 이를 허락하였다. 이로부터 모두 작은 배를 타고 왔으면서도 큰 배의 양식을 함부로 받아가니, 본도(本道: 경상도)는 지급할 수가 없자 조정에서 이를 근심하여 장차 옛 규정을 복구하려 하였다. 공이 아뢰기를, "이미 그들의 청을 허락하였다가 아무 까닭없이 고쳐 바꾸는 것은 잘못이 우리에게 있게 될 것이옵니다. 청컨대 먼저 타일러 가르치기를, '배를 재는 것이 본디 옛 규정이었지만 지난날 너희들의 청에 따른 것은 도주(島主)가 스스로 능히 크기를 분별하되 못된 꾀로 속임이 없으리라 생각했기 때문인데, 지금에 와서는 함부로 규정을 어김이 날로 심하니 그냥 놔둘 수가 없다. 이제부터라도 모두 지난날 약속대로 하면 좋거니와 그렇지 않으면 부득불 옛 규정대로 배를 재겠다.'라고 하면 우리의 말은 바른 것이 되고 잘못은 저들에게 있사옵니다."라고 하니, 주상이 이를 따랐다.

의주에 있을 때 군무(軍務)를 구분하고 획정하여 도적을 막아냈다. 훗날 어떤 수령이 심사가 뒤틀려 어기고 자기 생각대로만 하다가 구획을 죄다 파하니, 간사하게 도적질하는 것이 다시 일어나 지경이 소란스러워지자, 고을 백성들이 다투어 의논하여 복구하고서야 마침내 아무런 일이 없었다.

공이 황해감사였을 때, 감영의 어떤 아전이 상경하다가 대궐 아래에 이르러서 뱃심 좋게 거짓으로 그럴듯하게 꾸며대는 말을 하였다. 자제들이 그를 문책하자고 청하자, 공이 웃으며 말하기를, "내가 정사를 했지만, 소인 가운데 어찌 한두 명이 불편한 자가 없었겠느냐?"라고 하고는 끝내 문책한 바가 없었다.【협주: 아들 류성룡이 찬한 행장에 실려 있다.】

• **柳仲郢**

柳仲郢[1], 字彦遇, 豐山人。中宗乙亥生。庚子文科。歷兩司·承旨, 至監司。宣祖壬申[2]卒。贈領議政。

公按軍籍於湖南, 發擿如神, 元額[3]旣充, 傭丐[4]盡落, 咸稱實簿, 爲諸路最。

公牧義州, 紀律一新, 城裏帖息。有遼人潛匿民家, 會公至, 不得出, 命搜獲之, 械送江沿堡, 堡官媿謝。公仍循江設伏, 上下相望, 置巡軍往來, 境上安之[5]。揀諸生, 廪之空舍, 月叩其學, 其後建碑學前以寓思。

丙辰, 遼東饑, 都司遣百戶[6]二人, 移咨[7]索糧, 要直抵都城。公牢拒,

---

1 柳仲郢(류중영, 1515~1573): 호는 立巖. 증조부는 柳沼이며, 조부는 柳子溫이다. 아버지는 간성군수 柳公綽이며, 어머니 延安李氏는 李亨禮의 딸이다. 부인 安東金氏는 金光粹의 딸이다. 아들은 柳雲龍과 柳成龍이다. 1540년 식년문과에 급제하였고, 지성균교수가 되었다. 이어 황주와 상주, 양주, 안동의 訓導를 역임하면서 지방 교육에 힘을 쏟았다. 1546년 양현고직장을 겸하였으며, 이듬해 박사가 되었으나 파직되었다. 1549년 성균관전적·사헌부감찰·공조좌랑을 거쳐, 1553년 사헌부장령·사복시정·사간원사간·장악원정이 되었다. 1554년 의주목사로 나가 국경 지방의 밀수 행위를 막는 데 힘썼다. 1564년 황해도관찰사로 나아가 민폐를 제거하고 교육을 진흥하였다. 1572년 승지를 거쳐 예조참의와 경연관 등을 역임하였다.

2 壬申(임신): 癸酉의 오기.

3 元額(원액): 원래 정해져 있는 정수.

4 傭丐(용개): 머슴이나 걸인.

5 이때의 변경 사정이《林下筆記》권20〈文獻指掌編·義州置巡軍〉에 기술되어 있는바, "명종 10년의 일이다. 의주는 중국과 경계를 잇대고 있어 서쪽 관문의 중요한 鎭營인데, 그동안 누차 匪人을 겪어 關防이 해이해졌다. 두 지역의 간사한 백성이 物貨를 교통하면서 서로 典當을 잡히고 외상으로 매매하였다. 이때 중국 사람들이 밤을 틈타 촌락을 겁탈하여 그 돈을 갚으려고 해마다 사람과 가축을 죽임에 따라 변방의 백성들이 매우 두려워하여 감히 나와 농사를 짓지 못하였다."라고 기록하였다.

百戶恚甚，公辭婉意誠，得其歡心，遂以無事。

關譏已嚴，奸巧莫售，蜚言[8]鈎謗，必欲染公。使臣回到州，譯官呈貨簿曰："牧使私物也." 或勉公自明，公不聽。及門，驗悉取貴戚[9]潛貨沒官，一行震肅[10]。

西原[11]租稅輓于牙山[12]，漕海屢敗，輒再徵。及公爲牧，擧可興[13]江便利，請方伯移輸，民便之。

遇有相負，無幾微見言面[14]，門族攘其田捨，不顧而隱之，鄕人竊其疆，更割半以益之。【盧守愼撰碑】

李樑[15]初得志，士類之淺膚者，欲仗之以擯尹元衡[16]，公曰："此人得

---

6 百戶(백호): 부하 병졸 100명을 거느리는 군사 지휘관의 명칭.

7 移咨(이자): 咨文을 보냄. 자문은 중과 왕래하던 외교문서의 하나. 국왕의 명의로 연경과 심양의 육부와 동등한 관계에서 보냈던 문서이다.

8 蜚言(비언): 주로 중상모략하는 말이나 이간질하는 말.

9 貴戚(귀척): 임금의 인척.

10 震肅(진숙): 맹렬한 기세에 눌려 숙연해진 태도.

11 西原(서원): 청주의 별칭.

12 牙山(아산): 충청남도 북부에 있는 고을.

13 可興(가흥): 충청북도 충주시 가금면 가흥리. 가흥창이 있던 곳이다.

14 無幾微見言面(무기미견언면): 韓愈의 〈送殷員外序〉에 "지금 세상 사람들은 수백 리만 가려도 문을 나서면 망연자실하여 이별의 가련한 기색이 있고, 이불을 가지고 삼성에 숙직만 들어가려도 여종을 돌아보고 시시콜콜 여러 가지 당부를 하여 마지않는다. 그런데 지금 자네는 만리 밖의 타국으로 사신을 나가면서도 유독 말과 얼굴에 조금의 달라진 기색도 드러낸 것이 없으니, 어찌 참으로 경중을 아는 대장부가 아니겠는가.(今人適數百里, 出門惘惘, 有離別可憐之色, 持被入直三省, 丁寧顧婢子, 語剌剌不能休. 今子使萬里外國, 獨無幾微出於言面, 豈不眞知輕重大丈夫哉?"라고 한 데서 인용한 표현.

15 李樑(이량, 1519~1582): 본관은 全州, 자는 公擧. 孝寧大君의 5대손이다. 증조부는 栗原君 李徖이며, 조부는 呂陽君 李子謙이다. 아버지는 현령 全城君 李葑이며, 어머니 東萊鄭氏는 鄭宗輔의 딸이다. 부인 咸安尹氏는 尹之淸의 딸이다. 명종비 仁順王后沈氏의 외숙이다. 鄭士龍의 문인이다. 1546년 진사시에 합격하고, 1552년 식년문과에 급제하였다. 윤원형, 심통원과 함께 명종 때에 외척으로서 권세를 누렸던 척신으로 그들과 함께 '三凶'으로 불리며 사림 세력에게 비판을 받았다.

16 尹元衡(윤원형, ?~1565): 본관은 坡平, 자는 彦平. 증조부는 성종 때 대사헌·형조·공조판서 등을 역임하고 좌리3등공신에 책봉된 尹繼謙이며, 조부는 尹頊이다. 아버지는 판돈녕부사 尹之任이며, 어머니는 全義李氏이다. 부인 延安金氏는 현감 金安遂의 딸이며, 金安老의 당질녀이다. 첩은 鄭蘭貞이다. 중종의 계비이자 명종의 어머니인 文定王后는 윤원형의

志，必爲國家憂.” 其後果如公言。

公爲兵曹參知，下吏[17]畏服，已去者，皆追還立役。先是，點閱軍士所持兵器，必索瑕痕，按名徵贖，軍士只備贖布[18]，不持軍裝。公革其弊，持者免罰，否者罪之，軍情便之。

舊制[19]，對馬倭人來，鎭將尺量其船，以大小差等受糧。戊辰間，島主請勿尺量，朝廷許之。自是，皆乘小船而冒受[20]大船之糧，本道不能給，朝廷患之，將復舊規。公啓曰：“旣許其請，而無故改易，則曲在我矣。請先諭曰：‘量船固舊規，前日從所請者，以島主自能分大小，俾無欺詐，今乃冒濫日甚，不可置之。自今悉如前約，則善矣，不然，不得不依舊量船.’云，則我辭直而曲在彼.” 上從之。

在義州，區劃軍務，以捍寇盜。後有一守，狠愎自用，盡罷之，奸偸復作，境上騷然，州民爭論乃復，遂以無事。

公爲黃海監司時，有營屬上京，到闕下，揚言[21]搆誣。子弟請詰問，公笑曰：“我爲政，小人豈無一二不便者乎?” 卒無所問。【子成龍撰行狀】

손위 누이다. 명종의 삼촌으로 강력한 권력을 휘둘렀던 대표적인 외척이었다. 을사사화를 통해 권력을 장악했지만, 문정왕후 사후 급격한 몰락을 겪었다.

17 下吏(하리): 관아에 속하여 말단 행정 실무에 종사하던 구실아치.

18 贖布(속포): 죄인의 죄를 면제해 주거나 贖身해 주는 수속 때 받던 布. 조선시대 京邸吏나 營邸吏가 백성의 공납 의무를 이행치 않거나 苦役에 못 이겨 도망할 때 이들을 대신하여 布를 상납하던 것을 말한다.

19 舊制(구제): 1438년 대마도주의 세견선에 대해 25척씩 나누어 삼포에 도착하게 하는 均泊法과, 윤차적으로 머무르게 하는 三浦輪泊法을 실시한 것을 일컬음. 이때 입국 왜인의 수를 제한해 그 크기에 따라 대선 40인, 중선 30인, 소선은 20인으로 규정했으며 증명서 없이 왕래하는 것을 엄금하였다.

20 冒受(모수): 법규정을 어기고 함부로 받는 것.

21 揚言(양언): 뱃심 좋게 하는 말.

29. 류경심

> 류경심의 자는 태호, 본관은 풍산이다. 중종 병자년(1516)에 태어났다. 갑진년(1544) 문과에 급제하였다. 한림·삼사·북병사·감사를 거쳐 대사헌에 이르렀다. 선조 신미년(1571)에 죽었다.

을사년(1545) 주서(主書)에 제수되었는데, 이때 조정에는 일이 많아 문서의 초안이 가득하게 쌓였으나, 공은 응대하기를 통달하고 민첩한 데다 글 솜씨가 물 흐르듯 하여 곁에 적체된 일이 없었다. 당시 조박(趙璞)·안명세(安名世)와 공이 번갈아 사관(史官)이 되었는데, 사람들이 '을사삼주서(乙巳三注書)'로 일컬었다. 권 충정공(權忠定公: 權橃)이 공을 보고 감탄하여 말하기를, "류 아무개는 아들이 있도다."라고 하였다.

공의 아버지 정랑공(正郎公: 柳公權)이 황경(皇京)에서 죽었다. 그때 이기(李芑)는 상사(上使)였기 때문에 부의(賻儀)를 보낸 은혜가 있을 수 있었던 것은 자신의 덕이었으니, 공이 자기에게 빌붙을 것으로 생각하여 여러 번 음흉스럽고 은밀하게 통지하였다. 공은 사례를 하지 않았는 데다 그를 혹여 서로 마주치더라도 또한 피하고 보지 않았으니, 이기는 유감이 컸다. 또 한지원(韓智源)이란 자가 있어 이기 등의 사냥개 노릇을 하니 사람들이 모두 미워하여 흘겨보았다. 공이 일찍이 면전에서 배척하였으니, 한지원 또한 원망하였다. 두 사람이 유감을 품고서 죄를 얽고는 정미년(1547)에 대간(臺諫)에게 공을 탄핵하여 파면시키도록 부탁하였는데, 바로 공이 수찬(修撰)에 제수되었을 때이다. 이때 간신들이 국정을 전횡하여 선비들 가운데 자신들의 마음에 들지 않는 자를 처음에는 하찮은 죄로 엮고서 법에 따라 처결할 때면 점차 무거워져 반드시 유배를 보내거나 주륙하고서야 그쳤다. 공은 그날로 남쪽으로 내려갔는데, 가옥을 죄다 팔았으니 다시 돌아올 뜻이 없었다.

신해년(1551) 비로소 회인현감(懷仁縣監)에 서용(敍用)되었는데, 고을은 피폐함이 그지없이 심하여 읍내에는 며칠 먹을 식량조차 비축되어 있지 않았다. 공은 다스림에 요령이 있어서 수년 사이에 읍이 드디어 완전해졌다.

무오년(1558) 교서관교리가 되어 순변사 김수문(金秀文)을 따라 경상도에 가서 변경의 방비를 검열하였다. 어느날 김수문이 비밀리에 보고하기를, "요사이 대마도 사자(使者)가 와서 말하기를, '저희 섬에 나라를 위해 외침을 막으려는 준비를 하고 있으나, 조선은 전혀 살피지 않는다.'라고 하니, 지금 사람을 살피도록 보내어 사실인지 허위인지 조사하겠습니다."라고 하였다. 공은 불가하다며 말하기를, "오랑캐의 말은 믿기가 어려운데다, 설령 그러한 일이 있다고 한들 제 자신을 구원하기에도 겨를이 없을 것인데 어찌 능히 우리를 막을 수 있겠습니까? 또한 조정에서 이 오랑캐를 상벌(賞罰)의 명으로 제어할 수 있겠습니까? 그들에게 벌을 주면 복종하지 않을 것이고 그들에게 상을 주려면 계속하기가 어려울 것이니, 약점만 내보여 비웃음만 자초하는 것일 터 장차 어디에 쓰겠습니까? 반드시 보내서는 안 될 것입니다."라고 하자, 김수문이 공의 식견에 감복하고 마침내 계청(啓請)하여 중지시켰다.

종성부사(鍾城府使)로 승진하였는데, 때마침 장차 정주(定州)에 성을 쌓아야 했으니, 조정에서는 공이 아니고서는 일에 집중할 수 없을 것으로 여기고 정주목사로 고쳐 제수하였다. 윤원형이 바야흐로 정주의 접경에 방조제를 쌓아 전장(田莊: 개인 소유의 논밭)을 개간하고자 공을 보고서 사사로이 부탁하였지만, 공이 말하기를, "나랏일이 한창 바빠서 힘이 미치지 못합니다."라고 하였다. 서로 아끼는 사람이 공에게 가서 사과하도록 권하였으나, 공은 웃기만 하고 응하지 않았다. 며칠 지난 뒤에 대간이 공의 갑작스런 승진을 논핵하여 마침내 다시 종성부사로 부임하였다.

공이 광주목사(光州牧使)에서 교체되어 돌아왔는데, 어떤 사람이 잘못 전하여 공이 나주목사(羅州牧使)가 되었다고 하자, 나주의 아전 중에 집을 법제에 벗어나도록 지은 자가 그 소문을 듣고 몹시 두려워하여 곧 헐어버렸다.

공이 의주부윤(義州府尹)이었을 때, 의주에는 옛날부터 옹성(甕城)이 없었지만 공은 자신의 봉록 덜어 내어서 성을 쌓는데 보태어 두어 달 만에 일을 끝냈다.

명종(明宗)이 승하하였는데, 때마침 중국 사신이 황제의 등극조서(登極詔書)를 반포하기 위하여 장차 조선으로 들어오려 하였다. 많은 사람들이 조서를 맞이할 때의 복색(服色)을 논의하였는데, 모두 말하기를, "우리나라는 지금 대상(大喪: 國喪)을 치르는 중이니 길복을 입어서는 아니 된다."라고 하였다. 공만은 홀로 말하기를, "등극조서를 반포하는 것은 천하의 큰 경사인데, 하국(下國: 조선)의 대상이라고 해도 이보다 더할 수 있겠습니까?"라고 하였다. 많은 사람들이 그래도 무턱대고 믿을 수 없다고 하여 《두씨통전(杜氏通典)》을 살펴보니 공의 말과 대략 같자, 의논이 마침내 정하여졌다.【재종자 류성룡이 찬한 행장에 실려 있다.】

• **柳景深**

柳景深[1]，字太浩，豊山人。中宗丙子生。甲辰文科。歷翰林·三司·

| 北兵使·監司，至大司憲。宣祖辛未卒。

乙巳拜注書，時朝廷多事，文案塡委，公應對通敏，筆翰如流，傍無滯事。時趙公璞[2]·安公名世[3]與公，迭爲史官，人稱乙巳三注書。權忠定公見公，歎曰：“柳某有子矣.”

公父正郎公卒於皇京也。李芑爲上使，有賻襚[4]之恩，嘗自德焉，意公附己，屢通慇懃[5]。公不爲謝，其或相値，亦避不見，芑大憾焉。有韓智源[6]者，爲芑等鷹犬[7]，人皆側目[8]。公嘗面斥之，智源亦怨之。兩憾交搆，

---

1 柳景深(류경심, 1516~1571): 본관은 豐山, 자는 太浩, 호는 龜村. 고조부는 河回에 정착한 柳洪이고, 증조부는 柳沼이며, 조부는 진사 柳子溫이다. 아버지는 정랑 柳公權이며, 어머니 英陽南氏는 진사 南八俊의 딸이다. 부인 星州裵氏는 裵寬의 딸이다. 柳成龍이 그의 족질이다. 1537년 사마시에 합격하고, 1544년 별시문과에 급제하였다. 예문관검열과 홍문관정자를 지냈다. 1546년 승정원주서로 문과중시에 장원하였고, 1547년 예조좌랑과 홍문관수찬이 되었다. 그해 丁未士禍(문정왕후와 李芑를 비방한 壁書가 경기도 광주의 양재역에서 발견되어, 부제학 鄭彦慤의 고발로 宋麟壽·李若氷 등 20여 명이 처형당한 사건)에 연루되어 파직되었다. 1551년 다시 기용되어 회인현감 등을 거쳐 1558년 정주목사가 되었으나, 백성을 부역시켜 堰田(제방을 쌓아 만든 밭)을 개간하려는 尹元衡에 반대하다가 종성부사로 전출되었다. 1560년 광주목사가 되었고, 1568년 호조참판으로 성절사가 되어 명나라에 다녀왔으며, 예조참판과 사헌부대사헌을 거쳐 1571년 병조참판·평안도관찰사가 되었다. 평안도관찰사로 재직하다가 병으로 상경 도중 장단에서 세상을 떠났다.

2 趙公璞(조공박): 趙璞(?~1548). 본관은 漢陽, 자는 君售, 호는 遯庵. 조부는 현감 趙英傑이며, 아버지는 현감 趙壽岡이다. 조수강의 첫째부인 高靈申氏는 韓山 李沆의 외손녀로 참의 申溥의 딸이며, 둘째부인 全州李氏는 판서 河東 鄭崇祖의 외손녀로 李達의 딸이다. 부인 陽川許氏는 許璹의 딸이다. 1544년 별시문과에 급제하였다. 한림을 지내고 문과중시에 장원하였다. 사관을 거쳐 공신으로 책봉되었다. 1547년 공신을 박탈당하고 함경북도 경원으로 유배되었다.

3 安公名世(안공명세): 安名世(1518~1548). 본관은 順興, 자는 景應·慶應. 아버지는 부호군 安熼이다. 朴英의 문인이다. 1544년 별시문과에 급제하였다. 1545년 李芑·鄭順朋 등이 을사사화를 일으켜 많은 賢臣들을 숙청하자, 자세한 전말을 춘추필법에 따라 直筆한 時政記를 작성하였다. 史官으로서의 노고를 인정받아 加資되기도 하였고, 이듬해에는 승정원주서에 올랐다. 그러나 1548년 이기 등이 자신들의 행위를 정당화시키기 위하여 이른바《武定寶鑑》을 찬집할 때, 을사년 당시 함께 사관으로 있었던 韓智源이 시정기의 내용을 이기·정순붕에게 밀고함으로써 체포되어 국문을 당하였다.

4 賻襚(부수): 상갓집에 금품과 옷가지를 보냄.

5 慇懃(은근): 음흉스럽고 은밀함.

6 韓智源(한지원, 1514~1560): 본관은 淸州, 자는 士達, 호는 靑蓮. 증조부는 韓繼禧이며,

丁未, 囑臺諫劾公罷之, 卽公拜修撰時也。時奸臣專國, 士之不愜於心者, 始以微罪中之, 致法漸深, 必流竄誅戮乃已。公卽日南下, 盡賣家室, 無還意。

辛亥, 始叙爲懷仁縣監, 縣殘弊已甚, 邑中無數日之蓄。公治之有方, 數年之間, 邑遂以完。

戊午, 爲校書校理, 從巡邊使金秀文[9]往慶尙道閱邊備。一日, 秀文密告曰: "近日對馬使者, 來言: '敝島[10]爲國家設備禦侮[11], 而朝廷莫之察.' 云。今欲遣人視之, 以驗虛實." 公不可, 曰: "夷言難信, 假使有之, 亦自救不暇, 安能捍我? 且朝廷能制此虜賞罰之命乎? 罰之則不服, 賞之則難繼, 示弱取笑, 將焉用之? 必無遣也." 秀文服其見, 遂啓寢。

陞鍾城府使, 時定州將築城, 朝廷以爲非公無以集事, 改授定州。尹元衡方築堰營田于州境, 見公私囑, 公曰: "國事方殷, 力不及也." 有相愛者, 勸令往謝, 公笑不應。數日, 臺諫論驟陞[12], 遂更赴鍾城。

公自光州遞還也, 或有誤傳, 公爲羅州牧使, 羅州吏有第舍踰制者, 聞之懼甚, 卽毁之。

公爲義州, 州舊無甕城, 公捐廩[13]築之, 數月而事完。

조부는 韓士信이다. 아버지는 도정 韓碩이며, 어머니 坡平尹氏는 尹之峻의 딸이다. 1544년 별시문과에 급제하였다. 1548년 이조좌랑이 되고, 춘추관기주관을 겸임하여《중종실록》편찬에 참여하였으며, 그 뒤 지평·교리·헌납 등을 지냈다. 尹元衡 등 권신에 아부하여 탐학을 일삼았다는 탄핵을 받고 삭직되었다가 1555년 복관되었다.

7 鷹犬(응견): 사냥하는 매와 개. 남의 앞잡이라는 뜻이다.

8 側目(측목): 미워하여 흘겨보는 것.

9 金秀文(김수문, 1506~1568): 본관은 高靈, 자는 成章, 호는 陽村. 증조부는 金子肅이며, 조부는 강령현감 金莊生이다. 아버지는 진주판관 金銖이다. 숙부 진사 金鉦에게 입양되었다. 부인 昌寧成氏 成震의 딸이다. 1534년 무과에 급제하였다. 1535년 永建萬戶, 1546년 동래현령, 1548년 김해부사에 올랐고, 1551년 경흥부사가 되었다. 1555년 을묘왜변이 일어나 남해안에 침입한 왜적이 대패하고 쫓겨가다가 제주를 기습하자, 제주목사로서 정예병을 이끌고 승리하였다. 1558년 지중추부사, 1563년 한성판윤, 1565년 평안도병마절도사가 되었다.

10 敝島(폐도): 弊島의 오기.

11 禦侮(어모): 외부로부터 당하는 모욕을 막아냄.

12 驟陞(취승): 벼슬이나 직급이 급작스럽게 뛰어 오름.

明宗昇遐, 時華使頒皇帝登極詔, 將入國。衆議迎詔時服色, 皆曰: "我國方有大喪, 不可着吉." 公獨曰: "頒詔天下大慶, 其可以下國之喪加之乎?" 衆猶不遽信, 考《杜氏通典》, 與公言略同, 議遂定。【再從子成龍撰行狀[14]】

보충

류중영(柳仲郢, 1515~1573)이 찬한 행장

고 가선대부 사헌부대사헌 류공 행장

공의 휘는 경심, 자는 태호이다. 세거지는 안동부의 풍산현(豐山縣)이다. 7대조 휘 류백(柳栢: 柳伯의 오기)은 고려 말기에 벼슬하였다. 그 아들 류난옥(柳欄玉)은 도염서령(都染署令)이 되었다. 그 아들 휘 류보(柳葆)는 예빈경(禮賓卿)이 되었고 판도판서(版圖判書)에 추봉(追封)되었다. 그 아들 류종혜(柳從惠)는 우리 조선에 들어와서 공조전서(工曹典書)가 되었다. 전서의 아들 휘 류홍(柳洪)은 가문의 음서로 좌군사정(左軍司正)이 되었는데, 이가 공의 고조부이다. 증조부 휘 류소(柳沼)는 부호군이 되었고 통훈대부 사복시정에 증직되었다. 조부 휘 류자온(柳子溫)은 성균관진사로서 학문과 덕행으로 세상에서 존중을 받았으며, 통정대부 형조참의에 증직되었다. 아버지 휘 류공권(柳公權)은 문과에 급제하여 벼슬이 공조좌랑에 이르렀는데, 훗날 공이 귀하게 되

13 捐廩(연름): 사회 공중의 이익을 위하여 벼슬아치들이 봉록의 한 부분을 덜어 내어서 보태던 일.

14 再從子成龍撰行狀(재종자성룡찬행장): 柳景深의 문집《龜村先生文集》권1 〈行狀〉에 柳仲郢의 〈故嘉善大夫司憲府大司憲柳公行狀〉이 수록되어 있어, 착종된 것으로 보임. 류성룡의《서애집》이 초간본에서 1894년으로 추정되는 시기에 중간본을 간행할 때 유일하게 류경심의 행장이 빠지고 묘갈명이 들어간 것을 보면, 상당한 시간이 지난 뒤에야 바로잡힌 것으로 보인다.

어 예조참판 지경연춘추관성균관사에 추증되었다. 어머니 영양남씨(英陽南氏)는 이조참판 남민생(南民生)의 증손녀이고 진사 남팔준(南八俊)의 딸이다. 정덕 병자년(1516)에 공을 낳았다.

공은 어릴 때부터 이미 재능이 뛰어나 범상치 않았으며, 조금 자라서는 과거 공부하여 힘들이지 않고 이루었으니, 정유년(1537) 생원진사시 합격하여 재주와 명성이 몹시 자자하였다. 기해년(1539) 정랑공(正郎公: 柳公權)이 서장관이 되어 명나라 수도로 갔다가 연경(燕京)에서 죽었다. 남씨 부인은 본래 절개와 행실이 있었으니, 부군의 죽음에 슬퍼하다가 몸을 상하자 죽기를 기약하였다. 이미 3년이 지났으나 그래도 상복을 벗지 않다가 여러 어린 자식들을 공에게 잘 돌보아 길러주기를 부탁하며 말하기를, "내가 지금까지 참고 죽지 않은 것은 너희들이 장성하기를 기다렸기 때문이다."라고 하고는 드디어 음식을 끊고서 죽었다. 이 사실이 조정에 알려져 마을 어귀에 정문(旌門)이 세워졌다.

공은 형제 가운데 장남이었는데, 이미 부모를 여의었는데다 유약한 남동생과 여동생들만 집에 가득하였다. 공은 온갖 고생을 하며 동생들을 보살펴 성인이 되자 장가들고 시집가게 하면서 때를 놓치지 않도록 하였고 우애도 독실한데다 두터웠으니, 사람들이 흠잡는 말을 하지 않고 칭송하였다. 동생 류경준(柳景濬)이 함양(咸陽)으로 장가를 들었는데, 번번이 안부를 살피러 왔다가 돌아갈 때면 일찍이 눈물을 흘리며 가슴 아파하지 않은 적이 없으니, 그 애틋한 정은 사람들을 감동하게 하였다.

갑진년(1544) 문과에 급제하여 벼슬길에 들어섰는데 승문원에 선발되어 제수되었다. 을사년(1545) 예문관검열에 추천되어 제수되었다가 곧 승정원주서에 제수되었다. 이때 조정에는 사건이 많아서 문서의 초안과 소송 문서들이 좌우에 가득하게 쌓였으나, 문공은 응대하기를 통달하고 민첩한데다 글솜씨가 물 흐르듯 하여 곁에 적체된 일이 없었다. 당시 조박(趙璞)·안명세(安名世)와 공이 번갈아 사관(史官)이 되었는데, 사람들이 '을사삼주서(乙巳三注書)'로 일컬었다. 충정공(忠定公) 권벌(權橃)이 고향의 친구로서 정랑공과 옛 교분이 있었는데, 원상(院相)으로서 승정원에 들어올 적이면 번번이 공을 보고 반드시 감탄하여 말히기를, "류 아무개는 아들이 있도다."라고 하였다.

병오년(1546)에 문신(文臣)을 중시(重試)하였는데, 공의 대책문(對策文)이 장원으로 뽑혀 공조좌랑에 승진되어 제수되었다가 사간원정언으로 옮겨졌다. 정미년(1547) 봄에 예조좌랑으로 교체되었다가 예조를 거쳐 홍문관수찬에 제수되었다. 이보다 앞서, 정랑공(正郎公: 柳公權)이 명나라 수도에서 죽었다. 이기(李芑)는 상사(上使)로서 함께 갔기 때문에 부의(賻儀)를 보낸 은혜가 있을 수 있었던 것은 자신의 덕이었으니, 공이 자기에게 빌붙으면 죄로 얽어매려고 생각하여 여러 번 음흉스럽고 은밀하게 통지하였다. 공은 사례를 하지 않았는 데다 그를 혹여 서로 마주치더라도 또한 피하고 보지 않았으니, 이기는 유감이 컸다. 때마침 한지원(韓智源)이란 자가 있어 이기 등의 사냥개 노릇을 하니 사람들이 모두 미워하여 흘겨보았다. 공이 일찍이 면전에서 배척하였으니, 한지원 또한 원망하였다. 두 사람이 유감을 품고서 죄를 얽고는 9월에 대간(臺諫)에게 공을 탄핵하여 파면시키도록 부탁하였지만, 얽어매려고 해도 소득이 없었으며 단지 여러 사람들의 의론만 있었을 뿐이라고 하였다. 이때 간신들이 국정을 전횡하여 선비들 가운데 자신들의 마음에 들지 않는 자를 처음에는 하찮은 죄로 엮고서 법에 따라 처결할 때면 점차 무거워져 반드시 유배를 보내거나 주륙하고서야 그쳤다. 사람들 대부분 공이 위험하다고 여겼다. 공은 그날로 말 한 필에 가족들을 태우고 남쪽으로 내려갔는데, 가옥을 죄다 팔았으니 다시 돌아올 뜻이 없었다. 그리고는 발자취를 자연 속에 숨기고 경서와 사서를 읽으며 스스로 즐겼다.

신해년(1551) 여름에 당시의 여론이 점차 분별하여 비로소 거두어 서용하도록 명하여 회인현감(懷仁縣監)이 되었는데, 고을은 피폐함이 그지없이 심하여 아전과 백성들이 벌거벗은데다 읍내에는 며칠 먹을 식량조차 비축되어 있지 않았다. 공은 단기(單騎)로 그곳에 부임하여 조리에 맞도록 요령 있는 솜씨로 유랑하며 흩어진 백성을 불러 모으니 수년 사이에 읍이 드디어 완전해졌는데, 백성들은 지금까지도 그 혜택을 입었다며 비석을 세워 공의 정사(政事)를 기렸다.

계축년(1553) 유신현감(惟新縣監)으로 옮겨 제수되었다. 유신은 본래 충주였다. 옛날에는 목사와 판관이 그 일을 분담하였다. 그러나 기유년(1549) 조정에서 고을에 죄인(罪人: 이홍윤의 옥사)이 많다고 하여 현(縣)으로 바꾸고 단지 현감 한 사람만을 두니, 땅은 넓고 백성이 억세어서 송사가 여러 고을 가운데 가장 번거로웠다. 공이 부임한 날에 오래되거나 새로운 문서와 장부의 무더기가 언덕처럼 쌓여 있는데다 군민(軍民) 가운데 소첩(訴牒: 공소장)을 가진 자가 관아의 뜰에 가득하였으나, 공은 이리저리 처결하여 순식간에 끝내고 해가 채 기울기도 전에 빈객들과 함께 술을 마시거나 활을 쏘며 즐기니, 온 고을 사람들이 모두 놀라며 예전에 없던 일이라고 여겼다. 이로 말미암아 정사를 잘 돌본다는 명성이 날로 알려지자, 세상에서 관리의 일로 자부하던 자들이 공의 이름을 듣고는 모두 따라갈 수 없다고 여겼다.

병진년(1556) 사유(師儒)로 선발되어 성균관직강으로 들어갔다가 조금 후에 호조정랑 군기첨정으로 옮겼는데, 가는 곳마다 관부(官府)의 일을 잘 처리한다며 칭송하였고 아랫사람들 가운데 속이거나 배신하는 자들이 없었다. 무오년(1558) 교서관교리가 되어 순변사 김수문(金秀文)을 따라 경상도에 가서 변경의 방비를 검열하였다. 이 행차에 김수문이 홀로 조정의 의논을 받들어 왜통사(倭通事) 한명을 데리고 함께 다녔는데, 공은 그 의도를 알아차리지 못하였다. 어느날 김수문이 비밀리에 보고하기를, "요사이 대마도 사자(使者)가 번번이 와서 말하기를, '저희 섬에서는 나라를 위해 군사장비를 많이 설치하여 외침을 막으려는 수고 또한 지극하나, 조선은 전혀 그 수고를 모르고 있다.'라고 하니, 지금 군관에게 역관을 대동하고 가서 살피도록 하여 사실인지 허위인지 조사하겠습니다."라고 하였다. 공은 불가하다며 말하기를, "오랑캐의 말은 믿기가 어려운데다, 설령 그러한 일이 있다고 한들 제 자신을 구원하기에도 겨를이 없을 것인데 어찌 능히 우리를 막을 수 있겠습니까? 또한 조정에서 이 오랑캐를 상벌(賞罰)의 명으로 제어할 수 있겠습니까? 그들에게 벌을 주면 복종하지 않을 것이고 그들에게 상을 주려면 계속하기가 어려울 것이니, 약점만 내보여 비웃음만 자초하는 것일 터 장차 어디에 쓰겠습니까? 반드시 보내지 말아야 합니다."라고 하자, 김수문이 공의 식견에 감복하고 마침내 공의 말대로 계청(啓請)하여 보내지 않았다.

그해 통정대로 승진하여 종성부사(鍾城府使)가 되고 정주목사(定州牧使)로는 부임하지 않았을 때, 조정의 의논으로는 모두 공을 발탁해 쓰고자 했으나 주권자(主權者: 정권을 잡은 자)가 가로막으니, 오랫동안 보잘것없는 자리에 머물러 있어서 아는 사람들은 이를 한스럽게 여겼다. 마침 정주(定州)에 성을 쌓아야 할 일이 있었으니, 사람들이 오직 공이라야만 일에 집중할 수 있을 것으로 여기고 정주목사로 고쳐 제수하였다. 이때 윤원형이 갯벌에 제방을 쌓아 정주에 전장(田莊: 개인 소유의 논밭)을 크게 개간하고자 공을 보고서 사사로이 부탁하였지만, 공이 말하기를,

"나랏일이 한창 바빠서 힘이 미치지 못합니다."라고 하자, 윤원형의 얼굴색이 붉어졌다. 공이 물러나서 친구들에게 이런 사실을 말하니, 친구들 가운데 공을 아끼는 사람이 크게 놀라 빨리 가서 사과하도록 하였으나, 공은 웃기만 하고 응하지 않았다. 며칠 지난 뒤에 대간이 공의 갑작스런 승진을 논핵하여 마침내 다시 종성부사로 부임하였고, 오래지 않아 재해를 살피는 것이 부실했다 하여 파직되었다.

경신년(1560) 광주목사(光州牧使)가 되어 백성들을 사랑하고 토호들을 결단하여 제재하니, 온 고을이 삼가고 두려워하였으며 또한 청덕비(淸德碑)를 세워주었는데 임기가 차서 돌아왔다. 어떤 사람이 잘못 전하여 공이 나주목사(羅州牧使)가 되었다고 하자, 나주의 아전 중에 집을 법제에 벗어나도록 지은 자가 그 소문을 듣고 몹시 두려워하여 곧 헐어버렸으니, 위엄 있는 명령으로 사람을 복종시킴이 이와 같았다.

계해년(1563) 다시 정주목사가 되었다가 얼마 후에 의주부윤으로 옮겼다. 의주에는 옛날부터 옹성(甕城)이 없었는데, 공은 창고의 잉여 곡식을 풀어서 인부들을 잘 먹인 탓에 옹성 쌓는 일을 두어 달 만에 끝냈지만, 백성들은 축성의 수고로움을 알지 못하였다. 1년 만에 가선대부로 승진하여 회령부사(會寧府使)가 되었고 또한 선정비가 있었으며, 곧 북도절도사(北道節度使)가 되었다가 경성(京城)으로 돌아와서 동지중추부사(同知中樞府使)가 되었다.

정묘년(1567) 6월에 명종(明宗)이 승하하였는데, 공은 빈전도감제조(殯殿都監提調)을 겸하였으나 말과 얼굴빛이 조금도 동요하지 않고 일을 모두 바로바로 처리하였다. 때마침 중국 사신이 새로 오른 황제의 등극조서(登極詔書)를 반포하기 위하여 장차 조선으로 들어오려 하였다. 많은 사람들이 조서를 맞이할 때의 복색(服色)을 논의하였는데, 모두 말하기를, "우리나라는 지금 대상(大喪: 國喪)을 치르는 중이니 길복을 입어서는 아니 된다."라고 하였다. 공이 예관(禮官)에게 말하기를, "옛일은 내가 알지 못하는 바이지만, 제 나름대로 생각으로 헤아려 보건대 등극조서를 반포하는 것은 천하의 큰 경사인데, 하국(下國: 조선)의 대상이라고 해도 이보다 더할 수 있겠습니까? 반드시 길복으로 조서(詔書)를 맞이해야 하고 조사(詔使)를 접대하는 것 또한 마땅히 권도를 따라야 할 것입니다. 그렇지 않으면 중국사람들의 비웃음을 살까 두렵습니다."라고 하였다. 많은 사람들이 그래도 무턱대고 믿을 수 없다고 하여 《두씨통전(杜氏通典)》을 살펴보니 공의 말과 대략 같자, 이에 의논이 마침내 정하여졌다. 공의 밝고 통달한 지식이 천부적인 것이었으니, 모두 이와 같았다. 9월에 중국 수도로 가서 성절(聖節)을 하례하였다.

무진년(1568)에 호조참판 겸 도총부부총관(戶曹參判兼都摠府副摠管)이 되었고, 경오년(1570) 질병으로 추부(樞府)로 교체되었으며, 10월 사헌부대사헌이 되어서는 무너진 기강을 정돈하고자 하는 뜻을 개연히 품었다. 신미년(1571) 정월에 어떤 일로 인해 추부로 체직되었으며, 2월에 병조참판이 되었다. 3월에 평안도관찰사가 결원이 되어 대신들이 경연 자리에 나아가 아뢰기를, "서쪽 지방은 나라의 문호인데다 또한 외침의 우려가 있으니 사람을 선택하는데 신중하게 하지 않으면 안 되옵니다."라고 말하였다. 다음날 공을 평안도관찰사로 삼았다. 공은 오래도록 위장병을 앓고 있었고 이 시점에 이르러 점점 심하였지만, 조정의 명령을 늦출 수가 없어서 병든 몸을 수레에 싣고 부임하러 갔다. 5월에 병이 심하여 장계(狀啓)를 올려 추부로 교체해 달라고 하여 길을 떠나 6월 2일 장단부(長湍府)의 초현리(招賢里) 백성의 집에 이르러서 죽었다. 임종에 이르러서도 집안일은 한마디도 언급하지 않았으며, 말과 행동, 정신과 의식이 터럭만큼도 변함이 없었고 또렷하였다. 이 일이 조정에 알려지자, 주상은 급히 내관(內棺) 1부를 하사하도록 명하였고, 소문을 들은 사대부들은 모두 말하기를, "나라에 인재를 잃었다."라고 하였다. 상여가 도성 밖에 이르자, 예관이 임금의 명을 받들어 조문치제(弔問致祭)하였다. 그해 11월에 안동부 서쪽 천등산(天燈山) 양좌곤향(艮坐坤向)의 언덕 선영 곁에다 반장(返葬)하였다.

공은 성주이씨(星州李氏) 교수 이배관(李裵寬)의 딸에게 장가를 들어 9녀1남을 낳았다. …(이하 생략)…

1573년 4월 상한
통정대부 승정원좌부승지 겸 경연찬참관 춘추관수찬관
류중영 짓다.

• 故嘉善大夫司憲府大司憲柳公行狀

公諱景深, 字太浩。世居安東府之豐山縣。七代祖栢, 仕麗季。子欄玉, 爲都染署令。子葆, 爲禮賓卿, 追封版圖判書。子從惠, 入我朝, 爲工曹典書。典書之子諱洪, 以門蔭爲左軍司正, 是公高祖也。曾祖諱沼, 爲副護軍, 贈通訓大夫司僕寺正。祖諱子溫, 成均進士, 以文行, 見重於世, 贈通政大夫刑曹參議。考諱公權, 登文科, 官至工曹正郎, 後以公貴, 追贈禮曹參判知經筵春秋館成均館事。妣英陽南氏, 吏曹參判敏生之曾孫, 進士八俊之女。以正德丙子生公。公自幼時, 已穎脫不凡, 稍長治擧業, 不勞而成, 丁酉中生員進士。才名藉甚。己亥, 正郎公, 充書狀官, 如京師, 卒於燕都。南夫人, 素有節行, 摧殞毁慼, 以死自期。旣三年, 猶不免喪, 以諸幼孤, 屬公拊育, 語之曰: "吾至今忍而不死, 以待汝輩之壯." 遂絶食而歿。事聞于朝, 旌表門閭。公於兄弟序居長, 旣失怙恃, 弱弟幼妹滿室。公辛勤鞠養, 以至成立, 嫁娶不失其時, 友愛篤厚, 人無間言。弟景濬娶妻咸陽, 每來省及還, 未嘗不涕泣傷懷, 情動傍人。甲辰釋褐, 選補承文院。乙巳薦授藝文館檢閱, 卽拜承政院注書。

是時, 朝廷多事, 文案讞牘, 左右塡委, 公應對通敏, 筆翰如流, 旁無滯事。時趙公璞安公名世與公, 迭爲史官, 人稱之曰乙巳三注書。權忠定公橃, 以鄕曲之故, 與正郞公有舊, 以院相入政院, 每見公必歎曰: "柳某有子矣." 丙午, 重試文臣, 公對策爲第一, 陞拜工曹佐郞, 轉司諫院正言。丁未春, 遆爲禮曹佐郞, 由禮曹, 拜弘文館修撰。先是, 正郞公之卒於京師也。李芑爲上使與俱, 有賻襚之恩, 嘗自德焉, 意公必附己, 欲羅致之, 累通慇懃。公不爲謝, 其或相値, 亦避不見, 芑大憾焉。時有韓智源者, 爲芑等鷹犬, 人皆側目。公嘗面斥其非, 智源亦怨之。兩憾交構, 九月屬臺諫劾公罷之, 然掊摭無所得。但曰物議而已。時奸臣專國, 士之不愜於心者, 始以微罪中之, 致法漸深, 必流竄誅戮乃已。人多爲公危之。公卽日, 以一馬載妻孥南下, 盡賣家室, 示無還意。屛迹園林, 以書史自娛。辛亥夏, 時論稍辨, 始命收叙, 爲懷仁縣監, 縣殘弊已甚, 吏民赤立, 邑中無數日之蓄。公單騎往赴, 條理有方, 招集流散, 數年之間, 邑遂以完, 民至于今賴焉, 立石頌政。 癸丑, 移拜惟新縣監。惟新本忠州。舊有牧使判官, 分理其事。己酉, 朝廷以邑多罪人革爲縣, 但置縣監一人, 邑廣民悍, 詞訟之煩, 甲於諸州。公至之日, 新舊簿領, 堆積如阜, 軍民牒訴者滿庭, 公酬酢決遣, 頃刻而畢, 日未昃, 與賓客飮射爲樂, 一邑盡驚, 以爲古未有也。由是政聲日著, 世之以吏事自負者, 聞公之名, 皆以爲不可及也。丙辰, 以師儒選徵, 入爲成均館直講, 俄遷戶曹正郞軍器僉正, 所至官事稱治, 而下人無欺負之者。戊午, 爲校書館校理, 從巡邊使金秀文往慶尙道閱邊備。是行也, 秀文獨承廷議, 挾倭通事一人俱行, 公莫曉其意。一日, 秀文密告曰: "近日, 對馬島使者, 每來言: '弊島爲國家多設兵備, 捍禦外侮, 勤亦至矣, 而朝廷莫知其勞也.' 今欲令軍官帶譯者往視之, 以驗其虛實." 公不可曰: "夷言難信, 假使有之, 亦自救不暇, 安能扞我? 且朝廷能制此虜賞罰之命乎? 罰之則不伏, 賞之則難繼, 示弱取笑, 將焉用之? 必無遣也." 秀文服其見, 遂以公言, 啓寢不遣。是年, 陞通政爲鍾城府使, 未赴爲定州牧使, 時朝議皆擢用公, 爲主權者所厄, 久沉冗卑, 識者恨之。會定州有築城役, 人以爲唯

公, 可以集事, 改授定州。時尹元衡堰海澤, 大置田庄于定州, 見公有私囑, 公曰: “公事方殷, 力不及也.” 元衡面色赧然。公退而告諸朋輩, 朋輩之愛公者大駭, 亟令往謝, 公笑不應。數日, 臺諫論駁陞, 遂更赴鍾城, 未久以驗災不實罷。庚申, 爲光州牧使, 愛養小民, 斷制豪右, 一境肅然, 亦有淸德碑, 期滿且還也。或有誤傳, 公爲羅州牧使者, 羅州吏有第舍踰制者, 聞之懼甚, 卽毁其家, 威令之服人如此。癸亥再爲定州, 尋移義州。州舊無擁城, 公發廩庾之剩, 大餉役夫, 築之數月而事完, 民不知工築之勞。一年陞嘉善, 爲會寧府使, 亦有善政碑, 卽爲北道節度使, 還京爲同知中樞府使。丁卯六月明宗昇遐, 公兼殯殿都監提調, 不動辭色, 事皆立辦。時華使頒新皇帝登極詔, 將入國。衆議迎詔時服色, 皆曰: “我國方有大喪, 不可着吉.” 公揭語禮官, 曰: “古事吾所不知, 然以臆見料之, 則頒詔天下大慶, 其可以下國之喪加之乎? 必以吉服迎詔, 其接待詔使, 亦當從權。不然恐爲華人所笑也.” 衆猶不遽信, 考《杜氏通典》, 與公言略同, 於是議遂定。公之明智達識, 得於天賦者, 皆此類也。九月, 如京師, 賀聖節。戊辰, 爲戶曹參判兼都揚府副揚管, 庚午, 病遞爲樞府, 十月, 爲司憲府大司憲, 慨然有整頓頹綱之志。辛未正月, 以事遞爲樞府, 二月, 爲兵曹參判。三月, 平安道觀察使缺, 大臣於經席, 進啓曰: “西方國之門戶, 且有外虞, 擇人不可以不愼.” 明日, 以公爲之。公舊患脾病, 至是漸劇, 以朝命不可緩, 輿病往赴。五月疾甚, 上狀請遞拜樞府, 六月二日, 行到長湍府招賢里民舍而卒。臨絶無一語及家事, 言動神識, 毫髮不爽, 曠如也。事聞, 上命馳賜內棺一部, 士大夫聞者, 皆曰: “國家失人矣.” 喪至城外, 禮官承命吊祭。其年十一月, 返葬於安東府西天燈山艮坐坤向之原先塋之側。公娶星州人敎授裵寬之女。生九女一男。…(이하 생략)…

萬曆元年歲癸酉四月上澣, 通政大夫承政院左副承旨兼經筵參贊官春秋館修撰官柳仲郢誌。

〔龜村先生文集, 권1, 行狀〕

30. 류빈

류빈의 자는 미숙, 호는 권옹, 본관은 풍산이다. 중종 경진년(1520)에 태어나 선조 신묘년(1591)에 죽었다. 예안 향사(鄕祠)에 향사하였다.

공은 만년에 역학을 좋아하였는데, 도상(圖像)을 추론하고 괘(卦)를 고찰하여 스스로 터득한 바가 많았으니, 《도설(圖說)》 1권을 저술하였다.

임종할 때 자식들에게 글을 남겨서 '오직 재물을 가볍게 여기고 윤리를 소중하게 여기라.'고 경계하였다.【협주: 조목이 찬한 비문에 실려 있다.】

• **柳贇**

柳贇[1], 字美叔, 號倦翁, 豐山人。中宗庚辰生, 宣祖辛卯卒。享禮安鄕祠。

公晩好學易, 推圖考卦, 多所自得, 著圖說一卷。

臨終, 遺書諸子, 惟以輕財重倫爲戒。【趙穆[2]撰碑】

---

1 류빈(柳贇, 1520~1591): 본관은 豐山, 자는 美叔, 호는 倦翁. 아버지는 승훈랑 柳公智이며, 어머니 英陽金氏는 봉사 金承祖의 딸이다. 柳宗介가 그의 아들이다. 1554년 생원 초시, 1561년 진사 초시에 합격하였으나 벼슬에 뜻을 두지 아니하고 학문에만 전념하였다. 그의 재종질인 柳成龍이 찬한 류빈의 《易圖》 발문과 李在敎가 찬한 류빈의 行狀을 통하여 류빈이 易學에 깊은 조예가 있었을 뿐만 아니라 정치학에도 일가견이 있었음을 짐작할 수 있다. 磨谷精舍에 제향되었다.

2 趙穆(조목, 1524~1606): 본관은 橫城, 자는 士敬, 호는 月川. 경상북도 예안 출신. 아버지는 참판 趙大春이며, 어머니 安東權氏는 權受益의 딸이다. 李滉의 문인이다. 1552년 생원시에 합격했으나, 대과를 포기하고 학문과 수양에만 전념하였다. 이후 여러 벼슬에 제수되었

보충

조목(趙穆, 1524~1606)이 찬한 묘지명

류군 미숙 묘지명

공의 휘는 빈(贇), 자는 미숙(美叔)이다. 정덕 경진년(1520)에 태어나 만력 신묘년(1591)에 죽었으니 향년 72세였다. 살펴보건대 공의 세거지는 안동부 풍산현인데, 혹은 계통이 문화(文化)에서 나왔다고 한다. 8대조 류백(柳栢: 柳伯의 오기)은 고려 말에 벼슬했는데 은사급제(恩賜及第)하였다. 그 후손으로 류난옥(柳蘭玉)은 도염서 영(都染署令)을 지냈으며, 류보(柳葆)는 봉익대부(奉翊大夫) 판도판서(版圖判書)에 추봉(追封)되었고 행(行) 검교 예빈경(檢校禮賓卿)을 지냈으며, 류종혜(柳從惠)는 가선대부(嘉善大夫) 공조전서(工曹典書)를 지냈으며, 류홍(柳洪)은 충의교위 우군사 정(忠毅校尉右軍司正)을 지냈고 공에게 고조부가 된다. 증조부 휘 류소(柳沼)는 선략장군(宣略將軍) 충무위 부호군(忠武衛副護軍)을 지내고 통훈대부(通訓大夫) 사복시 정(司僕寺正)에 추증되었다. 조부 휘 류자형(柳子泂)은 충순위 충의교위(忠順衛忠毅校尉)를 지냈다. 아버지 휘 류공지(柳公智)는 승훈랑(承訓郎)으로 진보 훈도(眞寶訓導)를 지냈는데, 처음으로 예안(禮安) 서촌(西村)에 와 거주하였다. 어머니 영양김씨(英陽金氏)는 학생(學生) 김승조(金承祖)의 딸이다.

공은 어려서부터 깨치고 배우기 시작하였는데, 아버지와 스승의 지도와 가르침을 기다리지 않고도 스스로 글의 뜻을 환하게 이해한 것이 있었으니, 글을 지을 때면 정밀하고 적절하여 이치가 있었다. 만년에 역학을 좋아하였는데, 도상(圖像)을 추론하고 괘(卦)를 고찰하

으나 거의 다 사양하였다. 다만 1576년 봉화연감에 제수되었을 때도 사직소를 냈으나 허락되지 않아 봉직하면서 향교를 중수하였을 뿐이다. 주된 업적은 이황에 대한 연구와 소개이다. 이황이 세상을 떠난 뒤 문집의 편간, 사원의 건립 및 봉안 등에 힘썼다.

여 스스로 터득한 바가 많았으니, 저술한 《도설(圖說)》 1권이 집에 소장되어 있다. 생원진사 양시에 두 번이나 합격하였으나 끝내 예위(禮闈: 會試 또는 覆試)의 선발에는 들지 못하였다.

공은 타고난 자질이 순박하고 후덕하였으며, 겉치레를 꾸미지 않았다. 남과 어울리면서 다투거나 경쟁하지 않았으며, 외물에 대해서도 특별히 좋아하는 마음이 없었다. 가난해도 편안히 받아들이고 자기 분수를 지켰으니, 효도로서 부모를 섬겼고 우애로서 형제간에 잘하였으며, 화목과 유순으로서 친족이나 마을사람들에게 처신하였다. 심지어 임종할 즈음에 이르러서도 자식들에게 글을 남겨서 '오직 재물을 가볍게 여기고 윤리를 소중하게 여기라.'고 경계하였다. 평생 남에게는 가타부타한 말이 없는 듯했지만 가슴속의 선악분별은 매우 분명하였기 때문에 하양현감(河陽縣監) 금응협(琴應夾)이 일찍이 내명(內明: 마음이 밝은 사람)이라고 칭송하였다.…(이하 생략)…

- **柳君美叔墓誌銘**

公諱贇, 字美叔。生於正德庚辰, 歿於萬曆辛卯, 享年七十二。按公世居安東府豐山縣, 或云系出文化。八代祖柏, 仕麗季, 恩賜及第。其後曰蘭玉, 都染署令, 曰葆, 追封奉翊大夫版圖判書, 行檢校禮賓卿, 曰從惠, 嘉善大夫工曹典書, 曰洪, 忠毅校尉右軍司正, 於公爲高祖考。曾祖考諱沼, 宣略將軍, 忠武衛副護軍, 贈通訓大夫司僕寺正。祖考諱子淵, 忠順衛忠毅校尉。考諱公智, 承訓郎眞寶訓導, 始來居禮安之西村。妣英陽金氏, 學生承祖女也。公幼開悟, 始學, 有不待父師指敎, 而自能曉解者, 爲文精切有理致。晩好易學, 推圖考卦, 多所自得, 著圖說一卷, 藏于家。再中生員進士兩試, 而竟不達禮闈之選。公稟質淳厚, 不修邊幅。與人無爭競, 於物無嗜好。安貧守分, 事父兄以孝友, 處族里以和柔。至於臨終, 遺書諸子, 惟以'輕財重倫'爲誡。平生於人,

若無可否, 而胸中涇渭, 則甚明, 故琴河陽應夾, 嘗稱內明。…(이하 생략)…

〔月川先生文集, 권6, 墓碣·墓誌〕

31. 김언기

김언기의 자는 중온, 호는 유일재, 본관은 광주(光州: 光山)이다. 중종 경진년(1520)에 태어났다. 명종 정묘년(1567) 생원시에 합격하였다. 선조 무자년(1588)에 죽었다.

공(公)은 일찍이 백담(柏潭) 구봉령(具鳳齡)과 청량산에 들어가 10년 글읽기를 기약하였는데, 공에게 연고가 있어서 백담보다 1년 못미쳤지만 산을 내려오는데 바위 벼랑과 초목들이 죄다 읽었던 책의 글자로 보였다고 한다.

공은 만년에 가야(佳野: 안동시 와룡면 가야리)에 터를 마련하였는데, 도산(陶山)과의 거리가 가까웠다. 후조(後凋) 김부필(金富弼)의 종형제들 및 백담 구봉령, 회곡(晦谷) 권춘란(權春蘭), 송암(松巖) 권호문(權好文), 지산(芝山) 김팔원(金八元) 등과도 산사에 모이기로 약속하고 골짜기 어귀 수석(水石)이 아름다운 곳에서 강학을 하였는데, 지금까지도 구선대(九仙臺)라고 부르는 것은 대개 모였던 사람이 9명이었기 때문이라고 한다.

서사(書舍: 서당) 몇 칸을 지어 유일(惟一)이라 편액하고 후진들을 가르쳤는데, 배우려는 자들이 한꺼번에 모여들어 수용할 수가 없었다. 날마다 강설하니 성취한 자가 많았는데, 이를테면 비지(賁趾) 남치리(南致利), 지헌(芝軒) 정사성(鄭士誠), 옥산(玉山) 권위(權暐), 판서 박의장(朴毅長), 오봉(梧峯) 신지제(申之悌), 노천(蘆川) 권태일(權泰一) 등과 같은 이들인데 혹은 학문으로 이름났고 혹은 조정에 입신하여 한 시대의 이름난 관료가 되었으니, 대개 복주(福州: 안동)의 학문이 흥성한 것은 대부분 선생의 창도에서 힘입었다고 하겠다.

퇴도(退陶: 李滉)가 죽은 뒤에 여강(廬江)에 서원을 세우려고 백련사(白蓮寺)를 철거하며 그 불상을 부수어 강물에 던지니, 승도들이 처음에는 막으려고 하다가 학봉(鶴峯) 김성일(金誠一) 선생과 선생이 온다는 소문을 듣고서 모두 흩어져 갔다고 한다.

선생이 젊었을 적에 영해부(寧海府)의 학당에서 가르쳤는데, 벼슬이 낮다고 하여 풀이 죽지 않고 강루(講樓)를 수리하고는 거듭 학규(學規)를 밝혀 부지런하고 성실하도록 장려하였다.【협주: 이광정이 찬한 행장에 실려 있다.】

• **金彦璣**

> 金彦璣, 字仲昷, 號惟一齋, 光州人。中宗庚辰生。明宗丁卯生員。宣祖戊子卒。

公嘗與具柏潭鳳齡, 入清凉山[1], 期以十年讀書, 公有故, 不及柏潭一年, 然出山, 嵒崖草木, 盡成所讀書字云。

公晚卜佳野[2], 去陶山近, 與金後凋[3]富弼諸㫋仲[4]及具柏潭鳳齡·權晦

---

1 淸凉山(청량산): 경상북도 봉화군 명호면과 재산면, 안동시 도산면과 예안면에 자리한 산. 자연경관이 수려하고 기암괴석이 장관을 이루어 예로부터 소금강으로 불려진 명산이다.

2 佳野(가야): 경상북도 안동시 와룡면 가야리.

3 後凋(후조): 金富弼(1516~1577)의 호. 본관은 光山, 자는 愼仲, 호는 後彫堂. 안동부 예안현(현 경상북도 안동시 예안면)에서 태어났다. 아버지는 대사헌 金緣이며, 어머니 昌寧曺氏는 曺致唐의 딸이다. 동생이 金富儀이다. 일찍부터 동생 김부의과 함께 退溪 李滉의 문하에서 수학하였다. 1537년 진사시에 합격하여 성균관에 유학하면서 金麟厚와 교유하였다. 1556년 41세의 나이로 다시 이황에게 가 제자로서의 예를 올렸으며 여러 차례 벼슬이 내렸지만 사양하고 학문에 정진하였다. 1570년 이황이 易東書院을 건립할 때 적극적으로 협조하였다. 같은 해 이황이 세상을 떠나자 心喪 1년을 행하였다. 1574년 趙穆과 함께 陶山書院 건립을 주도하였다. 具鳳齡, 權好文, 조목 등 동문들과 두루 교유하였으며 학문과 행실로서 사림들 사이에 신망이 높았다. 아우 김부의, 사촌 형 金富仁, 사촌 아우 金富信·金富倫, 고종 琴應壎·琴應夾과 한 동네에 살면서 학문을 토론하고 덕업을 권장하여 향리에서 '烏川七君子'라 칭송되었다.

4 諸㫋仲(제곤중): 종형제.

谷春蘭·權松巖好文·金芝山八元諸賢, 設約於山寺, 講學於洞口水石, 至今號爲九仙臺, 蓋會者九人云。

搆書舍數間, 扁以惟一, 敎授後進, 學者坌集, 不能容。日與講說, 成就者甚衆, 如南賁趾[5]致利·鄭芝軒[6]士誠·權玉山[7]暐·朴判書毅長[8]·申梧峰[9]之悌·權蘆川[10]泰一諸公, 或以學問著, 或立身于朝, 爲時名人, 蓋

5 賁趾(비지): 南致利(1543~1580)의 호. 본관은 英陽, 자는 成仲·義仲. 안동 출신. 증조부는 통례문통찬 南敬彝이며, 조부는 훈도 南軾이다. 아버지는 南藎臣이며, 어머니 草溪卞氏는 진사 卞百源의 딸이다. 부인은 宜寧南氏이다. 어려서 金彦璣의 문하에서 수학하다가 1563년 고종형 琴蘭秀를 통해 이황의 문인이 되었다. 1564년에는 이황을 따라 淸凉山 유람에 동행하였고, 도산서당에서 〈太極圖說〉을 강론하기도 하였다. 1570년 이황이 사망하자 28세의 나이로 相禮로 추대되었으며, 이듬해 동문들과 함께 예안의 易東書院에서 회동하여 이황의 유문을 수습하였다.

6 芝軒(지헌): 鄭士誠(1545~1607)의 호. 본관은 淸州, 자는 子明. 안동 출신. 아버지는 사섬시첨정 鄭枓이며, 어머니 安東權氏는 權軾의 딸이다. 부인 英陽南氏는 南舜孝의 딸이다. 7세 때 金彦璣에게 수학하였으며, 10세 때는 具鳳齡에게 옮겨서 배우다가 1561년 李滉의 문하에 들어갔다. 1568년 진사시에 합격하였다. 1587년 태릉참봉에 제수되었다. 1589년 관직을 사퇴하고 낙향하였다가 1591년 다시 集慶殿參奉, 내자시의 봉사·주부를 거쳐 양구현감으로 나갔다가 낙향, 학문 연구에 힘썼다.

7 玉山(옥산): 權暐(1552~1630)의 호. 본관은 安東, 자는 叔晦, 호는 玉山野翁. 안동 출신 증조부는 성균생원 權士彬이며, 조부는 현감 權檥이다. 아버지는 생원 權審行이며, 어머니 信川康氏는 절충장군 康希哲의 딸이다. 부인 順興安氏는 安霖의 딸이다. 趙穆, 金誠一, 金彦璣 문하에서 수학하였다. 1601년 문과에 급제하였다. 權宇, 金垓 등과 교유하였다. 전적, 공조좌랑, 해미현감, 형조좌랑, 예조좌랑 등을 역임하였다.

8 朴判書毅長(박판서의장): 判書 朴毅長(1555~1615). 본관은 務安, 자는 士剛. 조부는 朴榮基이다. 아버지는 현감 朴世廉이며, 어머니 英陽南氏는 南時俊의 딸이다. 부인 永川李氏는 李之英의 딸이다. 金彦璣의 문인이다. 1577년 무과에 급제하였다. 1588년 진해현감, 1592년 임진왜란 때에는 경주판관이 되었다. 혁혁한 무공을 세웠고, 그로 인해 가선대부로 승진하였다. 1599년 성주목사 겸 방어사, 1600년 경상좌도병마절도사, 1601년 인동부사를 두루 지내다가 1602년 다시 경상좌병사 및 공홍도수사를 거쳐 경상수사가 되었다.

9 梧峰(오봉): 申之悌(1562~1624)의 호. 본관은 鵝洲, 자는 順夫, 호는 梧齋. 경상북도 의성 출신. 증조부는 申翰이며, 조부는 申應奎이다. 아버지는 申夢得이며, 어머니 義興朴氏는 朴敏樹의 딸이다. 부인 咸安趙氏는 趙址의 딸이다. 1589년 증광문과에 급제하였다. 1592년 임진왜란 때 예안현감으로 군대를 모집, 적을 토벌하였다. 1601년 정언, 예조좌랑, 1602년 지평, 성균관전적 등을 거쳐 1604년 세자시강원문학, 성균관직강, 1613년 창원부사 등을 지냈다.

10 蘆川(노천): 權泰一(1569~1631)의 호. 본관은 安東, 자는 守之, 호는 藏谷. 조부는 權錫忠이다. 아버지는 내시교관 權春桂이며, 어머니 潘南朴氏는 朴承侃의 딸이다. 백부 執義 權春蘭에게 입양되었다. 부인 義城金氏는 金誠一의 딸이다. 具鳳齡의 문인이다. 1591년

福州文學之盛，多自先生倡導云。

退陶易簀[11]後，營建書院[12]于廬江，撤白蓮寺，毁其佛像，投之江。僧徒初欲拒之，旣聞鶴峯金先生與先生來，皆散去云。

先生少時，爲寧海府學敎，不以官卑自沮，修治講樓，申明學規，奬勵勤至。【李光庭撰行狀】

보충

김굉(金㙆, 1739~1816)이 찬한 묘갈명

유일재 김공 묘갈명 병서[13]

선생의 이름은 언기(彦璣), 자는 중온(仲昷), 성은 김씨이다. 신라 왕자 김흥광(金興光)이 세상이 장차 어지러워질 것을 알고 광주(光州)의 평장동(平章洞)에 은둔하였다. 그 손자 김길(金吉)은 고려조를 도왔고 벼슬이 좌복야(左僕射)에 이르렀다. 이로부터 대대로 평장사(平章事)의 벼슬을 지낸 이들이 있어서 동네의 이름을 이것으로 하게 되었다고 한다.

우리 조선조의 광성군(光城君) 김약채(金若采)가 낳은 형조랑(刑曹郎) 김열(金閱)의 호는 퇴촌(退村)이다. 그 증손자 휘 김용석(金用石)은 진

사마시에 합격하고, 1599년 별시문과에 급제하였다. 승문원권지부정자로 등용되어 여러 벼슬을 거쳐 형조참판에 이르렀다.

11 易簀(역책): 학덕이 높은 사람의 죽음이나 임종을 이르는 말. 曾子가 죽을 때를 당하여 삿자리를 바꾸었다는 데서 유래한다.

12 書院(서원): 廬江書院. 1573년 지방유림의 공의로 李滉의 학문과 덕행을 추모하기 위하여 안동시 월곡면 도곡동에 창건하여 위패를 모신 서원. 1620년 金誠一과 柳成龍을 추가 배향하였으며, 1676년 虎溪라 사액되었다. 그래서 호계서원으로 불린다. 그 뒤 이황은 도산서원, 김성일은 임천서원, 류성룡은 병산서원에서 主享함에 따라 호계서원은 강당만 남게 되었다.

13 이광정의 〈행장〉이 방대한 분량이라서 이 책의 성격상 수록하기가 마뜩하지 않아 그 행장에서 초출한 묘갈명을 대신 번역하여 보충한다.

사였고 호는 담암(潭庵)인데 선생의 조부이다. 연산군의 정사가 어지러워지자 부(府: 안동)의 구담(九潭: 풍산면)에 은둔하였다. 여덟 아들 가운데 넷째인 김주(金籌)는 진사였는데, 죽계안씨(竹溪安氏)에게 장가들었으니 첨정(僉正) 안처정(安處貞)의 딸이다. 정덕 경진년(1520) 모월 모일에 선생을 낳았다.

타고난 성품이 맑고 고결한데다 국량까지 갖추어 구차스럽게 말하거나 웃지 않았다. 부모를 효도로 섬겼고 형제는 우애로 지냈다. 뜻을 독실히 하고 학문을 강구하였으니, 일찍이 백담(柏潭) 구봉령(具鳳齡)과 청량산(淸凉山)에 들어가 10년 글읽기를 기약하였는데, 산을 내려오게 되자 바위 벼랑과 초목들이 죄다 읽었던 책의 글자로 보였다고 한다. 여러 차례 향시에 급제했으나 번번이 성위(省闈: 회시)에 낙방하였는데, 48세가 되어서야 비로소 사마시에 합격했으나 다시는 과거 공부를 하지 않았다.

구담(九潭)에서 이계(伊溪: 안동시 와룡면 이상리)로 거처를 옮겼으며, 만년에는 가야(佳野: 안동시 와룡면 가야리)에 터를 마련하여 서사(書舍: 서당) 몇 칸을 지어 유일(惟一)이라 편액하고 생도들을 가르치니 생도들이 한꺼번에 모여들었다. 날마다 경전의 뜻을 강설하면서 재능에 따라 이끌어 주고 도와주니 성취한 자가 많았다.

구백담(具柏潭: 구봉령)·권회곡(權晦谷: 권춘란)·권송암(權松巖: 권호문)·김후조(金後彫: 김부필)의 종형제들과 산사에서 약속하고 서로 모여 강학하였는데, 그 골짜기 어귀의 수석(水石)이 아름다운 곳은 일찍이 노닐고 쉰 곳으로 지금까지도 구선대(九仙臺)라고 불린다.

여강서원(廬江書院)이 비로소 이루어졌으니, 선생이 동주(洞主: 원장)가 되고 동문(同門)의 제현들이 참여하여 서원의 규약을 바로잡았다. 또한 부백(府伯: 안동 부사) 초간(草澗) 권문해(權文海)에게 서신을 올려 백운동(白雲洞) 고사에 의거해 국학(國學)으로 올려주도록 청했는데, 그 서신은 세고(世稿) 안에 남아 있다. 일찍이 영해부(寧海府)의 학당 교수가 되어 강루(講樓)를 수리하고는 거듭 학규(學規)를 밝혀 장려하였다.

만력 무자년(1588) 3월 모일에 집에서 죽으니 향년 69세였다. 와룡산(臥龍山) 남쪽 기슭의 축좌(丑坐) 언덕에 장사지냈다.

선생의 체격은 장대하고 훤칠하였으며, 엄정하고 확실하여 기쁨과 노여움을 얼굴에 나타내지 않았다. 평소에는 조용하고 말이 없어서 여자나 어린아이들이 두려워 감히 가까이 가지 못하였으나, 다른 사람을 대하거나 접대할 때면 온화한 기운이 넘쳤다. 어진 사람은 좋아하고 공경했으며, 못난 사람은 눈으로만 보고 마음으로 짐작할 뿐이었다. 일에 임하여 처리할 때는 곧장 의리에 합치되었으니, 고을에 큰 일이 있을 때면 번번이 선배들에게 나아가 의견을 구해 갈피를 잡아서 분명하게 정하였다. 후생들을 훈육할 때는 그 과정을 엄격히 세워 곡진하게 말해 주었으니, 효제충신(孝悌忠信)의 도리를 근본으로 삼아 의(義)와 리(利), 사(邪)와 정(正)을 분별하도록 반복하였지만, 구두(句讀)와 사장(詞章)에 대해서는 자주하지 않았다. 때때로 흥이 나면 번번이 학생들과 함께 지팡이에 짚신 차림으로 산이 둘러싸고 물이 굽이진 곳에서 거닐고 유유히 시를 읊조리면서 초연히 속세를 벗어나려는 생각을 품었다.

첫째부인 영양남씨(英陽南氏)는 주부(主簿) 남세용(南世容)의 딸이다. 외아들은 김득연(金得研)으로 호는 갈봉(葛峯)이며, 생원시와 진사시에 모두 합격했다. 딸이 둘인데, 권산두(權山斗)와 이경리(李景鯉)에게 각각 시집갔다. 둘째부인 영천이씨(永川李氏)는 참봉 이인필(李仁弼)의 딸이다. 아들이 둘인데, 김득숙(金得礵)과 양자로 나간 김득의(金得礒)

이다. 딸이 셋인데, 남태화(南太華)·권혼(權混)·김영(金泳)에게 각각 시집갔다. …(중략)…

선생의 가문은 신라부터 고려에 이르기까지 대대로 이름난 재상을 지냈는데, 우리 조선에 들어와서도 퇴촌(退村: 김열)의 문장가와 담암(潭庵: 김용석)의 명철한 이는 아마도 이미 근원이 먼 물이라서 흐름도 길다고 하는 것이리라. 선생은 선조의 공덕을 이어받아 태어나서 가르침을 계승하고 아름다움을 이었으니, 진실로 타인들과 다른 점이 있었던 것이다.

그리고 도산(陶山: 이황)이 도학을 주창하던 때 같이 그 문하에 들어간 현인들과 학문을 갈고 닦아 익혔다. 덕을 증진하고 공업을 이루는 공부는 의당 자세히 진술하여 전할 만한 것이 있었겠지만, 자주 화재를 입어서 유문(遺文)들이 다 불태워 없어지고 말아 만에 하나도 찾을 수가 없었으니, 진실로 후학들이 끝없는 유감스러운 일이었다.

그러나 지금 문인록(門人錄)을 보니, 비지(賁趾) 남치리(南致利), 지헌(芝軒) 정사성(鄭士誠), 옥봉(玉峯) 권위(權暐), 노천(蘆川) 권태일(權泰一), 오봉(梧峯) 신지제(申之悌), 북애(北厓) 김기(金圻), 수정(守靜) 금발(琴撥), 방담(方潭) 권강(權杠) 등 여러 사람들이 혹은 도학으로 뛰어났고 혹은 입신양명하여 현달하였고 혹은 행실을 바르게 했고 혹은 문장으로 이름났다. 또한 현명한 아들 3형제가 그 덕을 잘 본받았으니, 선생은 자신의 덕을 이루고 그 덕으로 남을 교화시킨 공업, 자신을 수양하고 후손에 복을 주는 큰 계획을 이에서 볼 수 있다.

그리고 고산(孤山) 이유장(李惟樟)이 이른바 "선생의 공과 덕은 진실로 사문(斯文)의 형통하고 태평한 운에 관계되어 있다."라고 했으니, 참으로 이치를 아는 말이다. 선생이 죽은 뒤 문인들이 잇따라 와서 선생의 묘소에 제사를 지냈고, 자손들이 그것을 따라 행하며 백여

년 동안 폐하지 않았는데, 사림들이 용계사(龍溪祉)에 제사지내니 선생이 남겨 놓은 가르침이 사람들에게 받아들여지는 것이 깊다는 것 또한 볼 수 있다.

선생의 묘소에는 아직 묘비가 없으니, 후손 김성구(金成九) 등이 못난 나에게 명시(銘詩)를 청하였다. 못난 나는 그 마땅한 사람이 아니니 어찌 그 부탁을 감당할 수 있겠는가? 다만 선조 매은공(梅隱公: 金安繼) 또한 일찍이 선생의 문하에서 수학하여 성명이 문인록에 있었는데, 읽고 또 읽고 공경하듯 읽으니 어찌 감격하고 사모하는 마음이 없겠는가? 마침내 참람하고 망령됨을 헤아리지 못하고 삼가 눌은(訥隱: 李光庭)의 행장(行狀)을 보고 한두 가지 뛰어난 점을 뽑아 서(序)를 쓰고 명(銘)을 뒤에 붙였다. …(이하 생략)…

• **惟一齋金公墓碣銘 幷序**

先生諱彦璣, 字仲昷, 姓金氏。新羅王子興光, 知世將亂, 遯于光州之平章洞。孫吉, 佐麗祖, 官左僕射。自是代有平章, 洞之名以是云。本朝光城君若采, 生刑曹郎閱, 號退村。曾孫諱用石, 進士, 號潭庵, 先生大父也。燕山政亂, 遯跡府之九潭。八子, 第四曰籌, 進士, 娶竹溪安氏, 僉正處貞女。以正德庚辰某月日生先生。天品淸高, 有器局, 不苟言笑。事親孝, 與弟友。篤志講學, 嘗與具柏潭鳳齡, 入淸凉山, 期以十年讀書, 及出山, 巖崖草木, 盡成所讀書字云。屢貢於鄕, 輒屈省闈, 四十八始占司馬, 不復事公車。自九潭移居伊溪, 晩卜佳野, 構書舍數架, 扁以惟一, 教授生徒, 生徒坌集。日與講說經旨, 隨材誘掖, 多所成就。間與具柏潭·權晦谷·權松巖·金後凋從昆仲, 設約於山寺, 相聚講學, 其洞口水石, 所嘗遊息處, 至今號爲九仙臺。廬江書院始成, 先生爲洞主, 與同門諸賢, 參正院中規約。又呈書于府伯草澗權公文海, 請依白雲洞故事, 陞之爲國學, 書在世藁中。嘗爲寧海府學教授, 修治講

樓, 申明學規, 以奬勵之。以萬曆戊子三月日, 考終于寢, 享年六十九。葬臥龍山南麓丑坐之原。先生容貌魁偉, 嚴正確實, 喜怒不形於色。平居靜默, 媜孺畏不敢近, 而至待人接物, 和氣薰然。賢者愛敬, 不肖者觀感。臨事應酬, 動合義理, 鄕有大事, 輒就先生而質焉。訓誨後生, 嚴立課程, 諄諄啓迪, 本之以孝悌忠信之道, 反覆乎義利邪正之分, 至句讀詞章, 則不數數也。有時興到, 輒與諸生, 杖屨逍遙於山盤水曲之間, 諷詠自適, 翛然有出塵之想。配英陽南氏, 主簿世容女。一男得硏, 號葛峯, 俱中生進。二女權山斗·李景鯉。後配永川李氏, 參奉仁弼女。二男得礒·得礪出。三女南太華·權混·金泳。…(중략)… 先生家世, 自羅逮麗, 世爲名卿, 入本朝, 如退村之文章, 潭庵之明哲, 蓋已源遠而流長矣。先生胚胎前光, 襲訓趾美, 固有以異於人者。而當陶山倡道之日, 與一時登門之賢, 相與切磋講磨。進德修業之工, 宜有稱述而可傳者, 而屢經回祿, 遺文蕩佚, 無以尋逐其萬一, 則實後學不盡之憾。然今以門人錄觀之, 如南賁趾·鄭芝軒·權玉峯·權蘆川·申梧峯·北厓金公·守靜琴公·方潭權公諸賢, 或以道學重, 或以立揚顯, 或以操行, 或以文章。而又有賢子三昆仲, 克肖其德, 則先生成己成物之功, 蓄躬裕後之謨, 於是可見。而孤山李公所謂: "先生之功之德, 實有關於斯文亨泰之運"者, 眞知言哉。先生旣歿, 門人相率祭先生墓, 其子孫遵行, 百餘年不替, 士林俎豆于龍溪社, 其餘敎之入人深者, 亦可見矣。先生之墓, 尙闕顯刻, 後孫星九等, 請銘詩於不佞。不佞非其人也, 何足以堪是寄? 第先祖梅隱公, 亦嘗登先生之門, 姓諱在門人錄中, 三復敬玩, 烏能無感慕之懷耶? 遂不揆僭妄, 謹就訥隱之狀, 最其一二, 而爲之序, 係之以銘。…(이하 생략)…

〔龜窩先生文集, 권11, 墓碣銘〕

32. 김팔원

김팔원의 자는 순거, 호는 지산, 본관은 강릉이다. 중종 갑신년(1524)에 태어났다. 명종 을묘년(1555) 사마양시에 합격하고 문과에 급제하였다. 벼슬은 현감에 이르렀다. 선조 을사년(乙巳年: 기사년의 오기, 1569)에 죽었다. 안동의 인계서원(仁溪書院)에 향사하였다.

공은 신재(愼齋) 주세붕 선생의 문하에 종유하여 배움이 성취되자, 퇴계 노선생(老先生: 이황)에게 나아가 질정(質正)을 받았다. 선생(先生: 이황)은 풍기군수였는데, 공은 여러 벗들과 함께 백운동서원에서 학문을 익혔다.

선생은 공의 문사(文辭)가 청아하고 수려함을 아껴서 시로 칭찬하였으니, 이러하다.

> 수경의 시야말로 마치 들판 봄기운 같아서
> 풀빛과 산의 경치 모두 눈에 새롭기만 하니,
> 터득한 곳이 만일 지극히 미묘하지 않았다면
> 어찌 시구를 토하여 문득 사람을 놀라게 하랴.

대개 조예가 상당함을 인정한 것이리라. 수경은 공의 초자(初字)이다.【협주: 이유장(李惟樟)이 찬한 행장에 실려 있다.】

• 金八元

金八元[1], 字舜擧, 號芝山, 江陵人。中宗甲申生。明宗乙卯司馬兩試, 文科。官縣監。宣祖乙巳[2]卒。享安東仁溪書院[3]。

公遊周愼齋[4]先生門, 學旣成, 就正於退溪老先生。先生爲豐基[5]郡守, 公與諸友, 肄業於白雲洞書院。

先生, 愛其文辭淸麗, 以詩稱之, 曰: "秀卿詩似野晴春, 草色山光盡眼新。得處若非臻妙極, 何能吐句便驚人?" 盖幷許其造詣也。秀卿, 公初字。【李惟樟[6]撰行狀】

---

1 金八元(김팔원, 1524~1569): 본관은 江陵, 자는 秀卿·舜擧, 호는 芝山. 증조부는 金孝安이며, 조부는 金光瑠이다. 아버지는 삼척훈도 金績이며, 어머니 永春李氏는 李自芸의 딸이다. 부인 眞城李氏는 군자감정 李漢의 딸이다. 김팔원의 7대조 令同正 金仁轍이 안동으로 옮겨 살면서 자손들이 안동에 세거하게 되었다. 태어난 지 7일만에 어머니를 여의고 외가에서 자랐다. 周世鵬과 李滉 등의 문하에서 수학하였다. 이황의 문하에서 수학할 때에는 이황이 시를 지어 김팔원의 문장을 칭찬하기도 하였다. 한편 趙穆·具鳳齡 등과 산사에 모여 학문을 강마하였으며, 조목과 함께 〈人心道心圖〉를 만들기도 하였다. 1555년 생원진사 양시에 합격하고 그해 식년문과에 급제하였다. 1558년 부친상을 당해 3년상을 치렀다. 1562년 學錄에 임명된 뒤 박사·성균관전적, 1564년 예조좌랑을 거쳐 1565년 용궁현감 등을 지냈다.

2 乙巳(을사): 己巳의 오기.

3 仁溪書院(인계서원): 경상북도 봉화군 재산면에 있었던 서원. 1780년 지방유림의 공의로 金自粹·金彦璣·金八元·鄭士誠의 학문과 덕행을 추모하기 위해 창건하여 위패를 모셨다. 선현배향과 지방교육의 일익을 담당하여오다가 대원군의 서원철폐령으로 1868년 훼철된 뒤 복원하지 못하였다.

4 愼齋(신재): 周世鵬(1495~1554)의 호. 본관은 尙州, 자는 景遊. 증조부는 周尙彬이며, 조부는 周長孫이다. 아버지는 周文俌인데 1501년 가족들을 이끌고 칠원 무릉리(지금의 경상남도 함안군 칠서면 일대)로 이주하였다. 이후부터 사람들은 주세붕 가문을 '칠원주씨'라고 불렀다. 어머니 昌原黃氏는 부호군 黃謹中의 딸이다. 첫째부인 晋州河氏는 河沃의 딸이며, 둘째부인 廣州安氏는 安汝居의 딸이다. 方有寧과 姜藎孝의 문인이다. 1512년 향시에 장원하였으며, 1522년 사마시에 합격하고, 그해 별시문과에 급제하였다. 1542년 한국 최초의 서원인 백운동서원(소수서원)을 창설하였다.

5 豐基(풍기): 경상북도 영주시 풍기읍 지역.

6 李惟樟(이유장, 1625~1701): 본관은 禮安, 자는 夏卿, 호는 磨崖·懶庵·芋園·芋圃·四益堂. 안동부 豊縣에서 태어났다. 증조부는 생원 李希仁이며, 조부는 主簿 李珍이다. 부친은 통덕랑 李廷發이며, 어머니 順天金氏는 대구부사 金允安의 딸이다. 부인 全州柳氏는 柳槨의 딸이다. 1660년 진사시에 합격하였다. 1667년 大兜率村에 寓居하였다. 1689년 천거되어 6품계에 올라 瓦署別提와 工曹佐郎으로 제수되었으나 모두 나가지 않았다. 1669년 모친상을 당한 후, 두문불출하였다. 이후 講學에 전념하면서 朱子와 退溪 선생의 禮說을 절충하여 독자적인 이론 체계를 구축하였다. 우리나라 역사책을 刪節하고 요약한 뒤에 자기의 의견을 곁들어 《東史節要》를 만들었다. 1691년 안음현감에 제수되었으나 연한이 지났다는 이유로 사양하였다. 그해 겨울 翊衛司翊贊으로 제수되었지만 입직한 지 7일만에 下鄕하였다. 1694년 이조판서 李玄逸에 의해 영남의 老成한 宿德으로 천거되었다.

보충

채제공(蔡濟恭, 1720~1799)이 찬한 묘지명

지산 김공 묘지명[7]

공의 휘는 팔원(八元), 자는 순거(舜擧), 처음의 자는 수경(秀卿)이다. 강릉 김씨(江陵金氏)는 본래 신라의 종성(宗姓: 왕실의 성)이니, 비조(鼻祖) 김주원(金周元)은 명원군(溟源君)에 봉해졌다. 8대조 김인철(金仁轍)은 안동부로 이주해 살아서 자손들이 마침내 영남 사람이 되었다. 증조부 김효안(金孝安)은 국자생원(國子生員)이고, 조부 김광로(金光路: 金光璐)는 제릉참봉이다. 아버지 김적(金績)은 삼척훈도(三陟訓導)이다. 어머니 영춘이씨(永春李氏)는 이자운(李自云: 李自芸)의 딸이다.

공은 가정 갑신년(1524) 4월 25일에 태어났다. 32세에 생원시 3등과 진사시 2등으로 합격하고, 이어 다시 대과(大科)에 급제하여 명성이 자자하였다. 그런데도 공은 대수롭지 않은 듯이 여겨 날마다 책을 읽으며 자신의 뜻을 추구하였고, 세 번의 과거에 급제하여 일생 동안 먹고 입게 되었어도 개의치 않았다. 무오년(1558) 부친상을 당하고 여묘(廬墓)에서 죽을 마시며 3년상을 마쳤다. 상복을 벗고 성균관박사를 거쳐 전적으로 승진하였다가 예조좌랑으로 옮겼다. 을축년(1565) 모친의 봉양을 위하여 자청해 용궁현감(龍宮縣監)이 되었는데, 백성들이 매우 소중하게 받들어 위엄을 떨치지 않아도 교화되었으며, 관리들이 퇴청하면 번번이 등불을 매달고서 《주역》을 읽느라 한밤중이 되지 않고는 잠을 자지 않았다. 부인이 공에게 파리하도록 수척한 조짐이 있자 근심하여 간(諫)하기를, "부자(夫子: 남편)는 이미 과거에 급제하였는데, 어찌하여 스스로 사서 이와 같이 고생하십니까?"라고 하니, 공이

---

7 이유장의 〈행장〉이 방대한 분량이라서 이 책의 성격상 수록하기가 마뜩하지 않아 대신 채제공의 묘지명을 번역하여 보충한다.

말하기를, "독서는 학문에 나아가는 바라오. 그대는 과거에 급제했다고 하여 장부가 해야 할 일을 모두 끝냈다고 생각하는 것이오?"라고 하였다. 1년이 지나자, 관직을 버리고 고향으로 돌아왔다.

공은 일찍이 신재(愼齋) 주세붕(周世鵬)의 문하에서 가르침을 받았는데, 학문이 날로 향상되니 같이 배우던 사람들은 모두 미칠 수가 없다고 생각하였다. 이윽고 또 퇴도(退陶: 李滉) 노선생(老先生)을 스승으로 섬기면서 의문이나 이치를 물으며 궁리하여 터득하지 못하면 그만두지 않았다. 노선생이 일찍이 시를 주었으니, 이러하다.

> 터득한 곳이 만일 지극히 미묘하지 않았다면
> 어찌 시구를 토하여 문득 사람을 놀라게 하랴.

또 손수 주부자(朱夫子)의 시를 써서 주었으니, 대개 기대하고 장려함이 두터웠던 것이다.

돌아와서는 월천(月川) 조목(趙穆), 백담(柏潭) 구봉령(具鳳齡) 등 여러 사람과 동문계(同文稧)를 만들었는데, 그 합의하고 약속한 내용의 문서에 이르기를, "매번 사시(四時)의 좋은 절기에 산사(山寺)에서 모이든 촌사(村社)에서 모이든 보름 전에 유사(有司)가 모일 날짜를 두루 알린다. 모일 때면 각기 7일간의 양식을 준비하고 경서(經書)와 사서(史書) 중에서 한 책을 가져올 것이니, 쓸모없는 잡서는 가져오지 말아서 강론하며 학문과 덕행을 갈고 닦아 서로 돕는 바탕으로 삼는다."라고 하였다. 대개 외직으로 나가서는 벼슬살이하고 집에 들어와서는 부모를 섬기면서도 학문에 도움을 받은 스승과 벗의 학풍이 이처럼 넉넉하게 있었다.

관직을 그만둔 이듬해에 모친상을 당하였다. 본래 공은 태어난 지

7일만에 친모가 죽었다. 장성해서는 지극한 슬픔을 품고서 계모를 한결같이 나를 낳아주신 듯이 섬겼다. 이때에 이르러 여묘살이하면서 이전의 부친상처럼 슬퍼하여 몸이 상하였는데, 3년이 채 안되어 병이 갈수록 더욱 심해졌다. 회곡(晦谷) 권춘란(權春蘭)이 와서 병문안하고는 이르기를 "예(禮)에도 경도(經道: 원칙)와 권도(權道: 방편)가 있나니, 어찌 생강과 계피를 복용하여 만분의 일이라도 효과를 바라지 않는가?"라고 하였다. 공이 말하기를, "나는 태어나자마자 어머니를 잃어서 낳아주신 분에게 마음을 다하지 못했는데, 지금에 이르러 또 예를 다하지 못한다면 자식의 직분이라고 할 수 있겠습니까. 게다가 죽고 사는 것은 명에 달린 것이니, 예법을 어기면서까지 살기를 바라는 것은 하고 싶지가 않습니다." 하니, 회곡은 그의 마음을 돌릴 수 없음을 알고서 탄식하고 돌아갔다. 끝내 일어나지 못하고 죽었으니, 곧 기사년(1569) 7월 4일로 향년 46세였다.

유언으로 곽(槨)을 사용하지 말라고 하였으니, 대개 생모를 장사 지낼 때 곽을 하지 못했기 때문이다. 집안사람들이 유언을 어기려고 하자, 노선생이 친한 사람에게 글을 보내 이르기를, "관(棺)만 쓰고 곽을 쓰지 않은 것은 공성(孔聖: 孔子)께서 리(鯉: 공자의 아들)를 장사 지낸 법이었다. 안연(顔淵)이 죽었을 때 공리(孔鯉)의 장례가 마땅함을 얻은 것처럼 하지 못함을 탄식하였다. 《가례(家禮)》에 장사 지낼 때 곽을 쓰지 않는 것 또한 조문이 있으니, 가난하고 궁색하면서 예법을 지키려는 자는 모두 이것을 본받을 만하다. 더구나 이 사람은 지극한 애통한 마음을 품고서 그와 같은 유언을 하였거늘, 집안사람들과 벗들이 감정에 치우쳐 그 유언한 뜻을 저버리려 한단 말인가."라고 하였다. 이에, 치명(治命: 맑은 정신의 유언)을 좇아 안동부 북쪽 분토동(粉土洞) 묘향(卯向)의 언덕에 장사 지냈다.

공이 죽고 나서 지헌(芝軒) 정사성(鄭士誠)이 평소의 자취와 행적을 대략 서술하고 노선생에게 묘지(墓誌)를 청하였으나, 선생은 당시 이미 병중이었다. 후에 다시 백담(栢潭: 구봉령)에게 청하니, 백담이 지헌(芝軒: 정사성)에게 편지를 보내어 이르기를, "이 사람의 마음가짐과 행적이 옛사람에게 부끄러움이 없으니, 후세에 전하더라도 의심할 것이 없네. 다만 학문이 졸렬한 이 사람이 어찌 그야말로 적합하게 능히 주워 모을 수 있겠는가?"라고 하였으니, 대개 정중한 것이었다.

부인 진성이씨(眞城李氏)는 군자감정(軍資監正) 이한(李漢)의 딸이다. …(이하 생략)…

• 芝山金公墓誌銘

公諱八元, 字舜擧, 初字秀卿。江陵之金, 本新羅宗姓, 鼻祖周元, 封溟源君。八代祖仁轍, 徙居安東府, 子孫遂爲嶺南人。曾祖孝安, 國子生員, 祖光路, 齊陵參奉。皇考績, 三陟訓導。妣永春李氏, 自云之女。公以嘉靖甲申四月二十五日生。三十二, 中生員試第三名·進士試第二名, 仍又擢大科, 名聲大噪。公欿然視, 日讀書求志, 不以三場喫著爲意也。戊午, 丁父憂, 廬墓啜粥, 以終三年。服闋, 由成均博士, 陞典籍, 遷禮曹佐郎。乙丑, 乞養, 知龍宮縣, 民愛戴甚, 不威而化, 吏退輒懸燈讀易, 不夜分不寢。內室憂其有羸悴兆, 諫曰: "夫子旣擢第, 何自苦如此?" 公曰: "讀書所以進學。君以擢第, 爲丈夫能事畢耶?" 居一歲, 棄官歸。公蚤受業周愼齋門, 學日就, 同學者皆以爲莫能及。已又以退陶老先生爲師, 質問講究, 不得不措。老先生嘗贈以詩, 曰: "得處若非臻妙極, 何能吐句便驚人?" 又手書朱夫子詩以與之, 盖期詡之隆也。退而與趙月川·具栢潭諸賢, 修同文稧, 其立議以爲: "每於四時令節, 或會於山寺, 或會於村社, 而前一望, 有司輪示期日。及會, 各齎七日粮, 携經史一冊, 閒雜書勿令隨身, 以資講論切磋之益." 盖公之出而莅官, 入而事親, 綽有師友淵源如此。棄官之明年, 罹母艱。初, 公生七日, 母

夫人歿。及長，懷至痛，事繼母夫人，一如生我，至是廬墓，毁甚如前喪，未三年，疾轉劇。權晦谷春蘭，來問疾，且曰："禮有經權，盍用薑桂滋，以冀萬一效也." 公曰："吾生而失母，於所生，不能盡情，至今日而又不克盡禮，子職云乎? 且死生命也，違制求生，所不欲也." 晦谷知其意不可回，歎息而歸。竟不起，卽己巳七月四日也，壽四十六。遺命勿用椁，盖以所生妣，葬不能椁也。家人欲違誡，老先生貽書所親，曰："有棺無椁，孔聖葬鯉之法也。顔淵之死，歎不得如葬鯉之得宜。《家禮》，葬不用椁，亦有明文，貧窮守禮者，擧可法此。況此人懷至痛之情，有此命，家人·朋友，乃欲循情而棄遺意歟?" 於是，遵治命，葬于安東府北粉土洞卯向原。公旣歿，鄭芝軒士誠，略敍平日事行，請誌于老先生。先生時已寢疾矣。後又請栢潭，栢潭貽芝軒書，曰："此人立心行事，無愧古人，傳於後，無可疑者。第此拙學，安能裒撰得宜?" 盖鄭重也。配眞城李氏，軍資監正漢之女。…(이하 생략)…

〔樊巖先生集，권54，墓誌銘〕

33. 김우굉

> 김우굉의 자는 경부, 호는 개암, 본관은 의성이다. 부사 김희삼(金希參)의 아들이다. 중종 갑신년(1524)에 태어났다. 명종 임자년(1552) 사마시에 장원으로 합격하고, 병인년(1566) 문과에 급제하였다. 한림·삼사·사인·대사간·대사성·감사를 거쳐 부제학에 이르렀다. 선조 경인년(1590)에 죽었다. 상주(尙州)의 속수서원에 향사하였다.

을축년(1565) 문정왕후가 승하하자, 공이 도내(道內)에 통고하여 요승(妖僧) 보우(普雨)를 베도록 청하는 상소를 앞장서서 하며 한 달 동안 궐문 밖에 엎드렸는데, 상소가 모두 22번 올라갔고 상소문의 원본은 대부분 공의 손에서 나왔다.

퇴계 이황 선생이 공에게 답한 편지에 이르기를, "지난해 서울에 있을 적에 성대한 책문(策文)을 보고서 '명성 아래에 헛된 선비가 없음(名下無虛士: 명성이 높은 사람은 반드시 그 명성을 받을 만한 실력이 있음)'을 참으로 알았었네. 이제 수찰을 받아 보니 이취(理趣)와 사채(詞彩: 글의 우아함)가 선명히 빛나 사람을 감동시키니 귀중하게 여기고 감복함을 이기지 못하노라."라고 하였다.

선조(宣祖)가 안빈(安嬪: 昌嬪安嬪)의 사당을 대원군(大院君: 덕흥대원군)의 묘정으로 옮겨 봉안하고 하원군(河原君: 宣祖의 백형)으로 주관하게 하려 하였다. 공은 이때 응교였는데, 동료들과 함께 차자(箚子: 간략 상소문)를 올려 예경(禮經)에 위배되고 종법(宗法)을 무너뜨리는 잘못임을 아뢰었다.

일찍이 경연에서 앞으로 나아가 말하기를, "전하의 도량이 넓지 못하옵니다."라고 하자, 주상이 노하여 꾸짖으며 묻기를, "도량이 넓지 못하다는 바가 무엇인가?"라고 하니, 공이 대답하기를, "바로 이러한 하교(下敎) 또한 그 하나입니다."라고 하였다. 주상의 노여움이 조금 누그러져 술을 내리라고 명하였다.

공이 충청감사가 되어 순시할 때, 어떤 장사꾼이 말을 타고 가마 행차를 범하니 종자(從者)가 그를 징치하려고 하자, 공이 말하기를, "이 자는 필시 미쳐서 제 정신을 잃었으니 오래지 않아 의당 죽을 것이다. 나는 사람을 죽이고 싶지 않으니 그대로 놔두어라." 하였다. 그 사람은 과연 말에서 떨어져 죽었다.

계미년(1583) 부제학에 제수되었는데, 이때 공이 율곡(栗谷) 이이(李珥)가 건의한 경장(更張: 개혁)의 조짐이 없다고 논핵하여 세속에 거슬러서 외방(外方)에 보임(補任)되었다. 이때 공의 동생 동강(東岡: 金宇顒) 및 기타 배척된 사람들은 40여 명이었다.

일찍이 퇴도(退陶: 이황)와 남명(南冥: 조식)의 문하에 종유하였고, 게다가 현계(賢季: 김우옹)까지 있어서 서로 학문을 갈고 닦아 도학과 문장이 한 시대의 사표가 되었으니, 연원이 바른 것은 원래 유래가 있었던 것이다.【협주: 권상일이 찬한 행장에 실려 있다.】

• **金宇宏**

> 金宇宏, 字敬夫, 號開巖, 義城人。府使希參子。中宗甲申生。明宗壬子司馬魁, 丙寅文科。歷翰林·三司·舍人·大司諫·大司成·監司, 至副提學。宣祖庚寅卒。享尙州[1]涑水書院[2]。

乙丑, 文定王后[3]陟遐[4], 公通告于道內, 倡疏請斬妖僧普雨[5], 伏閤[6]一

---

1 尙州(상주): 경상북도 서북부에 있는 고을.

2 涑水書院(속수서원): 경상북도 의성군 단밀면 속암리에 있는 서원. 申祐, 孫仲暾, 金宇宏, 趙靖, 趙翊 등 다섯 선현을 배향하고 있는 서원이다.

月，疏凡二十二上，而疏本[7]多出公手。

退溪李先生，答公書，曰："往年在京[8]，得見盛策，信知名下無虛士。玆承手札，理趣[9]詞彩，粲然動人，不勝珍服."

宣廟，將移奉安嬪[10]之祠於大院之廟，使河原君主之。公時爲應教，與同僚上箚，陳違禮經·壞宗法之失。

嘗於筵中，進曰："殿下聖量未弘." 上怒詰問："量未弘何事?" 對曰："卽此下敎，亦其一也." 天威少霽，命賜醞。

公爲忠淸監司，行部[11]時，有一賈人，乘馬犯轎，從者欲治之。公曰："此必狂易[12]，不久當死。吾不欲殺人，置之." 其人果墮馬死。

癸未，拜副提學，時公論李栗谷珥[13]更張無漸，見忤外補。時公弟東

---

3 文定王后(문정왕후, 1501~1565): 조선 제11대 중종의 왕비. 본관은 坡平. 아버지는 영돈녕부사 尹之任이며, 明宗의 어머니이다. 1517년 왕비에 책봉되었으며, 1545년 명종이 12세의 나이로 왕위에 오르자 8년간 수렴청정을 하는 동안 동생인 少尹 尹元衡에게 정권을 쥐게 한 결과 인종의 외척인 大尹 尹任 일파를 제거하기 위하여 을사사화를 일으켜 尹元老를 海南으로 귀양보내고 윤임 등을 사사하였다. 승 普雨를 신임하여 불교의 부흥을 꾀하여 1550년 禪敎 兩宗을 부활시키고 승과·度牒制를 다시 실시하였고, 중종의 능을 보우가 주지로 있는 奉恩寺로 이장시켰다. 1553년 국정을 왕에게 맡겼으나 실질적인 대권은 계속 장악하여 윤원형 등 친척에게 정사를 좌우하게 하였다.

4 陟遐(척하): 昇遐.

5 普雨(보우, 1515~1565): 승려의 법명. 호는 虛應·懶庵. 명종대 文定大妃에 의해 선교양종이 다시 세워지고 도첩과 승과가 재개되었을 때 선종판사를 역임하며 불교 중흥을 위해 힘썼다.

6 伏閤(복합): 나라에 큰 일이 있을 적에 朝臣 또는 유생이 대궐 문 밖에 이르러 상소하고 엎드려 청하는 일.

7 疏本(소본): 상소문의 원본.

8 往年在京(왕년재경): 1560년 별시문과 初試의 출제관이었던 이황이 김우굉의 책문을 보고 감탄했던 때를 말함.

9 理趣(이취): 이성적 경향의 理와, 감성적 경향의 趣가 결합된 개념.

10 安嬪(안빈): 中宗의 嬪이며 宣祖의 할머니인 昌嬪安氏(1499~1549). 安坦大의 딸이다. 1507년 궁궐에 들어가 1518년 중종의 후궁이 되어 2남1녀를 두었다. 장남 永陽君, 차남 德興大院君, 딸 靜愼翁主이다. 1577년 昌嬪에 추봉되었다. 덕흥대원군의 3남이 바로 宣祖이다. 선조가 안빈의 사당을 덕흥대원군의 廟庭으로 옮기고 선조의 백형 河原君에게 제사를 모시게 하려 하였다.

11 行部(행부): 부속의 지방을 순시하며 관리의 치적을 살핌.

12 狂易(광역): 미쳐서 제 정신을 잃음.

岡[14]及他被斥者四十餘人。

早遊退陶·南冥之門，又有賢季，相與切磋，道學文章，師表一世，淵源之正，有自來矣。【權相一[15]撰行狀】

보충

김우굉(1524~1590)의 가계와 관력

김우굉(金宇宏)

김우굉은 고조부 김계손(金啓孫)이 북청도호부사 배혜(裵惠)의 사위가 되어 성주로 옮겨서 살게 되었다. 증조부는 김종혁(金從革)이며, 조부는 김치정(金致精)이다. 아버지 김희삼(金希參, 1507~1560)은 삼척부사를 지냈으며, 어머니 청주곽씨(淸州郭氏)는 습독(習讀) 곽인화(郭人和)의 딸이다. 네 명의 형제가 있었으니, 김우홍(金宇弘, 1522~1560), 김우굉, 김우용(金宇容, 1538~1608), 김우옹(金宇顒, 1540~1603)이다.

어려서부터 우뚝한 기상과 단중(端重)한 모습을 지녀 사람들이 원대한 그릇으로 여겼다. 1542년 향시에 합격하고, 1552년 진사시에

---

13 李栗谷珥(이율곡이): 栗谷 李珥(1536~1584). 본관은 德水, 자는 叔獻, 호는 栗谷·石潭·愚齋. 강원도 강릉 출생. 아버지는 李元秀이며, 어머니는 현모양처의 사표로 추앙받는 (師任堂申氏이다. 아명을 見龍이라 했는데, 어머니 사임당이 그를 낳던 날 흑룡이 바다에서 집으로 날아 들어와 서리는 꿈을 꾸었다 하여 붙인 이름이다. 19세 때 금강산에 들어가 불교를 공부하기도 했으나 20세에 하산해 유학에 전념했다. 이후 총 9번의 과거에 모두 장원급제하여 구도장원공이라 불렸다. 1568년 천추사의 서장관으로 명에 다녀왔고, 1583년 병조판서가 되어 선조에게 시무육조와 십만양병설 등 개혁안을 올렸다. 학문 연구와 후진 양성에도 힘썼다.

14 東岡(동강): 金宇顒(1540~1603)의 호. 본관은 義城, 자는 肅夫, 호는 直峰布衣. 경상북도 성주 출신. 아버지는 삼척부사 金希參이다. 曺植의 문인이다. 정치적으로 유성룡, 김성일 등과 가까워 동인에 속하였다. 김우옹은 학문적 문제와 정치에 시무책을 진언하여 선조의 두터운 신임을 받았다. 병조참판, 예조참판, 이조참판 등을 역임한 문신이자 학자이다.

15 權相一(권상일, 1679~1759): 본관은 安東, 자는 台仲, 호는 淸臺. 상주의 近嵓里 출생. 아버지는 權深이며, 어머니 慶州李氏는 부사 李達意의 딸이다. 1710년 증광문과에 급제하였다. 대사간, 홍문관부제학, 대사헌 등을 역임하였다.

합격하였다. 부친 김희삼이 당시 이기(李芑)의 미움을 받게 되어 삼척부사로 7년 동안 가 있자, 아버지를 곁에서 모시며 산천을 주유하였다. 1560년 부친상을 당하여 3년상을 치르자, 상주 낙동강 개암(開巖)에 별서(別墅)를 짓고 지내니 후학들이 '개암선생'이라 부르게 되었다. 1568년 모친상을 당하여 또한 3년상을 치렀다.

1564년 향시의 두 장[鄕解兩場]에 모두 장원이었으나, 성위(省闈: 회시)에는 급제하지 못하였다. 1566년 별시문과에 급제하였다. 이보다 앞서, 1565년 보우(普雨)가 회암사(檜巖寺)에서 무차대회(無遮大會)를 열었는데, 이때 문정왕후(文定王后)가 죽어 장례를 치르고 난 뒤, 유생들은 보우를 죽일 것을 상소하였으나 명종이 듣지 않았다. 김우굉은 그 소두(疏頭)가 되어 22회나 상소문을 올렸다.

1570년 대교에 제수되었고, 1571년 성균관전적, 병조좌랑, 예조좌랑, 1572년 정언, 헌납, 사간 등을 지냈으며, 1573년 홍문관부수찬에 제수되었다. 그 후에 홍문관교리, 부수찬, 수찬, 부응교, 응교, 사헌부지평, 장령, 집의, 승정원동부승지, 좌부승지, 사복시정 등을 거쳐 1579년 사간원대사간, 성균관대사성, 병조참의 등을 지내고, 1582년 충청도관찰사로 나갔다. 1583년 형조참의, 부제학을 지내고서 다시 청송부사로 나갔다. 1587년 성절사에 뽑혔으나 선조(宣祖)가 그의 노환을 걱정하여 체임시켰으며, 가을에 광주목사(光州牧使)로 나갔으나 다음해에 병으로 사직하고 고향으로 돌아왔다.

1589년 기축옥사(己丑獄事)가 일어나 김우옹이 백유함(白惟咸)의 무함(誣陷)으로 안동부사에서 파직되고 회령으로 귀양 가게 되었다. 11월에 동생이 귀양 가자 김우굉은 말을 몰아 영천(榮川: 영주)으로 달려가 시 1수를 지어 동생을 송별했지만, 그로 인해 병이 도져 1590년 67세의 나이로 세상을 떠났다.

34. 구봉령

구봉령의 자는 경서, 호는 백담, 본관은 능성(綾城: 綾州)이다. 중종 병술년(1526)에 태어났다. 명종 병오년(1546) 사마시에 합격하고, 경신년(1560) 문과에 급제하였다. 한림에 제수되었고, 홍문관 정자로 옮겼다. 얼마 안 되어 문신정시(文臣廷試)에 장원하여 수찬으로 승진하였고, 호당(湖堂)·이랑(吏郎)·사인·직제학·승지·대사성·대사간·부제학·이조참의·충청도관찰사·전라도관찰사·대사헌·예문관 제학을 거쳐 이조참판에 이르렀다. 선조 병술년(1586)에 죽었다. 안동의 주계서원(周溪書院)에 향사하였다.

어렸을 때《논어》를 읽다가 '음식에 배부름을 구하지 않고, 거처에 편안함을 구하지 않는다.(食不求飽, 居無求安)'는 구절에 이르자 개연히 탄식하여 말하기를, "사람이 능히 스스로 서지 못하는 까닭은 배불리 먹으려는 것과 편안히 지내려는 것이 해를 끼치기 때문이다. 진실로 이를 분수에 맡기고 구하지 않는다면 무슨 일인들 이루지 못하겠는가?"라고 하였다. 20세가 되자 경서(經書)를 가지고 퇴계의 문하에 들어갔는데, 선생이 그가 학문과 행실이 있다고 칭찬하였다.

공이 사마시에 합격하자 명성과 소문이 널리 퍼졌는데, 대과에 급제하자 온 조정이 서로 경하하였으니 심지어 '삼대의 인물이오, 양한의 문장이로다.(三代人物, 兩漢文章)'라는 칭송까지 있었다.

윤원형의 위세와 권력이 안팎으로 떨치자, 공이 때마침 옥당에 있으면서 의안(議案)을 내놓으며 맨 먼저 논핵하니 백관들의 안색이 변하였다.

충청도관찰사로 제수되었을 때, 자신을 바르게 하여 남을 다스린 정성과 신의로 신뢰를 받았다. 백성 중에 형제가 서로 소송하자, 공이 이치를 들어 타이르며 심지어 눈물을 흘리기까지 하니, 두 사람이 머리를 조아리며 소송을 그만두고 물러나 마침내 화목하게 지냈다.

대사성(大司成)에 제수되었을 때, 학업을 권장하는 과정에 방도가 있었던데다 반복하여 묻고 궁리하는 것을 게을리하지 않아서 선비들의 기풍이 크게 변하여 성취한 자가 많으니, 대신들이 아뢰기를, "선비의 풍습이 굳세지 못했던 것은 스승의 도가 제대로 서지 않은 데서 말미암은 것입니다. 사표(師表)가 될 만한 사람을 지금 제대로 얻었으니, 오랫동안 맡기어 실효를 거두어야 합니다."라고 하였다.

삼사(三司: 사헌부·사간원·홍문관)의 장(長)에 여러 차례 제수되었으나 모두 나아가지 않았다. 이때는 조정의 논의가 둘로 나뉘어 분열했었는데, 공은 떠나려 해도 떠날 수가 없자 조정을 서로 협조하고 화합하도록 하여 나라의 명맥을 북돋우려 하였으니, 그것을 반복적으로 조정에 역설하자 어떤 사람은 흔적만을 표방한 것이라며 헐뜯기도 하였다.

일찍 부모를 여의고서 늘 생전에 봉양하지 못하여 비통함이 무엇보다 가장 커서 부모의 묘소 아래에 집을 짓고 살며 날마다 묘소를 살폈다. 벼슬살이를 할 때면 가는 곳마다 위패를 모셔 놓고 절하였으며, 제삿날이면 초상 때처럼 수척할 정도로 슬퍼하면서 소식(素食)을 하고 거친 베옷 차림으로 그 달을 보냈다.

나라를 걱정하고 백성을 사랑하여 한결같은 마음으로 정성을 다하였으니, 늘 이르기를, "하나의 생각일망정 혹시라도 사사로우면 군부(君父)를 대해서는 아니 된다."라고 하였는데 사건에 따라 죄목을 하나하나 들추어 하는 말이 의연하였고 이해득실 때문에 달라지지 않았으며, 혹 천재지변을 만나기라도 하면 번번이 얼굴에 근심스러운 빛을 띠며 음식의 가짓수를 줄였다.

국기일(國忌日)이면 반드시 소식(素食)하였으니, 임종하기 전날 저녁에도 인종(仁宗)의 기일(忌日)이자 고기를 물리고 먹지 않았다.

평소에 옥 같고 눈 같은 결백으로 자신을 지켜서 터럭만큼도 남에게 요구하지 않았는데, 충청도관찰사를 그만두고 돌아온 뒤로 집안 형편이 더욱 영락하니 알고 지내던 고을 수령들이 음식을 보내자 사양하여 그것을 거절하였다. 일찍이 도성에 집 한 채도 마련하지 않았을 뿐 아니라, 자루와 주머니가 텅 비었고 오직 짐 보따리만 몇 개 있었다. 의롭지 못한 짓을 해서 부귀한 사람을 보면 마치 오물이 묻는 것처럼 피했다.

젊어서도 벼슬길에 나아가는 것을 좋아하지 않았으니, 비록 할머니를 위로하고 기쁘게 하기 위하여 과거에 부지런히 응시했을지라도 매번 대책(對策)에서는 곧은 말과 정단한 주장을 폈으며, 대책문 쓰는 일이 뜻대로 되지 않으면 간혹 대책문을 제출하지 않고 나오기도 하였다. 조정에 벼슬살이를 하고부터는 항상 도가 행해지지 않는 것을 부끄럽게 여겼으니, 번번이 새로 제수될 때마다 병을 핑계삼아 힘써 사양하였고 휴가를 받은 날이 대부분을 차지하였다.

늘 말하기를, "출처는 선비의 큰 절개이니 의연한 몸가짐에 한번이라도 차질을 빚는다면 그 나머지는 더 볼 필요도 없다."라고 하였다. 일재(一齋) 이항(李恒)을 방문하여 노재(魯齋) 허형(許衡)이 원(元)나라에 벼슬살이를 한 잘못을 논한 적이 있는데, 일재가 그 행실을 권도에 맞게 한 것으로 여기자, 공이 말하기를, "거취의 떳떳함을 잃은 것은 권도(權道: 형편에 따라 임기응변으로 일을 처리하는 방도)를 경도(經道: 항상 변하지 않는 떳떳한 도리)로 인식한 데서 말미암은 것입니다."라고 하였다.

문장을 지을 때면 의리에 근본을 두었고 격조는 타고난 것이었으니, 늘 과장에서 기예를 겨룰 때마다 번번이 과거에 장원하였다. 시 또한 호방하고 굳센데다 운치가 있어 시를 짓기만 하면 사람을 놀라게 하였다.

• **具鳳齡**

具鳳齡, 字景瑞, 號栢潭, 綾城人。中宗丙戌生。明宗丙午司馬, 庚申文科。拜翰林, 遷弘文正字。俄魁文臣庭試, 陞修撰, 歷湖堂·吏郎·舍人·直提學·承旨·大司成·大司諫·副提學·吏曹參議·忠淸全羅觀察使·大司憲·藝文提學, 止吏曹參判。宣祖丙戌卒。享安東周溪書院[1]。

兒時, 讀《論語》, 至'食不求飽, 居無求安', 慨然歎曰: "人之所以不能自立, 飽食與安居害之也。苟於此而能任分無求, 則何事不可做?" 旣冠, 執經退溪之門, 先生稱其有文行。

公中司馬, 聲聞盛播, 及登第, 朝中相賀, 至有'三代人物, 兩漢文章'之稱。

尹元衡威權震中外, 公時在玉堂, 倡議首論之, 百僚動容。

拜忠淸觀察使, 正身律物, 誠信自孚。民有兄弟相訟, 公諭之以理, 至於泣下, 二人叩頭自引, 遂成敦睦。

授大司成, 勸課有方, 叩擊[2]無倦, 士風丕變[3], 成就者衆, 大臣啓曰:

---

1 周溪書院(주계서원): 경상북도 안동시 와룡면에 있는 서원. 1612년 지방유림의 공의로 具鳳齡의 학문과 덕행을 추모하기 위해 창건하여 위패를 모셨다. 1693년 '周溪'라 사액되었으며, 그 뒤 權春蘭을 추가배향하였다.

2 叩擊(고격): 《禮記》〈學記〉의 "질문에 잘 대처하는 이는 마치 종을 치는 것과 같아서 작은 것으로 두드리면 작게 울리고 큰 것으로 두드리면 크게 울린다.(善待問者如撞鐘, 叩之以小者則小鳴, 叩之以大者則大鳴.)"라고 한바, 학식이 있는 사람에게 질문하는 것을 비유한 데서 나온 표현. 남의 질문을 잘 받는 자는 종을 치는 자의 힘의 대소에 따라 종소리에 대소의 차가 있듯이, 질문하는 자의 실력의 정도에 따라 대답한다.

"士習不競, 由師道不立也。師表今得人, 可久任責効也."

累除三司長, 皆不拜。是時, 朝論携貳, 公求去不得, 則將協和朝著[4], 培植國脉, 反覆言之於朝, 或以標榜形跡而詆之。

早喪怙恃[5], 常以失養爲至痛, 築室居墓下, 逐日展省[6]。遊宦之日, 設位以拜, 諱日則毁慽如初喪, 齋素[7]蔬布[8]以終月。

憂國愛民, 一心眷眷, 常謂: "一念或私, 不可以對君父." 隨事論列[9], 辭氣毅然, 不以利害貳之, 或遇災異, 輒容色愀然, 飮膳爲減。

遇國忌必食素, 屬纊[10]之前夕, 仁廟諱日也, 猶却肉不御。

平生玉雪自持, 無毫髮干人。歸自湖臬[11], 家益落, 所識邑宰有饋, 謝却之。未嘗營第於都下, 囊褚蕭然, 惟數擔行李而已。見人不義而富貴, 避之若浼。

少而不樂進取, 雖因慰悅重闈[12], 黽勉應擧, 而每於對策, 直言正論, 事有不如意, 或不對而出。旣立于朝, 常以道不行爲恥, 每有新除, 引疾力辭, 在告之日居多[13]。

常曰: "出處, 士之大節, 立脚[14]一蹉, 餘無足觀." 嘗訪李一齋恒[15], 論許

---

3 丕變(비변): 전부터 전해 오던 나쁜 풍습을 타파함.

4 朝著(조저): 조정. 임금이 나라의 정치를 신하들과 의논하거나 집행하는 곳이다.

5 怙恃(호시): 자식이 믿고 의지하는 사람으로 부모를 일컫는 말.

6 展省(전성): 조사의 산소를 찾아가서 돌봄.

7 齋素(재소): 素食.

8 蔬布(소포): 疎布의 오기. 거친 베.

9 論列(논열): 죄목을 들춰내어 죽 늘어놓음.

10 屬纊(속광): 臨終을 달리 이르는 말. 옛날 중국에서 사람이 죽어 갈 무렵에 고운 솜을 코나 입에 대어 호흡의 기운을 검사하였다는 데서 유래한다.

11 湖臬(호얼): 충청도 관찰사를 달리 이르는 말. 錦伯·湖伯·湖西伯으로도 불렸다.

12 重闈(중위): 조부모.

13 居多(거다): 다수를 차지함.

14 立脚(입각): 다리를 세운다는 말로, 어떠한 경우에도 흔들리지 않고 몸을 의연히 지키는 것을 일컬음.

15 李一齋恒(이일재항): 一齋 李恒(1499~1576). 본관은 星州, 자는 恒之, 호는 一齋. 증조부는 李洧이며, 조부는 李溱이다. 아버지는 義盈庫主簿 李自英이며, 어머니 全州崔氏는 소경전참봉 崔仁遇의 딸이다. 부인 寧越辛氏는 辛伯粹의 딸이다. 李德一의 아버지이다.

魯齋仕元[16]之非, 一齋以爲行中權, 公曰: "去就之失常, 由於認權爲經."

爲文章, 根本義理, 格力[17]自天, 每較藝場屋, 輒冠首科。詩又豪健有趣, 落筆[18]驚人。【李埈[19]撰碑】

보충

이준(李埈, 1560~1635)이 찬한 비문

가선대부 이조 참판 겸 예문관 제학 동지경연성균관사 오위도총부 부총관 구공 묘갈명

옛날 내가 젊었을 때 백담(栢潭) 선생의 맑고 높은 덕행과 아름다운 절조가 우뚝하여 당대 제일류(第一流)이니 봉황이 천 길 드높게 나는 듯하고 세찬 물결 속에 있는 지주(砥柱) 같다는 말을 듣고서 그 풍모를 우러르지 않은 적이 없었는데, 사제(師弟)의 예를 갖추기도 전에 공이 이미 세상을 떠났다. 그 후로 나는 공의 맏아들 집에 장가들고서 공의

朴英의 문하에서 수학하였다. 당대의 학자들인 奇大升·金麟厚·盧守愼·曺植 등과 교유하면서 조야의 명망을 얻었다.

16 魯齋(노재): 元나라 학자 許衡(1209~1281)의 호. 자는 仲平. 16세에 학문에 뜻을 두고 일심으로 유가경전을 연구하였다. 1232년에 몽골군이 金나라의 新鄭을 함락시킬 때 그는 포로가 되었으나 뒤에 석방되었다. 그럼에도 원나라에 다섯 차례 출사하여 크게 중용되지 못했지만 원나라 국자학의 기초와 정주학설을 선양하는데 큰 공헌을 남겼다.

17 格力(격력): 詩文의 풍격.

18 落筆(낙필): 쓰기 시작함. 짓기 시작함.

19 李埈(이준, 1560~1635): 본관은 興陽, 자는 叔平, 호는 蒼石. 증조부는 李兆年이며, 조부는 李琢이다. 아버지는 李守仁이며, 어머니 高靈申氏는 申守涇의 딸이다. 첫째부인 善山文氏는 文秀民의 딸이며, 둘째부인 綾城具氏는 具忠胤의 딸이다. 柳成龍의 문인이다. 李坱의 동생이다. 1582년 생원시를 합격하고, 1591년 별시문과에 급제하였다. 임진왜란과 정묘호란 때 여러 차례 의병을 모았다. 예조정랑, 수찬, 첨지중추부사, 승지, 부제학 등을 역임하였다. 선조대에서 인조대에 이르는 복잡한 현실 속에서 국방과 외교를 비롯한 국정에 대해 많은 時務策을 제시했으며, 정경세와 더불어 유성룡의 학통을 이어받아 학계에 중요한 위치를 차지하였다. 또한, 정치적으로는 남인세력을 결집하고 그 여론을 주도하는 중요한 소임을 하였다.

제자들이 기록한 언행의 본말을 보았다.

공은 가정 병술년(1526)에 태어났다. 7세에 모친상을 당하고서 선참판공(先參判公: 구봉령의 부친 具謙)이 육식을 권하는데도 한사코 거부하니 외가 친척들이 기이하게 여겼다. 11세에 부친상을 당해서는 마치 어른처럼 크게 슬퍼하였다. 언문으로 편지를 써서 외종조부 권팽로(權彭老)에게 보내어 가르침을 청하니, 권팽로가 매우 기특하게 여겼다. 비로소 《소학(小學)》을 배웠는데 시원스레 읽으며 쉬 깨쳐 첫 권이 끝나자마자 그 나머지는 칼을 들이대는 대로 쪼개지듯 이해했다. 16세에 《논어》를 읽다가 '음식에 배부름을 구하지 않고, 거처에 편안함을 구하지 않는다.(食不求飽, 居無求安)'는 구절에 이르자 개연히 탄식하여 말하기를, "사람이 능히 스스로 서지 못하는 까닭은 배불리 먹으려는 것과 편안히 지내려는 것이 해를 끼치기 때문이다. 진실로 이를 분수에 맡기고 구하지 않는다면 무슨 일인들 이루지 못하겠는가?"라고 하고는 깊이 연구하고 거듭 공부하여 터득한 바가 있는 듯하였다. 20세가 되자 경서(經書)를 가지고 퇴계(退溪)의 문하에 들어갔는데, 선생이 그가 학문과 행실이 있다고 칭찬하였다.

아, 공은 타고난 자질이 뛰어난데다 또한 훌륭한 스승을 만나 의지하였으니 의당 그의 학문이 순수하게 한결같이 바른 데에서 나왔고, 벼슬길에 나갈 때와 벼슬길에서 물러날 때면 큰 절개로 분명히 하였기 때문에 이처럼 우뚝하였다. 공의 올바른 학문과 행실은 서애(西厓: 류성룡)의 제문(祭文)에서 살펴볼 수 있을진대, 어찌 다시 명문(銘文)을 지을 것이 있겠는가? 다만 장인어른이 분부를 하여 사양해도 받아들여지지 않았으니, 삼가 기록된 바에서 골라 뽑아 간략히 서술한다.

공의 휘는 봉령(鳳齡), 자는 경서(景瑞), 대대로 능성(綾城)의 명망 있는 집안의 출신이다. 13세조 구존유(具存裕)는 고을의 아전으로서 과거에 장원급제하여 관직이 벽상삼한삼중대광(壁上三韓三重大匡) 검교상장군(檢校上將軍)에 이르렀다. 이후로도 벼슬아치들이 빛나고 빛나 7세 동안 정승에 올랐던 사람은 구씨(具氏) 족보에 나타난다.

고조부의 휘는 구익명(具益命)이다. 증조부의 휘는 구인서(具仁恕)로 훈련원 참군(訓鍊院參軍)을 지냈는데 통례원 좌통례(通禮院左通禮)에 증직되었고, 조부의 휘는 구중련(具仲連)으로 승정원 좌승지에 증직되었고, 아버지의 휘는 구겸(具謙)으로 이조참판에 증직되었고, 어머니 안동권씨(安東權氏)는 정부인(貞夫人)에 증직되었으니, 모두 공이 귀하게 되었기 때문이다.

공은 가정 병오년(1546) 사마시에 합격하자 이때부터 명성과 소문이 널리 퍼졌다. 경신년(1560) 가을 대과에 급제하자 온 조정이 서로 경하하였으니 심지어 '삼대의 인물이오, 양한의 문장이로다.(三代人物, 兩漢文章)'라는 칭송까지 있었다. 예문관 검열로 발탁되었고, 곧이어 옥당(玉堂: 홍문관)에 들어가 정자(正字)가 되었으며, 정시(庭試)에서 장원하여 수찬(修撰)으로 승진하였다. 이때 윤원형의 위세와 권력이 안팎으로 떨치자, 공이 의안(議案)을 내놓으며 맨 먼저 논핵하니 백관들의 안색이 변하였다. 병조좌랑과 지제교로 옮겨 제수되었는데 엄중하게 지조를 지키니 곁에서 청탁을 넣지 못하였다. 다시 옥당에 들어왔다가 동호(東湖)에서 사가독서(賜暇讀書)하였으며, 곧이어 사간원의 정언으로 옮겼다가 또 이조좌랑 겸 실록청으로 전임되었다. 외직으로 나가 재해로 인한 전라도의 피해를 조사하려고 어사(御使)를 아울러 겸하였는데, 먼저 소문이 이르자 온 도(道)가 숙연해졌으며, 간악한 아전이나 못된 백성들이 감히 속이는 짓을 하지 못했다. 내직으로 들어와 정랑이 되었지만 휴가를 청하고 벼슬에서 물러나 고향을 지키려는 계획을 세우니, 퇴계 선생이 시를 지어 주며 거취에 대해 묻자,

그 차운한 시에 '웃으며 흰 구름만 가리키니 그 마음 유연하네.'라는 구절이 있었다.

정묘년(1567) 의정부 사인(舍人)에 제수되었는데, 원접사 종사관으로 차출되자 나아가지 않았다. 이후로 응교·사간·직제학을 연이어 제수하면서 소명(召命)이 모두 열 번이나 내려졌으나 모두 병으로 사양하였다. 만력 계유년(1573) 계자(階資)를 뛰어올려 동부승지를 제수하였고, 좌승지와 대사성을 역임하였다.

일찍이 백담(栢潭)에 있는 샘과 바위의 빼어난 경치를 사랑하여 그곳에 오두막집을 지어 장차 벼슬을 그만두고서 쉬려고 하였다. 이때 남쪽 변방에 근심이 생겨 천거로 인하여 호남관찰사로 발탁되었으나 나아가지 않았으니, 선례(先例)에 2품의 직첩을 받으면 선조(先祖)에게 영화로운 증직을 내려주나 공은 부임하지 않았기 때문에 사양하고 받지 않았다. 이조 참의에 제수 받았다가 곧바로 교체되어 충청도관찰사에 제수되었을 때, 자신을 바르게 하여 남을 다스린 정성과 신의로 신뢰를 받았다. 백성 중에 형제가 서로 소송하자, 공이 이치를 들어 타이르며 심지어 눈물을 흘리기까지 하니, 두 사람이 머리를 조아리며 소송을 그만두고 물러나 마침내 화목하게 지냈다. 그리고 교체되어 첨지중추부사가 되었다가 얼마 안 되어 대사간과 부제학에 제수되었으나 모두 부임하지 않았다.

경진년(1580) 내직으로 들어와 대사성(大司成)에 제수되었을 때, 학업을 권장하는 과정에 방도가 있었던데다 반복하여 묻고 궁리하는 것을 게을리하지 않아서 선비들의 기풍이 크게 변하여 성취한 자가 많으니, 대신들이 아뢰기를, "선비의 풍습이 굳세지 못했던 것은 스승의 도가 제대로 서지 않은 데서 말미암은 것입니다. 사표(師表)가 될 만한 사람을 지금 제대로 얻었으니, 오랫동안 맡기어 실효를 거두어야 합니다."라고 하였다. 병으로 그만두고자 하니, 주상이 말하기를, "깊은 학문에 바른 행실이 족히 여러 선비의 모범이 되니, 물러나 쉴 생각을 하지 마라."라고 하였다.

그해에 계자(階資)가 뛰어올라 대사헌에 제수되어 장부와 소장을 결재하였지만, 무릇 주고 빼앗는 것에 사람들이 두 번 다시 소송하지 않았다. 병이 들어 체직되었으면서도 삼사(三司: 사헌부·사간원·홍문관)의 장(長)에 여러 차례 제수되었지만 모두 나아가지 않았다. 이때는 조정의 논의가 둘로 나뉘어 분열했었는데, 공은 떠나려 해도 떠날 수가 없자 조정을 서로 협조하고 화합하도록 하여 나라의 명맥을 북돋우려 하였으니, 이는 공이 평소 지닌 뜻이라서 또한 반복적으로 조정에 역설한 것이었으나 어떤 사람은 흔적만을 표방한 것이라며 헐뜯기도 하였다.

계미년(1583) 외직으로 나가 전라도관찰사가 되었으나 임기를 채우지 못하고 이조참판이 되었는데, 이것은 대신들의 주청(奏請)에 따른 것이다. 공은 마땅히 조심하고 두려워함을 함께하는데 뜻을 두어서 오직 어진 사람만 등용하였고, 의론이 같거나 다르다고 하여 취하거나 버리지 않았다. 비록 당시의 의론이 시끄러웠어도 대처하는 것이 초연하였다. 병으로 체직되었다.

대사헌과 부제학에 배수되었지만 여러 번 사직소를 올려 고향으로 돌아가기를 청하였다. 대사성 겸 예문관제학에 제수되었으나 나아가지 않았다. 집에서 지내며 문을 닫아걸고 단정히 앉아 세상 일에 상관하지 않았으니, 날마다 서너 명의 학생들과 경서와 역사서를 토론하면 시원하게 세속 밖으로 벗어난 듯하였다.

얼마 뒤에 병이 들자 임금이 의원을 보내어 증세를 살펴보게 하니, 병세가 심했는데도 의관을 바르게 하고 맞이하였다. 병술년(1586)

7월 2일에 세상을 떠나니 향년 61세였다. 그해 모월 모일에 미도(味道) 기슭 손좌건향(巽坐乾向: 서북향)의 언덕에 장사 지내니 생전의 유언을 따른 것이다.

공은 총명함이 출중하였으니, 글을 읽을 때는 눈으로 한번 보기만 하면 곧바로 외웠으며, 제자백가(諸子百家)를 두루 종합하여 이해하지 않음이 없게 된 뒤에 비로소 다시 육경(六經)을 관통하고 요약하는 것으로 끝냈다. 밖으로 드러내면 아름다운 행실이 되었는데, 효성이 독실하고 지극하여 할머니를 모시면서 사랑과 공경을 다하였으니, 병이 들면 지극정성으로 약을 달이고 밤낮으로 게을리하지 않았으며, 상을 치를 때는 지나치게 슬퍼하여 몸이 상해 거의 지탱하지 못할 지경이었다. 일찍 부모를 여의고서 늘 생전에 봉양하지 못하여 비통함이 무엇보다 가장 커서 부모의 묘소 아래에 집을 짓고 살며 날마다 묘소를 살폈다. 벼슬살이를 할 때면 가는 곳마다 위패를 모셔 놓고 절하였으며, 제삿날이면 초상 때처럼 수척할 정도로 슬퍼하면서 소식(素食)을 하고 거친 베옷 차림으로 그 달을 보냈다.

나라를 걱정하고 백성을 사랑하여 한결같은 마음으로 정성을 다하였으니, 늘 이르기를, "하나의 생각일망정 혹시라도 사사로우면 군부(君父)를 대해서는 아니 된다."라고 하였는데 사건에 따라 죄목을 하나하나 들추어 하는 말이 의연하였고 이해득실 때문에 달라지지 않았으며, 혹 천재지변을 만나기라도 하면 번번이 얼굴에 근심스러운 빛을 띠며 음식의 가짓수를 줄였다. 임금의 상을 당하면 바깥채에서 지내며 예제(禮制)를 다하였고 국기일(國忌日)이면 반드시 소식(素食)하였으니, 임종하기 전날 저녁에도 인종(仁宗)의 기일(忌日)이자 고기를 물리고 먹지 않았다.

아우와 지극한 우애가 있었으니, 아우가 죽자 울부짖으며 애통해

하다가 몇 번이나 기절하였고, 아우 집의 살림을 관리하느라 날마다 몸소 일을 감독하였고, 홀로 남은 조카딸을 잘 보살펴 길러서 명망있는 가문에 시집 보내어 살도록 하였다. 이러한 마음으로 미루어서 종족과 이웃에 이르기까지 미치니 은혜를 베풀어 예우하는데 모자람이 없었다.

평소에 옥 같고 눈 같은 결백으로 자신을 지켜서 터럭만큼도 남에게 요구하지 않았는데, 충청도관찰사를 그만두고 돌아온 뒤로 집안 형편이 더욱 영락하니 알고 지내던 고을 수령들이 음식을 보내자 사양하고 그것을 거절하였다. 지위가 아경(亞卿: 참판)에 이르렀으나 일찍이 도성에 집 한 채도 마련하지 않았을 뿐 아니라, 자루와 주머니가 텅 비었고 오직 짐 보따리만 몇 개 있었다. 의롭지 못한 짓을 해서 부귀한 자를 보면 마치 오물이 묻는 것처럼 피했다. 세 아들이 이미 장성했을 때, 어떤 이가 그들이 벼슬하지 않은 것에 대해 말하자 "궁함과 현달은 정해진 분수가 있으니, 마땅히 천명에 맡기고 이치에 순응할 뿐이다."라고 하였다.

젊어서도 벼슬길에 나아가는 것을 좋아하지 않았으니, 비록 할머니를 위로하고 기쁘게 하기 위하여 과거에 부지런히 응시했을지라도 매번 대책(對策)에서는 곧은 말과 정단한 주장을 폈으며, 대책문 쓰는 일이 뜻대로 되지 않으면 간혹 대책문을 제출하지 않고 나오기도 하였다. 조정에 벼슬살이를 하고부터는 항상 도가 행해지지 않는 것을 부끄럽게 여겼으니, 번번이 새로 제수될 때마다 병을 핑계삼아 힘써 사양하였고 휴가를 받은 날이 대부분을 차지하였다.

늘 말하기를, "출처는 선비의 큰 절개이니 의연한 몸가짐에 한번이라도 차질을 빚는다면 그 나머지는 더 볼 필요도 없다."라고 하였다. 일재(一齋) 이항(李恒)을 방문하여 노재(魯齋) 허형(許衡)이 원(元)나라에 벼슬살이를 한 잘못을 논한 적이 있는데, 일재가 그 행실을 권도에 맞게 한 것으로 여기자, 공이 말하기를, "거취의 떳떳함을 잃은 것은 권도(權道: 형편에 따라 임기응변으로 일을 처리하는 방도)를 경도(經道: 항상 변하지 않는 떳떳한 도리)로 인식한 데서 말미암은 것입니다."라고 하였는데, 의론이 서로 맞지 않아 논의를 그만두었다.

항상 아무런 말 없이 잠잠히 지내며 스스로 드러내지 않았기 때문에 세상에서 공을 아는 이가 적었지만, 그의 청빈한 절개와 정직한 행실을 살펴보면 배부름을 구하지도 않고 편안함을 구하지도 않은 데서 나오지 않은 것이 없었다. 만일 공이 우뚝하게 세운 것이라면, 참으로 배운 바를 저버리 않은 것이라 할 수 있다. 도(道)가 시대를 따르지 못하여 등용되어도 미처 재주를 다 쓰지 못한 것은 운명일러라. 그러나 한 세상의 귀감이 된 사람은 모두 마음씨가 올바르며 학식과 덕행이 높고 어진 사람으로 알진대, 그가 쓰거나 버리는 것을 세상 형편에 따라 가볍게도 하고 무겁게도 한 것을 비유하자면 교악(喬嶽)은 움직이지 않아도 이로운 은택이 오히려 두루 미친 것과 같으니, 요컨대 부질없이 그의 행적을 떠들어서는 아니 될 것이다.

문장을 지을 때면 의리에 근본을 두었고 격조는 타고난 것이었으니, 늘 과장에서 기예를 겨룰 때마다 번번이 과거에 장원하였다. 시 또한 호방하고 굳센데다 운치가 있어 붓을 들어 시를 짓기만 하면 사람을 놀라게 하였다.

예전에는 공이 용산(龍山: 臥龍山) 기슭에 몇 칸의 집을 지어 학도들이 책을 읽고 학문에 힘쓰는 장소로 삼았다. 지금에 이르러서는 선생이 덕을 베푼 곳에 영령을 모시고 갱장(羹墻)의 추모를 붙이기를 원했는데, 의논하다가 뜻이 모아져서 서당의 동쪽에 사당을 세우고 향사하였다. 문집 몇 권이 있다. 부인 김씨는 아름다운 덕과 착한 행실이 있었으니, 강이습독관(講肄習讀官) 김응률(金應律)의 딸이다. 공보다 30년 뒤에 세상을 떠났으며 공의 묘에 합장하였다.…(이하 생략)…

• 嘉善大夫吏曹參判兼藝文館提學·同知經筵成均館事·五衛都摠府副摠管具公墓碣銘

始余少時, 聞栢潭先生, 淸芬姱節, 屹然爲當代第一流, 如鳳翔乎千仞, 砥柱乎中流, 未嘗不想望其風, 未及納贄, 而公已沒矣。其後, 余聘于公之嗣長公之門, 見其門人所錄言行本末。公生于嘉靖丙戌。七歲, 丁內艱, 先參判公勸食肉, 固辭, 親表異之。十一, 丁外艱, 毁若成人。以諺書通外從祖權公彭老請業, 權大奇之。始受《小學》, 通朗易曉, 首卷纔訖, 其餘迎刃而解。十六, 讀《論語》, 至'食無求飽, 居無求安.' 慨然歎曰: “人之所以不能自立, 飽食與安居害之也。苟於此而能任分無求, 則何事不可做?” 沈潛反覆, 如有所得。旣冠, 執經退溪之門, 先生稱其有文行。嗚呼! 以公姿禀之高, 又得師以爲依歸, 宜其爲學之粹然一出於正, 而出處大節, 故如是卓卓也。公之學行之正, 有西厓祭文可考, 奚復銘爲? 第婦翁有命, 辭不獲已, 謹剟取所錄, 略敍之。公諱鳳齡, 字景瑞, 世爲綾城望族。十三世祖存裕, 起縣吏登魁科, 官至壁上三韓三重大匡, 檢校上將軍。是後, 冠冕赫赫, 登台鉉者七世, 見具氏譜。高祖諱益命。曾祖諱仁恕, 訓鍊參軍, 贈通禮院左通禮, 祖諱仲連, 贈承政院左承旨, 考諱謙, 贈吏曹參判, 妣安東權氏, 贈貞夫人, 皆以公貴也。公以嘉靖丙午, 中司馬, 自是聲聞盛播。庚申秋, 登第, 朝中相賀, 至有'三代人物, 兩漢文章'之稱。擢拜藝文館檢閱, 選入玉堂爲正字, 魁廷試, 進修撰。時尹元衡威權震中外, 公倡議首論之, 百僚動容。移拜兵曹佐郎·知製敎, 嚴重有守, 傍無請謁。還入玉堂, 賜暇東湖讀書, 尋遷司諫院正言, 轉拜吏曹佐郎, 兼實錄廳。出檢全羅道災傷, 兼持繡斧, 先聲所至, 一路肅然, 黠吏悍民, 莫敢行詐。入爲正郎。乞告爲退守丘隴計, 退溪先生, 贈詩問行止, 有'笑指白雲心悠然'之句。丁卯, 除議政府舍人, 差遠接使從事官不就。是後, 連除應敎·司諫·直提學, 召命凡十下, 而皆以病辭。萬曆癸酉, 超拜同副承旨, 歷左承旨·大司成。嘗愛栢潭泉石之勝, 結廬其間, 將退休焉。時南鄙有虞, 用薦畀湖節, 不就, 舊例受二品職, 榮錫祖先, 公以未赴任, 辭不受。拜吏曹參議, 遞拜忠淸道觀察使, 正身律物, 誠信自孚。民有兄弟相訟, 公諭之以理, 至於泣下, 二人叩頭自引, 遂成敦睦。遞授僉知, 俄除諫長·副提學, 皆不拜。庚辰, 入拜大司成, 勸課有方, 叩擊無倦, 士風丕變, 成就者衆, 大臣啓曰: "士習不競, 由師道不立也。師表今得人, 可久任責效也." 有疾請去, 上曰: "邃學有行, 足爲多士之表, 勿爲退閑計." 其年, 超授大司憲, 裁決簿訴, 凡所予奪, 人不再訴。病遞, 累除三司長, 皆不拜。是時, 朝論携貳, 公旣求去不得, 則將協和朝著, 培植國脈, 是公平日之志, 亦所以反覆言於朝者, 而或以標榜形跡而詆之者。癸未, 出按湖南, 秩未滿, 進貳選部, 從大臣請也。公志在同寅, 用人惟賢, 不以論議異同爲取舍。雖時論嘵嘵, 而處之超然。病遞。拜大司憲·副提學, 累章乞歸。除大司成兼藝文館提學不就。家居閉門端坐, 不嬰世故, 日與數三學徒, 討論經史, 灑然出塵埃表。俄屬疾, 上遣醫診視, 疾革矣, 正衣冠以見。以丙戌七月初二日易簀, 享年六十一。是年月日, 葬于味道麓巽坐乾向之原, 從治命也。公聰穎出人, 讀書過目成誦, 旁綜百家, 無不融會, 然後乃復淹貫六經, 歸之於約。發而爲懿行, 則孝性篤至, 事王母盡愛敬, 疾病則至誠湯劑, 晝夜不懈, 服喪, 毁瘁幾不支。早喪怙恃, 常以失養爲至痛, 築室居墓下, 逐日展省。遊宦之日, 設位以拜, 諱日則毁慯如初喪, 齊素疏布以終月。憂國愛民, 一心拳拳, 嘗謂: "一念或私, 不可以對君父." 隨事論列, 辭氣毅然, 不以利害貳之, 或遇災異, 卽容色愀然, 飮膳爲減。君喪則居外盡制, 國忌則必食素, 屬纊之前夕, 仁廟諱日也, 猶却肉不御。有弟極友愛, 及沒, 號痛屢絶, 經紀其家, 躬督日役, 撫育孤女, 資遣名族以業之。推而至於宗族隣里, 恩禮無闕。平生玉雪自持, 無毫髮干人, 歸自湖臬, 家益落, 所識邑宰有餽, 謝卻之。位至亞卿, 未嘗營一第於都下, 廊褚蕭然, 惟數擔行李而已。見人不義而富貴, 避之若浼。三子已長, 或言其不仕, 曰: "窮達有定分,

當委命順理而已.” 少而不樂進取, 雖因慰悅重闈, 黽勉應擧, 而每於對策, 直言正論, 事有不如意, 或不對而出。旣立于朝, 常以道不行爲恥, 每有新除, 引疾力辭, 在告之日居多。常曰: “出處士之大節, 立脚一蹉, 餘無足觀.” 嘗訪李一齋恒, 論許魯齋仕元之非, 一齋以爲行中權, 公曰: “去就之失常, 由於認權爲經.” 議不合而罷。常時晦默, 不自表襮, 故世之知公者少, 然考其淸苦之節·正直之行, 無非自無飽無安中出來。若公所植立, 眞可謂不負所學者也。道不徇時, 用未究才, 命也。然其標表一世, 皆知爲正人君子, 以其用舍而爲世輕重, 譬如喬嶽不運, 利澤猶溥, 要不可徒論其跡也。爲文章, 根本義理, 格力自天, 每較藝場屋, 輒冠首科。詩又豪健有趣, 落筆驚人。初, 公於龍山之麓, 營數間屋, 以爲學徒藏修之所。至是, 皆願妥靈於播馥之地, 以寓羹墻之慕, 議以克合, 卽書宇之東, 立廟以享之。有文集若干卷。夫人金氏, 有懿德淑行, 講肄習讀官應律之女。後公三十年而卒, 祔葬於公。…(이하 생략)…

〔蒼石先生文集, 권16, 碑碣〕

35. 권호문

권호문의 자는 장중, 호는 송암, 본관은 안동이다. 중종 임진년(1532)에 태어났다. 사마시에 합격하고 관직은 교관을 지냈다. 선조 정해년(1587)에 죽었다. 안동의 청성서원(靑城書院)에 향사하였다.

공은 어려서부터 고매한 성품에 기이한 기상이 있었으니, 일고여덟 살 때 함께 글 배우는 친구들과 각자 지향하는 목표를 말했는데, 모두 일찍 높은 관직에 오르기를 바랐으나, 공만은 홀로 말하기를, "나는 너희들과 다르니, 새 비단옷을 입고 백 척 누대에 올라 8개의 창문을 활짝 열고서 안석에 기대어 한 점의 티끌도 들어오지 못하게 하는 것이 나의 뜻이라네."라고 하자, 듣는 사람들이 기이하게 여겼다.

젊은 나이에 퇴계 이황 선생의 문하에서 가르침을 받았는데, 공은 뛰어난 재주에 예리한 기개를 지녀 제자백가를 두루 섭렵하였으니, 시문은 물결이 드넓게 일렁거리듯 풍부하고 아름다웠다. 선생은 그의 사람됨을 좋아하여 시를 지어 격려하였으며, 번번이 공에게 유자(儒者)다운 기상이 있다고 칭찬하면서 또 말하기를, "권호문은 맑고 고결한 산림처사의 풍모가 있다."라고 하였다.

〈동자례(童子禮)〉 편을 엮어서 말하기를, "바름으로 기르는 것이 어찌 몽매한 이를 깨쳐 형통하는 것에만 그칠 뿐이겠는가?"라고 하고서는 구두를 바로잡아 학도들에게 주었다. 또 《예경(禮經)》과 《가례의절(家禮儀節)》 등의 책에 근거하여 고금을 두루 참작하고 초록하여 한 질의 책을 만들었다. 또 말하기를, "사대부가의 관혼상제는 예에 의거해 시행하는 이가 참으로 많지만, 잔치에서 술을 마시는 일에는 술잔을 주고받고 하는 예절이 있는 줄 알지 못하여 술잔이 어지러이 왔다갔다 하면서 차례가 없으니, 어찌 음주의 아름다운 본뜻이겠는가?"라고 하고는, 이에 주례(酒禮)와 관련된 것을 모아 기술하면서 그림을 그려 규칙을 작성하였고, 예전의 격언도 아울러 기록하여 자신을 경계하는 말로 마무리하였다. 일찍이 《가잠(家箴)》을 저술하였는데, 제사를 받드는 일, 이웃을 접대하는 일, 노비를 부리는 일 등에 모두 절목(節目: 조목)을 두어 가르치고 익히도록 했다.

집에 있으면서 앉거나 누울 때는 정해진 장소가 있었고, 변변찮은 밥상을 차릴 때는 정해진 반찬 가짓수가 있었고, 잠자리에는 단지 한 개의 갈라진 대자리와 나무 침상뿐이었다. 아내가 저자에서 비단을 사려는 것을 보고서 제지하며 말하기를, "가난한 선비의 아내가 비단옷을 입는 것이 편안하겠소?"라고 하였다.

서애 류성룡 선생이 공의 옛 집을 지나다 시를 지었는데, "일생 동안 한 일을 논하자면, 백세의 스승이라 할 만하네."라고 하였다.【협주: 홍여하가 찬한 행장에 실려 있다.】

• **權好文**

權好文, 字章仲, 號松巖, 安東人。中宗壬辰生。司馬, 官教官。宣祖丁亥卒。享安東青城書院[1]。

公自幼高邁有奇氣, 七八歲時, 與同學, 各言其志尙, 皆以早拾青紫[2]

---

1 青城書院(청성서원): 경상북도 안동시 풍산읍에 있는 서원. 1612년 지방유림의 공의로 退溪 문인 權好文의 학문과 덕행을 추모하기 위해 창건하여 위패를 모셨다. 선현배향과 지방교육의 일익을 담당하여오던 중, 1868년 대원군의 서원철폐령으로 훼철되었다.

2 拾青紫(습청자): 높은 벼슬을 하기. 《三國志》 권25 〈魏書·高堂隆傳〉에, 선비가 경술에 밝지 못한 것이 흠이지 만약 경술에 밝기만 하다면 "존귀한 관직을 얻는 것은 마치 땅에 떨어진 지푸라기를 줍는 것처럼 쉬울 것이다.(其取青紫, 如俯拾地芥耳.)"라고 한 데서 나온 말이다. 한나라 때에는 공후와 九卿이 각각 紫綬와 青綬를 찼다고 한다.

爲期, 而公獨曰: “吾則異於諸君, 着新錦衣, 登百尺樓[3], 洞開八窓, 凭几而臥, 不使一點塵埃惹得[4]者, 乃吾之志也.” 聞者奇之。

弱冠, 摳衣[5]於退溪李先生門下, 公才豪氣銳, 汎濫百家, 爲詩文, 浩漾[6]贍麗。先生喜其爲人, 以詩勖之。每稱公有儒者氣像, 又曰: “權好文有蕭洒[7]山林之風.”

緝〈童子禮[8]〉編曰: “養以正, 詎止蒙亨已也[9]?” 爲正句讀, 授學徒。又就《禮經》·《家禮儀節[10]》等書, 酌古參今, 抄成一秩。又謂: “士夫家冠昏喪祭, 據禮行之者固多, 至於讌飮[11], 則不知有獻酬之節, 觥籌[12]雜亂而無序, 豈飮酒孔嘉之意耶?” 乃裒述酒禮, 作圖著令[13], 兼錄古之格言,

---

3 百尺樓(백척루): 호걸지사가 거처하는 높은 누대. 삼국시대 魏나라의 高士 陳登은 호기가 높기로 이름이 났다. 許汜가 일찍이 진등을 찾아가 나랏일은 언급하지 않고 집안일에 대해서만 이야기하자, 진등이 아무 말도 하지 않은 채 자기는 위에 있는 큰 침상에 눕고 허사는 아래의 침상에 눕게 하였다. 이에 허사가 진등의 호기가 아직도 없어지지 않았다고 劉備에게 하소연을 하자, 유비가 “나 같았으면 자신은 백척루 위에 눕고 당신은 땅바닥에 눕게 했을 것이다. 어찌 침상의 위아래 정도로만 차이를 두었겠는가.(如小人, 欲臥百尺樓上, 臥君於地. 何但上下床之間耶?)”라고 하였다는 고사가 전한다.

4 惹得(야득): (감정 따위를) 자극함. 불러일으킴. (나쁜 일을) 범함.

5 摳衣(구의): 옷의 앞자락을 들어 올려 경의를 나타낸다는 뜻. 스승으로 섬김을 이르는 말이다.

6 浩漾(호양): 물이 광대한 모양. 막힘없이 자유자재로 시를 짓는다는 뜻이기로 하다.

7 蕭洒(소쇄): 탈속하여 맑고 고결함.

8 童子禮(동자례): 《鄕校禮輯》에 실린 편명. 《향교예집》은 명나라 초기 절강성에서 간행된 책으로 屠義英이 교열을 하고 趙奮과 黃議 등이 편집한 禮書이다. 〈동자례〉는 《禮記》의 〈曲禮〉〈內則〉〈少儀〉〈弟子職〉 등과 주희의 《童蒙須知》 및 여타 학자들의 글 중에서 어린 시절부터 습관으로 익혀야 할 기본적 일상 예절을 선별하여 간추린 책이다. 鶴峯 金誠一이 1577년 서장관의 신분으로 명나라에 갔다가 구하여 조선에 처음 소개하였다.

9 《周易》〈蒙卦·彖辭〉에 “몽매한 이를 바름으로 기르는 것이 성인을 만드는 공이다.(蒙養以正, 聖功也.)라고 한 것을 활용한 표현. 또 “몽은 형통하니, 내가 동몽을 구하는 것이 아니라, 동몽이 나를 구하는 것이다.(蒙亨, 匪我求童蒙, 童蒙求我.)”라고 한 데서 온 말이다.

10 家禮儀節(가례의절): 중국 明나라 때의 유학자 邱濬이 편집한 책. 《文公家禮》를 시행하는 절차와 그때 착용하는 복장 등에 대한 그림 따위가 첨부되어 있다. 《문공가례》는 흔히 《朱子家禮》라고 한다.

11 讌飮(연음): 잔치 자리에서 술을 마시는 일.

12 觥籌(굉주): 술잔과 그리고 누가 많이 마시나 내기를 하기 위하여 마신 술잔의 수를 세는 댓가지를 말함.

終之以自警之辭。嘗著《家箴》, 奉祭祀, 接隣里, 御奴婢, 皆有節目, 使訓習之。

家居, 坐臥有定所, 飣豆有定品, 寢處只一破簟木床而已。見室人市錦, 止之曰: "寒士之妻, 衣夫錦, 安乎[14]?"

西厓柳先生, 過公舊居, 有詩曰: "平論一生事, 堪作百世師." 【洪汝河撰行狀】

보충

홍여하(洪汝河, 1620~1674)이 찬한 행장

송암선생 권공 행장

공의 휘는 호문(好文), 자는 장중(章仲), 안동권씨(安東權氏)이다. 세거지는 안동부 서쪽 송방리(松坊里)인데, 공의 7대조 예의판서(禮儀判書) 권인(權靷) 때부터 터를 잡아 지냈다고 한다. 증조부는 수의부위(修義副尉) 권개(權玠)이며, 조부는 진사 권숙균(權叔均)이다. 아버지는 안주교수(安州教授) 권육(權稑)이다.

교수공은 대범하고 지조를 지켰으니, 만일 옳지 않은 것을 알면 융통성이 없다고 할 정도로 완고하게 하려 하지 않았다. 새벽에 일어나 머리를 빗고 관을 쓰고는 마을에 나가 공무를 보며 마을 사람들의 일을 처리하였는데, 착한 이가 있으면 기뻐하면서 장려하였지만 착하지 못한 이가 있으면 번번이 준엄하게 꾸짖었으니, 이 때문에 사람들이 모두 경외하며 복종하였다. 교수공은 이씨에게 장가들었는데, 퇴

13 著令(저령): 서면으로 작성된 규칙과 규정.

14 《論語》〈陽貨〉의 전고를 활용한 표현. 공자의 제자 宰我가 삼년상은 기간이 너무 길다면서 期年이 좋겠다고 하자, 공자가 "쌀밥을 먹고 비단옷을 입는 것이 너에게는 편안하냐?(食夫稻, 衣夫錦, 於女安乎?)"라고 반문하면서 호되게 꾸짖었다.

계 선생 백형(伯兄: 李瀣)의 딸이다. 교수공이 죽자, 퇴계 선생이 묘지(墓誌)를 썼다고 한다.

공은 가정(嘉靖) 임진년(1532)에 태어났다. 어려서부터 고매한 성품에 기이한 기상이 있었는데, 일고여덟 살 때 대구(對句)을 잘 지었으니, '창이 밝아오니 해가 솟은 줄 알겠고, 산이 희니 구름이 피어난 것을 보네.(窓明知日上, 山白見雲生.)'라는 구절이 있다. 일찍이 함께 글 배우는 친구들과 각자 지향하는 목표를 말했는데, 모두 일찍 높은 관직에 오르기를 바랐으나, 공만은 홀로 말하기를, "나의 지향하는 바는 너희들과 다르니, 새 비단옷을 입고 백 척 누대에 올라 8개의 창문을 활짝 열고서 안석에 기대어 한 점의 티끌도 들어오지 못하게 것이 나의 뜻이라네."라고 하자, 듣는 사람들이 더욱 기이하게 여겼다.

젊은 나이에 퇴계의 문하에서 가르침을 받았는데, 공은 뛰어난 재주에 예리한 기개를 지녀 제자백가를 두루 섭렵하였으니, 시문은 물결이 드넓게 일렁거리듯 풍부하고 아름다웠다. 선생은 그의 사람됨을 좋아하여 시를 지어 격려하였다. 얼마 안 되어 선생이 조정에 나아가자, 공은 미처 학업을 마치지 못함을 한스럽게 여겼다. 선생이 벼슬에서 물러나 계상(溪上)으로 돌아오자, 공이 비로소 아침저녁으로 가르침을 받았다. 선생이 일깨워주고 경각시키는 것을 이전에 비해 배우려는 것이 더욱 절실해지니, 번번이 공에게 유자(儒者)다운 기상이 있다고 칭찬하면서 또 말하기를, "권호문은 맑고 고결한 산림처사의 풍모가 있다."라고 하였다.

18세 때 교수공의 상(喪: 부친상)을 당하여 여묘살이를 한 3년 동안 질대(絰帶: 머리와 허리에 두르는 삼으로 된 띠)를 벗지 않았다. 상복(喪服)을 벗고 나서는 어머니의 나이가 많았기 때문에 일찍이 과거에 한번 응시하여 향시 2등으로 합격하였으며, 이윽고 사마시에 합격하여 돌아왔지만 그가 좋아한 것이 아니었다. 집의 남쪽에는 봉우리가 우뚝 솟아 있었으니 '송암(松巖)'이라 하였다. 그래서 그것을 자호(自號)로 삼고는 그 꼭대기에 '한서재(寒棲齋)'를 짓고서 기문(記文)을 지어 자신의 뜻을 드러내었다. 33세에 모친상을 당하여 죽을 먹으며 지나치게 슬퍼해 몸이 상하자, 퇴계 선생이 편지를 보내어 경계하였다. 상복을 벗고 나서는 공이 탄식하여 말하기를, "애초에 내가 뜻을 굽히고 과거를 보았던 것은 어머니가 계셨기 때문이었다. 그런데 지금 비록 과거에 급제하더라도 누구를 영광되게 할 수 있겠는가? 그렇다면 과거 공부를 한들 어디에다 쓰겠는가?"라고 하였다. 퇴계 선생이 이를 듣고서 기뻐하며 말하기를, "과거 공부는 이미 억지로 할 수 있는 것이 아니니 일찌감치 판단을 내려 내가 좋아하는 바를 따라 즐기는 것만 못하다. 다만 좋아하는 바 또한 갈림길이 많으니 잘 살펴 선택하고 공들이지 않으면 안 될 뿐이다."라고 하였다.

공은 이로부터 청성산(青城山) 아래의 낙동강 가에 오두막을 지었는데, 난간을 만들어 강물을 굽어보고 매화와 대나무를 심어 놓고서 비로소 노년을 보낼 뜻을 두었다. 일찍이 학봉(鶴峯) 김공(金公: 金誠一)과 산사에서 학업을 익혔는데, 어느날 약속하기를, "두 사람이 금년에 곧바로 과거에 급제하지 못하면 모름지기 청성산의 주인이 되기로 하세."라고 하였다. 그해에 학봉은 급제하였으나 공은 급제하지 못하였다. 이때까지 살고 있었으니, 대개 예전의 약속을 저버리지 않은 것이다. 정사(精舍)가 만들어지자 날마다 그곳에 머물면서 송나라 많은 현인들의 초상화를 책자(冊子)에 모사하여 그 아래에 찬(贊)을 덧붙였는데, 새벽에 일어나 단정히 앉아서 화첩(畵帖)을 펼쳐 한번 읽다가 '한가한 중에도 고금을 통달하고, 취한 중에도 천지를 통달하네.(閑中今古, 醉裏乾坤: 邵康節 畫像의 贊)'라는 구절에 이르면, 여러 차례 반복해서 깊이 생각하지 않은 적이 없었다.

《향교예집(鄕校禮輯)》의 〈동자례(童子禮)〉 편을 보고 말하기를, "바름으로 기르는 것이 어찌 몽매한 이를 깨쳐 형통하는 것에만 그칠 뿐이겠는가?"라고 하고서는 구두를 바로잡고 그 사이에 역음(譯音: 구결)을 덧붙여서 학도들에게 주어 익히게 하였다.

또 말하기를, "예의 큰 뜻은 예절의 규정이 많이 변하여도 인정에 합치되는 것을 귀하게 여긴다. 그런데 근세에 좋아하는 예는 옛것에만 얽매여 지금의 실정에 통하지 않는다."라고 하였다. 이에 《예경(禮經)》과 《가례의절(家禮儀節)》 등의 책에 근거하여 고금을 두루 참작하고 초록하여 한 질의 책을 만들어서 자식과 조카에게 주었다.

또 말하기를, "사대부가의 관혼상제는 예에 의거해 시행하는 이가 참으로 많지만, 잔치에서 술을 마시는 일에는 술잔을 주고받고 하는 예절이 있는 줄 알지 못하여 술잔이 어지러이 왔다갔다 하면서 차례가 없으니, 어찌 음주의 아름다운 본뜻이겠는가?"라고 하였다. 이에 주례(酒禮)와 관련된 것을 모아 기술하면서 그림을 그려 규칙을 작성하였고, 예전의 격언도 아울러 기록하여 자신을 경계하는 말로 마무리하였다. 일찍이 《가잠(家箴)》을 저술하였는데, 제사를 받드는 일, 이웃을 접대하는 일, 노비를 부리는 일 등에 모두 절목(節目: 조목)을 두어 가르치고 익히도록 했다. 더욱이 후학들을 장려하는 것을 좋아하여 비록 민가의 어린아이일지라도 모두 모아서 가르치니, 멀리서 책상자를 짊어지고 오는 아이들이 많았다. 그래서 공은 부사(府使)에게 편지를 써서 청성산에 있는 폐허가 된 사찰을 서당으로 만들어주길 청하였으며, 또 금계(金溪)에 경광서당(鏡光書堂)을 짓고 스스로 기문(記文)을 지어 기풍을 진작시켰다.

공은 집에 있으면서 앉거나 누울 때는 정해진 장소가 있었고, 변변찮은 밥상을 차릴 때도 정해진 반찬 가짓수가 있었고, 잠자리에는 단지 한 개의 갈라진 대자리와 나무 침상뿐이었다. 아내가 저자에서 비단을 사려는 것을 보고서 제지하며 말하기를, "가난한 선비의 아내가 비단옷을 입는 것이 편안하겠소?"라고 하였다. 남들이 보내는 물건은 물리치며 말하기를, "나의 선친은 비록 산에서 나는 열매와 들에서 나는 나물일지라도 의리에 합당한 뒤에야 받았는데, 내가 어찌 감히 가법(家法)을 무너뜨리겠는가?"라고 하였다. 집이 가난하여 자주 쌀독이 비었으나 욕심이 없어서 개의치 않았다. 심지어 손님이나 벗을 대접할 때도 귀천과 친소를 따지지 않고 반드시 술과 안주를 갖추어 그지없이 기뻐하고 흡족하기를 힘썼다.

좋은 때나 좋은 철이 되면 번번이 산골짜기의 늙은이와 냇가의 벗들을 맞이하여 마음껏 술을 마시고 농담을 나누다가 송단(松壇)에 오르기도 하고 낚싯배를 띄우기도 하였으며, 시를 짓는 벗이 때맞춰 오면 그와 끊임없이 시를 주고받으며 울적한 심사를 털어놓았다. 그러나 친목을 도모하는 공적인 모임이 아니면 비록 동사(洞社: 마을 제사)일지라도 번번이 간 적이 없었으며, 지주(地主: 고을 수령) 또한 그를 감히 굽혀서 오게 할 수는 없었고 반드시 공의 오두막집을 찾아가서 만났다. 고을의 아전도 엄히 대하고 일을 부탁한 적이 없었다.

해마다 향선(鄕選: 향시)에 합격한데다 여러 차례 인재를 천거하는 공문에 이름이 올라 학문과 덕행이 탁월하다고 칭송되거나 청렴하여 욕심을 부리지 않는다고 칭송되었으니, 처음으로 집경전참봉(集慶殿參奉)에 제수되었으나 부임하지 않았으며, 다시 내시교관(內侍教官)에 제수되었으나 또다시 부임하지 않았다. 부사(府使: 안동부사) 권문해(權文海)가 유일(遺逸)로 순찰사에게 공을 천거하였지만, 공은 편지를 보내 매성유(梅聖兪: 출중한 재능에도 천거받지 못한 梅堯臣)의 일을 인용하며 거절하였다. 약포(藥圃) 정 상공(鄭相公: 鄭琢)이 편지를 보내 마음을 다하여 서로의 부족한 점을 채우자고 청하며, 골짜기서 피어날 한가한 구름 같은 기상을 조금만 누그러뜨리라고 하였다.

백담(柏潭) 구공(具公: 具鳳齡)이 이조참판에 있으면서 6품 관직에 올려서 서용(敍用)하려 하자, 공은 일찍이 《한거록(閑居錄)》을 지어 여유로움과 한가함을 지극히 취하였는데 이때에 이르러 그것을 보여주니, 백담이 탄식하며 말하기를, "이 친구의 생각이 이처럼 견고하고 확실하니 어찌 억지로 굽힐 수 있겠는가?"라고 하였다. 서애(西厓) 류문충공(柳文忠公: 柳成龍) 또한 평소 공의 뜻을 잘 알아서 더욱 마음을 두지 않았지만, 공을 천거하여 끌어올리려 할 때면 자주 공을 강호(江湖)의 고사(高士)로 칭송했다고 한다.

성품은 사람을 선악으로 따지거나 사람을 깊이 미워하는 것으로서 우쭐대는 기색을 보이면 좋아하지 않았다. 항상 자식과 조카들을 경계하기를, "무릇 어떤 일을 의논하거나 처리할 때에 결코 남을 이기려는 마음을 가지지 말 것이니, 굽히더라도 나중에 펴는 것이 이치의 떳떳함이다. 하물며 자신의 고집이 반드시 옳지 않은데도 단지 남의 위에 서려는 마음만 있다면 이는 망녕된 사람일 뿐이다."라고 하였다. 또 말하기를, "남의 잘못을 말하기 꺼리면 자신을 아름답게 하는 데에는 손상되지 않고, 남의 바르지 못함을 말하면 자신을 바르게 하는 데에는 보탬이 되지 않는다."라고 하였다.

어떤 젊은이가 추행(醜行)으로 무고(誣告)를 당했는데, 고을의 의견으로 장차 벌주려 하자, 공이 조용히 만류한 지 얼마 되지 아니하여 억울함이 밝혀졌다. 퇴도(退陶: 이황) 선생에게 공을 무고한 자가 있었으나, 공은 그것을 변명하는 데에 그다지 힘을 쏟지 않았으며, 또한 그 사람에 대해 한마디도 하지 않았다. 퇴계 선생의 상(喪)을 당하여 어떤 동문생(同門生)이 스스로 자기 의견을 고집했는데, 공은 그 의견을 물리쳤다. 그 사람이 화를 내더니 훗날 어떤 일에 공을 얽어매었는데, 공은 그 말을 듣고 한 번 웃을 따름이었다. 그래서 정인군자(正人君子)들은 그 기개를 흠모했으나, 마음이 좁은 자들은 그 넓은 도량을 품었다.

만년에 이르러서 학문이 성취되고 행실이 높아졌으며, 성정이 차분하고 신중하였으며, 인품이 온화하고 순수하였다. 학봉(鶴峯: 김성일) 선생이 일찍이 배우는 자들에게 말하기를, "노선생(老先生: 退溪)이 아무 말 없이 조용히 있을 때의 온아(溫雅)한 기상은 오로지 이 사람만이 닮았다."라고 하였다. 정해년(1587) 가을에 병이 매우 심해졌는데, 문병객이 오면 갓을 쓰지 않고는 만나 보지 않았다.

하루는 시(詩)로 문생들에게 사례하고 이르기를, "내게 이런 병이 있음은 운명일지라. 이불을 열어 손을 보니 근심을 면한 것을 알겠노라. 천지에 왔다가 가는 것이 바로 장부(丈夫)의 일이로다."라고 하였다. 이에 7월 24일 죽으니 향년 56세였다. 그해 10월 일 마감산(麻甘山) 임좌병향(壬坐丙向)으로 장례 지냈는데, 진사공의 묘 뒤이고 교수공의 묘 옆이니 유명(遺命)을 따른 것이다.

공은 광주안씨(廣州安氏)에게 장가들었고 계실(繼室: 후처)은 문화류씨(文化柳氏)인데, 모두 후사가 없어 친형의 아들 권행가(權行可)를 양자로 들였다. 권행가는 진사시에 합격하여 참봉에 제수되었고 1녀 2남을 낳았다. 아들은 권중정(權中正)과 권수정(權守正)이고, 딸은 생원 김시강(金是杠)에게 시집갔다. …(이하 생략)…

• **松巖先生權公行狀**

公諱好文, 字章仲, 安東權氏。世居府西松坊里, 蓋自公七代祖禮儀判書靭時, 卜居云。曾祖修義副尉玠, 祖進士叔均。考安州教授稑。教授公, 坦率有執守, 苟知其非義, 硜硜然不肯爲之。晨興冠櫛, 出坐里街, 里人作事, 有善者則喜而奬之, 其有不善, 輒峻呵之, 以故人皆畏服。教授公娶李氏, 退溪先生伯兄女也。教授公歿, 先生誌其墓云。公以嘉靖壬辰生。自幼高邁有奇氣, 七八歲時, 善屬對, 有'窓明知日上, 山白見雲生'之句。嘗與同學儕輩, 各言其志尙, 皆以早拾青紫爲期, 而公獨曰: "吾之志則異於諸君, 著新錦衣, 登百尺樓, 洞開八窓, 凭几而臥, 不使一點塵埃惹得者, 乃吾之志也." 聞者益奇焉。弱冠, 摳衣於退溪門下, 公才豪氣銳, 汎濫百家, 爲詩文, 浩漾贍麗。先生喜其爲人, 以詩勖之。未幾。先生赴朝。公以未及卒業爲恨。及先生謝事歸溪上, 公始得朝夕薰炙。先生所以提撕警發者, 比前時尤親切, 每稱公有儒者氣象, 又曰: "權某有瀟灑山林之風."云。年十八, 丁教授公憂, 廬墓三年, 不脫絰帶。服旣闋, 以母夫人年高, 嘗一爲赴擧, 擢鄕解第二, 因中司馬而歸, 然非其好也。家之南, 有峯斗起, 曰松巖。故以自號, 而就其巓, 構寒棲齋, 作記以見志。及年三十三, 丁內艱, 歠粥毀甚, 退溪先生, 貽書戒之。服旣闋。公嘆曰: "始吾屈志場屋者, 爲母在故也。今縱得一科, 誰爲爲榮? 則安用擧業爲也?" 先生聞而喜之曰: "擧業旣不可强, 則不如早與之判斷, 從吾所好之爲樂也。但其所好, 亦多岐路, 不可不審擇而加工焉爾." 公自是結廬于青城山下洛江之上, 爲軒俯水, 蒔梅竹, 始有終老之志。嘗與鶴峯金公, 肄業山寺, 約曰: "兩人今年, 卽不第會, 須作青城主人." 是年, 鶴峯登第而公不第。至是遂居之, 蓋不負素約云。精舍旣成, 日處其間, 摹宋朝群賢像冊子上, 附贊下方, 晨興端坐, 展讀一過, 至其'閑中今古, 醉裏乾坤.' 則未嘗不三復致意。見《鄕校禮輯》〈童子禮〉編, 曰: "養以正, 〈詎止〉蒙亨已也." 爲正句讀, 間附譯音, 授學徒使習焉。乃曰: "禮之大意, 節文多變, 而貴協於人情。近世好禮, 則膠於古而不通於今." 乃因《禮經》·《家禮儀節》等書, 酌古參今, 抄成一帙, 以授子姪。又遂謂: "士大夫家冠昏喪祭, 據禮行之者固多, 至於讌飮, 則不知有獻酢酬之節, 觥籌亂雜而無序, 豈飮酒孔嘉之意耶?" 乃裒逑酒禮, 作圖著令, 兼錄古之格言, 終之以自警之辭。又著《家箴》, 奉祭祀·接隣里·御奴婢, 皆有節目, 使訓習之。尤喜獎後學, 雖閭里童稚, 咸聚而教之, 多自遠負笈而至者。公上書府伯, 請以城山廢刹爲書堂, 又作鏡光書堂於金溪, 自撰文以風勵之。公家居, 坐臥有定所, 飣豆有定品, 寢處只一破簟木牀而已。見室人市錦, 止之曰: "寒士之妻, 衣夫錦, 安乎?" 人饋之物, 却之曰: "吾先君, 雖山果野蔌, 義然後受之, 吾豈敢壞了家法?" 家貧甑石屢空, 而澹然不以爲意。至於接賓友, 毋問貴賤疏戚, 必具酒肴, 務極歡洽。良辰佳節, 輒邀山翁溪友, 劇飮談謔, 或陟松壇, 或棹煙艇, 詩朋適至, 則與之唱酬不輟, 暢敍幽悁。然非講睦公會, 雖洞社, 未嘗輒造, 而地主亦不敢屈而致之, 必造公之廬而訪焉。遇府吏嚴, 未嘗以事屬之。屬歲比鄕選, 屢登薦剡, 或稱學行卓異, 或稱廉靜寡欲, 始除集慶殿參奉, 不就, 又除內侍教官, 又不就。府使權公文海, 以遺逸薦公于巡使, 公貽書, 引梅聖兪事以絶之。藥圃鄭相公寄書, 請留心兼濟, 少作閑雲出洞之象。柏潭具公在銓, 欲陞敍六品官, 公嘗著《閑居錄》, 極其優閑之趣, 至是, 取以示之, 柏潭歎曰: "此友堅確如此, 何必强屈也?" 西厓柳文忠公, 亦雅諳公意, 尤無意, 薦引公, 蓋數稱公江湖高士云。性不喜臧否人·深惡人, 以矜氣相加。常誡子姪曰: "凡論議處事, 切勿有勝人之心, 屈而後伸者, 理之常也。況所執未必是, 而徒有上人之心, 則是妄人也已." 又曰: "諱人之惡, 無損於美己, 譚人之枉, 無益於正己." 一少生, 以醜行被誣, 鄕議將糾之, 公徐止之, 誣尋白。人有誣公於退陶先生者, 公辨之不甚力, 亦無一言及於其人也。當先生喪, 同門生自執己見, 公斥之。其人慍, 他日以事構公, 公聞之, 一笑而已。故莊士慕其介, 而狹中者懷其弘。逮其晩歲, 學就行尊, 沈靜端審, 器宇和粹。鶴峯先生, 嘗語學者曰: "老先生靜默溫雅氣象, 唯此人似之."云。歲丁亥秋, 疾危劇, 問者至, 不冠不見。一日, 以詩謝門生, 曰: "我有斯疾命矣夫。啓手以視知免夫。來往天地是丈夫." 乃以七月二十四日卒, 享年五十六。是年十月日, 葬于厤甘山壬坐丙向之原, 進士公墓在後, 教授公墓在旁, 遵遺命也。公娶廣州安氏, 繼室文化柳氏, 皆無嗣, 鞠兄子行可子之。行可

中進士, 除參奉, 生一女二男, 男曰中正, 曰守正, 女適金是杠生員。…(이하 생략)…

〔木齋先生文集, 권8, 行狀〕

36. 배삼익

배삼익의 자는 여우, 호는 임연, 본관은 흥해이다. 명종 무오년(1558) 생원시에 합격하고, 갑자년(1564) 문과에 급제하였다. 삼사(三司)·대사성을 거쳐 감사(監司: 관찰사)에 이르렀다.

공이 대사성이었을 때, 조정에서 사신이 직책을 다하지 못하여 진사사(陳謝使)를 골라 뽑게 되자 공이 응당 선발되었는데, 포장의 은전으로 황제 칙서(勅書)를 받고 망룡의(蟒龍衣)를 하사 받아 가지고 돌아왔다. 주상이 가상히 여겨 말하기를, "독자적으로 잘 응대한 충성이 아니었다면 어떻게 이를 얻었으리오?"라고 하고는 내구마(內廏馬)를 하사하였다.

당시 해서(海西: 황해도) 지방에 해마다 흉년이 이어지자 조정에서 공을 감사로 발탁했는데, 공은 병을 무릅쓰고 무리하게 부임하는 길을 떠났다. 곡식을 풀어서 굶주린 백성을 구휼하였는데, 이에 힘입어 살게 된 자들이 매우 많았다. 노고로 인하여 병세가 드디어 심해지자, 아들 배용길(裵龍吉)이 쇠고기를 구하여 올리니 공이 이를 물리치면서 말하기를, "내가 한 지방의 비위를 적발하고 기강을 바로잡는 관찰사로서 금육(禁肉: 쇠고기)을 먹어서야 되겠느냐? 네 애비를 곤경에 빠뜨리지 말아라." 하였다.【협주: 류성룡이 찬한 비문에 실려 있다.】

• 裵三益

裵三益, 字汝友, 號臨淵, 興海人。明宗戊午生員, 甲子文科。歷三司·大司成, 至監司。

公爲大司成時，朝廷以使臣之失職[1]，擇使陳謝，以公應選，得褒奬皇勅及欽賜蟒龍衣[2]而還。上嘉之曰："非專對[3]之忠，何以得此?" 錫以內廏馬[4]。

時海西歲連歉，朝廷擇公爲監司，公力疾就道，發粟賑飢，賴以活者甚衆。勞苦病遂劇，子龍吉[5]，得進牛肉，公却之曰："吾持一方風憲[6]，食禁肉[7]，可乎? 無陷爾父爲也!"【柳成龍撰碑】

보충

류성룡(柳成龍, 1542~1607)이 찬한 비문

고 통정대부 수황해도관찰사 배공 신도비명 병서

고(故) 통정대부 수황해도 관찰사(守黃海道觀察使) 겸 병마수군절도사 배여우(裵汝友)가 죽은 지 7년이 지난 뒤에 그의 아들 세자익위사 세마(世子翊衛司洗馬) 배용길(裵龍吉)이 공의 행장을 가지고 나의 집에 와서 묘도명(墓道銘)을 청하였다. 내가 행장을 읽고 슬퍼서 말하기를,

1 使臣之失職(사신지실책): 1587년 3월 方物을 도둑맞고 玉河館이 불이 탄 것을 일컬음.

2 蟒龍衣(망룡의): 큰 구렁이 무늬를 놓은 예복. 명나라 제도에 외국 임금에게 내려 주던 의복이다.

3 專對(전대): 외국에 사신으로 나가서 독자적으로 응대하여 일을 잘 처리하는 것.

4 內廏馬(내구마): 조선시대에 內司僕寺에서 기르던 말. 임금이 거둥할 때에 쓴다.

5 龍吉(용길): 裵龍吉(1556~1609). 본관은 興海, 자는 明瑞, 호는 琴易堂·藏六堂. 증조부는 생원 裵獻이며, 조부는 裵天錫이다. 아버지는 관찰사 裵三益이며, 어머니 英陽南氏는 南藎臣의 딸이다. 부인 光山金氏는 金壕의 딸이다. 金誠一의 문하에서 수학하였으며, 이어 柳成龍·趙穆·南致利 등을 사사하였다. 1575년 사마시에 합격하고, 1585년 성균관에 입학하였으며, 1592년 임진왜란이 일어나자 안동에서 의병을 일으켜 金垓를 대장으로 추대하고 그의 부장으로 활약하였다. 1594년 세마, 시직, 부솔을 지냈다. 1602년 별시문과에 급제하였다. 1606년 사헌부감찰 등을 역임한 뒤 1608년 충청도도사를 지냈다.

6 風憲(풍헌): 風化와 憲章이라는 뜻. 풍습과 도덕에 대한 규범을 이르는 말이다.

7 禁肉(금육): 쇠고기를 달리 이르는 말. 나라에서 소를 잡는 것을 법으로 금지하였기 때문에 유래한 말이다.

"나는 오직 뒤에 죽을 사람일 뿐이나 여우를 아는 자로 나 만한 이가 없으니, 내가 여우의 명(銘)을 짓지 않고서야 누가 지으랴? 그러나 돌아보건대 노쇠하고 병들어 필력이 없어서 여우의 사적을 펼치기에 부족한 것을 어찌하겠는가?"라고 하였다. 배용길이 더욱 완강하게 청하니 차마 끝내 사양하지 못하였다. 이에 먼저 공의 평생의 일을 서술하고, 다음으로 행장의 언행에 의거하여 명(銘)을 붙인다.

오호라! 내가 16세 때 처음 한성감시(漢城監試)에 응시한 그해 가을에 여우도 시골에서 올라와 우뚝하게 두각을 드러내어 이미 동료들로부터 추앙을 받았으니, 고금의 일을 논할 때면 종횡으로 꿰뚫었고 말소리가 우렁차서 주위의 사람들이 대단히 탄복하였다. 나도 그것을 즐기고 좋아하여 날마다 그의 거처로 가서 들었다. 원(院)에 들어가는 저녁이면 나는 여우가 묵는 곳으로 갔는데, 큰길에 인적은 고요하였고 달빛이 대낮처럼 밝았으며 종소리가 밤새도록 들렸다. 닭이 울자, 여우는 나를 발로 차 깨워서 나란히 말을 타고 원에 갔는데, 뜰 안에 서 있는 큰 홰나무 아래에 멈추고 횃불 속의 푸른 잎들을 우러러 바라보니 겹겹이 무성하여 사랑스러웠다.

시제(試題)가 나오자, 여우는 애써 구상하지 않은 채로 해가 지기도 전에 2편 모두 다 짓고 남은 힘이 넘쳐났다. 나는 시를 짓기는 했으나 아직 옮겨 베끼지 못하고 있었는데 여우가 나를 대신해서 정서(正書)해주었다. 급제자의 명단을 뜯어 이름을 불렀는데, 나는 다행히도 합격했으나 여우는 굴욕을 당해 낙방하고 고향으로 돌아가게 되었다. 내가 다시 술병을 차고 큰길에서 보내 주려고 할 때, 행불행일 뿐이라는 말로 작별하였다. 이로부터 우정이 좋았는데 더욱 친밀해졌으니, 못 보면 그리워하다가 만나기만 하면 둘은 갈 바를 잊고서 며칠이고 떠나지 못하였다. 이제 여우는 죽었고 나 또한 늙었으니, 이 세상에서 어찌 다시 이런 일을 찾을 수 있겠는가? 슬프구나!

행장을 살피건대, 배씨(裵氏)는 계통이 흥해(興海)에서 나왔다. 고려시대에 배경분(裵景分)이 검교장군(檢校將軍)이었고, 4대를 지나 배영지(裵榮至)가 전리판서(典理判書) 평양윤(平壤尹)이었으며, 그 아들 배전(裵詮)이 충렬왕(忠烈王)·충선왕(忠宣王)을 섬겨 성근선력익대좌명공신(誠勤宣力翊戴佐命功臣)의 호(號)를 받고 흥해군(興海君)에 봉해졌다. 흥해 배씨는 이때부터 더욱 드러나게 되었다. 그 아들 배상지(裵尙志)는 벼슬이 판사복시사(判司僕寺事)에 이르렀는데, 높은 절의와 원대한 식견이 있었으나 어떤 일 때문에 관직을 그만두고 돌아왔다. 이때 고려의 왕업도 운이 다하고 있었으니, 마침내 안동부 금계촌(金鷄村)에 은거하면서 당호(堂號)를 백죽(柏竹)이라 이름 짓고 스스로 그 뜻을 보이며 일생을 마쳤다. 백죽의 후손으로는 사헌부지평 배권(裵權), 녹사(錄事) 배효장(裵孝長), 소위장군(昭威將軍) 휘(諱) 배임(裵袵)이 있는데, 배임은 실로 공의 고조부이다. 증조부 성균관진사 휘 배이순(裵以純)은 통훈대부(通訓大夫) 통례원좌통례(通禮院左通禮)에 추증되었고, 조부 성균관생원 휘 배헌(裵巘)은 통정대부(通政大夫) 좌승지에 추증되었다. 아버지 휘 배천석(裵天錫)은 충좌위부사과(忠佐衛副司果)를 지내고 가선대부(嘉善大夫) 병조참판에 추증되었으며, 어머니 영일정씨(迎日鄭氏)는 정부인(貞夫人)에 추증되었다. 3대가 추증된 것은 모두 공이 귀하게 되었기 때문이다.

공은 무오년(1558) 생원시에 합격하고, 갑자년(1564) 문과에 급제하여 처음으로 벼슬길에 나아갔다. 성균관의 학유(學諭)·학록(學錄)·학정(學正)·박사(博士)를 거쳐 호조좌랑에 올랐다. 계유년(1573)에 참판공(參判公: 부친 배천석)의 상을 당하였다. 을해년(1575) 상복을 벗게 되었을 때 형조·예조의 좌랑 및 성균관전적, 형조정랑에 제수되었으나 모두 나아가지 않았으며, 다시 사간원정언으로 교지(敎旨)를 내려 특별히 불렀으나 병으로 사양하자 외직인 풍기군수로 좌천되었지만 부임하여 임기를 채우고 고향에 돌아오니 승문원교리에 제수되었으나 부임하지 않았다. 신사년(1581) 양양부사(襄陽府使)에 제수되었다가 계미년(1583) 부름을 받고 내직으로 들어와 사헌부장령이 되었다. 오래지 않아서 바뀌어 성균관사예가 되었지만, 자주 자리를 옮겨 직강, 사간원정언으로 있다가 다시 사예·장령이 되었고, 성균관사성, 사간원헌납 겸 춘추관기주관으로 옮겼다. 조금 지나서 홍문관에 선발되어 수찬(修撰)·지제교(知製敎)로서 경연검토관·춘추관기사관을 겸하였다. 사간원사간으로 승진하였는데 다시 옥당(玉堂: 홍문관)에 들어가 부교리가 되었다가, 재차 장령·사간에 제수되었다. 을유년(1585) 겨울에 통정대부로 품계가 올라 승정원동부승지가 되어 경연참찬관·춘추관수찬관을 겸하였는데, 임금의 명을 받아 아래에 선포하고 신하의 말을 들어 임금에게 올리는 것이 진실로 마땅했다 하여 우부승지·좌부승지로 승진되었다. 조금 지나서 상호군(上護軍)으로 교체되었고, 장례원판결사에 제수되었다가 성균관 대사성으로 자리를 옮겼다.

당시 사신으로 상국(上國: 명나라)에 간 사람 가운데 대부분 적임자가 아니었으니, 가는 도중에 방물(方物)을 잃어버리기도 하고 옥하관(玉河館)에 불을 내기도 하였다. 조정에서 황공하여 진사사(陳謝使)를 골라 뽑게 되었는데, 공이 응당 선발되었다. 떠나기 앞서 공은 선비를 양성하는 곳의 장관(長官) 자리를 오래 비울 수가 없다면서 대사성 자리를 내놓고 물러나 추부첨지사(樞府僉知事)가 되어 떠났는데, 돌아오자 우승지에 제수되었으나 병으로 사직하였다.

당시 황해도에 해마다 흉년이 이어지자, 조정에서 구황(救荒)하는 정책을 급선무로 의논하며 관찰사를 뽑아 제수해야 구제할 수 있을 것으로 여겼는데, 마침내 공을 관찰사로 발탁하였다. 그때 공은 병이 낫지 않았는데도 병을 무릅쓰고 여러 고을들을 순행하며 노고를 아끼지 않아서 병세가 마침내 심해지자 재차 사양하여 체직되었으나, 집으로 돌아오는 길에 죽으니 향년 55세였다. 부음 소식이 전해지자 원근을 막론하고 모두 애도하였으며, 조정에서는 예법에 따라 부의(賻儀)를 내려 치제(致祭)하였고 배와 수레를 함께 내려보내어 그 행렬을 호위하게 하였다. 그해 10월 기사일(己巳日) 안동부 북쪽 내성현(奈城縣) 호애산(虎崖山) 묘좌유향(卯坐酉向)의 언덕에 장사지냈는데, 곧 참판공의 묘소 뒤였으니 공의 유명(遺命)에 따른 것이다.

공은 어려서 어머니를 여읜데다 집이 가난했으나 능히 스스로 분발해 힘써 배우고 장성하여 자립하기에 이르렀다. 처음으로 벼슬길에 나아가서는 직무를 부지런히 삼가며 수행하면서 매사를 잘 처리하였는데, 풍기군수가 되어서는 아전들을 엄히 다스리고 몸가짐이 검소하였으며 백성들을 어질게 다스렸다. 처음에는 강경하고 완고한 자들은 자못 기뻐하지 않았으나, 몇 년이 지나서는 고을사람들이 공의 다스림을 칭송하였고, 공이 떠난 뒤에도 고을사람들의 사랑을 많이 받고 있다.

양양(襄陽)은 바닷가의 고을로 독특한 풍속이 순박했는데, 공은 풍속에 맞춰 다스린 뒤에야 너그럽고 간명하게 이끌어서 쇠잔한 백성들에게 소생의 길을 터주고 모든 쇠퇴한 것을 복구하여 일으키니 선정(善政)의 소문이 더욱 자자하였다. 제사 지내는 일을 더욱 중히 여겨 석전제(釋奠祭: 문묘에서 공자에게 지내는 제사), 사직제(社稷祭: 사직단에서 국태민안을 기원하는 제사), 성황제(城隍祭: 마을의 성황신에게 행하는 제사), 여제(厲祭: 억울하게 죽은 귀신에게 지내는 제사)에 이르기까지 모두 몸소 주관하였다. 매년 동해신(東海神)에 제사 지냈는데, 축책(祝冊: 제사 지낼 때 임금이 지어 보내던 글)이 경사(京師: 都城)로부터 오면 공은 공손하고 엄숙하게 제사를 지내면서 더욱 엄히 삼가니, 비 내리기를 기도하면 비 내리는 일이 많았다. 성황사(城隍祠)에 들어가서는 촌무(村巫: 시골 무당)가 지전(紙錢)으로 안에 어지럽혀 놓은 것을 공이 거두어 불태우도록 명하고 땅을 쓸고서 제사를 지냈다.

때마다 북쪽 변방이 소란해지자 남쪽 지방의 곡식을 운반하여 군량으로 공급하였다. 어떤 이가 큰 배를 만들어 바닷길로 실어 나르자고 건의한 자가 있었는데, 바람과 파도에는 불리하여 번번이 가라앉아서 백성들이 매우 고통스러웠다. 공은 그 폐단을 알고서 장령으로 조정에 돌아왔는데, 즉시 주상에게 그것을 파하도록 말하였다. 또한 동성 집안끼리 혼인하는 것을 금하도록 청하였다.

당시 조정의 논의가 나뉘어서 둘이 되자, 때를 틈타는 자들이 야단스럽게 공격하며 사류(士類)들을 해치니, 공은 이것을 매우 걱정하였다. 조정에 있으면서 펼쳤던 언론이 과격하지도 않았고 휩쓸리지도 않았으니, 식견이 있는 사람들은 공이 확립한 뜻이 있음을 알았다.

외람되이 자급(資級)을 올려 대사헌에 오른 자가 있자, 많은 사람들이 모두 놀라 기이하게 여기면서도 감히 말하지 못했는데, 공이 사간원에 있다가 혼자서 말하기를, "화복은 하늘에 달린 것이니, 마땅히 나에게 맡겨진 일을 다해야 한다."라고 하고서는 마침내 그를 논핵하였다. 또 주인을 모함하여 거짓 공훈을 얻은 자의 명적(名籍)을 삭제하도록 아뢰니, 사람들이 모두 통쾌히 여겼다.

공이 진사사(陳謝使)로서 경사(京師: 명나라 수도 북경)에 갔다가 포장의 은전으로 황제 칙서(勅書)를 받고 망룡의(蟒龍衣)를 하사 받아 가지고 돌아왔다. 주상이 가상히 여겨 말하기를, "독자적으로 잘 응대한 충성이 아니었다면 어떻게 이를 얻었으리오?"라고 하고는 내구마(內

廐馬)를 하사하였다.

황해도 관찰사로 있을 때 곡식을 풀어서 굶주린 백성을 구휼하려고 조리 있게 구획하는데 극진히 하지 않음이 없었으니, 이에 힘입어 살게 된 자들은 그 수를 헤아릴 수가 없었다. 얼마 지나지 않아 병으로 몹시 초췌해졌는데, 아들 배용길(裵龍吉)은 쇠고기가 쇠약한 몸을 보(補)할 수 있다고 하자 쇠고기를 구하여 올리니, 공이 이를 물리치면서 말하기를, "내가 한 지방의 비위를 적발하고 기강을 바로잡는 관찰사로서 금육(禁肉: 쇠고기)을 먹어서야 되겠느냐? 네 애비를 곤경에 빠뜨리지 말아라." 하였다. 오호라! 공은 보잘것없는 음식 하나에 대해서도 거의 죽게 된 지경이었건만 자기의 뜻을 바꾸지 않았으니, 그 나머지는 미루어 알 수 있을 것이다. …(중략)…

공의 부인 영양남씨(英陽南氏)는 처사(處士) 남신신(南藎臣)의 딸로 정부인(貞夫人)에 봉해졌다.…(이하 생략)…

• **故通政大夫守黃海道觀察使裵公神道碑銘 幷序**

故通政大夫守黃海道觀察使兼兵馬水軍節度使裵公汝友卒, 後七年, 其孤世子洗馬龍吉, 以公行狀抵余門, 求墓道銘。余讀而悲之, 曰: "吾惟後死, 知汝友者莫吾若, 吾非汝友銘而誰耶? 顧衰病無筆力, 柰不足張汝友何?" 龍吉請益堅, 不忍終辭。乃先敍平生, 後据行狀言, 繼以銘。嗚呼! 余年十六, 始擧漢城監試, 其秋汝友自鄕來, 嶄然出頭角, 已爲儕輩所推, 論古今事, 貫穿縱橫, 音吐洪暢, 左右聳服。余樂慕之, 日造其居而聽焉。入院之夕, 余就汝友宿, 九街人靜, 月明如晝, 鐘漏聲終夜在耳。鷄鳴, 汝友蹙余起, 聯騎赴院, 止庭中大槐樹下, 仰見火光中綠葉, 層層可愛。及題出, 汝友不構思, 日未暮, 二篇俱成, 沛然有餘力。余詩成而不能寫, 汝友代余書。坼號, 余幸中而汝友見屈還鄕。余復佩酒, 相送於大街中, 作幸不幸語以別。自是情好益密, 未見而思,旣見則兩忘所趣, 累日而不能去。今汝友亡, 余亦老, 此生寧復有此事耶? 悲夫! 按狀, 裵氏出興海。高麗時, 有景分爲檢校將軍, 四世而榮至爲典理判書平壤尹, 子詮事忠烈·忠宣, 賜誠勤宣力翊戴佐命功臣號, 封興海君。興海之裵, 由是益顯。有子尙志, 仕至判司僕寺事, 有高節遠識, 因事棄官歸。時麗業已訖, 遂屛居于安東府金鷄村, 名堂以柏竹, 自見其意以終。柏竹之後, 司憲府持平權, 錄事孝長, 昭威將軍諱袵, 袵實公之高祖也。曾祖成均進士諱以純, 贈通訓大夫通禮院左通禮, 祖成均生員諱巘, 贈通政大夫左承旨。考諱天錫, 忠佐副衛司果, 贈嘉善大夫兵曹參判, 妣迎日鄭氏, 贈貞夫人。三世皆以公貴。公中戊午生員, 甲子釋褐。歷成均館學諭·學錄·學正·博士, 陞戶曹佐郎。癸酉, 丁參判公憂。乙亥服闋, 拜刑禮曹佐郎及成均館典籍·刑曹正郎, 皆不就, 又以司諫院正言, 下旨特召, 以疾辭, 外遷豐基郡守, 赴任秩滿還鄕, 拜承文院校理, 不赴。辛巳拜襄陽府使, 癸未召入爲司憲府掌令。旣而, 遞爲成均館司藝, 屢遷直講·司諫院正言, 復爲司藝·掌令, 移成均館司成·司諫院獻納兼春秋館記注官。俄而, 選入弘文館, 爲修撰·知製敎, 兼經筵檢討官·春秋館記事官。陞司諫院司諫, 復入玉堂爲副校理, 再拜掌令·司諫。乙酉冬, 陞通政爲承政院同副承旨, 兼經筵參贊官·春秋館修撰官, 出納稱允, 陞右副左副。俄遞爲上護軍, 拜掌隷院判決事, 轉成均館大司成。時有使臣聘上國者, 多非其人, 或失方物於途, 或失火于玉河館。朝廷惶恐, 擇使陳謝, 以公應選。公臨行, 以養士之地長官, 不可久曠, 辭遞大司成, 得樞府僉知事以行, 還拜右承旨, 以病辭。時黃海道歲連歉, 朝議急荒政, 以爲擇任監司, 乃可濟, 遂以公爲觀察使。時公病未瘳, 力疾巡行諸邑, 不憚勞苦, 病遂增劇, 再辭得遞, 卒于道上, 享年五十五。訃聞, 遠近相吊, 朝廷賻祭如禮, 下一路以船轝, 護其行。其年十月己巳, 葬于府北柰城縣虎崖山震坐兌向之原, 卽參判公墓後, 從公治命也。公少喪大夫人, 家貧, 能力學自奮, 以至成立。其筮仕也, 莅職勤謹, 每事皆辦, 及守豐基, 嚴以御吏, 簡以持身, 仁以撫民。其初, 强梗者頗不悅, 數年, 邑中稱治, 去後, 多遺愛。

襄陽, 濱海之邑, 土俗淳樸, 公因俗爲治, 乃更御之以寬簡, 蘇殘起廢, 政聲尤藉。尤重祀事, 釋菜·社稷·城隍·厲祭, 率皆以身親之。每年, 祭東海神, 祝冊自京師至, 公虔肅將事, 益嚴以謹, 雨暘祈禱, 多得其應。入城隍祠, 村巫以紙錢溷其中, 公命撤以焚之, 掃地卽事。時北邊有警, 運南方粟, 以給軍餉。人有建言造大船漕海者, 不利風濤, 輒墊溺, 民甚苦之。公知其弊, 以掌令還朝也, 卽言於上罷之。又請禁同姓爲婚者。時朝論岐而爲二, 乘時者多端攻擊, 以傷士類, 公甚憂之。其立朝言論, 不激不隨, 識者知公之有立焉。有冒陞憲長者, 衆皆駭異而不敢言, 公在諫院, 獨曰: "禍福天也, 當盡在我者." 遂論之。又啓削陷其主, 得僞勳者名籍, 人皆快之。公之陳謝京師也, 得褒獎皇勑及欽賜蟒龍衣以還。上嘉之曰: "非專對之忠, 何以得此?" 錫以內廐馬。在黃海道, 發倉賑饑, 區畫條理, 無不極盡, 賴以生活者, 不紀其數。旣而, 病甚憊, 龍吉以牛肉能補羸, 得之以進, 公卻之曰: "吾持一方風憲, 先食禁肉, 可乎? 無陷爾父爲也." 嗚呼! 公於一飮食之微, 垂髾而不變其志, 其他可知也已。…(중략)…公配英陽南氏。處士藎臣之女。封貞夫人。…(이하 생략)…

〔西厓先生文集, 권19, 碑碣〕

37. 김수일

김수일의 자는 경순, 호는 구봉이다. 명종 을묘년(1555)에 사마시에 합격하였다. 선조 계묘년(1603: 계미년의 오기, 1583)에 유일(遺逸)로 천거되어 찰방에 제수되었다. 안동의 사빈서원(泗濱書院)에 향사하였다.

공은 퇴계의 문하에서 수학하였는데, 심학(心學)을 강론하면 물으며 분명하게 이해하여 막힘없이 환하게 깨달았으니 선생이 칭찬하고 인정하였다.

공은 어진 형제들이 있는 것을 즐거워하여 우애가 돈독하고 지극하였으니, 집안이 대대로 청백하였는지라 몹시 가난하여 초라함을 근심해서 노비를 나누어 받지 않고 모두 양보하였다.

• **金守一**

金守一, 字景純, 號龜峰。明宗乙卯司馬。宣祖癸卯[1], 以遺逸薦, 授察訪。享安東泗濱書院。

公遊退溪之門, 講問心學, 明白洞徹, 先生稱許。

公樂有賢弟兄, 友愛篤至, 家世淸白, 慮其貧窶, 不分臧獲[2], 咸推與[3]焉。

---

1 癸卯(계묘): 癸未의 오기.

2 臧獲(장획): 노비.

3 推與(추여): 미루어 줌.

보충
김용(金涌, 1557~1620)이 찬한 묘지문

선고 선무랑 자여도찰방 부군 묘지

선부군(先府君: 先親)의 휘는 수일, 자는 경순, 성씨는 김씨이다. 시조의 휘 김용비(金龍庇)는 고려시대의 태자첨사(太子詹事)가 되면서부터 실로 의성(義城)에서 살기 시작하였는데, 백성들에게 베푼 공덕이 있었기 때문에 고을 사람들이 지금까지도 제사를 지내고 있다. 이 분은 은청광록대부(銀青光祿大夫) 상서좌복야(尙書左僕射) 휘 김의(金宜)를 낳았고, 복야는 조현대부(朝顯大夫) 내영소윤(內盈少尹) 휘 김서지(金瑞之)를 낳았고, 소윤은 봉익대부(奉翊大夫) 문예부좌사윤(文睿府左司尹) 휘 김태권(金台權)을 낳았고, 사윤은 봉익대부 공조전서(工曹典書) 휘 김거두(金居斗)를 낳았다. 2대를 지나 통훈대부(通訓大夫) 부지승문원사(副知承文院事) 휘 김한계(金漢啓)에 이르면 고조부이고, 성균관 진사 증 통훈대부 통례원좌통례(通禮院左通禮) 휘 김만근(金萬謹)은 증조부이고, 병절교위(秉節校尉) 증 통정대부 승정원좌승지 겸 경연참찬관 휘 김예범(金禮範)은 조부이다. 성균관 생원으로 누차 증직된 자헌대부(資憲大夫) 이조판서 겸 지의금부사(知義禁府事) 휘 김진(金璡)은 아버지인데, 부인 민씨(閔氏)는 좌의정 여흥부원군(驪興府院君) 문도공(文度公) 민제(閔霽) 5대손인 민세경(閔世卿)의 딸이다. 그 다섯 아들들이 잇달아 과거에 급제하여 영화가 당세에 빛났는데, 부군은 서열로 그 둘째로서 가정(嘉靖) 무자년(1528) 11월 정사(丁巳: 19일)에 임하현(臨河縣) 천전리(川前里)에서 태어났다.

타고난 자질은 영민하고 총명하며 모습은 단정하고 엄숙하였으니, 맑고 준수한데다 경외심을 불러일으키는 기세가 있었다. 문장은 글의 기세가 거침없다가 갑자기 부드럽기도 하나 세속의 티가 없었고, 더욱이 시에 뛰어났다. 병오년(1546)에 모친상을 당했다. 을묘년(1555) 사마시에 합격하였다. 일찍이 퇴계의 문하에서 수학한 적이 있는데, 심학(心學)을 강론하면 물으며 분명하게 이해하여 막힘없이 환하게 깨달았으니 선생이 칭찬하고 인정하였다. 누차 향선(鄕選: 향시)에 장원하였으나 번번이 유사(有司: 試官)의 뜻에 들지 않아 문과에는 급제하지 못하였는데, 장원했다고 해서 기뻐하지도 않았고 급제하지 못했다고 해서 슬퍼하지도 않았다.

과거공부를 그만두고서 임하현의 부암(傅巖)에 정자를 지었는데, 좋은 날이나 아름다운 계절에는 노인들을 모시고 친구들과 함께 잔치를 열어 노닐기도 하는 것으로 즐기면서 세상일을 잊어버렸다. 집안을 엄숙하게 다스렸고 마음을 화평하게 썼는데, 제사에는 정성스럽고 무당과 박수는 물리치니 집안이 정연(整然)하였으며, 가난한 여식은 시집을 보내주고 부모를 여읜 고아는 길러주니 친척들이 모두 존경하였다. 자식들과 조카들을 가르쳐 깨우치고, 후생들을 훈계하여 인도하였다. 착한 일을 좋아하고 악한 자를 미워하여 일을 당하면 강직하고 과단성이 있었으니, 고을사람들이 공경하면서도 두려워하였다. 항상 어머니를 일찍 여읜 것을 끝없이 애통해하였으니, 춘부(椿府: 아버지)를 모시며 정성과 효성을 다하였다. 어진 형제들이 있는 것을 즐거워하여 우애가 돈독하고 지극하였으니, 집안이 대대로 청백하였는지라 몹시 가난하여 초라함을 근심해서 노비를 나누어 받지 않고 모두 양보하였다.

경진년(1580) 부친상을 당하여 죽과 거친 음식을 먹으며 3년간 여묘살이를 하였다. 상복을 벗고 나자, 병이 오장육부에 파고들어 장작같이 여위는 것이 날로 심하였다. 전조(銓曹: 吏曹)에서 마침 유일(遺逸)로 천거되었기 때문에 자여도찰방(自如道察訪)으로 제수하였다. 벼슬길에 나아가는 것을 본래 좋아하던 바가 아니었으나, 임금의 은덕에 절하지 않을 수가 없는데다 또한 경성(京城)에는 의약을 쓰기에 편리하였으니, 마침내 병을 무릅쓰고 달려가서 사은숙배하였다. 그리고 경성에 머무르며 진료를 받았으나, 불효한 죄가 쌓여서 객관에 화가 닥쳤으니 계미년(1583) 6월 8일이었고 향년 56세였다. 여러 삼촌들이 모두 조정에서 높은 벼슬을 하였으니 흉례(凶禮: 喪禮)의 준비를 잘 감독해 주어 장사를 지내는데 부족함이 없었다. 이윽고 7월에야 운구(運柩)하여 고향으로 돌아와 9월 모일(某日)에 경출산(景出山: 안동시 임하면 사의리에 있는 산)·비학산(飛鶴山) 선영(先塋) 아래 태좌진향(兌坐震向)의 터에 장사를 지냈으니, 본인의 뜻을 따른 것이다.

어머니 한양조씨(漢陽趙氏)는 9대조 휘 조양기(趙良琪)가 있었는데, 고려 때 나이 13세로 아버지의 작위를 이어받아 총관(摠管)이 되어 일본 정벌에 따라가 능히 적의 전군(全軍)을 꺾으니, 원나라 황제가 기특하게 생각하고 옥대(玉帶)와 비단 도포를 내렸다. 총관의 손자는 좌정승 용원부원군(龍源府院君) 휘 조인벽(趙仁璧)이고, 용원부원군의 아들은 우의정 한평부원군(漢平府院君) 휘 조연(趙涓)이니, 혁혁하게 대대로 벼슬한 것이 삼한(三韓)에서 으뜸이었다. 증조부 휘 조영손(趙永孫)은 괴산군수를 지냈고, 조부 휘 조당(趙讜)은 사맹을 지냈다. 아버지 휘 조효종(趙孝宗)은 선략장군충좌위부사과(宣略將軍忠佐衛副司果)를 지냈으며, 부인 이씨(李氏)는 좌의정 철성부원군(鐵城府院君)의 증손녀로 지례현감 이전(李腆)의 딸이다.

어머니 한양조씨는 순수한 부드러움과 아름다운 자질을 지닌데다 현달한 문벌에서 자라나 부덕(婦德)이 용모에 가득하고 식견과 사려도 사군자(士君子)와 비슷하니, 마땅한 혼처를 골라 시집보내어 우리의 아버지와 결혼한 것이다. 아름다운 부덕을 간직하고서도 정절을 지켰고, 음식을 공궤(供饋)하면서 거르는 때가 없었으며, 집안의 살림살이 및 예의범절은 오직 아버지의 뜻에 순종하였으니, 일가붙이의 부녀자들이 모두 그 어짊을 본받았다. 나의 형제들은 가정도 있고 자식도 있으며 대과와 소과를 급제하기에 이르러 경사가 집안에 연이은 것은 선행을 쌓은 결과가 아님이 없었다. 그런데 애통하게도 미칠 수 없는 하늘로 영구히 부군과 이별하자, 소리내어 슬피 울다가 하마터면 목숨을 잃을 뻔했다. 내가 처음 벼슬하여 부절(符節)을 찼을 때 판여(板輿)로 받들어 모시고서 헌수의 잔을 올릴 때 매양 홀로 그 영예 누리는 것을 슬퍼하였다. 또 집안에 여러 자녀가 있음을 생각하여 모든 이바지 물품을 매일 손수 나누고서 봉하여 부치는 것을 일삼았다. 이러한 시구(鳲鳩: 새끼를 기를 때 먹이를 공평하게 잘 나누어 먹인다는 뻐꾸기)와 같은 자애로움은 또한 하늘로부터 부여받은 것이었으리라. 계사년(1533) 3월 정사(丁巳: 14일)에 태어나 경술년(1617) 2월 을해(乙亥: 2월에는 을해일이 없음)에 죽었으니 향년 78세였다. 그리하여 4월 7일 임오(壬午: 辛丑의 오기) 부군의 묘에 합장하였으니, 예를 따른 것이었다.

아들은 둘인데, 장남 김용(金涌)은 경인년(1590) 문과에 급제하여 전행사헌부집의(前行司憲府執義) 지제교(知制敎)를 지냈고, 차남 김철(金澈)은 계묘년(1603) 진사시에 합격하고 백부(伯父)에게 양자로 들어가 실로 종가의 사손(嗣孫)이 된 것이다. 딸은 둘인데, 장녀는 황여일(黃汝一)에게 시집갔는데 을유년(1585) 문과에 급제하고 행사헌부장령이며, 차녀는 박수근(朴守謹)에게 시집갔는데 사옹원봉사(司饔院奉事)이다.…(이하 생략)…

황명 만력 기원 38년(1610) 4월 2일 아들 전행사헌부집의 지제교 김용이 피눈물을 흘리며 삼가 기록하다.

• 先考宣務郎自如道察訪府君墓誌

先府君, 諱守一, 字景純。姓金氏。鼻祖, 諱龍庇, 爲高麗太子詹事, 實始居義城, 以有功德於民, 邑人至今俎豆之。是生銀青光祿大夫尙書左僕射諱宜, 僕射生朝顯大夫內盈少尹諱瑞之, 少尹生奉翊大夫文睿府左司尹諱台權, 司尹生奉翊大夫工曹典書諱居斗。歷再世, 至通訓大夫副知承文院事諱漢啓, 是高祖, 成均進士贈通訓大夫通禮院左通禮諱萬謹, 是曾祖, 秉節校尉贈通政大夫承政院左承旨兼經筵參贊官諱禮範, 是祖。成均生員累贈資憲大夫吏曹判書兼知義禁府事諱璡, 是考, 夫人閔氏, 左議政驪興府院君文度公霽五代孫世卿之女。五子聯芳, 榮耀一世, 府君於次爲第二, 以嘉靖戊子十一月丁巳, 生于臨河縣川前里第。資稟英明, 狀貌端嚴, 淸秀有風稜。爲文章, 滂沛頓挫, 無世俗氣, 尤長於詩。丙午, 丁內艱。乙卯, 中司馬試。嘗遊退溪之門, 講問心學, 明白洞澈, 先生稱許。累魁鄕選, 而輒屈於有司, 不以得喪爲欣戚。退而作亭於臨河之傅巖, 佳辰令節, 奉老携朋, 以燕以遊, 樂而忘世。治家嚴肅, 用心愷悌, 謹祭祀, 斥巫覡, 門庭斬斬, 嫁貧女, 畜孤兒, 親戚咸歸。教誨子姪, 訓迪後生。好善疾惡, 遇事剛果, 鄕人敬憚之。常以早失所恃, 爲無涯之痛, 奉椿府, 盡其誠孝。樂有賢弟兄, 友愛篤至, 而家世淸白, 慮其貧窶, 則不分臧獲, 咸推與焉。庚辰, 丁外艱, 飦粥疏食, 廬墓三霜。服闋, 而病纏臟腑, 柴毁日甚。銓曹, 適以遺逸薦, 補自如道察訪。仕進, 本非所樂, 而天恩不可不拜, 且以京城有醫藥之便, 遂力疾赴謝。仍留診視, 而罪積不孝, 禍延旅邸, 癸未六月初八日也, 享年五十六。諸父皆仕顯在朝, 監備凶禮, 事用無闕。乃於七月, 奉柩還鄕, 以九月某日, 葬于景出飛鶴山先塋下兌震之原, 從其志也。先妣漢陽趙氏, 有九代祖諱良琪, 高麗時年十三, 襲父爵爲摠管, 從征日本, 能挫敵全師, 元帝大奇之, 賜玉帶錦袍。摠管之孫曰左政丞龍源府院君諱仁璧, 龍源之子曰右議政漢平府院君諱涓, 赫世冠冕, 甲于三韓。曾祖諱永孫, 槐山郡守, 祖諱讜, 司猛。考諱孝宗。宣略將軍忠佐衛副司果, 配曰李氏, 左議政鐵城府院君之曾孫。知禮縣監腆之女。先

妣以純柔懿質，毓於顯閥，德充於容，識慮類士君子，選所宜歸，以媲我府君。含章守貞，在饋無遂，內政坤儀，惟府君之志是順，族婦宗女，皆法象其賢。吾兄弟得以有家有子。以至折桂搴蓮。慶延門闌者， 無非積善之餘也。痛所天遠離遠背，哭泣幾殆。及見孤筮仕佩符，奉板輿稱壽爵，每以獨享其榮爲悲。又念在家諸子女，凡所供獻，日以手分，封寄爲事。鳲鳩之慈，蓋亦天得也。生於癸巳三月丁巳，卒於庚戌二月乙亥，壽七十八。以四月七日壬午，合祔先君之墓，禮也。男二人，長涌，庚寅文科，前行司憲府執義，知製教，次澈，癸卯進士，爲伯父后，實惟宗嗣。女二人，長適黃汝一，乙酉文科，前行司憲府掌令，次朴守謹，司饔奉事。…(이하 생략)…

皇明萬曆紀元之三十八年四月二日， 男前行司憲府執義·知製敎涌，泣血謹誌

〔雲川先生文集，권4，墓誌〕

38. 정유일

정유일의 자는 자중, 호는 문봉, 본관은 동래이다. 직제학 정사(鄭賜)의 현손이다. 중종 계사년(1533)에 태어났다. 명종 임자년(1552) 사마시에 합격하고, 무오년(1558) 문과에 급제하였다. 한림·설서(說書)·삼사(三司)·이랑(吏郎)·사인(舍人)·직제학을 거쳐 대사간에 이르렀다. 선조 병자년(1576)에 죽었다.

무상(舞象: 15세) 때 충정공(忠定公) 권벌(權橃)에게 가르침을 받았고, 성장해서는 퇴계 선생을 스승으로 삼았다. 의심을 깨치고 의혹을 분별하여 스스로 터득한 바가 많았으니, 문하에 있는 자로서 더 앞서는 자가 없었다.

강릉(康陵: 명종)의 상(喪)이 끝나고 태묘(太廟: 宗廟)에 합부(合祔: 합장)하려고 할 때, 수상(首相: 영의정) 이준경(李浚慶)이 의논하여 효릉(孝陵: 仁宗)을 연은전(延恩殿)에 받들어 모시려 하자, 사람들이 아무도 감히 이의를 달지 못하였으나 공이 홀로 거리낌없이 말하며 곧바로 배척하였고, 전례(典禮)에 힘입어 올바른 데로 돌아갔다.

저술한 《한중필록(閑中筆錄)》·《관동록(關東錄)》·《송조명현록(宋朝名賢錄)》은 모두 병화(兵火: 임진왜란)에 소실되었다.【협주: 여이징이 찬한 묘갈에 실려 있다.】

• **鄭惟一**

鄭惟一，字子中，號文峯，東萊人。直提學賜[1]玄孫。中宗癸巳生。明

1 賜(사): 鄭賜(1400~1453). 본관은 東萊. 증조부는 鄭承源이며, 조부는 鄭譜이다. 아버지는 鄭龜齡이며, 어머니 尙州朴氏는 朴文老의 딸이다. 부인 延安李氏는 李伯仁의 딸이다. 東萊君 鄭蘭宗의 아버지이고, 鄭光弼의 할아버지이다. 직계 자손 중에서 13명의 재상이

宗壬子司馬, 戊午文科。歷翰林·說書·三司·吏郞·舍人·直提學, 至大司諫。宣祖丙子卒。

舞象[2], 受業于權忠定公, 旣長, 師退溪先生, 竊疑辨惑, 多所自得, 在門者莫之先。

康陵[3]喪畢, 將祔太廟, 首相李公浚慶[4], 議奉孝陵于延恩殿[5], 人莫敢貳, 公獨倡言直斥之, 典禮賴而歸正。

所著《閑中筆錄》·《關東錄》·《宋朝名賢錄》, 皆失於兵火。【呂爾徵[6]撰碣】

나왔다고 한다. 1420년 사마시에 합격한 뒤, 이어서 식년문과에 급제하였다. 검열·감찰 등을 거쳐 1425년 정언에 임명되었다. 1429년 의금부도사로 淮陽에 가서 講武場에서 사사로이 사냥을 한 자들을 국문하고 돌아왔다. 1432년 경상도도사로 부임하였으며, 1442년 강원도경력을 지냈다. 이조·예조·형조의 낭관을 거쳐 1445년 의정부 사인, 1448년 예문관직제학, 이후 진주목사를 지내면서 고을을 잘 다스려 경상도 용궁의 浣潭鄕祠에 鄭光弼 등과 함께 봉안되었다.

2 舞象(무상): 成童의 나이 15세. 《禮記》〈內則〉의 "13세에는 음악을 배우고 시를 외우고 작에 맞춰 춤을 추며, 15세에는 상에 맞춰 춤을 추고 활쏘기와 말타기를 배운다.(十有三年學樂, 誦詩, 舞勺, 成童舞象, 學射御.)"라고 한 데서 나온 말이다.

3 康陵(강릉): 서울특별시 노원구 공릉동에 있는 조선 제13대 왕 明宗과 명종비 仁順王后 沈氏의 무덤.

4 李公浚慶(이공준경): 李浚慶(1499~1572). 본관은 廣州, 자는 原吉, 호는 東皐·南堂·紅蓮居士·蓮坊老人. 서울 출신. 증조부는 李克堪이며, 조부는 판중추부사 李世佐이다. 아버지는 홍문관수찬 李守貞이며, 어머니 平山申氏는 상서원판관 申承演의 딸이다. 부인 豐山金氏는 金楊震의 딸이다. 1504년 갑자사화 때 화를 입어 사사된 조부와 아버지에 연좌되어 6세의 어린 나이로 형 李潤慶과 함께 충청도 괴산에 유배되었다가 1506년 중종반정으로 풀려났다. 외할아버지 申承演과 黃孝獻에게서 수학하고 李延慶 문하에 들어가 성리학을 배웠다. 1522년 사마시에 합격하고, 1531년 식년문과에 급제하였다. 대사헌, 우의정을 거쳐 1565년 영의정에 임명되었는데 하성군 이균을 왕으로 세우고 원상으로서 국정을 보좌하였다. 기묘사화와 을사사화 때에 화를 입은 사류들의 신원을 위해 노력하였다. 특히 수십 년간 유배 생활을 한 노수신·유희춘 등을 석방해 등용하였다. 붕당을 예견하였다가 이이·류성룡 등 신진 사류들의 규탄을 받았다.

5 延恩殿(연은전): 서울 경복궁 안 북서쪽에 있었던 德宗의 위패 봉안한 魂殿. 혼전은 조선시대에 왕이나 왕비의 國葬 뒤에 종묘에 配位할 때까지 신위를 모시던 사당을 말한다. 성종의 아버지를 덕종으로 추존하고 위패를 종묘에 일시 모셨다가, 1476년 연은전을 따로 짓고 위패를 옮겨 모셨다. 명종 때인 1547년 仁宗의 위패를 봉안하였다가, 1569년 文昭殿에 後殿 1간을 짓고 인종의 위패를 그곳으로 옮겼다.

6 呂爾徵(여이징, 1588~1656): 본관은 咸陽, 자는 子久, 호는 東江. 증조부는 呂淑이며, 조부는 呂順元이다. 아버지는 한성부우윤 呂裕吉이며, 어머니 居昌愼氏는 현감 愼俊慶의

보충

여이징(呂爾徵, 1588~1656)이 찬한 묘갈문

대사간 정공 갈문

나는 약관(弱冠: 20세) 때부터 소암(踈菴: 疏庵) 임숙영(任叔英, 1576~1623)을 종유하였는데 서로 매우 기뻐하며 형제처럼 붙어 지냈다. 소암이 일찍이 그의 외왕부(外王父: 외할아버지) 문봉(文峯) 정 선생(鄭先生: 정유일)의 아름다운 학문과 덕행을 말하면서, 그의 선친(先親: 任奇)이 지은 행장을 꺼내 보여 주었는데, 내가 크게 감복하여 그때의 기억을 잊지 않은 지 거의 40년이 되었다. 지금 공의 묘에 비석을 세우려고 하면서 소암의 후사(後嗣: 아들) 임량(任量)이 찾아와 명문(銘文)을 부탁하니, 그 행장이 자세하여서 믿었기 때문이지 어찌 노쇠하여 정신이 무디고 거칠어진 사람이 글을 지을 수 있겠는가.

살피건대, 공의 휘는 유일(惟一), 자는 자중(子中), 자호는 문봉(文峯)이다. 그의 선조는 봉원(蓬原: 東萊의 별칭)에서 명망이 높았는데, 대대로 쌓아 내려오는 아름다운 덕이 환하게 빛났으니 세월이 갈수록 더욱 널리 퍼졌다. 공의 고조부 휘 정사(鄭賜)는 직제학이었고 증 좌찬성이었다. 증조부 휘 정난원(鄭蘭元)은 군수였고, 조부 휘 정광우(鄭光祐)는 생원이었다. 아버지 휘 정목번(鄭穆蕃: 鄭穆蕃의 오기)이며, 어머니 월성이씨(月城李氏)는 대사헌 이승직(李繩直)의 증손녀로 진사 이홍준(李弘準)의 딸이다. 가정(嘉靖) 계사년(1533)에 공을 낳았다.

딸이다. 부인 淸州韓氏는 韓浚謙의 딸이다. 韓百謙의 문인이다. 1610년 생원시에 합격하고, 1624년 식년문과에 급제하였으며, 1626년 문과중시에 급제하였다. 승문원에 들어가 典籍을 거쳐 병조·예조 참판을 역임하였다. 병자호란 때에는 종묘의 위패를 모시고 강화도에 들어갔으며, 청나라와의 화의가 성립된 뒤 이조참판을 거쳐 경기도관찰사·한성부좌윤·예조참판을 지내고, 1641년 함경도관찰사로 나가 선정을 베풀었다. 그 뒤 副賓客·대사성·대사헌·강화부유수·부제학·도승지·공조참판 등을 두루 역임하였다.

태어나면서부터 영특하였는데, 말을 배울 때에는 이미 문자를 이해하였고, 처음으로 글을 읽기 시작할 때는 눈으로 보기만 하면 암송하였으니, 사람들이 모두 그가 보통 아이가 아님을 알았다. 무상(舞象: 15세) 때 충정공(忠定公) 권벌(權橃)에게 가르침을 받았는데, 행동거지가 어른과 같아서 충정공이 기특하게 여기며 장차 원대하리라 기대했다. 성장해서는 퇴계 선생을 스승으로 삼아 도학(道學)의 요체(要體)에 관해 두루 들었는데, 의심을 깨치고 의혹을 분별하여 스스로 터득한 바가 많았으니, 문하에 있는 자로서 더 앞서는 자가 없었다. 물러나와 집에서는 더욱더 확충하였는데, 오경(五經)과 제자백가(諸子百家) 및 패관잡기(稗官雜記)의 이야기들에 이르기까지 손수 베껴 쓰면서 참작하고 고찰하며 두루 관통한 것을 글로 표현해 내니, 화려한 명성이 당대의 으뜸이었다.

임자년(1552) 사마시에 합격하고 무오년(1558) 문과에 급제하였다. 승문원의 소속으로 선발되어 정자(正字)로 옮겼고, 천거로 예문관에 들어가 대교(待教)로 옮겼으며, 다시 천거로 승정원 주서(注書)가 되었다가 시강원 설서(侍講院說書)로 옮겼다. 사간원 정언(正言)에 올랐고, 성균관 전적(典籍)을 역임하였다. 봉양하기 위하여 외직으로 나가 진보현감(眞寶縣監)이 되었는데, 임기도 채우기 전에 강원 도사(江原都事)로 옮겼다. 내직으로 들어가 성균관 직강(直講), 지제교(知製教), 사헌부 지평(持平), 예조 정랑, 사간원 헌납(獻納)이 되었고 천거로 이조 좌랑에 제수되었다. 또 외직으로 나가 예안 현감이 되었는데, 홍문록(弘文錄: 홍문관 관원의 인선록)에 올라 교리(校理)로 소환되었고 의정부의 검상(檢詳)·사인(舍人), 홍문관 부응교(副應教), 사간원 사간(司諫), 성균관 사성(司成)을 역임하였다. 다시 외직으로 나가 영천(榮川: 榮州) 군수가 되었다가 상을 당해 떠나갔다. 복제(服制)가 끝나자, 홍문관 응교(應教)

에 제수되어 실록(實錄)을 편수하는데 참여하였다. 이후로 집의(執義), 사간, 부응교, 전한(典翰), 사인, 승문원 판교(判校), 상의원 정(尙衣院正), 내자시 정(內資寺正) 등 여러 관직을 거쳤다. 조사(詔使: 명나라 사신)가 이르자 원접사(遠接使)의 종사관(從事官)이 되었다가 돌아와서 직제학(直提學)에 제수되었다. 얼마 되지 아니하여 통정대부(通政大夫) 승정원 동부승지(同副承旨)에 승진하여 좌승지(左承旨)에까지 이르렀으며, 사간원 대사간(大司諫)에 제수되었다가 형조와 예조의 참의(參議)를 거쳐 다시 대사간이 되었지만 질병에 걸려 서반(西班)으로 옮겼다. 한성(漢城)의 임시로 지내던 곳에서 죽었으니, 실로 만력(萬曆) 병자년(1576) 12월이었고 나이는 44세였다. 이듬해 3월 안동 내성현(乃城縣) 선조의 무덤 왼편 간좌(艮坐)의 언덕에 반장(返葬)하였다.

공은 타고난 자질이 뛰어났고 도학에 나아가는데 민첩하였으니, 시문(詩文) 짓는 것과 정사(政事)를 펴는 것이 학문에 뿌리를 두어 여유작작하기만 하였다. 행실은 집안에서 해야 할 일을 닦으면서 효에 더욱 돈독하였으니, 깊은 우애와 지극한 봉양은 하늘로부터 받은 본성대로 따르는데 어긋남이 없었다. 상(喪)을 치를 때는 지나치도록 너무 슬퍼하여 몸을 상해서 하마터면 목숨을 보전하지 못할 뻔하기도 하였으며, 조상의 음덕을 추모하며 공양하는데 정성을 다하는 것이 죽을 때까지 하루같이 하였다. 동틀녘이면 관대(冠帶)를 하고서 가묘(家廟)에 배알하는 것을 비록 너무 춥거나 더울지라도 한번도 그만두지 않았다. 어려서 어머니를 여의고 서모(庶母)를 친어머니처럼 섬겼으며, 서모가 낳은 형제자매들을 보살펴 기르고 재물을 넉넉하게 나누어 주어서 여유 있게 살도록 하였다. 친구들로부터 믿음을 얻으면 기뻐하면서도 법도에 맞게 하였으며, 선비를 접대하는 것을 좋아하여 허심탄회하게 자신을 낮추고 그들에게 관심을 쏟았으며, 남의 선(善)

을 드러내는 것을 자기에게 지녔던 것처럼 여겼을 뿐만이 아니었다. 남의 나쁜 점을 싫어하는 것 또한 심하였으니, 잘못된 행실이 있다는 것을 들으면 벼슬이 높고 세력이 있을지라도 꺼리지 않고 준엄하게 지적하였다. 혼탁한 세상에서 우물쭈물 줏대가 없는 자를 보면 이마를 찌푸리며 일어났으니, 마치 자신을 더럽히는 듯이 여겼다.

평상시에는 옷매무새를 바르게 하여 앉았는데 저녁이 다 되도록 조금도 흐트러지지 않았다. 사방의 벽면에 선유(先儒)의 격언을 걸어 놓고서 스스로 경계하고 반성하였다. 집안 살림에는 무심한 듯 마음조차 두지 않았으나 조정에서는 곧은 풍모를 견지하며 아첨하지 않고 꼿꼿하였으니, 경연에 참여해서는 강론하고 해석하는 것이 엄밀하여 사신(史臣)들이 자주 진정한 학사라고 일컬었으며, 언관의 자리에 있을 때에는 꺼리는 바 없이 강직하기가 마치 옛사람의 곧은 기풍이 있었다.

강릉(康陵: 명종)의 상(喪)이 끝나고 태묘(太廟: 宗廟)에 합부(合祔: 합장)하려고 할 때, 수상(首相: 영의정) 이준경(李浚慶)이 의논하여 효릉(孝陵: 仁宗)을 연은전(延恩殿)에 받들어 모시려 하자, 사람들이 아무도 감히 이의를 달지 못하였으나 공이 홀로 의연하게 거리낌없이 말하며 곧바로 수상 이준경의 잘못을 배척하여 그 논의를 중지시키고 전례(典禮)에 힘입어 올바른 데로 돌아가게 하니, 온 세상이 훌륭하게 생각하였다. 조정에서는 바야흐로 기강을 세우고 언론을 창달하는 중책을 공에게 맡겨서 장차 크게 쓰이는 데까지 이를 것이었으나 하늘이 그의 수명을 빼앗으니, 사람들이 몹시 아깝게 여겼는데 시간이 지날수록 더욱 그치지 않고 있다.

저술한 《한중필록(閑中筆錄)》·《관동록(關東錄)》·《송조명현록(宋朝名賢錄)》은 모두 병화(兵火: 임진왜란)에 소실되었다.

부인 청풍김씨(淸風金氏)는 현감 김응복(金應福)의 딸로 현명하였고 훌륭한 행실이 있었다. 공보다 33년 뒤에야 죽었고 같은 언덕에 무덤을 달리하여 장례를 치렀다. 두 딸이 있었으니, 맏사위 감역(監役) 임기(任奇)는 성품이 지극하고 어려서부터 공의 문하에 있었는데 공이 평소 귀하게 여겨 자신의 사위로 삼았으며, 둘째사위는 현령 한영(韓瀛)이다. 측실(側室)의 아들은 정사경(鄭思敬)과 정사신(鄭思愼)이고, 딸은 이명옥(李明玉)에게 시집갔다.…(이하 생략)…

• **大司諫鄭公碣文**

爾徵自弱冠, 從遊踈菴任子茂叔, 懽甚如兄弟然。踈菴子嘗道其外王父文峯先生鄭公文學德行之懿, 出視其先子所爲狀, 爾徵景服焉, 志之不倦, 殆四十年矣。乃今公之墓, 將有石, 而踈菴後嗣量來乞銘, 爲其能詳而信也, 奚可以衰落鹵莽爲辭? 按公諱惟一, 字子中, 文峯自號也。其先著望蓬原, 世德燀爀, 彌遠而益大傳。公高祖諱賜, 直提學, 贈左贊成。曾祖諱蘭元, 郡守, 祖諱光祐, 生員。考諱穆蕃, 妣月城李氏, 大司憲繩直之曾孫, 進士弘準之女。以嘉靖癸巳生公。生而穎秀, 學語時, 已解文字, 始授書, 閱目成誦, 人皆識其非常。舞象之歲, 受業于權忠定公, 擧止若成人, 忠定奇之, 期以遠大。既長, 師退溪先生, 備聞道義之要, 寤疑卞惑, 多所自得, 在門者莫之先也。退而益加充廣, 手錄五經諸子, 下逮稗雜之說, 參稽融貫, 發爲文詞, 華聞傾一時。中壬子司馬, 戊午, 文科。選隷承文院, 轉正字, 薦入藝文館, 轉待教, 又薦承政院注書, 移侍講院說書。陞司諫院正言, 歷成均館典籍。求養出監眞寶縣, 未瓜, 遷江原都事。入爲成均館直講·知製教·司憲府持平·禮曹正郎·司諫院獻納, 薦拜吏曹佐郎。又出禮安縣監, 錄弘文館, 以校理召還。歷議政府檢詳·舍人·弘文館副應教·司諫院司諫·成均館司成。又出守榮川郡, 以憂去。制除, 拜弘文館應教, 與修實錄。自後, 屢經執義·司諫·副應教·典翰·舍人·承文院判校·尙衣院內資寺正。詔

使至, 遠接使署爲從事, 還拜直提學。尋陞通政承政院同副承旨, 轉至左承旨, 拜司諫院大司諫, 歷刑禮二曹參議, 復長諫院, 遘疾, 移西班。易簀于漢城之寓舍, 實萬曆丙子十二月也, 春秋四十四。明年三月, 返葬于安東治乃城縣先兆之左負艮之原。公天分高, 造道敏, 詞章政術, 根於學而綽如。行內修而尤篤於孝, 深愛至養, 率性而無違。居喪過毁, 幾不全, 追遠致慤, 終身如一日。昧爽冠帶謁家廟, 雖寒暑甚, 不一廢。幼失恃, 事庶氏如自出, 撫育庶弟妹, 優析資以裕之。信乎朋友, 懽而有規, 喜接士, 虛己傾下, 揚人之善, 不啻己有。嫉惡又甚, 聞有玷行, 峻斥不憚貴勢。見媕婀溂涊者, 蹙頞而起, 若將浼焉。居常, 正襟而坐, 終夕不少頹。四壁揭儒先格言, 以自警省。於家人生業, 泊然不入於意, 立朝持風裁, 侃侃不阿, 侍經幄, 講釋密微, 史臣數稱眞學士, 居言地, 謇然無所顧, 有古遺直風。康陵喪畢, 將祔太廟, 首相李公浚慶, 議奉孝陵于延恩殿, 人莫敢貳, 公獨毅然倡言, 直斥李相之非, 寢其議, 典禮賴而歸正, 擧世偉之。朝廷方以紀綱言論之責寄公, 將底于大用, 而天奪其年, 士林痛惜, 愈久愈未已焉。所著《閒中筆錄》·《關東錄》·《宋朝名賢錄》, 皆失於兵燹。夫人淸風金氏, 縣監應福之女, 賢明有儀則。後公三十三年而卒, 葬同原異壙。生二女, 長監役任奇, 有至性。少從公門下, 公雅重之, 歸以其子, 次縣令韓瀛。側室子曰思敬·思愼, 女曰李明玉。…(이하 생략)…

〔東江先生文集, 권5, 碣文〕

39. 이공

이공의 자는 공보, 호는 율원, 본관은 예안이다. 중종 계사년(1533)에 태어났다. 명종 정묘년(1567) 사마시에 합격하고, 선조 계유년(1573) 문과에 급제하였다. 벼슬은 지평을 지냈다. 계미년(1583: 임자년의 오기, 1612)에 죽었다. 풍암리사(楓巖里社: 豐巖里社의 오기)에 향사하였다.

어려서부터 배움에 힘쓰고 뜻을 구하였고 실천이 독실하였다. 맑은 덕행과 고결한 절조는 당대 사림들이 숭상하여 우러러보는 바가 되었으니, 월천(月川) 조목(趙穆)과 송암(松巖) 권호문(權好文)과는 도의지교(道義之交)를 맺었다.

만력(萬曆) 이래로 조정이 안정되지 못하여 사론(士論)이 엇갈리는 것을 보고는, 일찍이 개탄하여 말하기를, "어찌 군자이고서 당여(黨與)를 심을 수 있단 말인가?"라고 하였다. 이로부터 벼슬할 뜻을 끊었으니, 조정에서 도사(都事)에 3번, 고을 수령에 5번 제수하였으나 모두 사양하였고, 마지막에는 지평(持平)으로 여러 차례 불렀으나 나아가지 않았다.

• **李珙**

李珙, 字共甫, 號栗園, 禮安人。中宗癸巳生。明宗丁卯司馬, 宣祖癸酉文科。官持平。癸未[1]卒。享楓巖里社[2]。

---

1 癸未(계미): 壬子의 오기.

2 楓巖里社(풍암리사): 李珙의 문집 《栗園先生文集》 권2 〈부록〉에 있는 〈豐巖里社上樑文〉에 의하면 경상북도 안동시 풍산읍 상리리에 있던 豐巖書院인 듯. 지금은 터만 남아 있다.

自少, 力學求志, 踐履篤實。淸德高節, 爲一世士林所宗仰, 與趙月川穆·權松巖好文, 爲道義交。

萬曆以來, 見朝著不靖, 士論攜貳, 嘗慨然曰: "豈有君子而可以植黨乎?" 自是, 絶意仕宦, 朝廷授以都事者三, 邑倅者五, 皆辭焉, 終以持平, 累召不起。

보충

이유장(李惟樟, 1625~1701)이 찬한 묘갈명

승의랑 수사헌부지평 율원 이공 갈명

공의 휘는 공(珙), 자는 공보(共甫), 성씨는 이씨(李氏)이다. 시조 이도(李棹)는 전의(全義: 세종특별자치시 전의면)에서 떨쳐 일어나 고려 태조의 개국을 도와 벽상공신(壁上功臣)이라는 호를 받았다. 휘 이익(李翊)에 이르러 보문각제학(寶文閣提學)이었는데 예안(禮安)으로 옮겨 살았다. 고려 말에 휘 이송(李竦)이 군부판서(軍簿判書)로서 염씨(廉氏)의 화(禍)에 연좌되었다. 그의 아들 둘은 이천(李蕆)과 이온(李韞)으로 모두 어렸지만 장차 수사지율(收司之律: 연좌법)로 죄를 다스리려 하였는데, 어떤 산승(山僧)이 그들을 업고 바위굴 속으로 숨어서 목숨을 보전할 수 있었다. 우리 조선에 들어와서 이천은 벼슬이 판중추(判中樞)에 이르러 상국(相國) 김종서(金宗瑞)와 육진(六鎭)을 개척한 공이 있었고, 이온은 문과에 급제하여 품계가 통정대부로 올라 판군기감사(判軍器監事)가 되었으니, 바로 공의 5대조들이다. 고조부 휘 이신(李愼)은 군자감 주부(軍資監主簿)를 지냈는데, 그의 손자 좌의정 이명(李蓂)이 귀하게 되어서 좌찬성에 증직되었다. 증조부 휘 이필간(李弼幹)은 부사직을 지냈고, 조부 휘 이영(李英)은 생원진사 양시에 합격하였다. 아버지 휘 이숙인(李淑仁)은 진사를 지냈으며, 어머니 동래정씨(東萊鄭氏)

는 아무 벼슬을 한 정목번(鄭穆藩)의 딸이다. 공은 가정(嘉靖) 계사년(1533) 모월 모일에 태어났다.

어려서부터 뜻을 두터이 세워 배우기에 힘쓰니 명성이 자자했는데, 융경 정묘년(1567) 생원시에 합격하고 계유년(1573) 문과 급제하여 벼슬이 예조좌랑에 이르렀다. 어버이가 세상을 떠난 뒤에는 벼슬살이할 뜻이 없어 스스로를 율원거사(栗園居士)라고 불렀다. 공의 집안은 대대로 경성(京城)에서 살았는데, 생원공(生員公: 李英)에 이르러 정덕(正德, 1501~1521) 연간에 당시 어진 선비들이 풀 베듯 죽음을 당해 거의 다 사라지는 것을 보고 경성에 살기가 싫어지자, 두 동생과 함께 세 사람이 남쪽 지방으로 내려와 안동부 풍산현에 터를 잡으니 자손들이 이윽고 풍산 고을 사람이 되었다. 진사공(進士公: 李淑仁)은 고상한 선비의 두터운 명망을 이어받았으니, 관학(館學) 유생들에 의해 추천이 되어 집현전참봉을 제수하였으나 나아가지 않았다.

공은 관적(官籍)에 오른 이래로 조정에서 경상도·평안도·강원도 3번의 도사(都事), 연일·현풍·예안·풍기·예천 5번의 태수(太守)를 제수하였고, 마지막에는 사헌부지평으로 명하여 불렀으나 그래도 자득한 뜻을 바꾸지 않았다. 그가 스스로 읊은 시에서 이르기를, "욕되이 좌랑에 올랐으니 천하지 아니하며, 육신이 굶주림 면했으니 또한 가난하지 않도다. 짧은 베옷에 지팡이 짚고 날마다 전원 거니니, 이웃들이 웃으며 갈천민 되었다고 하는구나.(位忝佐郎元非賤, 身免飢寒亦不貧. 短褐枯笻園日涉, 傍人笑我葛天民.)"라고 하였으니, 빈천을 편안히 여기며 그 밖의 것을 흠모하지 않는 뜻 또한 볼 수 있다.

우리나라는 불행히도 만력(萬曆, 1573~1619) 이래로 조정이 안정되지 못하여 어진 사대부들이 각기 당원(黨援: 黨與)을 세워 사사로이 서로 배척하고 공격하니, 공은 일찍이 개탄하여 말하기를, "어찌 군자이고서 당여(黨與)를 심을 수 있단 말인가?"라고 하였다. 이로부터 비록 명공거인(名公巨人: 높은 벼슬아치와 학식이 뛰어난 사람)이 집으로 찾아와 만나기를 청할지라도 간혹 병을 핑계대며 나가지 않았다. 오직 시와 술로 스스로 즐기니, 사람들은 모두 관직과 녹봉을 사양할 수도 있겠다고 인정하였으나, 그의 은미한 뜻이 있음은 또한 알지 못했다. 그러나 월천(月川) 조목(趙穆)과 송암(松巖) 권호문(權好文)과는 막역한 교분을 맺었다. 나이가 80세였을 때에도 정신이 쇠하지 않고 또렷하였으나 우연히 병을 얻어 홀연히 세상을 떠나니 모년 모월 모일이었다.

공의 부인 경주이씨(慶州李氏)는 모관 모씨의 딸인데, 세 딸만 낳고 아들이 없었다. 4촌 동생 이역(李瑒)의 아들인 이정준(李廷俊)을 후사로 삼았다. 장녀는 생원 김평(金坪), 차녀는 생원 권진(權晉), 삼녀는 금벌(琴橃)에게 시집갔는데 모두 사인(士人)이다. 이정준은 생원시에 합격하였고, 자손들이 번창하였다.

삼대의 의관이 묻힌 곳은 모두 풍산현(豐山縣) 신지동(新池洞) 남향 언덕인데, 생원공(生員公: 李英)의 묘는 그 가운데, 진사공(進士公: 李淑仁)의 묘는 우측, 헌부공(憲府公: 李珙)의 묘는 좌측이다.…(이하 생략)…

• **承議郎守司憲府持平栗園李公碣銘**

公諱珙, 字共甫, 姓李氏。始祖棹, 起自全義, 佐麗太祖開國, 有壁上功臣之號。至諱翊, 以寶文閣提學, 移籍禮安。麗末, 有諱竦, 以軍簿判書, 坐於廉氏之禍。子二人, 曰蕆, 曰韞, 皆幼, 將有收司之律, 有山僧負之, 穴于巖而得全。入本朝, 蕆官至判中樞, 與金相國宗瑞, 開六鎭有功, 韞以文科, 階通政, 判軍器監事, 卽公之五代祖也。高祖諱愼, 軍資監主簿, 以孫左議政蓂貴, 贈左贊成。曾祖諱弼幹, 副司直, 祖諱英, 中生員進士兩試。考諱淑仁。進士, 妣東萊鄭氏, 某官穆藩之女。公生于嘉靖癸巳某月某日。自少篤志力學, 聲譽藹蔚, 隆慶丁卯, 中生員試,

癸酉登第, 官至禮曹佐郞。親歿後, 無意仕宦, 自號栗園居士云。蓋公之家, 世居京城, 至生員公, 當正德間, 見一時賢士, 芟夷殆盡, 不樂居京師, 與兩弟三子, 來南中, 卜居于安東府之豐山縣, 子姓因爲鄕人焉。進士公繼有高士重名, 爲館學諸儒所推薦, 授集賢殿參奉, 不拜。公自通籍以來。朝廷授以慶尙·平安·江原三道都事, 延日·玄風·禮安·豐基·醴泉五邑太守, 終以司憲府持平, 召命特下, 而猶不改囂囂之志。其自詠之詩曰: "位忝佐郞元非賤, 身免飢寒亦不貧。短褐枯筇園日涉, 傍人笑我葛天民." 其安於貧賤, 而無慕乎其外之意, 亦可見矣。我國家不幸, 自萬曆以來, 朝著不靖, 賢士大夫, 各立黨援, 私相排攻, 公嘗慨然曰: "豈有君子而可以植黨乎?" 自是, 雖名公巨人造門請見。而或辭疾不出。惟以詩酒自娛。人皆以爵祿可辭許之。而亦未知其微意之有在也。與趙月川穆·權松巖好文, 爲莫逆交。年及八十, 精神不衰, 偶得微疾, 翛然而逝, 某年某月某日也。公配慶州李氏, 某官某之女, 生三女無子, 以堂弟瑒之子廷俊后之。女長適金坪生員, 次適權晉, 次適琴檖, 皆士人也。廷俊中生員試, 子孫蕃昌。三代衣冠之藏, 俱在豐山縣新池洞南向之原, 生員公居其中, 右則進士公, 而左則憲府公也。…(이하 생략)…

〔孤山先生文集, 권8, 墓碣銘〕

40. 김명일

> 김명일의 자는 언순, 호는 운암, 본관은 의성이다. 중종 계사년(1533: 갑오년의 오기, 1534)에 태어났다. 명종 갑자년(1564) 사마시에 합격하였다. 선조 기사년(1569: 경오년의 오기, 1570)에 죽었다. 안동의 사빈서원(泗濱書院)에 향사하였다.

공은 약관일 때 소수서원(紹修書院)에서 글을 읽었는데, 금계(錦溪) 황준량(黃俊良)이 공을 한번 보고서 소중히 여겨 도의지교(道義之交)를 맺었고, 공이 돌아올 때에 이르러 시를 지어 주며 기대하고 칭찬하였다.

공은 퇴계 이황 선생을 좇아서 정성껏 가르침을 받았는데, 선생이 잠명(箴銘)을 직접 써 주었다.

갑자년(1564) 동생 학봉(鶴峯: 金誠一) 및 김복일(金復一)과 함께 모두 사마시에 합격하였는데, 당시 사람들이 영광스러운 일이라고 칭송하였다.

공은 과거공부를 그만두고자 하였으나 부친의 명을 거역하기 어려워 장차 반궁(泮宮: 성균관)에 들어가려 하면서 감회(感懷) 시 6편을 지어 퇴도(退陶: 이황)에게 올렸는데, 퇴도가 절구시 2수를 지어서 화답하였으니, 그 첫째 수에 이르기를, "고상한 뜻은 참으로 문장에만 있지 않고, 도는 몸 밖에 있지 않으니 어찌 듣기 어려우랴. 지금 교육은 모두 명예와 이익뿐이니, 그 훈도에 잘못 물들라 성균관에 가지 말지라.(雅志誠能不在文, 道非身外豈難聞. 祗今教養皆聲利, 莫向芹宮誤染薰.)"라고 하였다.

• 金明一

金明一, 字彦純, 號雲巖, 義城人。中宗癸巳[1]生。明宗甲子司馬。宣祖己巳[2]卒。享安東泗濱書院。

公弱冠, 讀書于紹修書院[3], 黃錦溪[4]俊良, 一見重之, 結爲道義之交, 及其還也, 贈詩而期詡之。

公從退溪李先生, 款承謦咳, 先生書箴銘與之。

甲子, 與弟鶴峯及復一, 俱中司馬, 一時稱榮。

公欲停擧業, 而重違親命, 將遊泮宮, 作感懷詩六篇, 稟于退陶, 退陶以兩絶句和之。其一云: "雅志誠能不在文, 道非身外豈難聞? 祇今敎養皆聲利, 莫向芹宮誤染薰."

보충

김용(金涌, 1557~1620)이 찬한 묘지문

숙부 성균관생원 운암선생 묘지

공의 휘는 명일(明一), 자는 언순(彦純), 본관은 의성(義城)이다. 고려

---

1 癸巳(계사): 甲午의 오기.

2 己巳(기사): 庚午의 오기.

3 紹修書院(소수서원): 경상북도 영풍군 순흥면 내죽리 백운동에 있는 서원. 우리나라 최초의 서원으로, 고려의 安珦·安軸·安輔와 조선의 周世鵬을 봉향하고 있다. 1541년 7월에 주세붕이 풍기군수로 부임한 이듬해 이곳에 안향의 사당을 건립하고 그의 영정을 모셨으며, 이듬해 유생의 교육을 위하여 그 앞에 따로 서원을 세우고 白雲洞書院이라 하였다. 1548년 풍기군수로 부임한 李滉이 서원의 편액을 내려 줄 것을 啓請함에 따라, 명종 5년에 御筆로 쓴 소수서원이란 편액을 내렸다. 이것이 우리나라 賜額書院의 시초가 되었으며, 이로부터 소수서원으로 불리어졌다.

4 錦溪(금계): 黃俊良(1517~1563)의 호. 본관은 平海, 자는 仲擧. 증조부는 사온서주부 黃永孫이며, 조부는 黃孝童이다. 아버지는 黃觶이며, 어머니 昌原黃氏는 교수 黃漢弼의 딸이다. 부인 永川李氏는 李賢輔의 아들인 李文樑의 딸이다. 자식이 없어서 아우 黃遂良의 장남 黃之瑍을 양자로 삼았다. 李滉의 문인이다. 1537년 생원시에 합격하고 1540년 식년 문과에 급제하였다. 신녕현감·단양군수·성주목사 등을 지냈다.

조에서 벼슬살이하여 벼슬이 태자첨사(太子詹事)에 이른 김용비(金龍庇)가 그 시조이다. 김용비가 은청광록대부(銀青光祿大夫) 상서성 좌복야(尙書左僕射) 김의(金宜)를 낳았으니, 이때부터 관직이 끊어지지 않고서 대대로 고관대작을 지냈다.

5대를 지나 부지승문원사(副知承文院事) 휘 김한계(金漢啓)에 이르면 고조부가 된다. 성균관진사를 지내고 통훈대부(通訓大夫) 통례원 좌통례(通禮院左通)에 증직된 김만근(金萬謹)은 증조부이다. 병절교위(秉節校尉)를 지내고 통정대부(通政大夫) 승문원 좌승지(承文院左承旨) 겸 경연참찬관(經筵參贊官)에 증직된 김예범(金禮範)은 조부이다. 성균관생원 자헌대부(資憲大夫) 이조판서 겸 지의금부사(知義禁府事) 김진(金璡)은 아버지이다. 좌의정 여흥부원군(驪興府院君) 민제(閔霽)의 5대손인 민세경(閔世卿)의 딸에게 장가갔다. 다섯 아들을 낳았으니 모두 대과와 소과에 급제하여 학문과 행실이 당대의 으뜸이었는데, 공은 셋째로 가정(嘉靖) 갑오년(1534) 8월 임인일(8일)에 임하현(臨河縣) 천전리(川前里) 집에서 태어났다.

타고난 성품이 온화한데다 선량하니 효성스럽고 우애로우면서 얼굴은 화락하고 기상은 단아하였으며, 힘써 배워 경전에 통달하니 명성과 소문이 널리 퍼졌다. 일찍이 퇴계 이황 선생의 문하에서 종유하며 정성껏 가르침을 받아 나아가는 바가 더욱 반듯해졌다. 갑자년(1564) 사마시에 합격하였다. 기사년(1569) 가을에 중형(仲兄: 김수일)과 계제(季弟: 막내아우 金復一)도 함께 모두 동당시(東堂試)에 합격하여 경성(京城)으로 가다가 불행하게도 병이 매우 심해졌다. 중형이 막내아우에게 이르기를, "너는 힘써 강경과(講經科)에 응시하여 부모님의 바람에 부응해라. 나는 아우의 병이 위중하니 객지에서 죽게 할 수는 없다."라고 하고는 마침내 나를 보호하여 고향으로 내려왔는데, 금량역(金亮驛:

경기도 용인)에 이르러 공이 운명하니, 경오년(1570) 3월 16일이었다. 곡하고 염한 뒤에 채비를 갖추어서야 집에 돌아와 빈소를 차렸는데, 공의 중형 휘 김수일(金守一)은 바로 나의 아버지이다. 10월 모일에 아니산(亞尼山) 곤좌(坤坐: 남서쪽) 언덕에 장사지냈는데, 경출산(景出山)의 선영과 몇 걸음 떨어진 곳이다.

부인은 영양남씨(英陽南氏)라 한다. 당(唐)나라 천보(天寶, 742~756) 연간에 하남성(河南城) 출신 휘 김충(金忠)이 황제의 명을 받든 사신으로 일본에 갔다가 돌아오던 배가 거센 풍랑을 만나 표류하다가 우리나라 동해의 바닷가에 정박하여 영양부(英陽府)에 임시로 살았는데, 신라(新羅)에서 성명으로 남민(南敏)을 내리고 영의공(英毅公)에 봉하니 바로 시조이다. 예빈경(禮賓卿) 휘 남숙손(南淑孫)에 이르러 대광 찬성사(大匡贊成事) 휘 남군보(南君輔)를 낳았다. 이후로 문과 급제자가 이어져 모두 8대에 걸쳐 벼슬이 거경(鉅卿: 대신)의 반열에 있었다. 증조부 휘 남회(南淮)는 어모장군(禦侮將軍)이었고, 조부 휘 남세유(南世瑜)는 병절교위(秉節校尉)이었으며, 아버지는 휘 남두(南斗)이다. 어머니 영해박씨(寧海朴氏)는 의인(宜人)이었는데, 가정(嘉靖) 계사년(1473) 11월 신축일(14일)에 태어나 만력(萬曆) 무신년(1548) 12월 신해일(10일)에 죽었으니 향년 76세였다. 이듬해 2월 경오일(30일) 공의 무덤 앞에 합장하여 앞뒤로 봉분을 만들었다.

부인의 자태는 단정하고 공순하였으며 뜻과 행실이 곧고 밝았는데, 병든 남편이 약속을 저버리고 일찍 세상을 떠나자 몹시 슬퍼해 통곡하여 여위었으나, 예법대로 장례를 치르면서 궤전(饋奠: 神位 앞에 올리는 제사)을 몸소 지내며 처음부터 끝까지 게을리하지 않았다. 일찍 아버지를 여읜 아들을 돌보며 길러 제때 혼인시키고, 몸소 누에치고 부지런히 농사지으며 집안 또한 잘 다스리니 고을에서 칭송하였다.

외아들은 김약(金瀹)이며, 외동딸은 권욱(權旭)에게 시집갔으니 경인년(1590) 진사시에 합격하고 장흥고 봉사(長興庫奉事)에 선임되었다.…(중략)…

오호라, 나의 숙부는 덕행도 있고 학행도 있었으나 그 수를 누리지 못했으며, 숙모는 절개와 행실이 이와 같았지만 가난한 과부로 살았으니, 하늘은 이러한 불운을 장차 어찌 보상하려는 것인가. 나는 듣건대 그 몸이 오래 살지 못했으면 그 후손에게 더해준다고 하였으니, 아! 그 또한 장차 뒷날에 크게 되려는 것인가.

만력 38년(1610) 5월 15일 조카 통훈대부 전 행
사헌부집의 지제교 김용 삼가 쓰다.

- **叔父成均生員雲巖先生墓誌**

公諱明一。字彦純。義城人。有仕於麗朝, 官至太子詹事, 諱龍庇公, 其上祖也。是生銀青光祿大夫尙書左僕射諱宜, 自是冠冕繩繩, 代有大官。歷五代, 至副知承文院事諱漢啓, 是高祖。成均進士贈通訓大夫通禮院左通禮諱萬謹, 是曾祖。秉節校尉贈通政大夫承文院左承旨兼經筵參贊官諱禮範, 是祖。成均生員累贈資憲大夫吏曹判書兼知義禁府事諱璡, 是考。娶左議政驪興府院君閔霽五代孫世卿之女。生五子, 折桂搴蓮, 文行冠世, 公於次爲第三。以嘉靖甲午八月壬寅, 生于臨河縣川前里第。稟性和懿, 孝友愷悌。力學明經。聲聞藹然。嘗遊退溪李先生之門, 款承謦欬, 趨向益端。甲子, 中司馬。己巳秋, 與仲兄·季弟, 俱捷東堂, 赴京城, 不幸病劇。仲兄公謂季曰: "汝勉應講, 以副親望。我則弟病危矣。不可使客死." 遂將護下鄕, 到金亮驛不淑, 寔庚午三月十六日也。哭殮備事, 乃克歸殯, 仲兄公諱守一, 卽我先君。以十月某日, 葬亞尼山坤坐之原, 距景出先塋若干步。配曰英陽南氏。唐天寶間, 河南人有金姓諱忠, 奉使日本, 還舟遇風, 漂泊東濱, 寓居英陽

府, 新羅賜姓名南敏, 封英毅公, 是爲鼻祖。至禮賓卿諱淑孫, 生大匡贊成事諱君輔。此後踵登文科, 位列鉅卿者凡八代。曾祖諱淮, 禦侮將軍, 祖諱世瑜, 秉節校尉, 考諱斗。妣寧海朴氏宜人, 生于嘉靖癸巳十一月辛丑, 歿于萬曆戊申十二月辛亥, 享年七十六。翌年二月庚午, 祔葬于公之墓前, 爲先後封焉。姿貌端恭, 志行貞明, 痛所天違背早世, 哭泣柴毁, 而能執喪以禮, 饋奠必親, 終始不懈。撫育孤幼, 婚嫁以時, 躬蠶勸耕, 家政亦修, 鄕黨稱之。有一男曰淪, 一女適權旭, 庚寅進士, 選補長興庫奉事。…(중략)…嗚呼! 我叔父有德有文而無其壽, 叔母節行如此而窮以寡居, 天將以是將安施之邪? 吾聞不贏其躬者有後, 吁其亦將有大於後乎?

萬曆三十八年五月望日 姪子 通訓大夫前行司憲府執義
知製敎 涌 謹誌。

〔雲川先生文集, 권4, 墓誌〕

41. 이경률

이경률의 자는 숙첨, 호는 퇴우당, 본관은 전주(全州)이다. 중종 정유년(1537)에 태어났다. 선조 무진년(1568) 진사시에 합격하고, 계유년(1573) 문과에 급제하였다. 벼슬은 헌납을 지냈다. 정유년(1597)에 죽었다.

공은 국자감(國子監)의 관리였을 때 역적 정여립(鄭汝立)이 명망을 훔치고 세상을 속이자, 공이 그 사람됨을 사악하다고 여겨 조금도 가차가 없었다. 그의 생질 이진길(李震吉)이 태학에 들어와서 너무도 방자하게 거리낌 없이 행동하며 문묘대제(文廟大祭: 釋奠大祭)에도 참여하지 않았는데, 아무도 감히 그것을 힐문하지 못했으나 공은 준엄히 벌주고 내치자, 정여립이 대간을 통해 공을 탄핵하였다. 기축옥사(己丑獄事)가 일어나자 무고한 사람을 모함하는 자들이 끝내 공에게는 죄를 덮어 씌우지 못하니, 사우들이 공의 선견지명에 감복하였다.

일찍이 간원(諫院)에 있었는데, 기묘사류(己卯士類)인 상국(相國) 안당(安瑭)이 주구(走狗) 송사련(宋祀連)의 모함을 당하여 가족에 이르기까지도 이승에서든 저승에서든 원한을 품은 지 거의 50년이 되었다. 사대부 가운데 스스로 정직하다고 여기는 자까지도 모두 송사련의 여러 아들들이 서찰을 가지고 공경(公卿)들 사이에 서로 종유하는 것을 두려워하여 혀가 오그라들고 감히 그 원통함을 말하지 못하였으나, 공은 홀로 우뚝이 서서 의기가 북받쳐 한탄하며 송사련의 죄를 훗날일망정 징치하고 바로잡아서 상국 안당의 원한을 시원하게 씻으니 사람들이 이에 힘입어 기염을 토해냈다.

계미(1583) 연간에 선묘(宣廟: 宣祖)가 문성(文成) 이이(李珥)를 신임하자, 문성이 경국(經國)의 계책으로서 자임하며 건의하는 일이 많아져서 대신들은 자리만 지킬 뿐이었다. 공이 한번 대직(臺職: 持平)에 들어갔는데, 이에 옛 제도를 어지럽혔다고 탄핵하니 문성이 차자(箚子)를 올려 옳고 그름을 가리어 논박하자, 공은 더욱 자신의 의견을 고집하며 조금도 굽히지 않았다. 주상이 조정이 안정되지 못할까 염려하여 공에게 비밀리에 유지(諭旨)를 보내어 너무 고집을 부리지 말라고 하였으나, 공이 대답하여 말하기를, "신하가 군주를 섬길 적에 공평하고 정직하게 진달해야지 주상의 뜻을 따르는 것을 편안히 여기는 바는 충성이 아니옵니다."라고 하였다. 마침내 주상의 뜻을 크게 거슬러서 공과 함께 일을 같이하던 자들은 일시에 모두 내쫓겼지만, 오직 교리 황섬(黃暹)만은 그의 의견을 임시변통으로 꾸며 대었기 때문에 면할 수 있었다. 당시 사람들이 말하기를, "차라리 이경률(李景嵂)처럼 내쫓길지라도 황섬처럼 면하지는 않을 것이다."라고 하였다.

공이 교유한 이는 모두 당대의 이름난 사람이었으니, 서애(西厓) 류성룡(柳成龍)·학봉(鶴峯) 김성일(金誠一)·성암(省菴) 김효원(金孝元)·파곡(坡谷) 이성중(李誠中) 네 분은 가장 막역하게 교유하였다. 학봉의 성격은 자부심이 있어 다른 사람을 인정하는 일이 적었는데, 유독 공의 강직함을 일컬으며 일찍이 극찬하여 말하기를, "옛말에 '계두(雞頭: 맨드라미 꽃처럼 부드러움)는 들어가야 능각(菱角: 마름의 뿔처럼 선비들의 날카로운 사기)이 나온다.'라고 하더니, 나는 계두이고, 그대는 능각일세."라고 하였다.【협주: 조경이 찬한 행장에 실려 있다.】

- **李景嵂**

李景嵂[1]，字叔瞻，號退憂堂，全州人。中宗丁酉生。宣祖戊辰進士，癸酉文科。官獻納。丁酉卒。

公爲國子官時, 鄭賊汝立[2], 盜名欺世, 公凶其爲人, 不少借。其甥李震吉[3]來太學, 張甚無顧忌, 不參文廟大祭, 人莫敢何問, 公峻罰斥之, 鄭賊臺劾公。及己丑獄起, 羅織者, 終不得加公滋垢, 士友咸服公先見之明。

嘗知諫院矣, 己卯士類, 安相國瑭[4], 被畜狗祀連搆誣, 家至族, 幽明抱寃, 殆五十餘禩。士大夫自以爲正直者, 咸畏祀連諸子挾筆札遊公卿間, 縮舌莫敢言其寃, 公獨立忼慨, 追正祀連辜, 快雪安相寃, 士林賴而吐氣。

癸未年間, 宣廟委任李文成珥, 文成以經國自任, 多所建白, 大臣充

---

1 李景嵂(이경률, 1537~1597): 증조부는 東陽正 李徐이며, 조부는 江城正 李堅孫이다. 아버지는 行安陰縣監 李孝彦이며, 어머니 淸州韓氏는 韓承貞의 딸이다. 부인 南陽洪氏는 洪仁祐의 딸이다. 형은 李景岏이고, 동생은 李景嶸이다. 아들은 李惧이다. 1568년 진사시에 합격하고, 1573년 알성문과에 급제하였다. 幼學 朴樞로부터 편당을 만드는 일에 주도적 역할을 하였다는 탄핵을 받기도 했다.

2 鄭賊汝立(정적여립): 逆賊 鄭汝立(1546~1589). 본관은 東萊, 자는 仁伯·大輔. 증조부는 진사 鄭克良이며, 조부는 鄭世玩이다. 아버지는 청도군수를 지낸 鄭希曾이며, 어머니 密陽朴氏는 朴纘의 딸이다. 1567년 진사시에 합격하고, 1570년 식년문과에 급제하였다. 이어 성균관학유을 거쳐 李珥와 成渾 등을 따르며 1583년 예조좌랑이 되었고 1584년 홍문관수찬에 올랐다. 홍문관수찬이 된 뒤 이이, 성혼, 박순 등 서인의 주요 인물을 비판하고 동인으로 돌아섰다. 1584년 율곡 이이를 배반했다는 탁핵을 받고 선조의 진노를 사서 좌천되었다. 즉시 관직을 버리고 낙향한 뒤 정여립은 진안 죽도에 書室을 짓고 호를 죽도라고 하였다. 그곳에서 대동계를 조직해 매달 활쏘기 모임을 열면서 세력을 확장하였다. 1589년에는 왜선들이 전라도 損竹島에 침입하자 전주부윤 南彦經의 부탁으로 왜적을 물리쳤다. 1589년 10월 기축옥사에 연루되어 관군의 포위가 좁혀들자 자살했다.

3 李震吉(이진길, 1561~1589): 본관은 德山, 자는 子脩. 증조부는 李顯文이며, 조부는 李이다. 아버지는 군수 李義臣이며, 어머니 東萊鄭氏는 鄭希曾의 딸이다. 1586년 별시문과에 급제하였고, 檢閱을 역임하였다. 1589년 기축옥사 때 鄭汝立의 생질로서 모반에 참여한 혐의로 체포되어 杖殺되었다.

4 安相國瑭(안상국당): 相國 安瑭(1461~1521). 본관은 順興, 자는 彦寶, 호는 永慕堂. 서울 출신. 증조부는 해주목사 安從約이며, 조부는 安璟이다. 아버지는 司藝 安敦厚이며, 어머니 密陽朴氏는 사예 朴融의 딸이다. 부인 全義李氏는 경원부사 李永禧의 딸이다. 아들은 安處謙·安處諴·安處謹이 있다. 1480년에 생원시에 입격하고 이듬해 문과에 급제하였다. 중종반정 이후 정난공신 3등에 책록되었다. 중종의 폐비 신씨 복위 상소를 올린 朴祥과 金淨을 변호하였고, 소격서 혁파를 요청하였으며 정국공신의 삭훈에 찬성하였다. 아들 안처겸이 여러 대신을 살해하려고 했다는 혐의로 처형되고 안당도 연좌되어 교사형에 처해졌다. 沈貞 등이 사주하여 일으킨 사건으로 밝혀져 복관되었다.

位而已。公一入臺職，乃劾以變亂舊章，文成上箚陳辨，公愈持其議，不少屈。上念朝著不靖，密諭公，毋甚堅執，公對曰:“人臣事君，以公以直，向上意所便，非忠也.”遂大拂上意，與公同事者，一時並絀，惟校理黃暹[5]，彌縫其論，故得免。時人爲之語曰:“寧爲李絀，不爲黃免.”

公所與遊，皆當世名人，柳西厓成龍·金鶴峯誠一·金省菴孝元[6]·李坡谷誠中[7]，四公最爲莫逆交。鶴峯性亢，於人少保，獨稱公勁直，嘗劇曰:“古語云:‘雞頭入，菱角出.’我雞頭，君菱角也.”【趙絅撰行狀[8]】

---

5 黃暹(황섬, 1544~1616): 본관은 昌原, 자는 景明, 호는 息庵·遯庵. 서울 출생. 증조부는 黃希聖이며, 조부는 찬성 黃士祐이다. 아버지는 同知敦寧府事 黃應奎이며, 어머니 驪興李氏는 儀賓都事 李壽旅의 딸이다. 부인 全州李氏는 豐城君 李銓의 딸이다. 鄭琢의 문인이다. 1564년 생원시에 합격하고, 1570년 식년문과에 급제하였다. 한성부참군·해운판관·황해도사·호조좌랑 등을 거쳐 1577년 서천군수가 되었고, 정언을 거쳐 사간·집의·도승지 등을 역임한 뒤 성주목사가 되었으며, 1594년 안동부사가 되었다. 이후로 이조와 호조의 참의, 도승지 등을 역임하였으며, 호조·이조·예조의 참판을 거쳐, 대사헌·지제교 등을 지냈다.

6 金省菴孝元(김성암효원): 省菴 金孝元(1542~1590). 본관은 善山, 자는 仁伯. 증조부는 金秀賢임며, 조부는 전생서직장 金德裕이다. 아버지는 永柔縣令 金弘遇이며, 어머니 海平尹氏는 尹殷佐의 딸이다. 첫째부인 草溪鄭氏는 鄭承의 딸이며, 둘째부인은 李氏이다. 曺植·李滉의 문인이다. 1564년 진사시에 합격하고, 1565년 알성문과에 급제하였다. 명종대 말과 선조대 초에 훈구파가 몰락하고 사림파가 크게 진출할 때 소장관인의 대표적인 인물이었다. 동인과 서인의 붕당을 만든 인물로 평가되고 있다.

7 李坡谷誠中(이파곡성중): 坡谷 李誠中(1539~1593). 본관은 全州, 자는 公著. 증조부는 江陽君 李灊이며, 조부는 李輯이다. 아버지는 錦川副守 李臧이며, 어머니 江陵金氏는 감찰 金允章의 딸이다. 첫째부인 昌原黃氏는 黃河衍의 딸이며, 둘째부인 晉州柳氏는 柳之淀의 딸이다. 李仲虎·李滉의 문인이다. 1558년 진사시에 합격하고, 1570년 식년문과에 급제하였다.

8 趙絅撰行狀(조경찬행장): 현재 이경률의 행장은 趙絅의 문집《龍洲遺稿》에 실려 있지 않으며, 이경률은 문집이 남아 있지 않아 그 실상을 알 수 없음.

42. 류중엄

> 류중엄의 자는 희범, 호는 파산, 본관은 풍산이다. 관찰사 류중영(柳仲郢)의 4촌동생이다. 중종 무술년(1538)에 태어나 선조 신미년(1571)에 죽었다.

공은 일찌감치 퇴도(退陶) 이황(李滉) 선생에게 가르침을 배우다가 마음을 다스리고 몸을 단속하여 종신토록 실천할 수 있는 것을 여쭌 적이 있었는데, 이 선생은 저 번지(樊遲)가 공자에게 물었던 숭덕(崇德: 덕을 높이는 일)·수특(修慝: 사악한 마음을 다스리는 일)·변혹(辨惑: 미혹됨을 변별하는 일)이라는 예를 들어 격려하며 말하기를, "이러한 몇 조항을 미루어 지극한 곳에 이르면 무궁한 의미와 끝없이 할 일이 있을 것이다. 이는 내가 평소에 공력을 들였어도 되지 않았던 것이다."라고 하였으니, 이는 단전밀부(單傳密付: 학통을 心法으로 전함)의 뜻이었다.

문목공(文穆公) 정구(鄭逑)가 지은 제문(祭文)에 이르기를, "공의 맑게 닦은 조행이며 차분한 자질은 우리 벗들 중에서 가장 찾아보기 드문 것이었습니다. 서로 어울려 절차탁마하면서도 경외하는 벗으로 대하였으니, 장차 원대한 경지에 도달하리라 기대한 것입니다."라고 운운하였다.

선배들이 도산(陶山: 이황)의 여러 제자를 평한 적이 있었으니, "파산(巴山: 류중엄)·비지(賁趾: 南致利)는 타고난 자질과 학문이 거의 공자(孔子) 문하의 안씨(顔氏: 顔回)와 같다."라고 하였다. 그러나 모두 요절했으니 애석하다.【협주: 이광정이 찬한 갈문에 실려 있다.】

• **柳仲淹**

柳仲淹, 字布范, 號巴山, 豊山人。監司仲郢從弟。中宗戊戌生, 宣祖辛未卒。

公早學于退陶李先生, 嘗問治心行己可以終身行之者, 李先生擧'崇德·修慝·辨惑'之說[1], 以勉之曰: "數條, 推以極之, 有無窮意味, 無限事業。此吾平日之所嘗用工而未得者." 此單傳密付[2]之旨也。

鄭文穆公逑[3], 祭文曰: "公淸修之操, 虛靜之資, 朋友之最罕及。相與切磋, 以畏友待之, 期許以異日遠大之造."云云。

先輩嘗論陶山諸子: "巴山·賁趾, 天資學問, 庶幾孔門之顔氏." 然皆早夭, 可惜。【李光庭撰碣】

---

1 《論語》〈顔淵篇〉의 "번지가 공자를 따라 무우 아래에서 노닐다가 '감히 덕을 높이는 일과 사악한 마음을 다스리는 일과 미혹됨을 변별하는 일에 대하여 여쭈어보겠습니다.'라고 하였다.(樊遲從遊於舞雩之下, 曰: '敢問崇德·修慝·辨惑.')"에서 인용한 말.

2 單傳密付(단전밀부): 한 사람에게만 은밀하게 전수한다는 의미. 말이나 문자에 의거하지 않고 한 사람 한 사람 心法으로 전해오는 도통을 말한다.

3 鄭文穆公逑(정문목공구): 文穆公 鄭逑(1543~1620). 본관은 淸州, 자는 道可, 호는 寒岡. 증조부는 철산군수 鄭胤會이며, 조부는 사헌부감찰 鄭應祥이다. 아버지는 忠佐衛 副司孟 鄭思中이며, 어머니 星州李氏는 李煥의 딸이다. 仲兄 鄭崑壽는 문과에 급제하여 병조와 형조의 참판, 의정부좌성 등을 지냈다. 향시에 합격했으나 문과에 응시하지 않고 1563년 이황과 1565년 조식을 스승으로 학문 연구에 전념하였다. 특히 예학에 조예가 깊어 《가례집람보주》 등 많은 예서를 편찬했다. 國家禮와 私家禮를 하나의 체계 속에 종합적으로 정리하려는 주자의 총체적인 예학을 추구하였다. 벼슬자리를 사양하다가 비로소 1580년 창녕현감으로 관직생활을 시작하여 1584년 동복현감, 1584년 교정청낭청, 1592년 통천군수, 1593년 우부승지를 거쳐 장례원판결사, 강원도관찰사, 형조참판 등을 지냈다. 1603년 《南冥集》을 편찬하는 과정에서 鄭仁弘이 이황과 李彦迪을 배척하자 그와 절교하였다. 1608년 臨海君의 역모사건이 있자 관련자를 모두 용서하라는 소를 올리고 대사헌직을 그만두고 귀향하였다.

보충

이광정(李光庭, 1674~1756)이 찬한 묘갈명

파산 류선생 묘갈명 병서

파산(巴山) 선생은 천등산(天燈山)의 축좌(丑坐) 언덕에 묻혔는데, 선생의 성씨는 류씨(柳氏), 휘는 중엄(仲淹), 자는 희범(希范), 애초의 자는 경문(景文), 호는 파산, 본관은 풍산(豐山)이다. 대대로 명성과 지위가 높았으며, 황고(皇考: 先親) 전랑(殿郎: 참봉) 휘 류공석(柳公奭)은 안동권씨(安東權氏) 권응삼(權應參)의 딸에게 장가들어 가정(嘉靖) 무술년(1538)에 선생을 낳았으며, 막내 숙부 류공계(柳公季)에게 양자가 되었다.

선생은 4촌 형 입암(立巖: 柳仲郢, 1515~1573)·구촌(龜村: 柳景深, 1516~1571)과 함께 조정에 벼슬하여 이름난 신하가 되었다. 선생은 종형제 간에 가장 어리게 태어나서 입암의 두 아들 겸암(謙庵: 柳雲龍, 1539~1601)·서애(西厓: 柳成龍, 1542~1607)와 함께 공부하였으니, 약관일 때 모두 도산(陶山: 李滉) 문하에서 배웠다.

융경(隆慶) 경오년(1570) 겨울에 선사(先師: 이황)가 세상을 떠났고, 선생도 이듬해 12월 25일 또한 죽었으니 향년 34세였다. 부인 영천이씨(永川李氏)는 효절공(孝節公) 농암(聾巖) 이현보(李賢輔)의 증손녀, 벽오(碧梧) 이문량(李文樑)의 손녀, 진사 이학수(李鶴壽)의 딸이다. 선생과 합장하였다.

세 아들을 두었으니 이학룡(李學龍)·이경룡(李慶龍)·이종룡(李從龍)이다. 이학룡은 후사를 이을 아들이 없다. 이경룡의 네 아들은 생원 이현·이침·이적·이급이며, 세 딸은 이명길(李鳴吉)·이식(李湜)·권윤(權贇)에게 각각 시집갔다. 이종룡의 네 아들은 이제·이회·이하·이전이다. 증손과 현손 이하는 약간 명이 있다.

선생이 죽은 지 이제 180여 년이 되었지만, 자손은 점차 줄어드는

데다 무덤 앞에는 비석도 없다. 이에, 선생의 현손 류세일(柳世鎰)이 족부(族父: 아버지뻘 먼 친척) 졸재공(拙齋公) 류원지(柳元之)가 선생의 행적을 약간 기록한 것을 가지고 와서 나 이광정(李光庭)에게 묘갈명을 부탁하였다. 그러나 나는 소싯적부터 식견이 없는데다 나이가 들어 늙어서 그 부탁을 들어주기에 부족하였다.

돌아보건대 내가 어렸을 때부터 퇴도(退陶: 이황)의 글을 읽다가 선생의 행적을 대강 알게 되었지만 우러러 사모하는 마음이 쇠해지지 않았으나, 하늘이 선생에게 이러한 훌륭한 자질을 주고도 수명을 조금 더 빌려주어 큰 학업을 마치도록 하지 않은 것을 항상 괴이하게 여겼다. 그런데 선생의 집안은 더욱 크고 형통한 운세를 맞았으니, 겸암과 서애 형제는 많은 복을 누린데다 덕업과 문장이 후대까지 빛나고 자손 또한 크게 번성하였으나, 선생만은 유독 곤궁하게 지내다가 요절하고 자손마저 단출하여 몹시 쇠퇴한지 수백 년이 되었는데도 여전히 선생의 묘갈명을 지을 사람이 없다면야, 선을 행하도록 하는 도가 과연 어디에 있단 말인가.

그렇지만 선생은 퇴도(退陶)의 문하에 있을 때 매우 소중히 사랑을 받았는데, 일찍이 마음을 다스리고 몸을 단속하여 종신토록 실천할 수 있는 것을 여쭌 적이 있었는데, 퇴도 선생이 인(仁)을 물은 번지(樊遲)에게 답한 공부자(孔夫子)의 숭덕(崇德: 덕을 높이는 일)·변혹(辨惑: 미혹됨을 변별하는 일)이라는 가르침을 들어 격려하며 말하기를, "이러한 몇 마디 말을 미루어 지극한 곳에 이르면 끝없이 해야할 의취(意趣)와 학업이 있을 것인데, 내가 평소에 공력을 들였어도 되지 않았던 것이다."라고 하였으니, 이는 서로 권면하기를 바란 것이었다.

금계옹(錦溪翁: 黃俊良)이 성주(星州) 목사였을 때, 선생에게 편지를 보내어 덕계(德溪) 오건(吳健)과 주서(朱書: 성리학)를 함께 공부하도록 권하였고, 또 선생을 대면해서는 눈 앞의 벗들이 이 일을 하려는 이가 적으니, 나의 행위가 믿을 만한 것이 못 되는가라고 한탄하면서 선생을 깨우치고 격려하였다. 서로 서신을 주고받은 것을 상세히 음미해 보면, 장차 도학(道學: 성리학)의 전통을 선생에게 맡기려 했던 것 같다. 선생에게 수명이 더 길었다면 기어이 남긴 부탁을 계승하여 의발(衣鉢: 깨달음)을 전하는 것이 돌아갈 데가 있었을 것이다. 아아, 애석할 만하도다.

그렇지만 선사(先師: 이황)의 편지에 힘입어 선생의 이름 또한 더불어 없어지지 않을 것이니, 후생으로 하여금 오히려 선생의 모습을 그리고 사모하는 마음을 부칠 수 있을 것이다. 부귀만 누리고 이름은 사라진 자들과 견준다면 득실이 또한 어떠하겠는가.

한강(寒岡) 정구(鄭逑) 선생이 약관이 되기 전에 선생과 성주(星州)의 학당에서 주서(朱書)를 같이 강학한데다 더불어 같은 문하에서 마음속으로 항상 존경하고 감복하여 외우(畏友)라고 일컬었다. 그리고 선생의 제문에서 또 이르기를, "평소에 평범치 않아 장차 원대한 경지에 도달하리라 기대하는 것은 내가 알려는 바가 아닙니다."라고 하였다. 선배들이 도산(陶山: 이황)의 여러 제자를 평한 적이 있었으니, 선생과 남비지(南賁趾: 南致利)는 타고난 자질과 학문이 거의 공자(孔子) 문하의 안씨(顔氏: 顔回)와 같다고 하였다.…(이하 생략)…

• **巴山柳先生墓碣銘 幷序**

巴山先生, 葬在天燈山丑坐原, 先生柳氏, 諱仲淹, 字希范, 初字景文, 巴山其號也, 系出豐山。世有名位, 皇考殿郎諱公奭, 娶安東權氏應參之女, 以嘉靖戊戌, 生先生, 爲後於季父諱公季。先生, 從父兄立巖·龜村二公, 立身王朝, 爲名臣。先生, 生最少, 與立巖公二子謙庵·

西厓先生同業, 弱冠, 與俱學于陶山門下。隆慶庚午冬, 先師易簀, 而先生以明年十二月廿五日, 亦卒, 得年三十四。先生內子, 永陽李氏, 孝節公聾巖先生賢輔之曾孫, 碧梧文樑之孫, 進士鶴壽之女。葬祔先生。有三子, 學龍·慶龍·從龍。伯無子以嗣。仲四男, 紘生員·祉·禞·祓, 女李鳴吉·李湜·權贇。季四男, 禔·禬·禛·䄇。曾玄以下若干人。先生沒今百有八十餘年, 子姓漸替, 墓道無表。先生玄孫世鎰, 以族父拙齋公元之所錄先生行蹟若干, 來索銘於光庭。光庭少無識, 老耄及之, 不足以承其托。顧自穉少時, 讀退陶書, 得先生大槩, 景慕之不衰, 常怪天賦先生以如許美質, 不少假之年, 使卒究大業。而先生之家, 又當亨大之運, 謙·厓兄弟, 享有蘩祉, 德業文章, 照耀來世, 子孫又大蕃衍, 而先生獨窮悴以夭, 子孫單弱, 沉堙數百年, 尙無能銘先生者, 與善之道, 果安在哉。然先生, 在退陶門下, 甚見愛重, 嘗問治心行己, 可以終身行之者, 退陶先生, 擧夫子答樊遲問仁崇德·辨惑之訓, 以勉之曰: "數語, 推而上之, 有無限意味事業, 吾所用功而未得者." 幸相與勖之。錦溪翁之牧星州, 以書屬先生, 與吳德溪健, 同講朱書, 又對先生, 歎眼中朋友少向此事, 豈吾所爲無足取信者, 以警動先生。詳味其往復相與之者, 若將以斯道之傳, 屬之先生者。使先生有年, 以卒承遺託, 衣鉢之傳, 有所歸矣。嗟呼! 其可惜也。雖然, 賴先師之書, 而先生之名, 亦與之不沒, 使後死者, 猶得以想像寄慕焉。其視富貴而名磨滅者, 得失又何如也? 鄭寒岡先生, 未冠, 與先生同講朱書於星學, 旣又與之同門, 心常敬服, 稱以畏友。而其祭先生, 又謂: "平生期待不尋常, 異日遠大之造, 非某之所知." 先輩之評陶山諸弟, 以先生與南賁趾, 天資問學, 庶幾孔門之顏氏云。…(이하 생략)…

〔訥隱先生文集, 권13, 墓碣銘〕

43. 김극일

> 김극일의 자는 백순, 호는 약봉, 본관은 의성이다. 중종 기해년(1539: 임오년의 오기, 1522)에 태어났다. 명종 계해년(1563) 문과에 급제하였다. 정랑(正郎)과 다섯 고을 수령을 거쳐 내자시정(內資寺正)에 이르렀다. 선조 임인년(1602)에 죽었다. 안동의 사빈서원(泗濱書院)에 향사하였다.

선생은 어려서부터 영특하고 재능이 뛰어났으니, 글을 지을 때마다 사람들을 놀라게 하여 신동(神童)이라고 일컬어졌다.

퇴도(退陶) 이 선생(李先生: 이황)을 좇아 가르침을 배워 우뚝하게 성취하였는데, 이 선생이 그를 대단히 존중하였다.

선생이 지은 문장은 세속을 초월해 고상하고 고풍스러운데다 준엄하고 정결하여 세속의 기미가 없었으며, 더욱이 시에 능하였다. 유고(遺稿)가 있었으나, 남은 몇 권만 세상에 간행되었다.【협주: 김세호가 찬한 묘비문에 실려 있다.】

- **金克一**

> 金克一, 字伯純, 號藥峰, 義城人。中宗己亥[1]生。明宗癸亥文科。歷正郎·典[2]五邑, 至內資正。宣祖壬寅卒。享安東泗濱書院。

先生, 幼英爽俊異, 吐辭輒驚人, 稱神童云。

從退陶李先生學, 卓然有成, 先生甚敬重之。

---

1 己亥(기해): 壬午의 오기.

2 典(전): 맡음. 주관함.

先生爲文章, 高古峻潔, 尤長於詩。有遺稿, 略干卷行于世。【金世鎬[3] 撰碑】

보충

김세호(金世鎬, 1652~1722)이 찬한 묘갈명

종선조 약봉선생 묘갈명

약봉 김 선생의 휘는 극일, 자는 백순, 본관은 문소(聞韶: 義城)이다. 통정대부 승정원 좌승지 겸 경연참찬관에 증직된 김예범(金禮範)의 손자, 자헌대부 이조판서 겸 지의금부사 청계선생 휘 김진(金璡)의 아들이다. 청계선생은 큰 덕과 대단한 명성을 지녔고 국자감 생원이었지만 은거하고 벼슬하지 않았으며, 여흥부원군 민 상국(閔相國: 閔霽)의 5대손인 휘 민세경(閔世卿)의 딸에게 장가들었다. 아들 다섯 명을 두었으니 모두 덕행과 학문을 지녔는데, 세상 사람들은 김씨의 오룡(五龍)이라 하였다. 선생은 서열로 장남이었다.

어려서부터 영특하고 재능이 뛰어났으니, 글을 지을 때마다 사람들을 놀라게 하여 신동(神童)이라고 일컬어졌다. 조금 장성해서는 도산(陶山) 이 선생(李先生: 이황)을 좇아 가르침을 배워 우뚝하게 성취하였는데, 이 선생이 그를 대단히 존중하였다.

25세 때 과거에 우수한 성적으로 급제하여 처음으로 교서관정자(校書館正字)에 제수되었으나, 그해 모친상을 당하였다. 상복을 벗고나서는 괴원(槐院: 승문원)에 선발되어 들어간 후로 정자·저작·박사를 거쳐 기거랑(起居郎)으로 옮겼다가 곧이어 추조(秋曹: 형조)의 원외랑(員

3 金世鎬(김세호, 1652~1722): 본관은 義城, 자는 京伯, 호는 龜州. 안동 출신. 증조부는 金是楗이며, 조부는 생원 金恁이다. 아버지는 金益基이며, 어머니 咸陽朴氏는 朴希文의 딸이다. 부인 安東權氏는 權以時의 딸이다. 金世鋌의 동생이다. 1690년 식년문과에 급제하였다 봉교에 이르렀다.

外郞)으로 옮겼고 사헌부감찰로 바꾸었다. 외직으로 나가 홍원현감·청홍도도사가 되었고 내직으로 들어와서 직강·형조정랑·예조정랑이 되었으며, 또 경상도도사가 되었다가 다시 예조정랑을 거쳐 군기시첨정이 되었으며, 다시 외직으로 나가 평해군수가 되었고 내직으로 들어와 사재감첨정이 되었으며, 또다시 외직으로 나가 예천군수가 되었고 내직으로 들어와 성균관사성이 되었다가 사도시정(司䆃寺正)으로 옮겼으며, 또다시 외직으로 나가 성주목사와 밀양부사가 되었다. 그리고 청계선생은 한결같이 고향에 있으면서 그의 녹봉으로 살아갔는데, 청계선생이 죽은 지 이미 3년이 되자 내자시 정(內資寺正)에 제수되었다. 그로부터 4년이 지나서 나이 64세였으니, 만력(萬曆) 13년(1585) 1월 7일 집에서 죽었다. 그해 모월 모일에 임하현 북쪽 비리곡(飛鯉谷: 천전리 소재)의 묘향(卯向) 언덕에 장사지내며 허수아비를 함께 묻었다.

선생은 훌륭한 재주와 탁월한 식견에 이미 집안의 가르침을 받고 또 일찌감치 대현(大賢: 이황)의 문하에서 가르침을 받아 학문은 자신을 넉넉하게 하고 도는 쓰임에 적합하였지만, 명예와 이익에는 담담하여 벼슬길에 나아가는데 서두르지 않았다. 오직 집이 가난하고 연로한 부모 때문에 고을수령이 되기를 자청하여 봉양하는 것을 영화롭게 여겼으니, 만일 세상에서 청반직(淸班職: 규장각과 홍문관 등의 관직)의 벼슬아치를 뽑는다 해도 선생은 이미 밀어서 남에게 주었을 것이다.

선생은 모두 다섯 고을의 수령을 지냈는데, 가는 곳마다 반드시 사문(斯文)을 진작시키려고 후학의 격려를 급선무로 삼았으며, 관직에 있으면서 백성들을 대하여 충직하고 순후하며 공평하고 청렴하게 다스려 당시 순량리(循良吏: 나라를 위해 힘을 다하고 법을 지키는 관리) 가운데 으뜸이었다. 군자들이 말하기를, "송나라의 염계(濂溪: 주돈이)

선생이 주현(州縣)에 있으면서도 편안하게 여겨 그 도를 행하는 것을 즐겼으니, 지금 선생이 거의 그 경지에 이르렀다."라고 하였다.

선생이 지은 문장은 세속을 초월해 고상하고 고풍스러운데다 준엄하고 정결하여 세속의 기미가 없었으며, 더욱이 시에 능하여 〈국풍(國風)·아송(雅頌)〉의 유향(遺響: 뒤에 남은 여운)을 얻었다. 유고(遺稿)가 있었으나, 불행히도 불타고 남은 몇 권이 세상에 간행되었다.

숙인(淑人) 수안이씨(遂安李氏)는 가선대부 동지중추부사 휘 이위(李葳)의 딸인데, 부도(婦道: 아내의 도리)를 잘 닦아서 군자의 배필로 덕에 어긋남이 없었다. 선생보다 10년 뒤에 죽었으니 향년 65세였는데, 선생의 묘와 합장하였다.

선생은 아들이 없어 동생 구봉(龜峯)선생 휘 김수일(金守一)의 아들인 진사 김철(金澈)을 후사로 삼았으며, 딸 넷은 군수 조정(趙靖), 현감 류의(柳椅), 생원 이윤여(李胤呂), 진사 장여화(張汝華)에게 각각 시집갔다. 김철은 찰방 김종무(金宗武)의 딸에게 장가를 가서 김시온(金是榲)을 낳았는데, 호는 표은(瓢隱)으로 또한 높은 절의와 아름다운 덕으로 학자들의 숭앙을 받았다.…(이하 생략)…

• 從先祖藥峯先生墓碣銘

藥峯金先生, 諱克一, 字伯純, 聞韶人。贈通政大夫承政院左承旨兼經筵參贊官諱禮範之孫, 贈資憲大夫吏曹判書兼知義禁府事靑溪先生諱璡之子也。靑溪先生, 有碩德重名, 以國子生員, 隱而不仕, 娶驪興閔相國五代孫諱世卿之女。有子五人, 咸有德行文學, 世謂之金氏五龍。先生於倫次爲長。幼英爽俊異, 吐辭輒驚人, 稱神童云。稍長, 從陶山李先生學, 卓然有成, 李先生甚敬重之。二十五, 登上第, 初授校書正字, 是年丁母夫人憂。服除, 選入槐院, 歷正字·著作·博士, 遷爲起居郎, 俄遷秋曹員外, 改司憲府監察。出爲洪原縣監·淸洪都事, 入

爲直講刑禮曹正郎, 又爲慶尙都事, 又由禮曹正郎, 爲軍器僉正, 又出守平海郡, 入司宰監爲僉正, 又出守醴泉郡, 入成均館爲司成, 轉司䆃正, 又出牧星州·知密陽府。而靑溪先生, 固在堂, 食其祿, 靑溪先生卒, 旣三年, 除內資正。越四年, 年六十四, 萬曆十三年正月七日, 終于家。其年某月某甲,　從葬于臨河縣北飛鯉谷卯向之原。先生以高才卓識, 旣擩染庭敎, 又早遊大賢門下, 學裕於己, 道適於用而恬於聲利, 拙於進取。惟以家貧, 親老乞郡, 致養爲榮, 若世之所謂淸班選仕者, 則先生旣擠而與之矣。先生凡爲五邑長, 所至必以興裨斯文, 風厲後學爲先務, 而其居官莅民, 忠厚公廉, 治爲當世循良最。君子曰: "宋有濂溪先生, 安於州縣, 樂行其道, 今先生, 殆庶幾乎!" 先生所爲文章, 高古峻潔, 無世俗氣, 尤長於詩, 得風雅遺響。有遺稿, 不幸而火, 餘若干卷, 行于世。淑人遂安李氏, 嘉善大夫同知中樞府事諱葳之女, 婦道甚修, 配君子無違德。後先生十年而歿, 享年六十五, 祔于先生墓。先生無男子, 以弟龜峰先生諱守一之子進士澈爲嗣, 女子四人, 適郡守趙靖, 縣監柳椅, 生員李胤呂, 進士張汝華。澈娶察訪金宗武女, 生是樞, 號瓢隱, 亦以高節懿德, 爲學者所宗。…(이하 생략)…

〔長皐世稿, 권10, 龜州文集, 墓碣〕

44. 권춘란

> 권춘란의 자는 언회, 호는 회곡, 본관은 안동이다. 중종 기해년(1539)에 태어났다. 명종 신유년(1561) 사마시에 합격하고 선조 계유년(1573) 문과에 급제하였다. 한림(翰林)·삼사(三司)를 거쳐 보덕(輔德)에 이르러렀다. 광해군 무오년(1618)에 죽었다. 용산서원(龍山書院)에 제향하였다.

공이 아이였을 때 선친에게 묻기를, "이 세상에서 어떤 것이 귀합니까?"라고 하자, 선친이 답하기를, "오직 사람이로구나."라고 하니, 다시 묻기를, "어찌하여 귀한 것입니까?"라고 하자, 선친이 다시 답하기를, "자식으로서 효도를 다하고 신하로서 충성을 다해야 하는데, 이를 통해 벼슬을 귀하게 여기는 것이다."라고 하니, 또다시 말하기를, "벼슬은 결코 귀하게 여길 바가 아닙니다. 만약 충성과 효성을 다하고자 한다면 학문을 하지 않고서 어떻게 능히 할 수 있겠습니까?"라고 하였다. 《효경(孝經)》을 주었더니, 〈읽기를 마치고서〉 말하기를, "이 책을 읽고도 읽지 않은 자와 같다면 사람이 아닙니다."라고 하였다.

백담(柏潭) 구봉령(具鳳齡)에게 나아가 배웠는데, 새벽이면 문밖으로 나가 동트기를 기다리자, 백담이 말하기를, "오늘도 눈을 맞고 서 있는 사람을 다시 보았구나."라고 하였다. 또 퇴계(退溪) 이황(李滉) 선생에게 나아가 가르침을 청하였는데, 선생이 사석(師席)을 피하여 사제(師弟)의 예로 대하지 않으면서 매우 소중히 대우하였다.

일찍이 수령이 되어 흉년을 만난 적이 있었는데, 창고의 곡식을 풀어서 진휼했지만 장차 환곡(還穀)을 거두어들여야 하자 문서를 모두 불태우며 말하기를, "만약 견책이 있다면 내가 응당 책일질 것이다."라고 하였으며, 의성(義城)을 떠나올 때에는 행장을 점검하다가 자초(紫草: 지치)가 든 자루 하나를 보고 말하기를, "어찌 내 행장에 섞이도록 하겠는가?"라고 하면서 그 자리에서 돌려보내도록 하였다.

영천(永川)에 있을 때 풍속이 귀신을 좋아하여 음사(淫祠: 부정한 귀신을 받드는 사당)를 숭상하고 떠받들었는데, 그렇게 하지 않으면 반드시 재앙이 생겼다. 공이 금령(禁令)을 내리며 말하기를, "귀신이 사람을 죽게 할 수 있다면 나 또한 사람을 죽게 할 수 있다. 나의 명을 어기는 자는 용서하지 않을 것이다."라고 하였다. 이후로는 그 괴이한 일들에 대해 마음을 놓을 수가 있게 되었다.

한강(寒岡) 정구(鄭逑)가 안동(安東)을 다스렸을 때 일찍이 기녀(妓女)라고 불리는 꽃을 베어 버리도록 한 적이 있었는데, 공이 말하기를, "참으로 내 마음에 주관이 서 있다면 서자(西子: 월나라 미녀 西施)라도 그 마음을 변하게 하지 못할 것인데, 어떻게 그 이름을 빌린 것을 두려워하겠소? 명부(明府: 안동 부사)의 정사(政事)는 말단적인 일이외다."라고 하였다. 대개 공이 오래도록 관서 지방에 타향살이를 했으나, 아름다운 기녀들이 온갖 교태를 부려도 끝내 공의 눈길 한 번 돌리게 하지 못했다고 한다.

주연(胄筵: 세자시강원)에 겨우 몇 달간만 있었지만, 세자가 공의 보익(補益)을 일컬었다. 일시적으로는 비록 선생을 애써 잊은 것처럼 하였지만, 번번이 조정에서 논의하며 서로 알력이 생길 때면 반드시 현직(顯職: 높고 중요한 벼슬)에 의망(擬望: 후보자)된 자들을 의심하고 분주하게 나대는 무리를 풍간하였다.

저술한 《진학도(進學圖)》·《공문언인록(孔門言仁錄)》이 집에 보관되어 있다.【협주: 김상헌이 찬한 묘지명에 실려 있다.】

• 權春蘭

權春蘭, 字彦晦, 號晦谷, 安東人。中宗己亥生。明宗辛酉司馬, 宣祖癸酉文科。歷翰林·三司, 至輔德。光海戊午卒。享龍山書院[1]。

公兒時, 問先公, 曰: "天地間, 何物爲貴?" 曰: "惟人." 曰: "何以貴?" 曰: "爲子孝, 爲臣忠, 由是而爲貴仕." 曰: "仕固不足貴。若欲忠孝, 捨學何能?" 及授《孝經》, 曰: "讀此而如不讀者, 非人也."

就柏潭具公學, 晨輒造門外待朝, 柏潭曰: "今日復見立雪人." 又就退溪李先生請益[2], 先生爲之遜席[3], 甚重待之。

嘗爲宰遇饑歲, 發倉[4]賑窮, 及將收糴[5], 悉焚券曰: "若有譴, 吾當任之." 去義城時, 閱行李, 見有紫草一囊, 曰: "豈容涸吾槖?" 立反之。

在永川, 俗好鬼, 崇奉淫祀[6], 否則必有灾。公下禁令曰: "鬼能死人, 吾亦能死人。違吾令者, 不貸!" 其後, 怪亦帖然[7]。

鄭寒岡治安東[8], 嘗剪去花名妓者, 公曰: "苟吾心有主, 西子[9]尙不能移, 何畏乎假其名者乎? 明府[10]之政, 抑末也." 盖公久容關西, 黎渦[11]百

---

1 龍山書院(용산서원): 경상북도 안동시 와룡면 주계리에 있었던 서원. 東岡書堂이 1612년 용산서원으로 되었고 1633년 사액서원 周溪書院으로 되었다. 처음에는 具鳳齡의 학문과 덕행을 추모하기 위해 배향하였으나, 권춘란도 추가배향되었다.

2 請益(청익): 재삼 가르침을 청함. 더 자세하게 가르침을 바라는 것이다.

3 遜席(손석): 師席을 피함. 師弟의 예로 대하지 않는다는 뜻이다.

4 發倉(발창): 창고의 곡식을 내어 흉년을 구제함.

5 收糴(수적): 還穀을 거두어들임. 환곡은 백성들에게 봄에 꾸어 주고 가을에 이자를 붙여 거두던 곡식이다.

6 淫祀(음사): 부정한 귀신에게 제사지냄.

7 帖然(첩연): 마음이 편안하고 침착함. 마음이 놓이다는 뜻이다.

8 鄭寒岡治安東(정한강치안동): 鄭逑가 1607년 3월부터 12월까지 안동부사로 지낸 것을 일컬음.

9 西子(서자): 춘추전국시대 미인 西施. 본명은 시이광(施夷光). 양귀비와 더불어 동양에서 미인의 대명사로 일컬어지며, 특히 병약미인의 대표적인 사례로 꼽힌다.

10 明府(명부): 漢나라 이후 수령을 가리키는 말.

11 黎渦(여와): 미녀.

媢，終不能回公一眄云。

在胄筵[12]僅數月，世子稱其益。常時雖若忘，每朝議相軋，必擬諸顯望，以風[13]奔競之徒。

著《進學圖》·《孔門言仁錄》藏于家。【金尙憲撰墓誌】

보충

김상헌(金尙憲, 1570~1652)이 찬한 묘지명

사헌부집의 회곡선생 권공 묘지명

권씨(權氏)는 태사(太師) 권행(權幸)이 성씨를 얻은 이래로 7,8백 년 동안에 학문에 뛰어나거나 뛰어난 능력으로 나랏일에 혼자 매이거나 공명을 세우거나 한 이가 어느 사서(史書)에서든 빠지지 않았는데, 우리 선조(宣祖) 때에도 회곡(晦谷) 선생이 있었으니 실로 태사의 25세손이다. 그의 휘는 춘란(春蘭), 자는 언회(彦晦), 호는 회곡, 본관은 안동, 관직은 옛날의 중승(中丞: 사헌부 집의)이었다. 아버지는 좌승지에 추증된 권석충(權錫忠)이며, 조부는 군기시주부(軍器寺主簿)를 지내고 좌통례(左通禮)에 추증된 권모(權模)이다. 어머니는 숙부인(淑夫人) 함창김씨(咸昌金氏)이다.

선생은 가정(嘉靖) 기해년(1539) 7월 25일에 태어나서 만력(萬曆) 정사년(1617)에 죽었으니, 향년 79세였다. 사니산(師尼山) 미향(未向)의 언덕에 묻혔다. 장사지낸 지 24년이 지난 숭정(崇禎) 기묘년(1639)에 선생의 조카 권태정(權泰精)이 선생의 행실을 적은 가장(家狀)을 가지고서 같은 고을에 사는 나 김상헌(金尙憲)에게 묘지명(墓誌銘)을 부탁

12 胄筵(주연): 세자시강원의 별칭.

13 風(풍): 넌지시 말함.

하였다. 그 가장은 다음과 같았다.

선생은 23세(1561) 때 사마시에 합격하고, 35세(1573) 때 문과에 급제하였다. 성균관에 소속되어 학유(學諭)가 되었다가 학록(學錄)으로 옮겼다. 천거로 예문관검열(藝文館檢閱)에 제수되었고, 재직 햇수에 따라 대교(待敎)와 봉교(奉敎)로 승진하였다. 다시 사헌부감찰(司憲府監察)로 옮겼다가 외직으로 나가 대동도찰방(大同道察訪)이 되었으며, 내직으로 들어와서는 사간원정언(司諫院正言)에 제수되었다가 사헌부지평(司憲府持平)으로 바뀌자 병으로 사임하였다. 다시 성균관직강(成均館直講)과 예조정랑(禮曹正郎)에 제수되었지만, 외직을 청하여 영천군수(永川郡守)가 되었다.

정해년(1587)에 부친상을 당하자, 여묘살이를 하면서 예제(禮制)를 다하였다. 상복(喪服)을 벗고 나서는 직강과 헌납에 제수되었으나 병으로 사임하여 다시 외직으로 나가 의성현령(義城縣令)이 되었다가 이듬해에 그만두고 돌아왔다. 오랜 뒤에야 세자시강원필선(世子侍講院弼善)·장령(掌令)·사간(司諫)에 제수되었으나 모두 병으로 사임하였다. 집의(執義)에 제수되어 세자시강원보덕(世子侍講院輔德)을 겸임하게 되자 사은하고 곧바로 돌아왔다. 통례원상례(通禮院相禮)로 바뀌었다가 도로 보덕이 되어 굳이 사양해도 받아들여지지 않아서 얼마 뒤에 말미를 청하여 귀향하자, 성균관의 직강·사예·사성, 사간원사간 등에 제수되고 사헌부집의에 제수되어 사관(史館: 춘추관) 편수관을 겸하였지만 모두 병으로 사임하였다.

신축년(1601) 청송부사(靑松府使)로 부임한 지 석 달 만에 모친상을 당하였는데, 여묘살이를 부친상 때처럼 하였다. 이때부터 더욱더 세상일에 뜻이 없어 초야에서 유유자적하며 글을 읽고 도를 논하는 것이 매우 편안하였으니, 간간이 산촌을 오가면서 서애(西厓) 류성룡(柳

成龍) 등 여러 사람과 경전의 의심스러운 부분을 강론하고 탐구하였는데, 조정에서 홍문관의 수찬(修撰)·교리(校理)로 불렀으나 모두 병으로 사양하고, 영천군수(榮川郡守)로 제수되어도 노령(老齡)을 이유로 부임하지 않은 것으로서 그의 일생을 마쳤다.

선생은 천성이 순수하고 결백한데다 차분하고 올곧았으며, 얼굴빛도 희고 밝아 마치 얼음으로 된 투명한 병 같았으니, 내면과 외면에 잡됨이 없었다. 어려서부터 학문을 힘쓰려는 뜻이 있었으니, 어느 날 승지공(承旨公: 부친 권석충)에게 묻기를, "이 세상에서 어떤 것이 귀합니까?"라고 하자, 승지공이 답하기를, "오직 사람이로구나."라고 하니, 다시 묻기를, "어찌하여 귀한 것입니까?"라고 하자, 승지공이 다시 답하기를, "자식으로서 효도를 다하고 신하로서 충성을 다해야 하는데, 이를 통해 벼슬을 귀하게 여기는 것이다."라고 하니, 또다시 말하기를, "벼슬은 결코 귀하게 여길 바가 아닙니다. 만약 충성과 효성을 다하고자 한다면 학문을 하지 않고서 어떻게 능히 할 수 있겠습니까?"라고 하였다. 이에, 승지공이 마음속으로 몹시 기이하게 여기고 시험 삼아 《효경(孝經)》을 주었더니, 읽기를 마치고서 말하기를, "이 책을 읽고도 읽지 않은 자와 같다면 사람이 아닙니다."라고 하였다. 때때로 《주역(周易)》을 가져다 괘(卦)를 흉내 내어 그어 놓고 묵묵히 음미했는데, 승지공이 말하기를, "이것은 대인(大人)의 학문이라서 아이가 이해할 수 있는 바가 아니다."라고 하니, 선생이 꿇어앉으며 말하기를, "저는 대인의 뜻을 남몰래 사모합니다."라고 하자, 승지공이 더욱 기특하게 여겼다.

그 후 얼마 되지 아니하여 백담(柏潭) 구봉령(具鳳齡)에게 나아가 배웠는데, 새벽이면 문밖으로 나가 동트기를 기다렸고 몹시 춥거나 더워도 변함이 없자, 백담이 기뻐하며 말하기를, "오늘도 눈을 맞고서 있는 사람을 다시 볼 줄 생각지 못했구나."라고 하였다. 선생은 성현들이 남긴 가르침에 더욱더 스스로 분발하여 노력하느라 반드시 힘써 실천하는 방법을 찾았지, 단지 입으로 떠들고 귀로 듣는 짓만은 하지 않았다. 심지어 과거 급제와 벼슬살이도 좋아하는 바가 아니었으나, 특별히 어버이를 위해 자신의 뜻을 굽혔다.

선생은 또 퇴계(退溪) 문순공(文純公) 이황(李滉)에게 나아가 가르침을 청하였는데, 퇴계가 선생의 이름을 들은 지 오래여서 선생에게 사석(師席)을 피하여 사제(師弟)의 예로 대하지 않으면서 소중히 대우하였다. 선생이 분전(墳典: 古書)에 침잠하였으니, 육경(六經: 易經, 書經, 詩經, 春秋, 禮記, 樂記)과 사자(四子: 논어, 맹자, 대학, 중용)에서부터 구류(九流: 儒家, 道家, 陰陽家, 法家, 名家, 墨家, 縱橫家, 雜家, 農家)와 백가(百家)의 서책에 이르기까지 보지 않은 책이 드물었는데, 그가 좋아하는 바는 특히 《역경(易經)》에 있었다. 항상 중(中) 글자를 써서 앉는 자리의 좌우에 걸어놓고는 아침저녁으로 돌아보면서 희로애락(喜怒哀樂)이 발현되기 이전의 기상(氣象)에 대해 마음을 가라앉혀 깊이 생각하였고, 그 고요한 가운데 함양(涵養)한 공부는 남들이 미처 알지 못하는 것이 많았다.

어버이를 섬길 때 매사에 자상하고 매우 정성스레 독실했으니, 평소에는 뜻을 받들어 모시기에 온 힘을 다하고, 죽은 뒤에 제전(祭典)을 지낼 때에는 반드시 슬프고도 간절하여서 절도(節度)를 넘을 정도로 몸을 훼손하여 보는 사람들이 안타깝게 여겼다. 김 부인(金夫人: 권춘란의 모친)의 병이 위독해졌을 때에는 자신의 허벅지 살을 베어 드려 한달 여 만에 낫게 하였다. 어려서 외할아버지 상을 당했을 때에는 슬피 울며 성인처럼 소식(素食)을 하여서 고기를 먹도록 권유하니, 기꺼이 따르지 않으면서 말하기를, "부모의 부모인들 부모와 무슨 차이가 있습니까?"라고 하였다. 형제 네 명이 매우 화목하고 즐겁게 지냈으니, 기거도 함께하는데다 옷과 신발이며 노복까지도 일정한 주인이 있는 줄 알지 못하였다. 아침마다 가묘(家廟)에 배알하였는데, 마친 뒤에는 서재에 앉아 하루도 책을 펴지 않은 날이 없었다. 이를테면 《심경(心經)》이나 《근사록(近思錄)》 등과 같은 서적들은 비록 수령으로 송사를 처리할 때라도 또한 책상에서 치운 적이 없었다.

수령이 되었을 때에는 민심을 바로잡고 풍속을 순후(淳厚)하게 하는 것을 우선으로 삼았으니, 매달 초하룻날이면 양로 잔치를 베풀어 몸소 술을 권하며 외롭고 의지할 데 없는 마음을 어루만져 돌보는 것이 단지 젖을 먹여 주고 자리를 깔아 주는 마음에만 그치는 것이 아니었다. 일찍이 흉년을 만난 적이 있었는데, 창고의 곡식을 풀어서 진휼해 많은 백성들이 목숨을 온전히 할 수 있었지만, 가을이 되어 장차 환곡(還穀)을 거두어들여야 하자 문서를 모두 불태우며 말하기를, "만약 공적인 일로 견책이 있다면 내가 응당 책임질 것이다."라고 하였다. 대동도(大同道)에서 돌아올 때에는 서주(西州: 평안도)의 실오라기 하나라도 가져오지 않은데다 대동도에서 준 노자마저도 모두 물리쳤다. 의성(義城)을 떠나올 때에는 중도에서 직접 행장을 점검하다가 자초(紫草: 지치)가 든 자루 하나를 보고는 집안사람을 꾸짖으며 이르기를, "이것이 비록 하찮지만 또한 관아의 물건이거늘, 어찌 내 행장에 섞이도록 하겠는가?"라고 하면서 그 자리에서 돌려보내도록 하였다. 영천(永川)의 풍속이 귀신을 좋아하여 음사(淫祠: 부정한 귀신을 받드는 사당)를 숭상하고 떠받들었는데, 그렇게 하지 않으면 반드시 태풍의 피해와 돌림병이 생기자 이전의 수령들이 금하지 못하였고 더러는 그에 동요되어 도리어 떠받드는 일을 돕기까지 하였으니 여러 해가 지나도록 감히 없애지 못하였다. 그런데 선생이 부임하여 금령

(禁令)을 내리며 말하기를, "귀신이 사람을 죽게 할 수 있다면 나 또한 사람을 죽게 할 수 있다. 나의 명을 어기는 경우에는 너희들을 용서하지 않을 것이다."라고 하였다. 이후로는 그 괴이한 일들에 대해 마음을 놓을 수가 있게 되었고 마침내 없어졌다. 한강(寒岡) 정구(鄭逑)가 안동(安東)을 다스렸을 때 선생을 찾아와 조용히 이야기를 나눈 적이 있었다. 이보다 앞서 관사(官舍)에 기녀(妓女)라고 불리는 꽃이 있었는데 한강이 베어 버리도록 명하였었다. 선생이 그 의도를 물었는데, 한강이 답하기를, "사람이 고혹하기 쉽기가 여색보다 더한 것이 없으므로 그 이름을 미워해서 베어 버렸을 뿐입니다."라고 하니, 선생이 말하기를, "참으로 내 마음에 주관이 서 있다면 남위(南威: 춘추시대 미녀)나 서자(西子: 월나라 미녀 西施)라도 그 마음을 변하게 하지 못할 것인데, 어떻게 그 이름을 빌린 것을 두려워하겠소? 명부(明府: 안동부사)의 정사(政事)는 말단적인 일이외다."라고 하자, 한강이 그 말에 깊이 감복하였다. 대개 선생이 오래도록 관서 지방에 타향살이를 했으나, 아름다운 기녀들이 온갖 교태를 부려도 끝내 선생의 눈길 한 번 돌리게 하지 못했다고 한다.

주연(胄筵: 세자시강원)에 겨우 몇 달간만 있었지만 더할 수 없이 정성스러운 마음을 다하며 그저 형식적으로 횟수나 채우는데 그치지 않았으니, 세자가 선생의 보익(補益)을 자주 일컬었다. 일시적으로는 비록 선생을 애써 잊은 것처럼 하였지만, 번번이 조정에서 논의하며 서로 알력이 생겨서 시끄럽게 앞다툴 때면 선생을 생각하지 않을 수가 없었으니, 반드시 현직(顯職: 높고 중요한 벼슬)에 의망(擬望: 후보자)된 자들을 의심하고 분주하게 나대는 무리를 풍간하였다. 선묘(宣廟: 宣祖)가 근신(近臣)에게 이르기를, "권춘란이 벼슬살이를 즐기지 아니하나, 어찌 내가 더불어 큰 일을 하기에 부족하다고 하겠는가?"라고 하며 늘 개탄하였으니, 나아가기는 어렵게 여기고 물러나기는 쉽게 여기는 절조(節操)는 임금이라도 빼앗을 수가 없는 것이 이와 같았다. 선생이 비록 집에 있어도 조정에서 한 가지 선정을 베풀었다는 소식을 들으면 얼굴에 기뻐하는 빛이 있었고, 착한 사람이 떠나가고 착하지 못한 사람이 등용되었다는 소식을 들으면 여러 날 동안 걱정하고 탄식하였으니, 이로써 선생이 세상사를 과감하게 잊어버리지 않았다는 것을 알 수가 있다.

스승과 벗을 대할 때는 처음부터 끝까지 차이가 없어서 변함이 없었는데, 백담(柏潭: 具鳳齡)이 병이 들자 관아의 일을 미루어 두고서 달려가 구료(救療)하였고, 관(棺)을 갖추어 염(殮)하고 장지(葬地)로 보내기까지 조금도 여한이 없게 하였다. 훗날에 문하생들과 백담의 유문(遺文)을 꼼꼼히 살펴 교정하여 정히 완고(完稿)를 만들고서 영원토록 전해지기를 바라니, 사람들이 이르기를, "자운(子雲: 漢나라 揚雄)이 죽지 않은 것은 후파(侯芭: 양웅의 제자)가 있어서였다."라고 하였다. 온 고을 사람들이 의논하여 용산(龍山)에 서원을 건립하고 백담을 제향(祭享)하였으니, 선생이 실로 앞장서서 주장했던 것이었다. 지산(芝山) 김팔원(金八元)이 계모상(繼母喪)을 치르다가 생명이 위태로웠는데, 선생이 예의 뜻을 들어 깨우쳐 주었지만 지산이 따르지 않고서 착한 말을 하니, 선생이 돌아와서 보는 사람마다 말하여 그의 착한 행실이 드러나게 하였다.

마음속 깊이 품은 생각이 맑고 넓었으니, 산수(山水)를 몹시 좋아하여 산허리에서 독서하던 곳에 작은 집을 증축해 짓고는 '감원(鑑源)'이라는 편액을 건 뒤에 바위가 뚫린 곳을 깎아내어 연못을 만들고서 주위에 꽃을 옮겨다 심고 나무도 심어 그 사이에서 편안하게 지내는 즐거움에 밥 먹는 것조차 잊었으며, 세상의 화려하고 호화로운 명예와 이익을 좇는 습속을 마치 뜬구름과 같이 보았다.

사람을 응접할 때는 마음을 비우고 뜻을 겸허히 가져 미리 한계를 긋지 않았으니, 허물없이 담소를 나눌 적에 스스로 다른 의견을 보이지 않았고, 남을 평할 적에 선행 칭찬은 길게 하였으나 악행 비난은 짧게 하였지만, 의리를 분변하고 시비를 가릴 적에 이르러서는 일도양단하듯 명쾌하게 결정하였다. 그래서 선생의 풍모를 들은 자면 누구나 그 얼굴을 뵙고 싶어하지 않은 자가 없었으며, 선생의 모습을 본 자면 공경심을 일으키지 않는 자가 없었으며, 이윽고 뵙고서 물러나서는 시원스레 생각을 바꾸지 않는 자가 없었다. 관찰사의 심부름꾼이나 주현(州縣)의 수령들이 명함을 들이고 집으로 찾아오느라 깃발이 마을에 넘쳤으니, 한번 빈주(賓主)의 예를 이루었을 뿐이지만 마음의 담을 쌓지 않았다.

후생들을 이끌어 깨우쳐서 학문에 나아가도록 힘썼는데, 일찍이 밤중에 앉아 있다가 새의 지저귀는 소리가 끊이지 않는 것을 듣고서 조카들을 돌아보며 말하기를, "저 미물도 오히려 그 본성을 따를 줄 알거늘, 사람이고서 배우지 않으면 어찌 저 새에게 부끄럽지 않겠느냐?"라고 하였다. 예전에 선생이 백담에게 배울 적, 선배들이 대부분 선생을 보고 후일 사문(斯文)의 중요한 인물이 될 것으로 기대하였고, 그의 늙바탕에 이르러 일상생활의 마음씀과 몸가짐 사이에서 나아가 징험해 보면 순수하기만 하였다.

임종할 적에 부녀자들을 물리고 집안사람들에게 무당을 불러 굿이나 기도를 하지 못하게 경계하고서 옷을 갈아입고 용모를 단정히 가다듬은 뒤에 붓을 들어 "그해가 진년(辰年)과 사년(巳年)이면, 옛사람들은 탄식 소리를 냈다고 하나, 조화를 따라서 일생을 마치려 하니, 여한이 다시 있지는 않으리라." 쓰고는 풍수쟁이의 말을 듣지 말고 선영에 장사지내도록 유언하였다. 선생이 저술한 《진학도(進學圖)》·《공문언인록(孔門言仁錄)》이 집에 보관되어 있다. 아, 선생은 가히 학문하는 사이에 깊이 깨달아 확고한 힘을 얻은 사람이라고 할 수가 있다.

선생은 부사(府使) 박승간(朴承侃)의 딸에게 장가들었는데, 아들을 두지 못하여 동생의 아들 참판 권태일(權泰一)이 양자가 되어 제사를 지냈다. 측실(側室) 소생의 외동딸은 이몽득(李夢得)의 처가 되어 4남 1녀를 낳았다.

천계(天啓) 신유년(1621) 선비들이 함께 의논하여 선생을 백담과 배향한 곳이 바로 이른바 용산서원(龍山書院)이다. 선생의 덕을 알고자 하는 이는 어찌 이곳에서 살피지 않을 수 있겠는가.…(이하 생략)…

- **司憲府執義晦谷先生權公墓誌銘 幷序**

權氏, 自太師幸得姓, 以來七八百年, 文學·賢勞·功名, 不曠于史, 當我宣祖時。有晦谷先生者。實太師之廿五世孫也。其諱春蘭, 其字彦晦, 其號晦谷, 其居安東, 其官古中丞。其考贈左承旨錫忠, 其王考軍器主簿, 贈左通禮模。其妣淑夫人咸昌金氏。其生嘉靖己亥七月之二十五日, 其卒萬曆丁巳八月之十六日, 其壽七十有九。其葬師尼山未向之原。距其葬二十四年崇禎己卯之歲, 其從子泰精, 狀其行, 問銘于其同郡金尙憲。其狀曰。先生年二十三中司馬, 三十五登文科。隷成均館爲學諭, 轉學錄。薦授藝文館檢閱, 序陞待敎·奉敎。遷司憲府監察, 出爲大同察訪, 入拜司諫院正言, 改持平, 病辭。除直講·禮曹正郎, 乞外得永川郡守。丁亥, 遭父憂, 廬墓盡禮。服除, 除直講·獻納, 病辭。又出爲義城縣令, 明年棄歸。久之除世子弼善·掌令·司諫, 皆病辭。除執義兼世子輔德, 謝恩卽歸。遞爲通禮院相禮, 還輔德, 固辭不許, 亡何, 請告歸鄕。屢除直講·司藝·司成·司諫·執義兼史館編修, 皆病辭。辛丑, 赴靑松府使, 居三月, 遭母憂, 廬墓如前喪。自是尤息意世事, 優游林下, 讀書談道甚適, 間往來山洞, 與柳西厓諸公, 講究疑義。

以弘文館修撰·校理召，皆病辭，除榮川郡守，引年不赴，以此竟其身。先生天性，純潔靜正，容貌白晳，如氷壺洞徹，表裏無雜。少卽有向學之意，一日問承旨公，曰："天地間，何物爲貴?" 曰："惟人." 曰："何以貴?" 曰："爲子孝，爲臣忠。由是而用爲貴仕." 曰："仕固不足貴。若欲盡忠孝，舍學何能?" 承旨公心異之，試授《孝經》，讀已曰："讀此而如不讀者，非人也." 時時取《周易》，效畫卦默玩，承旨公曰："此大人學，非兒所可解." 先生跪曰："兒竊慕大人志." 承旨公益奇之。已就柏潭具公學，晨輒造門外待朝，大寒暑不變，柏潭喜曰："不意今日，復見立雪之人." 先生益自刻勵於聖賢遺訓，求必力踐，不獨資口耳爲也。至於科第仕宦，非其所樂，特爲親屈焉。先生又就退溪李文純公請益，退溪久聞其名，爲之遜席，甚重待之。先生潛心墳典，自六經四子，以至九流百家之書，鮮所不窺，而其所喜尤在於易。常書中字揭座隅，朝夕顧諟，尋思喜怒哀樂未發前氣象，其靜中涵養工夫，多有人所不及知者。其事親周詳婉篤，平居務盡承奉，歿饋奠必哀慤，致毁踰節，見者愍然。金夫人疾𡰥，割股見愈者月餘。幼遇外王父喪，哭泣素食如成人，勸之肉，不肯從曰："父母之父母，與父母，奚間哉?" 兄弟四人，怡愉湛樂，起處與同，衣履僕御，不知其有常主也。每朝謁家廟，退坐書齋，無一日不開卷。如《心經》·《近思錄》諸書，雖臨民聽訟之時，亦未嘗去案也。其爲守令，以正民心厚風俗爲先，月朔行養老禮，親爲勸酬，撫摩單赤，不翅乳哺而袵席之。嘗遇飢歲，發倉振救，多所全活，及秋將收糴，悉焚偻曰："若有公譴，吾當任之." 自大同歸，不以西州一絲自近，竝却道路費。其去義城，到中途親閱行李，見有紫草一囊，責謂家人，"顧此雖微，亦係官中物，豈容溷吾橐?" 立反之。永川俗好鬼崇奉淫祠，否則必有風災疾疫，前爲守者不能禁，或爲其所動，反助其事，積歲年亡敢廢之。先生至，下禁令曰："鬼能死人，吾亦能死人。違吾令者不汝貰." 是後，其怪帖然遂絶。鄭寒岡治安東，訪先生嘗從容。先是，官舍有花名女妓者，寒岡命翦去，先生問其意，曰："人之易惑者莫如色，故惡其名而去之耳." 先生曰："苟吾心有主，南威西子，尙不能移，何畏乎假其名

者乎? 明府之政, 抑末也歟." 寒岡深服其言。蓋先生久客關西, 黎渦百媚, 終不能回先生一眄云。在胄筵僅數月, 極盡誠意, 不止應文備數, 世子亟稱其益。一時雖若忘先生者然, 每當朝議, 相軋紛然爭進之際, 不得不思先生, 必擬諸顯望, 以風奔競之徒。宣廟謂近臣, 曰: "權某不樂仕, 豈以予不足與有爲耶?" 常爲慨然。其難進易退之節, 人主有不能奪者如此。先生雖家居, 聞朝廷行一善政, 喜形於色, 聞善人去, 不善人用, 則爲之憂歎累日, 以是知先生不果於忘世也。待師友, 無間終始, 柏潭病, 置官事奔救, 至棺斂葬送, 無少憾。後與諸生, 考校遺文, 定爲完藁, 以期不朽, 人謂: "子雲不死, 侯芭在也." 一鄕議建書院于龍山, 以祠柏潭, 先生實倡之。金芝山八元, 居後母喪殆, 先生開以禮意, 芝山不從, 有善言, 歸語人人, 俾彰其善。襟懷淸曠, 酷愛山水, 於山半讀書處, 增飾小堂, 額曰鑑源, 剔巖洞開陂塘, 蒔花種木, 宴處其間, 樂而忘食, 其視世上紛華名利之習, 若浮雲然。其接於物也, 虛心巽志, 不設防畛, 燕語談笑, 不自示異, 論人善善長而惡惡短, 至辨義理擇是非, 一刀兩段。聞先生之風者, 無不願識其面, 及其見之, 無不起敬, 旣退又無不洒然易慮。道使者·州縣守長, 修刺詣廬, 干旄溢巷, 一成賓主禮而已, 無城府跡。引誘後生, 勉進爲學, 嘗夜坐, 聞鳥聲綿蠻不息, 顧諸姪, 曰: "彼微物猶知率其性, 人而不學, 豈不媿於彼乎?" 始先生學於柏潭, 前輩多見期以異日斯文之重, 至其晩歲, 而驗之日用心身之間, 純如也。臨絶屛婦女, 戒家人斥巫卜祈禳之術, 易衣整容, 取筆書: "歲在龍蛇, 昔人興嗟, 乘化歸盡, 不復有恨." 治命毋入堪輿家言, 從先人葬。所著《進學圖》·《孔門言仁錄》藏于家。嗚呼! 先生可謂學問中得力人也。先生娶府使朴承侃女, 無子, 所養弟之子參判泰一尸其祀。側室女一人, 爲李夢得妻, 生四男一女。天啓辛酉, 多士合謀, 以先生配食于柏潭, 卽所謂龍山書院者也。欲知先生之德者, 盍於是乎考焉。…(이하 생략)…

〔淸陰先生集, 권35, 墓誌銘〕

45. 류운룡

류운룡의 자는 응현, 호는 겸암, 본관은 풍산이다. 관찰사 류중영의 아들이다. 중종 기해년(1539)에 태어났다. 선조 임신년(1572) 음직(蔭職)으로 벼슬길에 나아가 네 개의 고을 수령을 거쳐 통정대부 목사에 이르렀고 광국원종(光國原從) 공신에 녹훈되었다. 신축년(1601)에 죽었다. 이조참판에 증직되었다. 풍기(豐基)의 우곡서원(愚谷書院)에 제향하였다.

임진년(1592) 가을에 임시 풍기군수였을 때 행재소가 멀리 떨어져 있어서 조공로(朝貢路)가 끊겼으나, 공만은 홀로 관리를 파견하여 조공이 여전하도록 하였으니 얼마 지나지 않아 정식 군수가 되었다. 흉포한 도적들이 휘파람으로 패거리를 불러 모아 험한 길조차 막고 있었으나 공이 기회를 엿보아 적절한 방도로 체포해 백성들이 생기가 돌고 도둑이 근절되자 이웃 고을이 모두 이에 힘입었다. 이 일이 알려져서 품계가 통정대부로 승진하여 특별히 원주목사로 제수되었다.

명종(明宗)과 선조(宣祖) 즈음에는 고안(羔雁: 새끼양과 기러기)이라는 예물을 마련하여 초대하는 것이 암혈(巖穴)과 초야(草野)에도 두루 미쳤는데, 영남 지방이 더욱이 많았으나 공은 퇴도(退陶: 이황)의 고제(高弟: 학식과 품행이 뛰어난 제자)이면서도 자기의 재능이 뛰어난 것을 뽐내면서 행세하려 하지 않았고, 주현(州縣)에 머물며 살면서 만나는 상황에 따라 분수를 다하였으니, 도(道)는 비록 드러나지 않았다 하더라도 명성에 티를 남기지 않았던 것이다. 이는 어찌 순일한 행실로 적합하게 쓰일 군자가 아니었겠는가?【협주: 이식이 찬한 묘갈명에 실려 있다.】

공이 인동현감(仁同縣監)으로 있었을 때 토전(土田: 논밭)·민호(民戶:

살림집)와 세공(稅貢: 조세와 공물)·요역(徭役: 노동력)으로부터 환곡의 출납에까지 모두 종이에 금을 그어 양식을 만들되 종선과 횡선을 꼼꼼히 점검해서 터럭 하나라도 빠지지 않게 하여 부담을 균일하게 하는 데 힘썼다. 이것을 반포하여 실행할 때 몇 년이 지나자 온 경내가 편리하다고 일컬었다. 관찰사가 그 방법을 다른 고을에도 시행하려고 하여 공에게 그 일을 맡게 하였지만, 얼마 지나지 않아 관찰사가 교체되어 떠나서 결국 시행되지 못하였다.

일찍이 상소를 올려 말하기를, "죽령(竹嶺)은 충청도와 경상도 사이에 있어 백이(百二)의 험준함을 지니고 있으니, 마땅히 옛날 순흥부(順興府)를 회복시켜서 풍기를 예속시키고 단양·영춘·제천·청풍 네 고을을 합쳐 대진(大鎭)으로 만들어 좌우에서 지키게 하소서."라고 하였다.【협주: 류성룡이 찬한 묘지명에 실려 있다.】

- **柳雲龍**

柳雲龍, 字應見, 號謙巖, 豊山人。監司仲郢子。中宗己亥生。宣祖壬申蔭仕, 歷四邑, 至通政牧使, 錄光國原從勳。辛丑卒。贈吏曹參判。享豐基愚谷書院[1]。

壬辰秋, 假守豐基時, 行在隔遠, 朝貢路絶, 公獨遣吏, 朝正如舊, 未幾陞眞。獷賊嘯聚[2]阻險, 公機捕有方, 民蘇盜熄, 旁郡皆賴之。事聞, 進秩通政, 特拜原州牧使。

明宣之際, 羔雁[3]之徵, 徧及巖野, 嶺南尤多, 而公以退陶高弟, 不挾

1 愚谷書院(우곡서원): 경상북도 예천군 하리면 우곡리에 있었던 서원. 柳雲龍·黃暹·李埈·金光曄을 봉향하였었는데, 1704에 창건되었다가 高宗 때에 훼철되었다.

2 嘯聚(소취): 강도들이 그들의 도당을 불러모을 때의 휘파람으로 군호를 삼는 것.

3 羔雁(고안): 선비가 처음 서로 만날 때 보내는 예물. 《禮記》〈儀禮·士相見禮〉에 의하면, 下大夫는 기러기로 상견하고, 上大夫는 새끼양으로 한다고 하였다.

賢以行世, 棲遲州縣, 隨遇盡分, 道雖不顯, 名亦無玷。茲豈非純行適用之君子哉?【李植[4]撰碣】

公在仁同時, 土田民戶·稅貢徭役, 以及糶糴出入, 皆畫紙爲式, 爬櫛經緯, 秋毫不遺, 務在均一。頒布行之, 數年, 一境稱便。監司欲推其法於他邑, 使公任其事, 未幾監司遞去, 未果行。

嘗上疏言: "竹嶺[5], 當湖嶺之間, 而有百二之險[6], 宜復古順興府[7], 而以豐基隸之, 合丹陽·永春·堤川·淸風四邑, 爲一大鎭, 使之夾守,"【弟成龍撰墓誌】

보충

이식(李植, 1584~1647)이 찬한 묘갈명

증 이조참판 원주목사 류공 묘갈명 병서

안동부(安東府) 서쪽에 있는 천등산(天燈山)의 금계(金溪) 해좌사향(亥坐巳向) 산기슭에는 고(故) 통정대부 원주목사 류공의 묘소가 있다. 아우 서애(西厓: 류성룡) 상국(相國)이 지은 묘지문과 사위 승지 김홍미(金弘微)가 지은 행장은 모두 실제의 기록이나, 이제 여러 자손들이 묘소 앞의 비석에 명문(銘文)을 새겨서 공공연히 세상에 전파하여 먼 후세에까지 보여주려고 도모하였다. 이에, 나 이식(李植)이 사관(史館: 춘추관)에 외람되이 몸담고 있다 하여 뜻밖에도 글을 부탁하니, 감히

4 李植(이식, 1584~1647): 본관은 德水, 자는 汝固, 호는 澤堂·南宮外史·澤癯居士. 고조부는 좌의정 李荇이고, 증조부는 이원상이며, 조부는 이섭이다. 아버지는 좌찬성에 증직된 李安性이며, 어머니 茂松尹氏는 공조참판 尹玉의 딸이다. 부인 靑松沈氏는 沈惓의 딸이다. 허균의 문인이고, 종숙 李安訥의 제자이다. 1610년 생원시에 합격하고, 별시문과에도 급제하였다. 대사헌, 형조판서, 예조판서 등을 역임하였다.

5 竹嶺(죽령): 경상북도 영풍군 풍기읍과 충청북도 단양군 대강면 경계에 있는 재.

6 百二之險(백이지험): 백이의 요새로 천연의 지세가 험하고 견고함을 이름.

7 順興府(순흥부): 1348년부터 1413년까지 영주 지역에 설치되었던 지방행정구역.

글재주가 형편없다면서 사양할 수만 없었다.

삼가 살펴보건대, 공의 휘는 윤룡(雲龍), 자는 응현(應見), 세계(世系)는 풍산(豐山)이다. 고려조에서는 휘 류백(柳伯)이 은사급제(恩賜及第: 과거에서 정원 외에 특별히 급제를 허락하던 일)하였고, 우리 조선에 들어와서는 공조전서(工曹典書) 류종혜(柳從惠)가 처음으로 현달하였는데, 사정(司正) 류홍(柳洪)을 낳았고, 사정이 사복시정(司僕寺正)에 증직된 류소(柳詔: 柳沼의 오기)를 낳았는데, 류소가 바로 공의 고조부이다. 증조부는 성균관진사로 이조판서에 추증된 휘 류자온(柳子溫)이며, 조부는 간성군수를 지냈고 좌찬성에 증직된 휘 류공작(柳公綽)이다. 아버지는 관찰사를 지냈고 영의정에 증직된 풍산부원군(豐山府院君) 휘 류중영(柳仲郢)이며, 어머니 안동김씨(安東金氏)는 진사 김광수(金光粹)의 딸로서 고려의 명신 김방경(金方慶)의 후예이다.

공은 가정(嘉靖) 기해년(1539) 8월 6일에 태어났다. 어려서부터 영민함이 출중하더니, 조금 장성해서는 경전(經傳)과 제자서(諸子書)며 사서(史書)에까지 널리 통하였다. 퇴계 선생을 스승으로 섬기면서 학문을 논하고 예법을 익히며, 글을 읽으려 왕래할 적마다 선생이 공을 매우 중하게 여겼다. 공이 이로 말미암아 과거공부를 대수롭지 않게 여겼으니, 또한 일찍이 초시(初試)에는 높은 성적으로 합격하였으나 성위(省闈: 會試)에 이르러서는 도리어 합격하지 못하였다.

임신년(1572) 아버지의 명에 따라 음직(蔭職)으로 벼슬길에 나아가 전함사별좌(典艦司別坐)가 되었고 관찰공(觀察公: 류공작)의 상(喪)을 당하여 삼년상을 마치고서 상복(喪服)을 벗자, 의금부도사(義禁府都事)에 뽑혀 임명되었으나 곧바로 사직하고 물러났다. 이어 사포서별제(司圃署別提)를 제수받았고 다시 의금부에 임명되었으나 관례에 따라 풍저창직장(豐儲倉直長)으로 자리를 옮겨서는 간사한 자를 규찰하고 좀먹는 자를 색출하여 관리로서 유능하단 명성을 얻었으니, 청렴하고 부지런하게 공무를 수행한 관리로 특별히 선발되어 내자시주부(內資寺主簿)로 승진하였다.

외직으로 나가 진보현감(眞寶縣監)이 되었지만 곧바로 모친의 병으로 인하여 사직하고 돌아왔다가 다시 인동현감(仁同縣監)에 임명되었는데, 직무를 민첩하게 부지런히 수행하면서 정사를 펴는데 조례와 법식을 마련하였으니 간악한 토호들이 용납되어 설 자리가 없었다. 선현(先賢) 길주서(吉注書: 吉再)의 묘소를 봉분(封墳)도 하고 나무도 심고는 그 옆에 사우(祠宇)를 세우고 서원(書院)을 설치하여 유학을 진흥시켜 온 경내가 교화되었다. 방백(方伯: 관찰사)이 공의 치적을 나열하여 위에 보고하니, 주상이 글을 내리고 포상하여 한 해 더 맡기도록 하였으며, 공이 떠나간 뒤에 백성들은 사모하는 정이 도타워 송덕비(頌德碑)를 세웠다. 그 이후로 광흥창주부(廣興倉主簿)·한성부판관(漢城府判官)·평시서영(平市署令)·사복시첨정(司僕寺僉正)을 역임하였다.

임진왜란이 일어나 주상이 장차 서쪽으로 피신하려 하자 상국(相國: 류성룡)이 호종하였는데, 주상에게 형을 해직시켜 어머니를 구하도록 눈물을 흘리며 간절히 하소연하니 주상이 허락하였다. 이로 말미암았지만 공이 대부인(大夫人)을 부축하거나 업고서 험한 길을 무릅쓰고 왜적을 피하였고 온 집안사람들까지 온전하게 하였으니, 사람들이 참으로 효성스럽다고 칭찬하였다. 가을에 사격(使檄: 관찰사 격문)을 받들어 임시 풍기군수가 되었는데, 당시 행재소가 멀리 떨어져 있어서 조공로(朝貢路)가 끊겼으나, 공만은 홀로 고을의 관리를 파견하여 조공이 여전하도록 하였으니, 주상이 감동하였다. 얼마 지나지 않아서 정식으로 임명하여 군수가 되었다.

당시는 병란(兵亂)에 흉년까지 겹치자 쓰러져 있는 시체가 길에 가득한데다 흉포한 도적들이 휘파람으로 패거리를 불러 모아 험한 길조차 막고 있어서 관군도 감히 접근하지 못했는데, 공은 굶주린 백성을 정성을 다하여 진휼하고 기회를 엿보아 적절한 방도로 체포하여서 백성들이 생기가 돌고 도둑이 근절되었으니, 이웃 고을도 모두 이에 힘입었다. 이 일이 알려져서 품계가 비옥(緋玉: 당상관)의 직질로 올랐고, 특별히 원주목사(原州牧使)로 제수되었다. 공이 부임한 지 얼마 되지 않아서 늙은 어머니의 봉양을 위해 벼슬자리를 내놓고 물러나면서 상소(上疏)를 통해 군무(軍務)와 국정(國政)의 편의책(便宜策: 적절한 조치)을 아뢰자, 주상이 기꺼이 받아들이고 신하들을 향해 그 계책이 훌륭하다고 칭찬하였다. 그 일이 비록 실제로 시행되지 않았을지라도, 조정의 의논이 하나로 모아져 공의 계책으로 향하였다.

여러 차례 은대(銀臺: 승정원)의 주의(注擬: 세 명의 후보자)에 올랐으니 장차 청요직에 지낼 수 있었을 것이나, 때마침 상국(相國: 서애)이 참소를 당하여 벼슬을 떠나게 되자, 공 또한 산관(散官)으로 물러나 어머니를 봉양할 계책만 세우고 다시는 세상사를 생각하지 않았다. 바야흐로 상국과 함께 부족함이 없도록 어머니의 안색을 살펴 가며 봉양하면서 산천을 거닐면서 유유자적하였다. 불행히도 병에 걸려 신축년(1601) 3월 5일에 숨을 거두니 향년 63세였다. 상국이 주상을 호종하여 세운 공훈에 따라 공에게 모관(某官)이 추증되었다.

공은 빼어난 풍채에 순수한 자질을 지닌데다 학문까지 닦아서 일찌감치 스스로 확고한 뜻을 세워 저속한 풍속에 빠지지 않을 수 있었으니, 어려서부터 강직해 떨치고 일어나 분발하여 자못 엄격한 점이 있었으나, 중년 이후로는 온화함과 공손함도 닦아서 기질이 아주 달라졌다. 일찍이 강안(江岸)에 서실(書室)을 짓고서 겸암(謙庵)이라는 편액(扁額)을 내걸었고, 마침내 이를 자호(自號)로 삼고서 아침저녁으로 마음을 가라앉혀 연구하였으니, 학문의 힘으로 이루는 바를 알 수 있다.

대부인(大夫人)을 섬긴 40년 동안 지극 정성으로 즐겁도록 모셨고 한번도 뜻을 거스른 적이 없었다. 세시(歲時: 명절) 때 반드시 술잔을 올려 축수(祝壽)하였는데, 상국(相國)이 그 반열에 참여할 적에는 마치 난새와 봉황이 서로 우뚝 서 있는 듯하여 당시 사람들이 그것을 영광스럽게 여겼다. 누이동생 3명이 상란(喪亂)을 당하여 일찍 죽자, 공이 고아가 된 아이들을 보살펴 길러 주어 제 삶의 터전을 잃지 않도록 하였다. 옛것을 믿고 예법을 따르기를 좋아하여 관혼상제(冠婚喪祭)의 의식을 행할 때면 일절 속되고 누추한 것을 제거하였다. 관직에 있으면서 법도를 지키는데 위엄과 은혜를 병행하며 법조문의 편의에 따라 자신만 옹호하려 한 적이 없었으니, 비록 비방을 당하고 훼방을 초래할지라도 굽히지 않았다.

아, 명종(明宗)과 선조(宣祖) 즈음에는 고안(羔雁: 새끼양과 기러기)이라는 예물을 마련하여 초대하는 것이 암혈(巖穴)과 초야(草野)에도 두루 미쳤는데, 영남 지방이 더욱이 많았으나 공은 퇴도(退陶: 이황)의 고제(高弟: 학식과 품행이 뛰어난 제자)이면서도 자기의 재능이 뛰어난 것을 뽐내면서 행세하려 하지 않았고, 주현(州縣)에 머물며 살면서 만나는 상황에 따라 분수를 다하였으니, 도(道)는 비록 드러나지 않았다 하더라도 명성에 티를 남기지 않았던 것이다. 이는 어찌 순일한 행실로 적합하게 쓰일 군자가 아니었겠는가?

공의 배필 정부인(貞夫人) 철성이씨(鐵城李氏)는 참봉 이용(李容)의 딸로 행촌(杏村: 李嵒)의 후손이다. 정숙하고 온순한데다 훌륭한 부덕(婦德)을 지녔고 시부모를 모시며 오로지 공의 뜻만 받들었으니, 비록 산골짜기에 바삐 달아나 숨어 있을 적에도 맛있는 음식을 하루도 빼

놓은 적이 없었는데, 부모나 일가친척들이 모두 그 어질고 효성스러움을 칭찬하였다.

3남2녀를 두었으니, 장남 류주(柳袾)는 평릉찰방(平陵察訪), 차남 류기(柳裿)는 낭천현감(狼川縣監), 삼남 류심(柳襑)은 천문교수(天文敎授)이며, 장녀는 바로 김승지(金承旨)에게 시집갔고, 차녀는 홍문관 교리 노경임(盧景任)에게 시집갔다.…(이하 생략)…

• **贈吏曹參判原州牧使柳公墓碣銘 幷序**

安東府西天燈山金溪亥巳之麓, 故通政大夫原州牧使柳公之墓在焉。弟西厓相國, 誌其壙, 外甥金承旨弘微狀其行, 皆實錄也, 而今其諸孫, 欲揭銘墓道, 公傳道之, 圖示久遠。以植方叨史館, 乃以屬筆, 則不敢以不文辭。謹按公諱雲龍, 字應見, 世爲豐山人。在高麗, 諱伯, 恩賜及第, 入我朝, 工曹典書從惠, 始顯, 生司正洪, 司正生贈司僕正沼, 是公高祖。曾祖成均進士, 贈吏曹判書, 諱子溫, 祖杆城郡守, 贈左贊成, 諱公綽。考觀察使, 贈領議政豐山府院君, 諱仲郢, 妣安東金氏, 進士光粹女, 高麗名臣方慶後也。公生于嘉靖己亥八月六日。幼警悟出類, 稍長, 博通經傳子史。師事退溪先生, 論學服禮, 佔畢往復, 先生甚重之。公以此不屑擧業, 亦嘗發解高等, 而至省闈, 輒不利。壬申歲, 以尊人命蔭仕, 爲典艦司別坐, 丁觀察公憂, 服闋。選拜義禁府都事, 旋辭去。除司圃別提, 復拜禁府, 例遷豐諸倉直長, 察姦揚蠹, 以吏能名, 特選廉謹奉公, 陞內資主簿。出爲眞寶縣監, 旋以母病辭歸, 復拜仁同縣監, 勤敏擧職, 賦政有條式, 姦豪無所容。封樹先賢吉注書墓, 旁建祠宇設書院, 敦興儒學, 闔境化之。方伯列上治狀, 賜書褒美, 命加任一年, 民篤去思, 刻石頌德。歷任廣興主簿·漢城判官·平市署令·司僕僉正。壬辰變作, 上將西狩, 相國扈從, 泣訴于上, 乞解兄職救母, 上許之。由是得扶負大夫人, 間關避賊, 闔門獲全, 人稱其誠孝。秋被使檄, 假守豐基郡, 時行在隔遠, 朝貢路絶, 公獨遣郡吏, 朝正如舊, 上爲之感動。未幾, 眞拜爲守。

時兵興歲饑, 僵屍載路, 獷賊嘯聚阻險, 官軍不敢近, 公賑□盡誠, 機捕有方, 民蘇盜熄, 旁郡皆賴之。事聞, 進秩緋玉, 特拜原州牧使。公赴任未久, 爲親老辭遞, 上疏陳軍國便宜, 上嘉納, 對群臣, 稱其策之善。事雖不施, 朝議翕然向之。屢注擬銀臺, 將處以淸要, 而會相國中讒去位, 公亦爲就閑奉親計, 無復世念矣。方與相國, 備物色養, 而倘佯泉石間, 自喩適意矣。不幸有疾, 辛丑三月初五日卒, 壽六十三。用相國從勳, 追贈某官。公丰姿粹質, 輔以學問, 早自樹立, 不落俗窠。少時剛介振厲, 頗見稜峭, 中歲以後, 濟以和遜, 氣質一變。蓋嘗築書室予江岸, 扁曰謙庵, 遂用以自號, 朝夕潛心, 可見其學力所至也。事大夫人四十年, 至誠娛侍, 未嘗違忤。歲時, 必奉觴上壽, 相國班席, 鸞鳳交峙, 一世榮之。有三妹, 喪亂早歿, 公爲撫育諸孤, 俾不失所。信古好禮, 冠婚喪祭之儀, 一洗俗陋。居官守法, 威惠幷行, 未嘗便文自營, 雖致謗毁, 不撓也。嗚呼! 明宣之際, 羔雁之徵, 徧及巖野, 嶺南尤多, 而公以退陶高弟, 不挾賢以行世, 棲遲州縣, 隨遇盡分, 道雖不顯, 名亦無玷。玆豈非純行適用之君子哉? 配貞夫人鐵城李氏, 參奉容之女, 杏村後也。淑婉有懿範, 事舅姑, 惟公意是承, 雖在奔竄山峽間, 未嘗闕甘旨, 父母宗族。咸稱其賢孝。有三男二女, 長男袾, 平陵察訪, 次裿, 狼川縣監, 次禂, 天文敎授, 長女壻郎金承旨, 次弘文校理盧景任。…(이하 생략)…

〔澤堂先生別集, 권7, 墓碣〕

46. 김우옹 문정공

김우옹의 자는 숙부, 호는 동강, 본관은 의성이다. 부사 김희삼(金希參)의 아들이다. 중종 경자년(1540)에 태어났다. 명종 정사년(1557: 무오년의 오기, 1558) 진사시에 합격하고, 정묘년(1567) 문과에 급제하였다. 홍문관정자·호당(湖堂)·직제학·대사성·부제학·감사·대사헌을 거쳐 이조참판에 이르렀다. 선조 계묘년(1603)에 죽었다. 이조판서에 증직되었다. 숙종 신미년(1691)에 시호(諡號)가 내려졌다. 성주(星州)의 청천서원(晴川書院)에 향사하였다.

공은 어려서부터 정신이 티 없이 해맑은데다 몸가짐이 단정하고 수려했는데, 글자를 알지 못했을 때인데도 사람들이 글 읽는 것을 보고 기뻐하는 바가 있는 듯하더니 말없이 앉아 곁에 구경하며 오래도록 떠나지 않아서 글자를 가르치자 바로 깨달아 이해하였다.

일찌감치 남명(南冥) 조식(曺植) 선생을 따라 배워서 의리의 학문을 알았으며, 공이 도성에 들어오게 되었는데 마침 퇴계 선생이 도성에 계실 때 부름을 받고 곧바로 뵈러 가서 배우기를 청하였다.

공이 홍문관정자(弘文館正字)로서 진강(進講)을 마치자, 주상이 그에게 이르기를, "그대는 자질이 이미 남다른데다 학문에 힘쓴 공부 또한 많아 경연(經筵) 자리에 나아와 강설(講說)하면서도 매양 학문에 부지런히 힘쓰나, 다만 나는 배움에 진전이 없어 한마디 말도 실행할 수 없어서 항상 부끄럽게 여겼다. 그대는 물러가서 나를 위하여 잠(箴) 하나를 지어 올려 학문을 하는 요체를 개진하겠느냐?"라고 하였다. 공이 《성학육잠(聖學六箴)》을 지어 바치자, 주상이 말하기를, "그대의 학문이 정수(精粹)하고 충군애국(忠君愛國)이 간절함을 알 수 있었도다. 내가 비록 불민하나 마땅히 뜻을 더하여 힘쓰겠다. 즉시 옥당에 내려서 보이도록 하라." 하였고 또 말하기를, "나는 글을 모르지만 잠(箴)의 뜻이 매우 좋아서 볼만하도다."라고 하였다.

우의정 노수신(盧守愼)이 자연의 재앙을 들어 왕명을 받아 면직하려고 하자, 공이 나아가 말하기를, "대신(大臣)은 모름지기 그저 몸과 마음을 다 바치다가 죽은 뒤에야 그만두려는 마음을 가져야지, 단지 제 한몸만을 생각하여 우물쭈물하다가 일을 피하는 것은 옳지 못합니다."라고 하였다.

일찍이 진언(進言)한 적이 있었으니 이르기를, "이이(李珥)는 학문도 있고 재주도 있지만 비록 꼼꼼하지 않고 거친 데가 있다 하더라도 크게 쓸 만하였는데, 그가 관찰사로 임명을 받을 적에 신(臣)이 생각건대 반드시 소대(召對: 왕명에 응하여 상주함)하리라 여겼더니 끝내 한번도 뵙지 못하고 떠나갔습니다. 성혼(成渾)도 학행이 있어 한번 직접 만나리라 생각했으나 다시 거두어 부르시지 않았으니, 이는 선한 이를 좋아하는 정성이 지극하지 못한 것인가 합니다. 신(臣)이 이이와 성혼을 위하여 말하는 것이 아니라, 참으로 현인들의 진퇴가 이와 같은 조치로 말미암을까 두려워하는 것입니다."라고 하였다.

공이 또 말하기를, "학직(學職: 성균관의 교육직)에 사람을 제대로 가리지 않고 오직 한량(閑良)과 산관(散官)들로 두니, 사자(士子: 과거를 준비하는 학생)들의 의표(儀表: 모범)가 되고 새로운 문풍을 일으킬 수가 없습니다. 마땅히 학직을 가려 뽑아야 하니, 옥당(玉堂)을 겸대(兼帶: 겸직)하게 하여서 입번(入番: 근무함)하면 임금 앞으로 나아가 강론하고 출번(出番)하면 사자들과 이야기를 주고받으며 논의하게 하소서. 일찍이 기묘고사(己卯故事)를 듣건대, 옥당이 모두 학직을 겸했다고 합니다."라고 하였다.

인성왕후(仁聖王后: 仁宗의 妃)의 상을 당하여 장차 장사를 지내는데, 유명(遺命: 유언)이라 하여 졸곡(卒哭)을 지낸 후에 현관(玄冠: 검은 관)과 현대(玄帶: 검은 띠)을 착용하려고 하였다. 이에, 공이 상소하여 말하기를, "현관과 현대로 옛 사람은 조문도 하지 않았는데, 하물며 임금과 부모의 초상에 쓸 수가 있겠습니까? 을해년에 그것을 말하는 자가 조정에 가득 넘쳤으나 전하께서 마침내 백모(白帽)를 쓰고 일을 보도록 한 제도를 단호하게 결단을 내리시어 천 년의 잘못을 혁파한 것이온데, 지금 어찌 한순간의 마지막 유언이라고 해서 구차하게 그것을 따르려 하겠습니까? 하물며 우리 대행대비(大行大妃)는 겸손하고 억제하는 덕을 지녀서 을해년의 예(例: 明宗妃 심씨)에 견주려고 하지 않았으니, 이것이 대비의 처지에서는 진실로 겸손하고 광명한 미덕에 해가 되지 않는 것이지만 전하의 처지에서는 대비를 섬기는 예에 있어서 크게 감히 따르지 못할 점이 있습니다."라고 하였다.

일찍이 입대(入對)하여 붕당(朋黨)의 일을 논하며 말하기를, "심의겸(沈義謙)과 김효원(金孝元) 두 사람을 외지로 내보낼 계책은 본래 진정시키고자 해서였으나, 그후로 윤두수(尹斗壽) 등 몇 사람이 뜻을 얻어 윤현(尹晛)과 같은 적임자가 아닌 사람을 전조(銓曹)에 끌어들여서 김효원이 다시 들어오는 것을 막으려는 것입니다. 그래서 김효원이 들어오는 것을 기쁘게 여기지 않는 자들은 어질고 어리석음을 묻지도 않고 끌어들이면서 마치 제때에 미치지 못할까 염려하는 듯이 하였으니, 이로써 정치를 혼탁하고 어지럽게 만들었습니다. 김효원이 조정에 있었을 때에는 공의(公議)가 자못 행해졌으나, 이 무리들이 뜻을 얻은 뒤로는 그 폐단이 이와 같았으니 이에 대해서는 그 시비가 명백해졌습니다."라고 하였다.

직제학(直提學)이 되었을 때, 조정에서 바야흐로 신덕왕후(神德王后:

태조 왕비)의 부묘(祔廟: 신주의 종묘 봉안)할 일을 논하였다. 공이 말하기를, "《춘추(春秋)》의 법에도 제후(諸侯)가 재취(再娶)하지 않는 것은 예(禮)에 두 적사(嫡嗣: 嫡子)가 있을 수 없어서이니, 오직 원비(元妃)만 묘당(廟堂)에 들어갈 수 있으나 계실(繼室: 繼妃)은 그 가운데 끼여 들 수가 없습니다. 황조(皇朝: 명나라)의 태묘(太廟) 제도에도 오직 한 황제에 한 황후뿐이었으며, 고려조 500년 동안에도 또한 나란히 부묘하지는 않았습니다. 우리 조선에서는 환조(桓祖: 이성계의 아버지 李子春)가 왕후로 세 사람이나 두었으나 홀로 화릉(和陵)만이 의비(懿妃)로 추봉(追封)되었으니, 이것이 그 명확한 증거입니다. 신의왕후(神懿王后: 太祖 이성계의 비)는 태조가 잠저(潛邸)에 있을 때 시집가서 태조를 도와 왕업을 이루게 하여 즉위한 뒤에 시호(諡號)를 절비(節妃)로 추증하고 능호를 제릉(齊陵)으로 하였으니, 이가 본래 원비(元妃)이었기 때문입니다. 신덕왕후를 계비(繼妃)로서 중곤(中壼: 중전)에 올리도록 주장하나, 예제(禮制)로 살펴보아도 원비와 위패를 나란히 하여 제향하지 못하는 것이 분명합니다."라고 하였다.

공이 대사간(大司諫)이 되었을 때에 동료들과 차자(箚子)를 올렸는데, 대략 이르기를, "동인(東人)과 서인(西人)의 말에는 모두 다 장단점이 있는데, 이이(李珥)가 양편의 당론을 조합하려고 힘써 주장했으나 그 풍지(風旨: 암시와 속마음)는 항상 서인 편에 기울여져 있었기 때문에 서인의 뜻을 잃은 자들이 그에게 의지하여 종주(宗主)로 삼아 밤낮으로 비위를 맞추어 부추기니, 이이는 천성이 꼼꼼하지 못하나 명쾌하고 곧아서 이 부류에게 속는 줄 깨닫지 못하여 마침내 사류(士類)들과 서로 대립하였습니다. 정철(鄭澈) 같은 위인(爲人)은 비록 장점이 없지 않았을지라도 성질이 사납고 괴팍하여 어진이를 꺼리고 남을 이기기를 좋아하여 자기와 뜻을 같이하는 자는 좋아하였지만 자기와 뜻을 달리하는 자는 싫어하였는데, 심의겸(沈義謙)이 세력을 잃은 뒤에 원망하고 마음속으로 불평을 품어 술을 많이 마시고서 조롱과 농담을 일삼으며 당시의 정사를 비방하였으니, 사류(士類)로부터 의심을 사게 된 것이야말로 그럴 만한 사유가 있었습니다. 이이가 이미 정철을 그르쳤음에도 그지없이 힘써서 끌어들여 중히 쓰고자 하였으나 사류들이 따르지 않자, 이이는 불평이 쌓여 여러 차례 전하께 아뢰면서 번번이 동인(東人)들이 기꺼히 협조하지 않는다고 말한 것의 그 실상은 모두 정철 한 사람을 위하려고 한 까닭입니다. 이 때문에 사류들을 의심하고 멀리함이 날마다 심해져 여러 사람의 마음이 따르지 않는데도 자처(自處)하기를 너무 높게 하고 자신의 재주만 쓰는 것이 너무 지나칠 뿐, 많은 사람들을 모아 충의의 뜻을 넓히려는 뜻은 조금도 없이 한갓 자기의 소견대로 하여 허술하고 잘못된 것이 너무 심하니, 조정과 민간에서 모두 실망하여 물의(物議)가 비등합니다. 이때를 당하여 동인 편의 사류들은 본래 이이가 서인들을 도와서 일을 그르친다고 의심했으나 한갓 붕당을 지어 공격한다는 혐의 때문에 감히 공개적으로 탄핵은 하지 못하고 일단 사안에 따라 열거하며 논하면서 탄핵하는 말이 지나치게 준엄하자, 이이는 또 그대로 따르지 않고 번번이 스스로 변명하였습니다. 이에, 많은 사람들의 노여움을 불러일으켜 다시 제어할 수가 없어서 이에 이른 것일 뿐입니다. 당시 만천(慢擅: 거만하고 제멋대로임) 등의 말은 대부분 너무나 지나쳤다고 의심했으나 서로 다투거나 변명하다가 점점 사리에 어그러지고 과격하게 되어 한쪽으로만 치우치는 지경으로 빠지는 줄 깨닫지 못한 것이니, 이 일의 곡절은 이런 정도에 불과합니다. 삼가 듣건대 지난번 인대(引對: 불러 접견함)에서 전하의 위엄이 엄중하여 여러 재상들이 당황하고 놀라 모두 성스러운 밝은 세상에서 의당 이런 일이 있어서는 안 된다고 말했으나, 정철만은 홀로 나아가 아뢰면서 힘써 그 결정에 찬성했다고 하였습니다. 신(臣)은 이 말을 듣고 한편 괴이하고 한편 의심스러워 생각하기를, '정철 또한 사류(士類)로 자부하면서 어찌 명분과 절의를 소중히 여기고 아낄 줄 알지 못하여 이런 일을 기꺼이 한단 말인가?'라고 하였습니다. 예로부터 어찌 정인군자(正人君子)이고서 군부(君父)에게 사류를 주벌하도록 인도하는 일이 있단 말입니까?"라고 하였다.

기축년(1589)에 회령(會寧)으로 귀양을 갔다가 임진년(1592)에 왜란이 일어나서 용서를 받고 곧바로 의주(義州)로 갔는데, 병조참판이 되어 원황(袁黃)의 접반사(接伴使)가 되었다. 원황이 자문(咨文: 외교문서)을 보내어 공(公)의 뛰어난 재주를 크게 칭찬하며 격식을 뛰어넘어 써야 한다고 말하였다.

이때 전라도관찰사 이정암(李廷馣)이 장계(狀啓)를 올려 사신을 보내어 화친(和親)을 약속하도록 청하자, 공이 말하기를, "차마 같은 하늘 아래 살 수 없는 적과는 강화(講和)할 수 없는 것이니 이정암의 말은 사리에 어긋남이 막심합니다."라고 하였다. 또 묘당(廟堂: 의정부)에서 장차 진주사(陳奏使)를 파견하는 일을 의논하였는데, 주문(奏文) 속에 '강관(講款: 講和)으로 화란을 종식시키자.(縻之以款)'라는 말이 있자, 공이 아뢰기를, "강관을 허락하자는 말은 차라리 나라와 함께 죽을지언정 차마 거론할 말이 아니거늘 비록 총독의 위협에 눌려 장차 진주하려고 하지만, 글자의 뜻이 명확하지 않아 대의(大義)에 온당치 못하니 천하에 할 말이 없을 것입니다. 진주하기를 청한 것을 정지하라고 명하소서."라고 하며 연달아 차자(箚子)를 올려서 그것을 논의하게 되었다.

계사년(1593)에 대사헌(大司憲)으로서 동료들과 장계를 올렸는데,

대략 이르기를, "최영경(崔永慶)은 산림의 선비로서 곤궁하게 살며 도(道)를 지켜서 세상일에는 관여하지 않았으나, 단지 평소 정철(鄭澈)의 사람됨이 간사하다는 것을 알았기 때문에 논의하는 데는 조금도 가차가 없었습니다. 그 때문에 정철이 모함할 뜻에만 마음을 쏟아 백방으로 죄를 얽어서 기필코 죽게 만들었으니, 유림(儒林)은 기운을 잃게 되었고 나라 안의 비방하는 말은 갈수록 심해졌습니다. 청컨대 정철의 관작(官爵)을 추탈(追奪)하여 신하된 사람으로서 간사한 마음을 품고 인물을 해치는 자의 경계가 되게 하소서."라고 하였다. 정언 박동열(朴東說)이 정철의 억울함을 변명하고는 책임을 지고서 사퇴하고 물러갔다. 이에 임금이 답하기를, "최영경이 독물(毒物: 정철)에게 해를 당한 것만은 분명하다. 내가 석방하도록 명했는데도 끝내는 옥중에서 죽었는데, 자살했다는 오명까지 가해졌으니 천지간에 그 원통함이 그지없을 것이다. 내가 세상에 있을 때라도 그의 원통함을 풀어주어 백년 후 지하에 가서 보더라도 부끄러운 기색이 없고자 하는 것이다. 그 시비에 대해서는 절로 공론이 있을 것이니 한 사람의 손으로 천하의 눈을 가리기는 어려울 것이다."라고 하였다. 이해 겨울 또 합계(合啓)에 의하여 정철의 관작을 추삭(追削)하였다.【협주: 정구가 찬한 행장에 실려 있다.】

공이 밝은 시대를 만나서 아는 것을 말하지 않음이 없었으니, 주의(奏議)와 소차(疏箚)는 편을 잇달아 써서 두루마리를 이룰 정도로 수많았으며, 학문의 순수함과 논의의 정대함은 육선공(陸宣公: 당나라 陸贄)에 비견할 만하였다.

타고난 자질이 월등히 뛰어나고 기품이 온화한데다 순수하여 물과 달처럼 맑은 흉금이요 얼음과 서리 같은 풍모이라 온화하면서도 강하니, 실로 하늘이 전부 준 것이다. 일찍이 가학(家學)을 이어받고 마음

쓸 곳을 알아서 퇴도(退陶: 이황)를 우러러 사모하여 항상 간절히 삼가고 힘썼으니, 학문의 연원이었다. 깊이 몰두하고 함양하여 축적된 힘이 깊은데다 겉과 속이 막힘 없이 통하려고 실천함에 아주 독실하였으니, 공부의 조예이다. 의롭지 못한 일에는 의기가 북받쳐서 돌아보고 꺼리는 바가 없었으며 계책과 논의를 펼치면서 충성스럽고 강직하고 신실하였으니, 임금을 섬기는 의리이다. 충성과 아첨을 더욱 엄히 구분하고 의리 또한 삼가서 착한 사람들은 위로받고 간악한 무리들은 두려워했으니, 조정에 있을 때의 바름이다. 나라를 걱정하는 마음이 비록 간절하나 벼슬살이를 더부살이처럼 여겨서 번번이 제수될 때마다 사양하여 과감하게 물러나기를 도망치듯 했으니, 벼슬을 미련 없이 내놓고 물러나는 용맹이다. 차자(箚子)를 올려 원통한 이의 억울함을 밝혔고 뒤늦게라도 간사한 자의 거짓을 배척하였는데 이치에 맞게 마음이 공평하여 반듯하기가 저울추와 같았으니, 좋아하고 미워함의 올바름이다. 《강목(綱目: 자치통감강목)》을 초록하여 이어서 숨겨진 사실을 드러내고 깊은 뜻을 밝혀서 장차 세상의 교화에 도움되도록 하느라 언사가 날카롭고 의리도 갖추었으니, 진유(眞儒: 참된 선비)의 사업이다.【협주: 장현광이 찬한 행장발문에 실려 있다.】

• 金宇顒 文貞公

金宇顒, 字肅夫, 號東岡, 義城人。府使希參子。中宗庚子生。 明宗丁巳[1]進士, 丁卯文科。歷弘文正字·湖堂·直提學·大司成·副提學·監司·大司憲, 至吏曹參判。宣祖癸卯卒。贈吏判。肅宗辛未贈謚。享星州晴川書院。

---

1 丁巳(정사) 戊午의 오기.

公幼而瑩澈端秀, 自不識字時, 見人讀書, 如有所喜, 默坐傍觀, 移晷[2]不去, 及授文字, 便能領解。

早從南冥曹先生, 識義理之學, 及入都下, 退溪先生, 赴召在京, 仍就謁而請學。

以弘文正字進講[3]訖, 上謂之曰: "汝資質旣異, 其於學問, 用工亦多, 筵中進說, 每拳拳於學, 而但予學不進, 未能行一言, 常以爲愧。汝退而爲予製進一箴, 開陳爲學之要?" 公作《聖學六箴》以進之, 上曰: "可見爾學問精粹, 忠愛懇切。予雖不敏, 當加勉意。卽下玉堂觀之." 又曰: "予不知文, 然箴意甚好觀也."

右相盧守愼, 引灾策免[4], 公進曰: "大臣須有鞠躬盡力死而後已之心, 不可只顧一身, 逡巡[5]避事也."

嘗進言曰: "李珥, 有學有才, 雖有踈處, 可合大用, 而其以監司來拜命[6]也, 意謂必賜召對, 竟不一見而去。成渾[7]學行, 思欲一致, 而更不收召, 是好善之誠, 或未至也。臣非爲珥渾言, 誠恐衆賢進退, 由於此等擧措也."

公又言: "學職[8]不擇人, 唯以閑散置之, 不足以儀表士子, 作新文風。

---

2 移晷(이구): 시간이 경과함.

3 進講(진강): 임금의 앞에서 글을 강론함

4 策免(책면): 왕명으로 면직하는 것.

5 逡巡(준순): 어떤 일을 단행하지 못하고 우물쭈물함.

6 拜命(배명): 명령이나 임명을 삼가 받음.

7 成渾(성혼, 1535~1598): 본관은 昌寧, 자는 浩原, 호는 默庵·牛溪. 증조부는 현령 成忠達이며, 조부는 知中樞府事 成世純이다. 아버지는 현감 成守琛이며, 어머니 坡平尹氏는 판관 尹士元의 딸이다. 부인 高靈申氏는 군수 申汝樑의 딸이다. 1551년 생원진사 양시의 초시에는 모두 합격했으나 복시에 응하지 않고 학문에만 전심하였다. 그해 겨울 白仁傑의 문하에서 를 배웠다. 1554년에는 같은 고을의 李珥와 사귀면서 평생지기가 되었다. 1568년에는 李滉을 뵙고 깊은 영향을 받았다. 이이가 죽은 뒤 西人의 주요 지도자가 되었고 이조판서로 봉사했으나 국정운영에 관한 봉사소를 올리고 귀향했다. 이이의 권유로 관직에 나아갔고 임진왜란 중에도 조정에 봉사했으나 대체로 벼슬을 극구 사양했다. 죽은 뒤 기축옥사와 관련되어 삭탈관직되었다가 다시 복권되었다.

8 學職(학직): 성균관이나 향교 등에서 교육을 담당하는 벼슬.

宜選擇學職, 以玉堂兼帶, 入番則進講於人主, 出則與士子論說。嘗聞己卯故事, 玉堂皆兼學職矣."

仁聖王后[9]之喪將葬, 而以遺命, 卒哭[10]後當用玄冠玄帶。公上疏以爲: "玄冠玄帶, 古人不以吊, 况可用於君親之喪乎? 乙亥之歲, 發言盈庭, 而殿下獨斷, 遂用白帽視事之制, 破去千載之謬, 今豈以一時末命[11]而苟然從之乎? 况我大行大妃崇執謙抑, 不欲自擬於乙亥之例, 此在大妃, 固不害謙光之美, 而在殿下, 事大妃之禮, 大有所不敢從者矣."

嘗入對, 論朋黨事曰: "沈義謙[12]·金孝元, 兩黜之策, 本欲鎭定, 而厥後尹斗壽[13]等, 數人得志, 引進匪人如尹晛[14]者入銓, 欲杜孝元之復入。

---

9 仁聖王后(인성왕후, 1514~1577): 조선 제12대 왕 仁宗의 妃. 본관은 羅州, 錦城府院君 朴墉과 문소부부인 김씨의 딸이다. 소생은 없다. 11세에 세자빈이 되고 31세에 왕비가 되었으나 인종이 승하하자 왕대비가 되었고 64세까지 살았다. 능호는 孝陵이다.

10 卒哭(졸곡): 三虞가 지난 뒤에 지내는 제사 사람이 죽은 지 석 달만에 오는 첫 정일(丁日)이나 해일(亥日)을 가려서 지냄.

11 末命(말명): 마지막 유언.

12 沈義謙(심의겸, 1535~1587): 본관은 靑松, 자는 方叔, 호는 巽菴·艮菴·黃齋. 증조부는 舍人 沈順門이며, 조부는 영의정 沈連源이다. 아버지는 靑陵府院君 沈鋼이며, 어머니 全州李氏는 李薿의 딸이다. 부인 淸州韓氏는 韓興緖의 딸이다. 族父 감찰 沈泓에게 입양되었다. 明宗의 妃 仁順王后의 동생이다. 尹斗壽와 具思孟은 그의 사돈이다. 李滉의 문인이다. 1555년 진사시에 합격하고, 1562년 별시문과에 급제하였다. 당시 정승 盧守愼과 李珥가 사림간의 분규가 격화될 것을 우려하여 올린 소에 의해 개성유수로 나갔다가 전라감사를 거쳐, 조정으로 돌아오기도 하였다.

13 尹斗壽(윤두수, 1533~1601): 본관은 海平, 자는 子仰, 호는 梧陰. 증조부는 尹繼丁이며, 조부는 尹希琳이다. 아버지는 군자감정 尹忭이며, 어머니 延州玄氏는 副司直 玄允明의 딸이다. 부인 昌原黃氏는 黃大用의 딸이다. 尹根壽의 형이다. 李仲虎·李滉의 문인이다. 1555년 생원시에 장원합격하고, 1558년 식년문과에 급제하였다. 1577년 사은사로 명나라에 다녀왔고 연안부사, 전라도관찰사 등 지방관을 지냈으며 직언을 아끼지 않아 파직을 당하기도 했다. 1590년 명나라의 중요 문헌에 이성계의 가계가 이인임의 후손으로 잘못 기록된 것을 바로잡는 종계변무의 문제가 완전히 해결되자 광국공신 2등에 봉해졌다. 임진왜란 때는 좌의정으로서 이원익, 도원수 김명원 등과 함께 평양성을 지켰고, 정유재란 때는 영의정 유성룡과 함께 난국을 수습했다.

14 尹晛(윤현, 1536~1597): 본관은 海平, 자는 伯昇, 호는 松巒. 증조부는 尹希琳이며, 조부는 尹忭이다. 아버지는 尹聃壽이며, 어머니 全州柳氏는 柳沆의 딸이다. 부인 光山金氏는 청주판관 金麟瑞의 딸이다. 尹斗壽의 조카이다. 1564년 생원진사 양시에 합격하고, 1567년 식년문과에 급제하였다. 예조좌랑, 안악군수, 이조정랑 등을 역임하였다.

故凡不喜孝元者，不問賢愚引之，如恐不及，以此政治濁亂。當孝元在朝時，公議頗行，及此輩得志，而其弊如此，此其是非明矣.”

爲直提學時，朝廷方議神德王后[15]祔廟事。公以爲：“《春秋》之法，諸侯不再娶，於禮無二嫡，惟元妃入廟，而繼室不得預焉。皇朝太廟之制，惟一帝一后，麗氏五百年，亦不得並祔。我朝桓祖[16]，前後三娶，而獨和陵[17]，追封懿妃，此其明驗也。神懿王后[18]，早嬪龍淵[19]，弼成王業，卽位之後，追贈節妃，陵號曰齊，則是固元妃。神德以次妃，陞主中壼[20]，揆以禮制，不得與元妃並享明矣.”

公爲大同諫，與同僚上箚，畧曰：“東西之說，互有得失，李珥務爲調合之論，而其風旨[21]，常落在西邊，故西人之失志者，倚爲宗主，日夜慫恿，珥性踈而白直，不覺爲此輩所賣，遂與士類角立。如鄭澈[22]之爲人，

---

15 神德王后(신덕왕후, ?~1396): 조선 제1대 太祖의 繼妃 康氏. 본관은 谷山 또는 信川. 判三司事 康允成의 딸이다. 이방석의 친모로 세자책봉을 둘러싸고 이방원(태종)과 갈등하다가 화병으로 사망했다. 사후 존호와 능호를 신덕과 정릉으로 정하고 원찰 홍천사를 세워 태상왕이 직접 원당 제사에 참여하기도 했다. 태상왕 사후 태종이 능을 옮기고 왕비의 제례를 폐했다.

16 桓祖(환조, 1315~1360): 본관은 全州, 이름과 자는 子春. 아버지는 度祖(李椿)이며, 어머니는 斡東百戶 朴光의 딸이다. 부인 永興崔氏는 崔閑奇의 딸 懿惠王后이다. 고려 후기에 공민왕의 반원정책에 가담해 공을 세웠으며, 아들 이성계가 조선 건국의 토대를 세울 수 있도록 동북면의 토착기반을 구축한 왕족이다.

17 和陵(화릉): 조선 桓祖의 비 懿惠王后 崔氏의 능. 함경남도 함주군 함흥 동쪽 귀주동에 있으며, 정릉과 한 경내에 있다.

18 神懿王后(신의왕후, 1337~1391): 조선 제1대 태조 이성계의 비 韓氏. 본관은 安邊. 증조부는 韓裕이며, 조부는 韓珪仁이다. 아버지는 韓卿이다. 이성계는 고려시대 풍습에 따라 鄕妻(고향의 부인)와 京妻(개경의 부인)를 두었는데, 신의왕후는 향처이다.

19 龍淵(용연): 옛 사람들이 深淵 속에 蛟龍이 숨어 있는 줄 알고 붙인 이름. 교룡은 때를 못 만나 뜻을 이루지 못한 영웅호걸을 비유적인 말로도 쓰이는 바, 아직 임금이 되기 전의 때를 이르는 말이다.

20 中壼(중곤): 中殿. 왕후를 높이어 이르는 말이다.

21 風旨(풍지): 암시와 속마음. 분명하게 표현되지는 않았으나 분위기가 암시 또는 소문으로 나타나는 특정인의 의도나 속마음이다.

22 鄭澈(정철, 1536~1593): 본관은 延日, 자는 季涵, 호는 松江. 증조부는 鄭自淑이며, 조부는 鄭潙이다. 아버지는 돈녕부판관 鄭惟沈이며, 어머니 竹山安氏는 安彭壽의 딸이다. 부인 文化柳氏는 柳强項의 딸이다. 인종의 귀인이 된 큰 누이와 桂林君 李瑠의 부인이 된

雖不無長處, 剛褊忌克, 喜同惡異, 自義謙失勢之後, 怏怏[23]不平, 崇飮嘲謔, 譏謗時政, 所以取疑於士類者, 有由然矣。珥旣爲澈所誤, 極力汲引, 欲爲柄用, 而士類不從, 珥積不平, 累達天聽, 每以東人不肯協和爲言者, 其實皆爲一澈之故也。以此與士類, 疑阻日甚, 衆心不附, 而自處太高, 自用太過, 畧無集衆廣忠之意, 徒任己見, 踈謬太甚, 朝野失望, 物議騰籍。當是時, 東邊士類, 素疑珥助西誤事, 而徒以分朋攻擊之嫌, 不敢顯然彈劾, 姑且隨事論列, 而彈辭過峻, 珥又不服, 輒自分疏[24]。於是, 衆怒激發, 不可復裁以至此耳。當時, 慢擅等語, 多疑其過重, 而互相爭辨, 轉至乖激[25], 不覺其自陷於偏重之歸, 此事曲折, 不過如此。竊聞頃日引對, 天威嚴重, 諸宰惶駭, 皆言聖明之世, 不宜有此事, 而澈獨進啓, 力贊其決云。臣聞此言, 且怪且疑, 以爲: '澈亦以士類自許, 豈不知愛惜名節, 而肯爲此事乎?' 自古豈有正人君子而導君父以誅伐士類之事者乎?"

己丑, 謫會寧[26], 壬辰亂蒙宥, 直向義州, 以兵曹參判, 爲袁黃[27]接伴使。袁移咨朝廷, 盛言公賢才, 可超格用之。

時全羅監司李廷馣[28], 啓請遣使約和, 公以爲: "不忍共戴之賊, 不可

둘째누이가 있다. 林億齡에게 시를 배우고 金麟厚·宋純·奇大升에게 학문을 배웠다. 사화와 당쟁이 이어지는 어지러운 시기에 파직·사직·유배를 반복하는 삶을 살았다. 문재가 뛰어나 관직 진출 전에 〈성산별곡〉을 지었고 〈관동별곡〉·〈사미인곡〉 등을 지었다. 정여립 사건 때는 우의정 겸 서인의 영수로서 동인들을 가혹하게 숙청하여 원성을 샀다. 왕세자 책봉문제로 선조의 노여움을 사 유배되었다가 임진왜란을 맞아 다시 복귀했으나 동인의 모함으로 사직하고 강화에 우거하다가 사망했다. 우의정, 좌의정, 전라도체찰사 등을 역임하였다.

23 怏怏(앙앙): 마음에 섭섭하거나 시뻐서 앙심을 품은 모양.

24 分疏(분소): 변명함. 해명함.

25 乖激(괴격): 사리에 어그러지고 과격함.

26 謫會寧(적회령): 1589년 己丑獄事가 일어나 鄭汝立과 친분이 있다는 이유로 회령에 유배된 것을 일컬음.

27 袁黃(원황): 명나라 장수. 일찍이 經略 宋應昌의 군대를 도와 임진왜란에 참전했다. 天文과 術數, 의학, 水利 등에 능통했다.

28 李廷馣(이정암, 1541~1600): 본관은 慶州, 자는 仲薰, 호는 四留齋·退憂堂·月塘. 서울 출신. 증조부는 監正 李筥이며, 조부는 진사 李達尊이다. 아버지는 社稷署令 李宕이며,

與講和, 廷議之言, 違悖莫甚." 又廟堂將議遣陳奏使, 奏文中有"縻之以款[29]"之語, 公啓曰: "許款之說, 寧以國斃, 非可忍言, 雖迫於總督, 將有陳奏之擧, 而措語糊塗, 大義未安, 無以有辭於天下。請停陳奏之行." 連上箚論之。

癸巳, 以大司憲, 與同僚啓, 畧曰: "崔永慶[30], 以林下之士, 固窮守道, 無與世事, 而祇緣[31]平日知澈奸邪, 論議之間, 不少假借。故澈極意[32]謀陷, 百般羅織, 必致其死, 儒林喪氣, 國言愈甚。請削澈官爵, 以爲人臣懷姦害物者之戒." 正言朴東說[33], 爲澈訟冤[34], 引嫌而退。答曰: "永慶爲毒物所害則明矣。予命放之, 而竟不得免死於獄中, 加以自死之名, 天地間其寃極矣。予欲伸其寃於予在之時, 百年後雖歸見, 無慚色矣。

어머니 義城金氏는 金應辰의 딸이다. 부인 坡平尹氏는 尹光富의 딸이다. 이조참판 李廷馨의 형이다. 1558년 사마시에 합격하고, 1561년 식년문과에 급제하였다. 전라도도사를 역임하며 치적을 올렸고, 연안부사에 부임하여 선정을 베풀었다. 임진왜란이 일어났을 때 의병을 모집하여 치열한 전투 끝에 연안성을 지켜냈다. 1604년 연안을 수비한 전공으로 선무공신 2등에 책록되었다. 병조참판, 전주부윤, 전라도관찰사 등을 역임하였다.

29 款(관): 許款. 복종하여 정성을 바칠 것을 허락함.

30 崔永慶(최영경, 1529~1590): 본관은 和順, 자는 孝元, 호는 守愚堂. 서울 출생. 증조부는 전라도관찰사 崔重洪이며, 조부는 교하현감 崔壎이다. 아버지는 병조좌랑 崔世俊이며, 어머니 平海孫氏는 현감 孫濬의 딸이다. 부인 全州李氏는 花巖副守 李億歲의 딸이다. 曺植의 문인이다. 1575년에는 선대의 농토가 있는 진주에 내려와 도동에 은거, 학문에 진력하며 鄭逑·金宇顒·吳健·河沆·朴齊仁·趙宗道 등과 교유하였다. 1581년에는 사헌부지평에 제수되자 사직소를 올리고 붕당의 폐해를 논하였다. 당시 정적 鄭澈과 대립하다가 1589년에 일어난 기축옥사에 연루되어 이듬해 옥사하였다.

31 祇緣(지연): 다만.

32 極意(극의): 마음을 한곳에 쏟아 그 뜻을 다함.

33 朴東說(박동열, 1564~1622): 본관은 潘南, 자는 悅之, 호는 南郭·鳳村. 증조부는 朴兆年이며, 조부는 사간원사간 朴紹이다. 아버지는 대사헌 朴應福이며, 어머니 善山林氏는 좌승지 林九齡의 딸이다. 부인 高靈申氏는 동지중추부사 申橃의 딸이다. 3남 2녀를 두었다. 큰아들 朴濠는 남평현감을 지냈고, 象村 申欽의 딸과 결혼하였다. 둘째 아들 朴潢은 사헌부 대사헌을 지냈고, 영의정 洪瑞鳳의 딸과 결혼하였다. 셋째 아들 朴渟은 목사 宋馹의 딸과 결혼하였다. 동생 朴東亮은 선조의 딸 貞安翁主의 시아버지이다. 선조가 죽기 전, 영창대군을 부탁한 顧命七臣 중 한 사람이다. 박동량의 둘째 아들 朴彛도 신흠의 딸과 결혼하였다. 박의의 아들이 朴世采이다. 1585년 진사시에 합격하고, 1594년 문과에 장원 급제하였다. 이조정랑, 황주목사, 대사성 등을 역임하였다.

34 訟冤(송원): 억울함을 변명함.

若其是非, 則自有公論, 難將一人手掩得天下目." 是年冬, 又因合啓, 追削潵官爵。【鄭逑撰行狀[35]】

公遭遇明時, 知無不言, 奏議疎箚, 連篇累牘, 學問之純粹, 論議之正大, 比之陸宣公[36]。

天資超邁, 氣宇溫粹, 水月襟懷, 氷霜風致, 禀受之秀也[37]。夙承家訓, 知所用志, 景慕[38]退陶, 常切欽跂, 學問之淵源也。沈潛涵養, 得力深多, 表裏洞徹, 踐履純篤, 工夫之造詣也。臨事慷慨, 無所顧忌, 謀猷論議, 誠忠鯁亮[39], 事君之義也。尤嚴忠佞, 亦謹義理, 善類所慰, 邪黨所惴, 立朝之正也。憂國雖切, 宦情如寄, 每官輒辭, 難進[40]如避, 恬退[41]之勇也。上箚昭冤, 追斥姦僞, 理直心公, 平若稱錘, 好惡之正也。節纘《綱目[42]》, 闡幽揚邃, 將裨世敎, 辭嚴義備, 眞儒之業也。【張顯光撰行狀跋】

---

35 金宇顒의 문집인《東岡先生文集附錄》의 권1 행장에는 수록되어 있음. 그러나 鄭逑의 문집인《寒岡先生文集》의 권14에 행장 1편이 수록되어 있는데 그 행장은 鄭崑壽의 것이며,《寒岡先生續集》의 권6에도 행장 1편이 수록되어 있는데 그 행장은 金誠一의 것이다. 한강이 동강의 행장을 미처 완성하지 못한 채 세상을 떠난 데서 연유하는 것으로 보인다.

36 陸宣公(육선공): 당나라 陸贄. 재상의 직임을 맡아 폐정을 지적하며 늘 직언했고 민생안정에 힘썼다. 794년 호부시랑 裴延齡의 모함으로 인해 太子賓客으로 물러났다. 이듬해 忠州別駕로 좌천되어 그곳에서 10년간 지내며 외출도 하지 않고 저술활동도 삼갔다

37 이 문장 이후부터의 글은 鄭逑의 문집《寒岡集》권12〈祭文·祭金東岡文〉에서 발췌한 것임.

38 景慕(경모): 우러러 사모함.

39 鯁亮(경량): 강직하고 성실함.

40 難進(난진): 벼슬을 사양하면서 미련 없이 과감하게 물러나는 것.

41 恬退(염퇴): 명예아 이익을 좇을 마음이 없어 벼슬을 내놓고 물러남.

42 綱目(강목): 資治通鑑綱目. 송나라 때 朱熹가 쓴 중국의 역사서. 이 책은 송의 司馬光이 지은《자치통감》에 대해《춘추》의 체재에 따라 사실에 대하여 큰 제목은 綱을 따로 세우고, 사실의 目으로 구별하여 강목의 형식으로 편찬한 59권이다. 주희는 생전에 이 책의 완성을 보지 못했고, 그 문인 趙師淵이 樊川書院에서 이어 편찬을 완료하였다. 조선조에서 가장 오래된《자치통감강목》인쇄본은 세종 4년(1422년)에 간행된 庚子字本이다. 세종은 이 책을 애독하여 신하들에게도 읽기를 권장하였으며, 또 집현전 문신들에게 명하여 훈의까지 만들게 하였다. 김우옹은 1590년 11월부터 1595년 3월에 이르러 속편을 완성하였는데, 원의 정통성을 인정하지 않았다.

보충

장현광(張顯光, 1554~1637)이 찬한 행장 발문

동강선생의 행장 뒤에 쓰다

이상은 한강(寒岡) 정 선생(鄭先生: 鄭逑)이 동강선생(東岡先生) 김공(金公: 金宇顒)의 행장을 지었으나 미처 완성하지 못한 것이다.

대개 이미 공(公)의 인덕(仁德)과 공업(功業)이 있으니, 진실로 그 행장이 없을 수가 없다. 그런데 공을 아는 사람으로 정 선생만 한 이가 없었기 때문에 공의 사자(嗣子: 대를 이은 아들) 김효가(金孝可, 1578~1652)가 청하자, 정 선생이 곧장 그를 위하여 승낙하며 말하기를, "아, 공의 행장을 짓는 것을 내가 사양할 수 있겠는가?"라고 하였다. 이에, 마침내 그 세계(世系)와 향리(鄕里: 출생지), 시종세월(始終歲月: 출생과 사망의 연도와 달), 성재발신(成才發身: 인재가 되어 입신양명하기까지), 입조언론(立朝言論: 조정에서 펼친 언론), 사지진퇴(仕止進退: 출사와 치사의 처세)를 기술하였다. 그러나 미처 완성하지 못하고 정 선생이 만년에 병이 들어서 끝내 미완성의 글이 되고 말았다. 어찌 영원한 한(恨)이 되지 않겠는가.

지금 김효가는 장현광 내가 공에게 지우(知遇)를 입기도 하고, 정 선생이 공과 깊이 의기투합한 것과 서로 크게 인정한 것을 알기도 하니 예사롭지 않은 것이 있다라고 하였다. 까닭에 그 행장의 말미를 추가로 보충하여서 정 선생이 미처 다하지 못한 말을 채우도록 요구하였다.

아, 한강 선생의 붓으로 동강 선생의 행장을 지어서 대대로 영원히 전해 보여주려는 것이야말로 어떠한 일이라 하겠는가. 그런데 장현광 내가 감히 그 글에 붓을 대어서 보탤 수 있겠는가. 또한 그 이미 기술한 글을 상세히 살펴보면, 실제로 행한 행적의 전모가 이미 갖추어졌다. 오직 미진한 것은 그저 아름다운 덕을 명확히 드러내어 드러내지 못했던 덕을 다시 널리 알리는 것일 뿐이다. 그렇게 한다면 후세에 덕을 알아보는 사람이 이 글을 살펴보고 상고하면서 또한 공의 행실과 덕업을 알기에 족할 것이다. 이러한 데에 굳이 반드시 타인의 손으로 천박한 거친 글을 지어서 보충할 필요는 없을 것이다.

다만 가만히 생각건대 이 글은 바로 정 선생이 미처 탈고하지 못한 것이니, 또한 그 탈고하지 못한 한스러움을 전하는 말이 없을 수가 없다. 하물며 정 선생이 일찍이 공에게 제사하는 글을 지은 것이 있으니, 그 제문을 보면 또한 정 선생이 기쁜 마음으로 복종하고 크게 칭송한 까닭을 알 수 있을 것이다. 비록 이 행장에서는 칭송하는 말이 미진한 바가 있었을지라도, 오직 김공을 찬양한 것이 광채를 발하도록 하려는 뜻만은 곧 제문에서 알아볼 수 있을 것이다.

그 제문에는 "타고난 자질이 월등히 뛰어나고 기품이 온화한데다 순수하여, 물과 달처럼 맑은 흉금이요 얼음과 서리 같은 풍모이라, 온화하면서도 강하니 실로 하늘이 전부 준 것이네."라는 내용이 있으니, 이는 선천적으로 타고난 것이 빼어남을 말한 것이다.

"일찍이 가학(家學)을 이어받고 마음 쓸 곳을 알아서, 일찌감치 학덕 있는 이 찾아 가르침을 받았으니, 퇴도(退陶: 이황)를 우러러 사모하여 항상 간절히 삼가고 힘썼네. 이천(伊川: 程子)과 회암(晦庵: 朱子)의 바른 학맥은 경(敬)과 의(義)에서 벗어나지 않으니, 주자의 글을 반복하여 익히느라 잠시도 놓지 않았네."라는 내용이 있으니, 이는 학문의 연원을 말한 것이다.

"과거에 급제한 뒤에는 물러나 스스로 숨었으니, 수석(水石)이며 고향산천에서 오직 유유자적하느라, 세상길의 분분함과 화려함을 뜬구름에 헌신짝처럼 여겼네."라는 내용이 있으니, 이는 본래 뜻이 정해졌었음을 말한 것이다.

"욕심이 없고 평온한데다 맑고 진솔하여 물욕에 젖지 않았으니, 어려서부터 늘그막까지 분하여 화내는 것을 본 적이 없고, 책을 읽는 것 이외에는 한 가지도 즐기는 것이 없었네."라는 내용이 있으니, 이는 평소의 교양이 바름을 말한 것이다.

"의롭지 못한 일에는 의기가 북받쳐서 돌아보고 꺼리는 바가 없이 간곡한 계책이며 당당한 논의 펼쳤으니, 충성스럽고 강직하고 신실하여 육지(陸贄)와 짝을 이루었네."라는 것은 임금을 섬기는 의리를 말한 것이고, "충성과 아첨을 더욱 엄히 구분하고 의리와 이익 또한 삼갔으니, 착한 사람들은 위로받고 간악한 무리들은 두려워했네."라는 것은 조정에 있을 때의 바름을 말한 것이다.

"나라를 걱정하는 마음이 비록 간절하나 벼슬살이를 더부살이처럼 여겼으니, 번번이 제수될 때마다 사양하여 과감하게 물러나기를 도망치듯 했네."라는 내용은 벼슬을 미련 없이 내놓고 물러나는 용맹이며, "홀가분하게 방 안에서 세속의 번뇌를 깨끗이 떨쳐 버렸으니, 세상사에 대해 담담하기가 아무런 뜻이 없는 듯하네."라는 내용은 본래 그대로 자기가 할 일을 하고 나아가는 편안함이다.

"평소 지녔던 바른 도는 그만 도리어 나쁜 빌미가 되어 천리나 되는 먼 변방으로 3년 동안 억울하게 유배생활 하였지만, 시국을 근심하고 임금을 그리워하면서 맑은 눈물을 얼마나 흘렸던가. 멀리 어가(御駕)를 따라가느라 친히 말고삐를 들었으니, 의리로 보아 어려운 일이라 사양하지 않고서 험한 길에 넘어지고 쓰러졌네."라고 한 것은 순탄할 때든 험난한 때든 절개가 변치 않고 한결같음을 이른 것이며, "차자(箚子)를 올려 원통한 이의 억울함을 밝혔고 뒤늦게라도 간사한 자의 거짓을 배척하였는데 이치에 맞게 마음이 공평하여 반듯하기가 저울

추와 같았으니, 서릿발 필치로 박멸하여 듣는 자들 간담이 서늘해졌고 선비의 기개를 진작시켜 역사책에서 더욱 빛났다네."라고 한 것은 좋아하고 미워함의 올바름을 말한 것이다.

"원두밭에 마음을 붙이고 화초와 약초를 섞어 심었으니, 어찌 여름을 지내려는 이것이 장기 놀이이겠느냐?"라고 한 것은 감추고 숨은 자취이며, "《강목(綱目: 자치통감강목)》을 초록하여 이어서 숨겨진 사실을 드러내고 깊은 뜻을 밝혔으니, 장차 세상의 교화에 도움이 되도록 하느라 언사가 날카롭고 의리도 갖추었네."라고 한 것은 진유(眞儒: 참된 선비)의 사업이다.

"공의 만년에는 사람들이 더욱 방자히 눈을 부릅뜨고서 혹 서로 비웃고 헐뜯어도 혹 멋대로 참소하고 해치려 해도, 공은 무슨 마음인지 저들의 경박스런 아첨을 내버려 두었네."라고 한 것은 확고한 지조로 조금도 흔들리지 않았음을 이른 것이며, "오직 고상하고 올바른 의론이 공을 향해 그치지 않아서 공이 다시 기용되어 끝내 시행할 바를 강구하고 공론(公論)을 확장하여 이 백성들에게 혜택주기를 고대했네."라고 한 것은 여러 사람의 평판이 공을 소중히 여겼음을 이른 것이다.

"천도(天道)는 어찌하여 한번 병이 빌미가 되어 오직 이 한 노인만 남겨 두지 않으니, 선비들은 의지할 데가 없음을 애통해하고 나라의 운수는 한층 더 쇠해졌네."라고 한 것은 지위와 수명이 충만하지 못함을 애통하게 여긴 것이다.

이 제문을 들어 잘 이해하면 공의 덕행과 사업을 거의 다 알 수 있을 것이다. 설령 정 선생이 지은 행장에 이어서 서술하여 마친다 하더라도 그 대략은 어찌 이 제문에서 말한 바에 벗어남이 있겠는가? 그렇다면 행장의 글이 완비되지 못한 것을 한하는 자들은 어찌하여 이 제문의 전편(全篇)을 연구하여 함께 보지 않겠는가.

공에 있어서 내가 또한 일찍이 보고 감동한 적이 있었다. 지금 늦게라도 꾸밈이 없고 참된 모습, 온화하고 순량한 성품, 고결한 풍도, 넓은 도량을 생각해 보면 어찌 세상에 드문 빼어난 영걸(英傑)이 아니겠는가. 어찌 티끌세상을 초월하여 세속을 벗어난 기개(氣槪)가 아니겠는가. 어찌 깊이 몰두하고 함양하여 축적된 힘이 깊은데다 많은 의표(儀表: 엄숙하고 위엄이 있는 몸가짐)가 아니겠는가. 온화하고 평온한 가운데 절로 과단성 있고 확고한 지조가 있었으며, 욕심이 없고 깨끗한 마음 가운데 가치와 판단의 기준을 세움이 또한 있었으니, 정신과 풍채가 빼어나게 드러나 겉과 속이 막힘 없이 통한 것은 아닌게 아니라 천진(天眞: 참된 마음)이 겉으로 드러난 것이요, 덕성(德性)의 자연스러움이었다. 동심동덕(同心同德: 한마음 한뜻)인 자만 공을 애지중지한 것이 아니요, 비록 무부(武夫)와 세속의 무리도 공을 바라보고 나아가는데 이르러는 감히 군자다운 사람이라고 여기지 않을 수 없었다. 아마도 공의 자질이 아름답고, 공의 학문이 밝고, 공의 마음이 공정하고, 공의 도(道)가 올바르기 때문에 마음속에 가득차서 겉으로 드러난 것이 자연 이와 같았을 것이다.

지금 그 주의(奏議)와 소차(疏箚: 상소문과 차자)가 현재 남아 있는 것이 겨우 열에 서넛에 불과하지만, 이것을 가져다 읽어 보면 또한 그 문장의 올바름과 위대함을 상상하여 알 수 있다. 자신을 겸양하는 덕에서는 빈 듯 없는 듯하여 한결같이 물러나거나 굽혔지만, 임금에게 기대하여 인도해야 하는 경우에 이르러서는 반드시 요순(堯舜)의 도로써 하였다. 집에서 지내는 계책에서는 졸렬한대로 살며 분수를 따르느라 조금도 마음 써서 할 일이 없었지만, 나라에 일이 생겨서 맡게 되는 경우에 이르러서는 반드시 당우(唐虞: 堯舜)의 사업으로써 하였다. 그래서 작은 절개에 급급하지 않고 대의(大義)를 세움에는 늠름하였기 때문에 의리가 있는 곳이면 비록 천둥과 벼락 같은 노여움이 위에 있고 맹분(孟賁)과 하육(夏育) 같은 장사(壯士)가 힘을 쓰더라도 그의 지조를 빼앗을 수 없었으며, 작은 행실에 얽매이지 않고 큰 계책을 바로잡음에는 오직 한결같은 마음이었기 때문에 계책에 결단할 일이 있으면 비록 칼과 톱 같은 형구(刑具)가 앞에 있고 장의(張儀)와 소진(蘇秦) 같은 변사(辯士)가 입담을 구사하여도 그의 확집(確執)을 동요시킬 수 없었다. 임금에게 개진하는 것은 좋은 길로 인도하는 일이고 임금에게 바라는 것은 어려운 일이었으니, 아는 것을 말하지 않음이 없었고 품은 생각을 말하지 않음이 없었던 것은 임금을 사랑하는 충성이었으며, 임금이 잘못하는 것이 있으면 반드시 보좌하고 임금이 빠뜨린 것이 있으면 반드시 수습하였으니, 알기 어려운 것에 나아가 미리 방비하였고 조짐을 보이면 막을 것을 생각하였던 것은 나라를 걱정하는 정성이었다.

학문을 논하면 반드시 성현(聖賢)의 심법(心法)에 마음을 쏟아 잊지 않아서 일찍이 속된 선비의 장구(章句)에는 구차스러운 적이 없었으며, 국사를 논하면 본말을 아울러 거론하고 강령(綱領)과 조목(條目)이 모두 갖추어져서 보탬이 되지 않고 절실하지 않은 말은 하지 않았으며, 인물을 논하면 선한 자를 좋아하고 악한 자를 미워함이 바로 그 강령이었다. 그러나 선한 바가 많다 하여 그 나쁜 점을 엄폐하지 않았고, 나쁜 점이 많다 하여 그 선한 점을 폐기하지 않았으니, 뛰어난 재주가 많다 하여 그 선한 점을 폐기하지 않았으니, 번번이 '좋아하면서 그것의 악함을 알고 미워하면서 그것의 선함을 안다'는 말을 되풀이하여 생각하지 않은 적이 없었다.

저울질을 하여 평평해지고 난 뒤에는 물건이 무거운지 가벼운지 절로 나타나고, 물이나 거울은 아무런 감정이 없으나 사람이 아름다운지 추악한지 절로 드러나니, 의리를 털끝만하게 정밀히 분석하는 사이에서 사람들이 옳다 하거나 사람이 그르다 하여도 부화뇌동하지 않았으며, 기미만 보고 나라가 위태로운지 혼란스러울지 살필 즈음에서 나타나지 않거나 드러나지 않았다 하여도 경계심을 풀지 않았다. 그 논의(論議)와 사설(詞說)은 가슴속에서 나온 것으로 공평하고 정직하면서도 간절한데다 분명하고 조리가 있으며 넓고 깊었으니, 진실로 덕이 있는 자의 말이었다. 그러나 그가 임금을 사랑하는 충성이 비록 지극했을지라도, 의리상 온당치 못한 것이 있으면 몸을 거두어 벼슬에서 물러났으니 하루가 끝나기를 기다리지 않는 자와 가까웠으며, 나라를 걱정하는 정성이 비록 깊었을지라도, 시국에 옳지 못한 것이 있으면 전원으로 돌아가 즐거워하였으니 그 또한 그와 같이 종신토록 지낼 듯이 하였다.

벼슬에서 물러나 한가로이 지낼 때는 조용히 서적을 보며 아무런 속박 없이 산천에 마음을 부친 것을 보면 호젓하게 한 야인(野人)이 되었을 뿐이지만, 그가 벼슬할 뜻을 드러내지 않은 것이었다. 이는 진실로 인품이 고상한데다 뜻한 바가 청아한 것이나, 겉모습을 속이고 마음을 꾸며대는 경우와는 동일시할 수가 없다. 오직 그 참다운 사업을 힘쓴 것은 또 오로지 《속강목(續綱目)》을 지음에 있었으니, 자주자(子朱子: 朱熹)가 소왕(素王: 孔子)의 사업을 계승하여 만세의 떳떳한 법을 세운 것과 공은 대등하게 비교될 수 있었다. 또 주자의 《통감강목(通鑑綱目)》의 전서(全書)를 가져다 그 요점을 마침내 발췌하여 편리하게 열람할 수 있도록 한 것이다. 그러나 책을 미처 완성하지 못하고 불의에 세상을 떠난데다 끝내 그 초고(草稿)마저 뜻밖의 화재에 소실되어 보전하지 못하였으니, 아! 애석하다. 다행히도 그 주의(奏議)와 소차(疏箚) 약간 권 및 《속강목》 1질이 아직 남아 있다. 만일 다시 이것을 실추하지 않고 혹여라도 간행할 수 있다면 공의 뜻이 후세에 드러날 수 있을 것이고, 세도(世道)에 도움이 되는 것 또한 어찌 적겠는가. 공이 전해 준 학문은 가정에서 터득한 것을 이미 본령(本領)으로 삼았으니, 효도와 공경의 도가 그 속에 있는 것이다. 그 나머지는 이로써 모두 알아볼 수 있을 것이다.

무릇 이상은 실로 장현광 내가 일찍이 보고 느낀 것으로 여기에 듣거나 확인한 것을 덧붙였다.

공은 부인에게서 자녀가 없었는데, 공의 셋째 형 감찰(監察) 김우용(金宇容)의 둘째 아들을 취해서 양자(養子)로 들여 후사(後嗣)로 삼으니, 곧 김효가(金孝可)로 일찍이 강음현감(江陰縣監)을 지냈다. 부인은 공보다 8년 뒤에 세상을 떠나니, 장례하여 부묘(祔墓)하였다. 현감(縣監: 김효가)은 1남3녀를 두었으니, 아들 김욱(金頊)은 진사이고 사위는 하산(夏山) 성초벽(成楚璧), 서하(西河) 노형필(盧亨弼), 광산(光山) 노사영(盧思永)이다. 김욱은 아들과 딸을 낳았는데 모두 어리다. 공의 측실(側室)에 딸이 하나 있다.

나 장현광은 정 선생(鄭先生)이 지은 행장에 이어서 지으라는 강음(江陰: 김효가)의 요청에 부응할 수 없었으니, 마침내 정 선생이 공에게 제사한 글을 외워서 정 선생의 뜻을 밝히고, 내가 보고 들은 바의 대략을 그 말미에 덧붙이는 바이다.

숭정(崇禎) 2년(1629) 정월 일

옥산(玉山) 장현광(張顯光)이 쓰다.

• **書東岡先生行狀後**

右寒岡鄭先生, 狀東岡先生金公之行, 而未卒業者也。夫旣有公之德業, 則固不可無其行狀也。而知公未有如鄭先生, 故公之嗣子孝可, 就以請焉, 則鄭先生, 便爲之諾曰: "嗚呼! 狀公之行, 我其辭乎?" 於是, 遂述其世系·鄕里, 始終歲月, 成才發身, 立朝言論, 仕止進退之大槩矣。而稿未及脫, 鄭先生晩疾已作, 竟未免爲未成之書焉。豈不爲永恨乎哉? 及今孝可, 以顯光亦嘗獲知于公, 亦知鄭先生之於公, 其契合之深, 相與之重, 有不尋常者焉。故責令追補其狀末, 以足其未畢之說也。嗟呼! 以寒岡先生之筆, 狀東岡先生之行, 而傳示永世者, 是何等事也。而顯光敢容筆於其文之續乎? 且諦觀其旣述之文, 則公之實跡, 首末已備矣。惟其所未盡者, 特是申著其懿德, 更發其餘蘊耳。然則後之知德者, 考觀是文, 亦足以知公之行業矣。於此, 固不必補之以他手, 綴之以膚淺之荒詞也。第竊以爲此文, 乃鄭先生所未脫稿者, 則亦不可無其說以致其恨焉。抑且鄭先生, 曾有文以祭公者, 見其文, 亦可以知鄭先生所以悅服稱道之盛矣。雖於此狀, 有所未盡其說, 而惟其贊揚發輝之旨, 則卽其所祭之文而可認之矣。其文, 有曰: "天資超邁, 氣宇溫粹, 水月襟懷, 冰霜風致, 和而能剛, 寔天全畀." 是則言其稟受之秀也。有曰: "夙承家學, 知所用志, 旋登有道, 提掖是被, 景慕退陶, 常切欽跂。伊閩正脈, 不出敬義, 熟複朱書, 不離造次." 是則言其學文淵源也。有曰: "旣登科第, 退而自閟, 泉石丘林, 惟意所恣, 世路紛華, 浮雲弊屣." 則言其素志之定也。有曰: "恬靖淸疎, 不爲物漬, 自少至老, 未見憤恚, 書冊之外, 一無所嗜." 則言其素養之貞也。其曰: "臨事慷慨, 無所顧忌, 懇懇謨猷, 堂堂論議, 誠忠鯁亮, 追配陸贄."者, 言其事君之義也, 其曰: "尤嚴忠佞, 亦謹義利, 善類所慰, 邪黨所惴."者, 言其立朝之正也。其曰: "憂國雖切, 宦情如寄, 每官輒辭, 難進如避." 則恬退之勇也, 其曰: "翛然一屋, 脫灑外累, 其於世事, 澹若無意." 則素履之安也。其曰: "平生直道, 乃反爲餌, 千里關塞, 三歲湘纍, 憂時戀主, 幾灑淸淚。遠追日馭, 親奉六轡, 義不辭難, 間關顚躓." 則謂其夷險一節也, 其曰: "上箚昭寃, 追斥姦僞, 理直心公, 平若稱錘, 筆撲淸霜, 聞者膽悸, 士氣以壯, 史冊增賁." 則謂其好惡之正也。其曰: "寓懷園圃, 花藥雜蒔, 豈爲消夏, 爲此局戲."者, 韜晦之迹也, 其曰: "節續綱目, 闡幽揚邃, 將裨世敎, 辭嚴義備."者, 眞儒之業也。其曰: "公之晩歲, 人益恣睢, 或相嘲訶, 或肆讒惎, 公何心哉, 任彼儇媢." 則謂其確守靡撓也, 其曰: "惟有淸議, 向公不匱, 望公再起, 卒究所施, 恢張公論, 斯民是庇." 則謂其物論見重也。其曰: "天道如何, 一疾爲祟, 惟此一老, 曾不憖遺, 士慟靡依, 邦增殄瘁." 則痛其位壽之不滿也。擧此文而領會之, 公之德行事業, 庶幾乎盡之矣。設令畢其述於所狀, 其大略, 豈有出於此文之所道哉? 然則恨狀文之未備者, 盍究此文之全篇而幷觀之哉? 顯光之於公, 果亦曾有所觀感者矣。在今, 追想其粹容溫貌, 淸範坦懷, 則誠豈非間世挺拔之人英也哉? 豈非超塵出俗之氣槩也哉? 豈非沈潛涵養, 得力深多之儀觀也哉? 和易之中, 自有果確之守, 恬靖之中, 亦有規範之定, 精彩秀發, 表裏洞徹者, 莫非天眞之呈露, 德性之自然也。不惟同心同德者, 愛之重之, 至雖武夫俗類, 望之卽之, 未敢不以爲君子人也。蓋公其質美·其學明·其心公·其道正, 故實於中而形於外者, 自如是也。今其奏議疏箚之見存者, 纔十之三四, 而取而讀之, 亦可以想得其機軸之正且大矣。其於謙己之德, 若虛若無, 一向退屈矣, 而至其望於君而引之者, 則必以堯舜之道焉。其於居家之計, 任拙隨分, 無少經營矣, 而至其事於國而任之者, 則必以唐虞之業焉。不屑屑於小節, 而凜凜乎大義之立, 故義之所在, 雖雷霆在上, 賁育肆力, 而其守也莫之奪矣, 不規規於細行, 而斷斷乎大猷之正, 故猷有可決, 雖刀鉅在前, 儀秦騁辯, 而其執也莫之撓矣。所陳者善, 所責者難, 知無不言, 懷無不達者, 愛君之忠也, 有闕必補, 有遺必拾, 卽微先防, 見漸思杜者, 憂國之誠也。論學則必眷眷於聖賢之心法, 未嘗區區於俗儒之章句, 論事則本末兼擧, 綱條悉備, 不爲無益不切之談, 論人則善善惡惡, 乃其綱領也。而不以所長之多, 掩其所短, 不以所短之多, 廢其所長, 每於'好而知其惡, 惡而知其美'之言, 未嘗不反覆焉。權衡旣平, 而物自輕重, 水鑑無情, 而人自姸醜, 析義理於毫釐之間, 不以衆是衆非而雷同焉, 察危亂於幾微之際, 不以未形未發而弛戒焉。其論議詞說之出於胸中者,平正而懇切, 明暢而宏深, 信乎有德者之言也。然其愛君之忠雖至, 而義有未安, 則奉身而退, 幾乎不俟終日者矣, 憂國之誠雖深, 而時有不可, 則歸園之樂, 其亦若將終身者焉。觀其退散之日, 從容書籍, 恣意林泉者, 蕭然作一野人耳, 未見其有青紫趣也。此固人品之高, 志尙之雅, 非僞貌飾情者之所可同日語也。唯其眞事業之辨, 又全在於續綱目之作, 則子朱子所以繼素王之業, 立萬世之經者, 公有以得其權衡矣。又就朱子綱目之全書, 逐節取其要, 以便於觀閱。而書未及成, 遽爾易簀, 竟又幷其所稿而不保於意外之災, 惜哉! 幸其奏議疏箚若干卷及續綱目一帙, 猶存焉。若不復墜失, 而或得以刊行, 則公之志, 可以著於後世, 而其有裨於世道, 亦豈小哉? 夫其所傳之學, 得於家庭者, 旣爲之本領, 則其孝悌之道, 在其中矣。其餘皆可以認取也哉。凡此實顯光所曾觀感, 而加之以聞驗者也。公於夫人無子女, 取公第三兄監察宇容之第二子, 養而後之, 卽孝可, 曾爲江陰縣監。夫人後公八年而終, 葬以祔穴。縣監有一男三女, 男項進士, 壻夏山成楚璧·西河盧亨弼·光山盧思永。項生男女, 皆幼。公傍室有一女。顯光不敢副江陰續狀之請, 則遂誦鄭先生祭公之文, 以明鄭先生之意, 而因附以賤所見聞之略, 於其末也。崇禎二年正月日。玉山張顯光識。

〔旅軒先生文集, 권10, 跋〕

47. 김면

김면의 자는 지해, 호는 송암, 본관은 고령이다. 도승지 김탁(金鐸)의 손자이다. 중종 신축년(1541)에 태어났다. 명종조 효렴(孝廉)으로 천거되어 침랑(寢郎)에 제수되었다. 선조(宣祖) 초에 유현(儒賢)으로 발탁되어 공조좌랑으로 승진되었다. 임진년(1592) 특별히 의병대장(義兵大將)의 칭호를 하사 받았다. 계사년(1593) 경상우도절도사에 제수되었다가 군중에서 죽었다. 이조판서에 증직되었다. 고령(高靈)의 도암사(道巖祠)에 향사하였다.

공은 기상과 도량이 엄하고 굳세었으니, 의분심이 강하고 큰 절개가 있었다. 글을 읽을 때는 장구(章句)에 힘쓰지 않고 성현(聖賢)의 지결(旨訣: 대의)을 묵묵히 궁구하였으며, 더욱이 이정(二程: 程顥와 程頤)의 글 읽기를 좋아하여 늘 말하기를, "몸가짐과 일 처리할 때 이 글을 깊이 깨달아서 확고한 힘을 얻는다면 큰 허물이 없을 것이다."라고 하였다. 약관(弱冠)에 남명(南冥: 曺植)을 스승으로 삼고 한강(寒岡: 鄭逑)을 벗으로 삼아 지조와 행실이 날로 돈독해지자, 사방에서 배우려는 자들이 많이 몰려들었다. 고을 사람들은 아름다운 덕에 감화되어 서로 경계하여 말하기를, "너는 나쁜 일을 하지 마라. 송암선생이 알까 두렵다."라고 하였다.

명종조에 효렴(孝廉)으로 천거되어 침랑(寢郎)에 제수되었으나 나아가지 않았다. 선조(宣祖)가 즉위 초에 유현(儒賢)을 발탁하여 모두 6품직으로 올렸는데, 조월천(趙月川: 趙穆)·성우계(成牛溪: 成渾)·정한강(鄭寒岡: 鄭逑) 및 공이었다.

임진년(1592) 왜적이 대거 쳐들어오자 우리의 각 진(鎭)이 무너지지 않는 곳이 없어서 종묘사직이 순식간에 달려 있으니, 공이 눈물을 흘리며 말하기를, "임금에게 위급한 일이 생겨도 신하가 죽지 않는다면 어찌 성인(聖人)의 글을 읽은 것이 있다 하겠는가?"라고 하였다. 마침내 조종도(趙宗道)·곽준(郭趪)·문위(文緯)와 함께 앞장서서 의를 부르짖자, 한 달이 못 되어 수천 명의 무리가 모였다. 이때 왜적이 지례(知禮)·개령(開寧)·김산(金山)의 경계에 주둔한 군사가 10만이라고 하였다. 공은 군사들을 이끌고 우지령(牛旨嶺)을 굳게 지켰는데, 호령이 엄격하고 분명하여 진법(陣法)대로 질서정연하게 움직이면서 떠드는 일이 없이 엄숙하였다. 적장이 대군을 이끌고 우리를 엄습하려고 하자, 공은 진주목사(晉州牧使) 김시민(金時敏)과 함께 쳐들어오는 적들을 맞아 싸워 무찔러서 군대의 위세가 크게 떨쳐지게 되었다. 공이 군사를 거느리고 출진하여 적진과 정진(鼎津)을 끼고 대치하였는데, 백성들 가운데 나무를 베어 무기로 삼고 장대를 높이 들어 깃발로 삼아 스스로 따르는 자들이 저자거리인 양 많았다. 공이 조종도를 타일러 말하기를, "적군은 많고 아군은 적으니, 계책을 쓰지 않고서 격파하기가 쉽지 않소."라고 하였다. 그리하여 장수와 군사들로 하여금 사방을 둘러싸고서 북과 나팔을 울리며 함성까지 질러 마치 원군(援軍)이 사방(四方)에서 모여들고 있는 것처럼 한 뒤에 바람을 따라 빈 배 10여 척을 띄워 적진 가까이로 흘러 보냈다. 적이 북과 나팔소리, 함성소리를 듣고 본디부터 의심하였는데, 빈 배가 저절로 정박하자, 이에 말하기를, "이것은 우리를 유인하여 강을 건너게 하려는 것이다."라고 하고 군을 돌려 퇴각하게 하니, 공은 급히 강을 건너 분발하여 일어나 크게 깨트리자 적은 스스로 서로 짓밟다 시체가 30리를 가득 채웠다. 마침내 승세를 타고 무계(茂溪)에 주둔하였다. 얼마 지나지 않아 적선이 강을 뒤덮으며 온 의도는 정진에서의 한을 풀려는 것이었다. 공이 장좌(將佐: 의병대장 보좌하는 사람)에게 이르기를, "원컨대 제군들을 위하여 한번 죽음을 결단하리라."라고 하였는데, 아침부터 저녁까지 죽음을 각오하고 싸우니, 적들이 강물에 빠져 죽은 자가 이루다 셀 수가 없어서 강물이 흐르지 못하였다. 이 싸움에서 적에게 노획한 물건이 매우 많았으니, 모두 방백(方伯: 관찰사)에게 보내어 행재소에 바치도록 하였다. 조정에서 공을 합천 군수(陜川郡守)로 삼았는데, 그 교서(教書)에 이르기를, "정진(鼎津: 정암진)에서 군대의 위세를 떨치니 도망하던 적은 넋이 빠졌고, 무계(茂溪)에서 칼을 휘두르니 떠내려가는 시체가 강을 메웠다. 깊은 원한을 씻어 내고 구업(舊業: 옛 왕업)을 회복할 이는 그대가 아니면 누구이겠는가."라고 하였다.

공은 글을 호남백(湖南伯: 전라도관찰사)에게 보내어 군량과 원병을 청하였는데, 글의 내용이 강개하여 글자마다 눈물이 맺힌 듯하였지만 호남백은 들어주지 않았다. 공은 더욱 마음과 기운을 다듬어 무기를 수선하는데 힘쓰고 병사들을 독려해 이끌고서 지례(知禮)의 적을 무찌르고 개령(開寧)의 적을 공격하였는데, 호남과 영남의 여러 의병장들과 네 길로 나란히 진격하기로 약속하고 적의 소굴을 소탕하기로 맹세하였으나 여러 의병장들은 약속한 날에 오지 않았다. 공이 홀로 병사들을 지휘하여 앞으로 육박해 들어가니 죽이고 사로잡은 자가 매우 많았다. 그리하여 고령(高靈)·지례(知禮)·의령(宜寧)·김산(金山) 등의 고을을 수복하니, 주상이 그 공적을 장하게 여겨 공으로 하여금 휘하 부대를 이끌고서 근왕(勤王)케 하였다. 공이 그 자리서 여장(旅裝)을 꾸리며 마치 날짜를 넘겨서는 안 될 것처럼 하자, 백성들이 이 소식을 듣고 울면서 말하기를, "공이 이곳에 있지 않으면 우리들은 무참히 죽어 어육이 될 것입니다."라고 하였다. 관찰사 김성일(金誠一)이 급히 행재소(行在所)에 장계를 올려 말하기를, "김면(金沔)이 본도

(本道: 경상도)를 한 발자국이라도 떠나면 남쪽 지방은 수습할 수가 없을 것입니다."라고 하니, 주상이 공을 원래의 부대에 머물도록 명하여 끝내 공적을 이루었던 것이다.

공은 여러 고을들을 순행하며 흩어져 도망친 자들을 불러 모았는데, 선영(先塋)을 지나가게 되자 고을수령이 제수를 준비하여 기다리고 있었으나, 이를 물리치며 말하기를, "능침(陵寢: 임금이나 왕후의 무덤)도 향사(享祀: 제사)를 못하고 있거늘 내가 어찌 나의 선조에게 제사할 수 있겠소?"라고 하고는, 단지 글만 지어 고하였다. 처자식들이 굶주림에 시달려 떠돌며 지내고 있는 곳이 10리 정도로 가까웠으나 끝내 들어가 보지 않았다.

계사년(1593) 우도절도사(右道節度使: 경상우도병마절도사)에 제수하면서 주상이 유시(諭示)하기를, "천조(天朝: 명나라)의 군사가 대대적으로 집결하여 이미 평양(平壤)에서 승리를 거둔바, 경성(京城)에 있는 적들은 끝내 반드시 도망쳐 돌아가게 될 것이다. 경(卿)은 정예병을 다 매복시켜서 한 대의 수레라도 돌아가지 못하게 하라."라고 하였다. 공은 임무를 받은 이후로부터 오직 은혜에 보답하려는 정성을 다하지 못할까만 두려워하였으니, 성산(星山)에 있던 적을 소탕하면서 수백 급(級)을 참수하였으며, 선산(善山)으로 진격해 압박하면서 깊숙이 들어간 것이 아니라면 멈추지 않았다. 관찰사가 사람을 시켜 타이르기를, "적의 기세가 한창 왕성하니, 어찌 우선 서서히 하지 않겠소?"라고 하자, 공은 분연히 말하기를 "호랑이 굴에 들어가지 않고서 어찌 호랑이 새끼를 잡을 수 있겠습니까?"라고 하였다. 그래서 여러 의병장을 정해 배치하고 이미 약속까지 했는데, 공이 갑자기 역질에 걸리고 말았다. 조종도가 손에 약사발을 들고서 권하며 말하기를, "공이 만일 죽으면, 나랏일이 어느 지경에 놓이겠습니까?"라고 하자, 공이 힘내어서 일어나 손을 잡고 말하기를, "내가 그대들과 함께 나라를 위해 몸바쳐 죽어서라도 적을 섬멸하여 주상에게 보답하자고 맹서하였지만, 불행히도 목숨이 이곳에서 마치는 것도 천명이네."라고 한 뒤에 몇 줄기의 눈물이 흘러내리니, 군교(軍校)들과 좌우에서 모시던 자들이 모두 눈물을 흘리며 아무도 감히 쳐다보지 못하였다. 그 후에 조공(趙公: 조종도)에게 부탁하여 말하기를, "적들이 나의 죽음을 알면 반드시 그 틈을 타고 아군을 습격할 것이니, 이를 비밀로 하게."라고 하고서 말이 마치자 죽었다. 여러 장좌(將佐)들이 유명(遺命: 유언)을 받들어 공을 신창(新倉)으로 실어 오고서야 비로소 발상(發喪)하니, 온 군사들이 통곡하고 백성들은 발을 동동 구르며 슬피 부르짖지 않는 이가 없었다. 관찰사(觀察使: 김성일)가 급히 장계를 올려 말하기를, "강우(江右)의 일대가 지금까지 온전히 보전된 것은 모두 김면(金沔)의 힘입니다. 나라 지킬 장성(長城)이 무너지고 말았으니 하늘이 우리를 돕지 않은 것입니다. 신(臣)만이 외로이 홀로 있어서 어찌할 바를 모르겠습니다."라고 하였다.

공은 평소 부모를 효성으로 섬기는 것으로 알려졌다. 황고(皇考: 선친) 찬성공(贊成公)이 북진(北鎭)에서 죽었던 당시에 공은 어머니를 받들어 영남(嶺南)에 있었으니, 거리가 수천여 리나 되었고 날씨마저 또 찌는 듯 무더웠다. 공은 말도 타지 않은 채 걸어갔는데 가슴을 치며 울부짖으면서 가니, 도중에서 그를 본 사람들이 비통해 하였다. 훗날 모친상을 치르면서도 슬픔으로 몸을 상하게 할 정도로 예(禮)를 다하였는데 부친상과 똑같이 하였다. 일찍이 살던 집 뒤편에 있는 산자락에 누대를 쌓아 '회선(懷先)'이라 명명하고는 선영(先塋)을 바라보며 종신토록 사모하는 마음을 부쳤다.【협주: 채제공이 찬한 묘비문에 실려 있다.】

• **金沔**

金沔, 字志海, 號松菴, 高靈人。都承旨鐸[1]孫。中宗辛丑生。明宗朝學孝廉[2]除寢郞。宣祖初擢儒賢, 陞工曹佐郞。壬辰特賜義兵大將號。癸巳, 拜慶尙右道節度使, 卒于軍。贈吏曹判書。享高靈道巖祠[3]。

公氣度峻毅, 慷慨有大節。讀書不務章句, 默究聖賢旨訣, 尤喜讀二程書, 常曰: "行己處事, 於是焉得力[4], 可以無大過矣." 弱冠以南冥爲師, 寒岡爲友, 操履日篤, 四方學者多歸之。鄕人薰襲德美, 相誡曰: "而毋爲不善。恐松菴先生知之也."

明宗朝, 擧孝廉, 除寢郞, 不赴。宣廟初卽位, 晉擢儒賢, 幷陞六品職, 趙月川·成牛溪·鄭寒岡及公也。

壬辰, 倭大擧寇, 我列鎭無不奔潰, 宗祀呼吸存亡, 公涕泣曰: "君有急而臣不死, 烏在其讀聖人書也?" 遂與趙公宗道[5]·郭公趪[6]·文公緯[7],

---

1 鐸(탁): 金鐸(생몰년 미상). 본관은 高靈, 자는 振卿, 호는 竹村. 증조부는 金士行이며, 조부는 金子肅이다. 아버지는 金莊生이다. 어머니는 魯承周의 딸이다. 장인은 鄭壽海이다. 金鑌의 아우이다. 1516년 생원시에 합격하고, 1519년 식년문과에 급제하였다. 사간원정언, 사간원헌납, 사헌부장령, 사헌부집의, 병조참지, 경상좌도병마절도사, 승정원도승지를 지냈다.

2 孝廉(효렴): 孝廉科. 인재를 추천하는 방식.

3 道巖祠(도암사): 경상북도 고령군 쌍림면에 있었던 조선후기 김면과 이기춘을 추모하기 위해 창건한 서원. 1666년 지방유림의 공의로 金沔과 李起春의 학문과 덕행을 추모하기 위해 월등리에 창건하여 위패를 모셨다. 1670년에 칠등리로 이건하였다.

4 得力(득력): 깊이 깨달아서 확고한 힘을 얻음.

5 趙公宗道(조공종도): 趙宗道(1537~1597). 본관은 咸安, 자는 伯由, 호는 大笑軒. 조부는 안음현감 趙應卿이다. 아버지는 참봉 趙堰이며, 어머니 晉州姜氏는 부사 姜姬臣의 딸이다. 부인 全義李氏는 참찬 李俊民의 딸이다. 어려서 鄭斗의 문하에서 수학하였으며, 曺植의 문하생이다. 1558년 생원시에 합격하였다. 양지현감, 금구현령을 지낸 뒤에 1589년 鄭汝立의 모반사건에 연루되어 투옥되었다가 무고함이 밝혀져 석방되엇다. 1592년 임진왜란이 일어나자 영남으로 돌아와 招諭使 金誠一과 함께 창의하여 의병모집에 진력하였고, 그해 가을 단성현감을 지냈다. 1596년에는 함양군수가 되었는데, 다음해 정유재란이 일어나자 명을 받고 안음현감 郭趪과 함께 의병을 규합, 黃石山城을 수축하고 가족까지 이끌고 들어가 성을 지키면서 加藤淸正이 인솔한 적군과 싸우다가 전사하였다.

6 郭公趪(곽공준): 郭趪(1551~1597). 본관은 玄風, 자는 養靜, 호는 存齋. 증조부는 郭承華이며, 조부는 郭嵋이다. 아버지는 郭之完이며, 어머니 草溪鄭氏는 鄭玉堅의 딸이다. 첫째

倡義聲, 不旬月而有衆數千。時賊屯知禮[8]·開寧[9]·金山[10]界, 號爲十萬。公引軍壁牛旨[11], 號令嚴明, 坐作進退[12], 肅然無譁。賊酋盛其衆, 欲以乘我, 公與晉州牧使金時敏[13], 逆戰挫之, 軍聲大振。進兵, 與賊夾鼎津[14]對壘, 民斬木揭竿[15], 歸附[16]者如市。公諭趙宗道, 曰: "賊衆我寡,

---

부인 全州全氏는 全基遠의 딸이며, 둘째부인 廣州安氏는 安守恭의 딸이다. 裵紳의 문인이고, 朴惺과 교유하였다. 1592년 임진왜란이 일어나자 의병장 金沔이 의병을 규합하니 평소에 친히 지내던 교분으로 참가하여 공을 세웠다. 관찰사 金誠一이 곽준의 현명함을 듣고 自如道察訪에 임명하였다. 1597년 정유재란 때 안음현감으로 함양군수 趙宗道와 함께 호남의 길목인 黃石山城을 지키던 중 가등청정 휘하의 왜군과 격전을 벌이다가 아들 郭履常·郭履厚와 함께 전사하였다.

7 文公緯(문공위): 文緯(1554~1631). 본관은 南平, 자는 順甫, 호는 茅谿이다. 조부는 현감 文雄이다. 아버지는 文山斗이며, 어머니 咸陽吳氏는 宣敎郎 吳世平의 딸이다. 첫째부인 星山李氏는 참봉 李德裕의 딸이며, 둘째부인 密陽朴氏는 朴斯立의 딸이며, 셋째부인 居昌愼氏는 愼希讓의 딸이다. 德溪 吳健, 寒岡 鄭逑에게 배웠다. 1592년 향병 약간과 함께 의병 대장 松庵 金沔과 합세하여 왜적과 싸워 공을 많이 세웠다. 1593년 5월에 모친상을 당하고 1597년에 부친상을 당하였다. 그후 부제학 東岡 金宇顒과 西厓 柳成龍이 천거하여 1604년 동童蒙敎官에 임명되었다. 1617년 桐溪 鄭蘊을 옹호하였다는 이유로 사판(벼슬아치의 名簿)에서 이름이 지워졌다.

8 知禮(지례): 경상북도 김천시의 남서부에 있는 고을.

9 開寧(개령): 경상북도 김천시의 북동부에 있는 고을

10 金山(김산): 경상북도 김천시에 있는 고을.

11 牛旨(우지): 牛旨嶺, 경상북도 김천시 知禮와 경상남도 居昌郡의 경계에 있는 고개.

12 坐作進退(좌작진퇴): 군대가 질서 정연하게 지휘관의 명령 아래 陣法대로 움직임.

13 金時敏(김시민, 1554~1592): 본관은 安東, 자는 勉吾. 木川 출신. 증조부는 종사랑 金彦默이며, 조부는 진사 金錫이다. 아버지는 지평 金忠甲이며, 어머니 昌平李氏는 李成春의 딸이다. 부인 扶餘徐氏는 徐彭壽의 딸이다. 1578년 무과에 급제해 군기시에 입사했다. 임진왜란 당시 진주판관이던 김시민은 인근 지역의 군사와 의병과 연합하여 여러 차례 적을 크게 무찔렀다. 이 공으로 진주목사로 승진하고 다시 경상우도병마절도사에 임명되었다. 왜적이 2만여 명의 대군을 편성하여 요충지 진주성을 포위하고 본격적으로 공격해오자 3800여 명에 불과한 병력으로 7일간의 공방전을 벌여 물리쳤으나, 이 전투에서 탄환에 맞아 사망했다.

14 鼎津(정진): 鼎巖津. 강 이름. 경상남도 宜寧郡의 남동쪽에 있다. 晉州 南江의 하류로서, 강 가운데에 솥 같이 생긴 바위가 있어서 붙여진 이름이다.

15 斬木揭竿(참목게간): 《史記》〈陳涉世家〉의 "나무를 베어 무기로 삼고 장대를 높이 들어 깃발로 삼았으니 천하에서 사람들이 구름같이 모여들어 호응하고 식량을 짊어진 채로 그림자처럼 따랐다.(斬木爲兵, 揭竿爲旗, 天下雲合響應, 贏粮而景從, 山東豪俊, 遂竝起而亡秦族矣.)"에서 나온 말.

16 歸附(귀부): 스스로 와서 복종함.

不以計未易破也." 乃令將士環四面, 鼓角咆喊, 有若援兵四集, 因風縱虛舟十餘, 流近賊壘。賊聞鼓角咆喊, 固心疑之, 及虛舟自泊, 乃曰: "是欲誘我渡江也." 回軍以退, 公急渡江奮擊大破, 賊自相蹂躪, 僵尸滿三十里。遂乘勝, 屯茂溪[17], 未幾賊艘蔽江來, 意欲洩鼎津之憤。公謂將佐曰: "願爲諸君決一死." 自朝至暮, 殊死戰, 賊墮水死者, 不可勝數, 水爲之不流。是役也, 獲賊貨甚多, 悉輸之方伯, 俾上行在。朝廷以公爲陜川郡守, 教書有曰: "揚兵[18]鼎津, 遁賊褫魄, 接刃茂溪, 流尸混江。洒深讎恢舊業, 非爾誰也?"

公移書湖南伯, 乞以兵粮援, 辭旨慷慨, 一字一涕。湖南伯不聽, 公益憤勵, 繕器械, 獎率戎卒[19], 鏖之知禮, 斫之開寧, 與湖嶺諸義將, 約四道並進, 誓蕩賊窟, 諸義將期不至。公獨麾兵進逼, 所殺獲過當[20]。於是, 收復高靈·知禮·宜寧·金山等邑, 上壯其績, 欲使率所部勤王。公立裝爲若不可踰日者, 民聞之。哭且言曰: "公不在此, 吾儕其魚肉之矣." 觀察使金公誠一急馳啓行在以爲: "金沔離本道一步, 南方收拾不得." 上命公留本部, 以卒成績。

公巡行郡邑, 招集散亡, 路過先壟, 地主備奠需以待, 却之曰: "陵寢[21]闕享祀, 吾其可享吾先乎?" 只爲文以告。妻子飢餓流離, 所居十里而近, 終不入。

癸巳, 拜右道節度使, 上諭曰: "天兵大集, 旣克平壤, 京城賊, 終必遁歸。卿其悉精銳埋伏, 無使隻輪還." 公自受任以來, 惟不克報效是懼, 勦星山賊, 則斬首數百級, 進薄善山, 則不深入不止。觀察使使人諭曰: "賊勢方盛, 盍姑徐?" 公奮然曰: "不入虎穴, 安得虎子?" 部勒[22]諸義將,

---

17 茂溪(무계): 경상북도 고령군 성산면 무계리.

18 揚兵(양병): 군사를 일으킴. 군대의 위세를 떨침.

19 戎卒(융졸): 兵卒. 兵士.

20 過當(과당): 보통보다 정도가 지나침.

21 陵寢(능침): 임금이나 왕후의 무덤.

22 部勒(부륵): 부서을 정하여 인원을 배치하거나 부대를 나누어 인원수를 갖춤.

既約束, 公遽遘酷癘。趙公宗道, 手藥盌以, 進曰: "公如不諱[23], 置國事何地?" 公强起執手曰: "吾與若等, 殉國忘身, 誓滅賊以報主上, 不幸命卒於此, 天也." 仍泣數行下, 軍校左右侍者皆泣, 莫敢仰視。已而, 屬趙公曰: "賊知吾死, 必乘釁掩我, 其秘之." 言訖而卒。諸將佐奉遺命, 舁還新倉始發喪[24], 一軍痛哭, 民無不頓足哀號。觀察使馳啓曰: "江右一帶, 至今全保, 皆沔之力也。長城一壞, 天不助順。臣孑然獨處, 不知所以爲計也."

公平日事親以孝聞。皇考贊成公卒於北鎭, 時公奉母夫人在嶺南, 道路數千餘里, 天又熇熱。公不馬而徒, 號擗[25]以赴, 行路爲之盡傷。後居母憂, 哀毁盡禮如前喪。嘗築臺所居後麓, 名之曰懷先, 瞻望塋域, 以寓終身之慕。【蔡濟恭撰碑】

보충

채제공(蔡濟恭, 1554~1637)이 찬한 묘비명

증 자헌대부 이조 판서 행 경상우도 병마절도사 송암 김공 신도비

공의 휘(諱)는 면(沔), 자는 지해(志海), 자호(自號)는 송암(松庵)이다. 김씨(金氏)는 본래 신라 왕의 후예이다. 신라가 망하자 그 자손들이 국내에 흩어져 살았고, 고령(高靈)에 거주한 자들은 고령을 관향으로 삼았다. 휘 김남득(金南得)은 고려 말에 현달하여 공신으로 책훈되고 고양부원군(高陽府院君)에 봉해졌으니, 공의 7대조이다. 증조부는 감찰(監察)을 지냈고 참판에 증직된 휘 김장생(金莊生)이며, 조부는 도승

---

23 不諱(불휘): 죽음.

24 發喪(발상): 죽은 사람의 魂을 부르고 나서 喪制가 머리를 풀고 슬피 울어 初喪난 것을 알림.

25 號擗(호벽): 부르짖어 가슴을 치며 매우 슬퍼하는 것.

지 휘 김탁(金鐸)이다. 부친은 부사(府使)를 지냈고 좌찬성에 증직된 휘 김세문(金世文)이며, 모친 김해김씨(金海金氏)는 정경부인(貞敬夫人)에 증직되었고 판관(判官) 김중손(金仲孫)의 딸이다.

공은 기상과 도량이 엄하고 굳세었으니, 의분심이 강하고 큰 절개가 있었다. 글을 읽을 때는 장구(章句)에 힘쓰지 않고 성현(聖賢)의 지결(旨訣: 대의)을 묵묵히 궁구하였으며, 더욱이 이정(二程: 程顥와 程頤)의 글 읽기를 좋아하여 늘 말하기를, "몸가짐과 일 처리할 때 이 글을 깊이 깨달아서 확고한 힘을 얻는다면 큰 허물이 없을 것이다."라고 하였다. 약관(弱冠)에 남명(南冥: 曺植)을 스승으로 삼고 한강(寒岡: 鄭逑)을 벗으로 삼아 지조와 행실이 날로 돈독해지자, 사방에서 배우려는 자들이 많이 몰려들었다. 고을 사람들은 아름다운 덕에 감화되어 서로 경계하여 말하기를, "너는 나쁜 일을 하지 마라. 송암선생이 알까 두렵다."라고 하였다.

맨 처음에는 효렴(孝廉)으로 천거되어 침랑(寢郎)에 제수되었으나 나아가지 않았다. 선조(宣祖)가 즉위 초에 유현(儒賢)을 발탁하여 모두 6품직으로 올렸는데, 조월천(趙月川: 趙穆)·성우계(成牛溪: 成渾)·정한강(鄭寒岡: 鄭逑) 및 공이었다. 당초 공조좌랑에 제수되었으나 사양하고 나아가지 않았는데, 얼마 지나지 않아 당초처럼 제수하여 독촉하는 부름이 갈수록 더하자 애면글면 한번 사은숙배하고 돌아와서는 마치 그대로 일생을 마칠 듯이 지냈다.

만력 임진년(1592) 4월 왜적이 대거 쳐들어오자 우리의 각 진(鎭)이 무너지지 않는 곳이 없어서 종묘사직이 순식간에 달려 있으니, 공이 눈물을 흘리며 말하기를, "임금에게 위급한 일이 생겨도 신하가 죽지 않는다면 어찌 성인(聖人)의 글을 읽은 것이 있다 하겠는가?"라고 하였다. 마침내 조종도(趙宗道)·곽준(郭趪)·문위(文緯)와 함께 앞장서서 의를 부르짖자, 한 달이 못 되어 수천 명의 무리가 모였다. 이때 왜적이 지례(知禮)·김산(金山)·개령(開寧)의 경계에 주둔한 군사가 10만이라고 하였다. 공은 군사들을 이끌고 우지령(牛旨嶺)을 굳게 지켰는데, 호령이 엄격하고 분명하여 진법(陣法)대로 질서정연하게 움직이면서 떠드는 일이 없이 엄숙하였다. 적장이 대군을 이끌고 우리를 엄습하려고 하자, 공은 진주목사(晉州牧使) 김시민(金時敏)과 함께 쳐들어오는 적들을 맞아 싸워 무찔러서 군대의 위세가 비로소 떨쳐지게 되었다.

이 당시에 곽재우(郭再祐) 또한 의병을 일으켜 공(公)과 서로 호응하였으나, 도백(道伯: 관찰사) 김수(金睟)와는 서로 사이가 좋지 못하였으니 격문(檄文)을 보내어 김수의 죄상을 들추어 나열하였고, 김수 또한 곽재우의 허물을 열거하여 행재소(行在所)에 급히 장계를 올렸다. 공은 외부에서 쳐들어온 적이 미처 섬멸되기도 전에 안으로 소요가 먼저 일어날까 걱정하여 곽재우에게 서신을 보내 그만두도록 타이르자, 곽재우가 깨닫고는 그 자리서 자신의 허물로 돌리고 악감정을 해소하여 사태가 매듭지어질 수 있었다. 공이 군사를 거느리고 출진하여 적진과 정진(鼎津)을 끼고 대치하였는데, 백성들 가운데 나무를 베어 무기로 삼고 장대를 높이 들어 깃발로 삼아 스스로 따르는 자들이 저자거리인 양 많았다.

곽재우가 장좌(將佐: 김면 의병대장 보좌하는 사람)에게 말하기를 "김의장(金義將: 김면)이 적과 강 하나를 사이에 두고 진(陣)을 치고 있는데, 그 계책을 세운 것에 무슨 이유가 있는지 알지 못하겠다."라고 하고는, 마침내 10여 기병(騎兵)을 따르도록 하고 채찍으로 공의 영문(營門)을 두드리니 공이 군막(軍幕) 안으로 맞아들였는데, 함께 이야기를 나누며 그지없이 즐겁게 지내다가 파하였다. 곽재우가 물너나와 좌우의 사람들에게 일러 말하기를, "그 모습이야말로 엄숙하고 군세

구나. 그 기색이야말로 편안하고 두려하지도 않구나. 이 사람을 믿지 않으면 누구를 믿겠는가?"라고 하였다.

공이 조종도를 타일러 말하기를, "적군은 많고 아군은 적으니, 계책을 쓰지 않고서 격파하기가 쉽지 않소."라고 하였다. 그리하여 장수와 군사들로 하여금 사방을 둘러싸고서 북과 나팔을 울리며 함성까지 지르도록 하여 마치 원군(援軍)이 사방(四方)에서 모여들고 있는 것처럼 한 뒤에 바람을 따라 빈 배 10여 척을 띄워 적진 가까이에 흘려보냈다. 적이 북소리와 나팔소리며 함성까지 듣고는 처음부터 마음속으로 의아해하였는데, 빈 배가 저절로 뭍에 와 닿자 그제서야 "이는 우리를 유인하여 강을 건너게 하려는 것이다."라고 하면서 회군하여 퇴각하려 하였다. 공이 즉시 병사들에게 건너도록 해서 힘껏 공격하여 대파하니, 적들이 자기들끼리 짓밟고 짓이겨 쓰러진 시체가 30리까지 가득하였다. 마침내 승세를 타고 무계(茂溪)에 주둔하였다. 얼마 지나지 않아 적선이 강을 뒤덮으며 온 의도는 정진에서의 한을 풀려는 것이었다. 공이 장좌(將佐)에게 이르기를, "원컨대 제군들을 위하여 한번 죽음을 결단하리라."라고 하였는데, 아침부터 저녁까지 죽음을 각오하고 싸우니, 적들이 강물에 빠져 죽은 자가 이루다 셀 수가 없어서 강물이 흐르지 못하였다. 이 싸움에서 적에게 노획한 물건이 매우 많았으니, 모두 방백(方伯: 관찰사)에게 보내어 행재소에 바치도록 하였다.

6월 조정에서 공을 합천 군수(陜川郡守)로 삼았는데, 그 교서(敎書)에 이르기를, "정진(鼎津: 정암진)에서 군대의 위세를 떨치니 도망하던 적은 넋이 빠졌고, 무계(茂溪)에서 칼을 휘두르니 떠내려가는 시체가 강을 메웠다."라고 하였다. 행조(行朝: 행재소)는 비록 수천 리 밖에 있었지만 공의 공적(功籍)이 매우 자자했었기 때문에 그 상세함이 이와 같았다. 9월 장악원 정(掌樂院正)에 제수되고 얼마 되지 않아서 첨지중추부사(僉知中樞府事)로 승진하였다. 11월 주상이 공의 위엄과 명망이 가장 뚜렷하다고 하여 특별히 의병대장(義兵大將)의 호칭을 하사하면서 그 교서에 수백 자에 이르는 장려(奬勵)가 지극히 갖추어졌는데, 그 말미에 이르기를, "깊은 원한을 씻어 내고 구업(舊業: 옛 왕업)을 회복할 이는 그대가 아니면 누구이겠는가."라고 하니, 공이 읽으면서 또 통곡하자 온 군사들이 감격해 울지 않는 자가 없었다.

애초에 정인홍(鄭仁弘)은 공과 동시에 군사를 일으켰었다. 이때에 이르러 공의 명성과 위엄이 자기보다 나은 것을 시기하여 한을 품었다. 이에 그 휘하(麾下)가 날조하여 선동하고 수군거렸으나 공은 일절 따지지 않으니, 정인홍도 끝내 감히 말과 얼굴빛에 감정을 드러낼 수가 없었다.

이에, 공은 글을 호남백(湖南伯: 전라도관찰사)에게 보내어 군량과 원병을 청하였는데, 글의 내용이 강개하여 글자마다 눈물이 맺힌 듯하였지만 호남백은 들어주지 않았다. 공은 더욱 마음과 기운을 다듬어 무기를 수선하는데 힘쓰고 병사들을 독려해 이끌고서 지례(知禮)의 적을 무찌르고 개령(開寧)의 적을 공격하였는데, 호남과 영남의 여러 의병장들과 네 길로 나란히 진격하기로 약속하고 적의 소굴을 소탕하기로 맹세하였으나 여러 의병장들은 약속한 날에 오지 않았다. 공이 홀로 병사들을 지휘하여 앞으로 육박해 들어가니 죽이고 사로잡은 자가 매우 많았다. 그리하여 고령(高靈)·지례(知禮)·의령(宜寧)·김산(金山) 등의 고을을 수복하니, 주상이 그 공적을 장하게 여겨 공으로 하여금 휘하 부대를 이끌고서 근왕(勤王)케 하였다. 공이 그 자리서 여장(旅裝)을 꾸리며 마치 날짜를 넘겨서는 안 될 것처럼 하자, 백성들이 이 소식을 듣고 울면서 말하기를, "공이 이곳에 있지 않으면 우리들은 무참히 죽어 어육이 될 것입니다."라고 하였다. 관찰사 김성일(金誠一)이 급히 행재소(行在所)에 장계를 올려 말하기를, "김면(金沔)이 본도(本道: 경상도)를 한 발자국이라도 떠나면 남쪽 지방은 수습할 수가 없을 것입니다."라고 하니, 주상이 공을 원래의 부대에 머물도록 명하여 끝내 공적을 이루었던 것이다.

공이 여러 고을들을 순행하며 흩어져 도망친 자들을 불러 모으면서 비가 오든 눈이 내리든 서리가 앉든 안개가 끼든 가리지 않고 그대로 맞아 가며 제 몸을 돌아보지 않으니, 사람들이 공을 걱정하지 않는 자가 없었으나 공은 마음쓰지 않았다. 선영(先塋)을 지나가게 되자, 고을수령이 제수를 준비하여 기다리고 있었으나, 이를 물리치며 말하기를, "능침(陵寢: 임금이나 왕후의 무덤)도 향사(享祀: 제사)를 못하고 있거늘 내가 어찌 나의 선조에게 제사할 수 있겠소?"라고 하고는, 단지 글만 지어 고유(告由)하였다. 처자식들이 굶주림에 시달려 떠돌며 지내고 있는 곳이 10리 정도로 가까웠으나 끝내 들어가 보지 않았다.

계사년(1593) 1월 우도병마절도사(右道兵馬節度使)에 제수되었다. 주상이 선전관(宣傳官)을 보내어 유시(諭示)하기를, "천조(天朝: 명나라)의 군사가 대대적으로 집결하여 이미 평양(平壤)에서 승리를 거둔바, 경성(京城)에 있는 적들은 끝내 반드시 도망쳐 돌아가게 될 것이다. 경(卿)은 정예병을 다 매복시켜서 한 대의 수레라도 돌아가지 못하게 하라."라고 하였다. 공은 임무를 받은 이후로부터 오직 은혜에 보답하려는 정성을 다하지 못할까만 두려워하였으니, 성산(星山)에 있던 적을 소탕하면서 수백 급(級)을 참수하였으며, 선산(善山)으로 진격해 압박하면서 깊숙이 들어간 것이 아니라면 멈추지 않았다. 관찰사가 사람을 시켜 타이르기를, "적의 기세가 한창 왕성하니, 어찌 우선 서서히 하지 않겠소?"라고 하자, 공은 분연히 말하기를 "호랑이 굴에 들어

가지 않고서 어찌 호랑이 새끼를 잡을 수 있겠습니까?"라고 하였다. 그래서 여러 의병장을 정해 배치하고 이미 약속까지 했는데, 공이 갑자기 병이 들어 끝내 3월 17일 군중(軍中)에서 죽었다.

병이 막 위독해졌는데, 조공(趙公: 조종도)이 손에 약그릇을 들고 권하며 말하기를, "공이 만일 죽으면, 나랏일이 어느 지경에 놓이겠습니까?"라고 하자, 공이 힘내어서 일어나 손을 잡고 말하기를, "내가 그대들과 함께 나라를 위해 몸바쳐 죽어서라도 적을 섬멸하여 주상에게 보답하자고 맹서하였지만, 불행히도 목숨이 이곳에서 마치는 것도 천명이네."라고 한 뒤에 몇 줄기의 눈물이 흘러내리니, 군교(軍校)들과 좌우에서 모시던 자들이 모두 눈물을 흘리며 아무도 감히 쳐다보지 못하였다. 그 후에 조공에게 부탁하여 말하기를, "적들이 나의 죽음을 알면 반드시 그 틈을 타고 아군을 습격할 것이니, 이를 비밀로 하고서 신창(新倉)에 도착한 뒤에 발상(發喪)하게."라고 하였다. 여러 장좌(將佐)들이 유명(遺命: 유언)을 받들어 공을 신창으로 실어 오고서야 비로소 발상하니, 온 군사들이 통곡하고 백성들은 발을 동동 구르며 슬피 부르짖지 않는 이가 없었다. 관찰사(觀察使: 김성일)가 급히 장계를 올려 말하기를, "강우(江右)의 일대가 지금까지 온전히 보전된 것은 모두 김면(金沔)의 힘입니다. 나라 지킬 장성(長城)이 무너지고 말았으니 하늘이 우리를 돕지 않은 것입니다. 신(臣)만이 외로이 홀로 있어서 어찌할 바를 모르겠습니다."라고 하니, 주상이 몹시 놀라 애도하며 특별히 병조판서로 추증하고 예관(禮官)을 보내어 제사를 지내도록 명하였다. 뒤에 선무원종공신(宣武原從功臣)으로 고쳐서 이조판서로 추증하였다. 광해군(光海君) 초년에 또 예관을 보내어 제사지내게 하였다. 공은 향년 53세로 모 고을 모 언덕에 묻혔다. 이후 조종도와 곽준은 황석산성(黃石山城)을 지키다가 성이 함락되어도 굴하지 않고 죽음을 맞이하였으니, 그 충성과 신의로서 서로 사귀어 삶과 죽음이 갈리는 와중에서도 이와 같이 서로 저버리지 않았다.

공은 평소 부모를 효성으로 섬기는 것으로 알려졌다. 황고(皇考: 선친) 찬성공(贊成公)이 북진(北鎭)에서 죽었던 당시에 공은 어머니를 받들어 영남(嶺南)에 있었으니, 거리가 수천여 리나 되었고 날씨마저 또 찌는 듯 무더웠다. 공은 말도 타지 않은 채 걸어갔는데 가슴을 치며 울부짖으면서 가니, 도중에서 그를 본 사람들이 비통해 하였다. 훗날 모친상을 치르면서도 슬픔으로 몸을 상하게 할 정도로 예(禮)를 다하였는데 부친상과 똑같이 하였다. 일찍이 살던 집 뒤편에 있는 산자락에 누대를 쌓아 '회선(懷先)'이라 명명하고는 선영을 바라보며 종신토록 사모하는 마음을 부쳤다.

아, 사람이 세상에 태어나서 살아가자면 오직 충(忠)과 효(孝)일 따름이다. 공이 부친상에 달려가야 함에도 말도 타지 않고 수천여 리를 걸어갔다. 이치상 반드시 죽었어야 마땅했는데도 끝내 죽지 않은 것이다. 하늘의 뜻이 어찌 공으로 하여금 효를 행하다 죽지 않게 한 것이랴만, 훗날 나라가 장차 망하려 할 때 누가 나라의 전복을 일으켜 세울 임무를 짊어질 만하겠는가? 끝내 마음과 몸을 다 바쳐 나랏일에 이바지하다가 죽은 뒤에야 그만두었으니, 공이 효를 행하다 죽지 않고 충을 행하다가 죽은 것은 하늘이 우리나라를 불쌍히 여기고 사랑하기 때문이었으리라.

공이 죽은 지 70여 년이 되어 사림(士林)들이 고령(高靈)에 사당을 세우고 제향(祭享)하였다. 공은 모두 두 번 장가들었으니, 첫째부인 완산이씨(完山李氏)는 이황(李煌)의 딸이며, 둘째부인 완산이씨로 부림부수(缶林副守) 이건(李建)의 딸이다. 모두 아이를 낳지 못하여 아우 현령(縣令) 김자(金滋)의 아들 김의립(金毅立)을 후사로 삼았는데, 그의 벼슬은 현감이다. …(중략)…

나에게 글을 청하여 신도(神道)를 빛내려는 자는 6대손인 절도사(節度使) 김재(金梓)이다. …(이하 생략)…

• **贈資憲大夫吏曹判書行慶尙右道兵馬節度使松庵金公神道碑銘**

公諱沔, 字志海, 自號松庵。金氏, 本新羅王者之後也。羅亡, 子孫散處國中, 而居高靈者, 以高靈籍焉。有諱南得, 顯於麗季, 策勳封高陽府院君。公之七世祖也。曾祖監察贈參判諱莊生, 祖都承旨諱鐸。考府使贈左贊成諱世文, 妣金海金氏贈貞敬夫人, 判官仲孫之女也。公氣度峻毅, 慷慨有大節。讀書不務章句, 默究聖賢旨訣, 尤喜讀二程書, 常曰:“行己處事, 於是焉得力, 可以無大過矣.” 弱冠, 以南冥爲師, 寒岡爲友, 操履日篤, 四方學者多歸之。鄕人薰襲德美, 相戒曰:“而毋爲不善! 恐松庵先生知之也.” 初, 擧孝廉除寢郎, 不赴。宣廟初卽位, 晉擢儒賢, 並陞六品職, 趙月川·成牛溪·鄭寒岡及公也。初授工曹佐郎, 辭不赴。已而拜如初, 敦召愈勤, 黽勉一謝以歸, 若將終身焉。萬曆壬辰四月, 倭大擧寇, 我列鎭無不奔潰, 宗社呼吸存亡, 公涕泣曰:“君有急而臣不死, 烏在其讀聖人書也?” 遂與趙公宗道·郭公趦·文公緯, 倡義聲, 不旬月而有衆數千。時賊屯知禮·金山·開寧界, 號爲十萬。公引軍壁牛旨, 號令嚴明, 坐作進退, 肅然無譁。賊酋, 盛其衆, 欲以乘我, 公與晉州牧使金時敏, 逆戰挫之, 軍聲始振。當是時, 郭公再祐, 亦起義兵以相應, 而與道伯金睟不相能, 移檄數睟罪, 睟亦列郭公短, 馳啓行在。公憂外寇未殄, 內鬩先作, 貽書郭公, 諭止之, 郭公悟, 立引咎釋嫌, 事得已。公提兵進, 與賊夾鼎津對壘, 民斬木揭竿, 歸附者如市。郭公語將佐, 曰:“金義將, 與賊隔一水陣, 未知其籌畫何居?” 遂從十餘騎, 以鞭叩轅門, 公邀入帳內, 與語, 盡歡而罷。郭公退, 謂左右, 曰:“嚴毅哉其容! 安閒哉其氣! 非斯人爲恃而誰恃?” 公諭趙宗道, 曰:“賊衆我寡。不以計未易破也.” 乃令將士環四面, 鼓角咆喊, 有若援兵四集, 因風縱虛舟十餘, 流近賊壘。賊聞鼓角咆喊, 固心疑之, 及虛舟自泊, 乃曰: "是欲誘我渡江也." 回軍以退。公急渡兵, 奮擊大破, 賊自相蹂躪, 僵尸滿三十里。遂乘勝, 屯茂溪。未幾, 賊艘蔽江來, 意欲洩鼎津之憤。公謂將佐, 曰: "願爲諸君決一死." 自朝至暮, 殊死戰, 賊墮水死者, 不可勝數, 水爲之不流。是役也, 獲賊貨甚多, 悉輸之方伯, 俾上行在。六月, 朝廷以公爲陜川郡守, 教書有曰: "揚兵鼎津, 遁賊褫魄。接刃茂溪。流尸混江." 行朝雖在數千里外, 以公績藉甚, 得其詳如此。九月, 拜掌樂正, 尋陞僉知中樞府事。十一月, 上以公威望最著, 特賜義兵大將號, 教書千百言, 奬勵備至。末乃曰: "洒深讎恢舊業, 非爾誰也?" 公且讀且哭, 一軍莫不感泣。初。鄭仁弘與公, 同時起兵。至是, 忌公聲威出己上, 嗛之。其麾下, 構煽噂嗒, 公一不較, 仁弘終不敢以色辭加焉。於是, 移書湖南伯, 乞以兵粮援, 辭旨忼慨, 一字一涕, 湖南伯不聽。公益憤勵, 繕器械, 奬率戎卒, 鏖之知禮, 斫之開寧, 與湖嶺諸義將, 約四道並進, 誓蕩賊窟, 諸義將期不至。公獨麾兵進逼, 所殺獲過當。於是, 收復高靈·知禮·宜嶺·金山等邑, 上壯其績, 欲使率所部勤王。公立裝爲若不可踰日者, 民聞之, 哭且言曰: "公不在此, 吾儕其魚肉之矣." 觀察使金公誠一, 急馳啓行在, 以爲: "金沔離本道一步, 南方收拾不得." 上命公留本部, 以卒成績。公巡行郡邑, 招集散亡, 暴露雨雪霜霧, 不以身爲念, 人莫不爲公憂之, 不恤也。行過先壟。地主備奠需以待。却之曰: "陵寢闕享祀, 吾其可享吾先乎?" 只爲文以告。妻子飢餓流離, 所居十里而近, 終不入。癸巳正月, 拜右道兵馬節度使。上遣宣傳官, 諭曰: "天兵大集, 旣克平壤, 京城賊, 終必遁歸。卿其悉精銳埋伏, 無使隻輪還." 公自受任以來, 惟不克報效是懼, 剿星山賊, 則斬首數百級, 進薄善山, 則不深入, 不止。觀察使使人諭曰: "賊勢方盛, 盍姑徐?" 公奮然曰: "不入虎穴, 安得虎子?" 部勒諸義將, 旣約束, 公遽病矣。竟以三月十七日, 卒于軍。方病革, 趙公手藥盌以進, 曰: "公如不諱, 置國事何地?" 公强起執手, 曰: "吾與若等, 殉國忘身, 誓滅賊以報主上, 不幸命卒於此, 天也." 仍泣數行下, 軍校左右侍者皆泣,

莫敢仰視。已而, 屬趙公, 曰: “賊知吾死, 必乘釁掩我, 其秘之, 至新倉乃發.” 諸將佐奉遺命, 舁還新倉, 始發喪, 一軍痛哭, 民無不頓足哀號。觀察使馳啓曰: “江右一帶, 至今全保, 皆沔之力也。長城一壞, 天不助順。臣孑然獨處, 不知所以爲計也.” 上震悼, 特命贈兵曹判書, 遣禮官祭。後以宣武原從功改, 贈吏曹判書。光海初元, 又遣官祭。公享年五十三, 葬某鄕某原。趙公宗道·郭公䞭, 守黃石山城, 城陷不屈死之, 其忠信相結, 生死不相負如此。公平日事親以孝聞。皇考贊成公卒於北鎭, 時公奉母夫人在嶺南, 道路數千餘里, 天又熇熱。公不馬而徒, 號擗以赴, 行路爲之盡傷。後居母憂, 哀毁盡禮如前喪。嘗築臺所居後麓, 名之曰懷先, 瞻望塋域, 以寓終身之慕。嗚呼! 人生於世, 惟忠與孝而已。方公之奔父喪, 徒步數千里也。理宜必無生也, 而卒不死者, 天之意, 豈不以使公而死於孝? 則他日國家將亡, 有誰可以降扶顚之任乎? 卒能鞠躬王事, 死而後已, 公之不死於孝而死於忠者, 天所以仁愛我國家也歟。公歿七十餘年, 士林立祠高靈, 俎豆享之。公凡再娶, 前配完山李氏煌之女, 後配完山李氏, 缶林副守建之女也。俱不育, 取弟縣令滋之子穀立爲嗣, 官縣監。…(중략)…乞余文以賁神道者, 六世孫節度使梓也。…(이하 생략)…

〔樊巖先生集, 권44, 神道碑〕

찾아보기

[ㄷ]

[ㄹ]

[ㅅ]

[ㅇ]

[ㅊ]

영인자료

嶺南人物考 一

서울대학교 규장각한국학연구원 소장

여기서부터는 影印本을 인쇄한 부분으로 맨 뒷 페이지부터 보십시오.

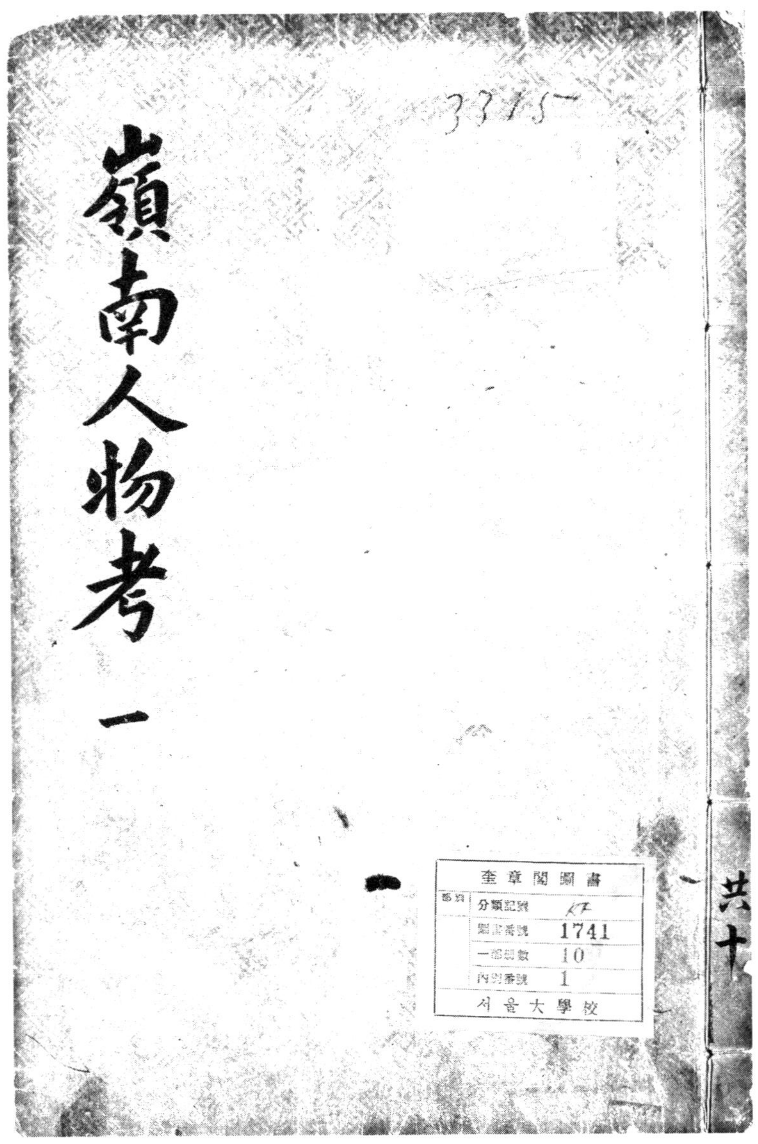
3315
嶺南人物考
一
奎章閣圖書
分類記號
圖書番號 1741
一部冊數 10
內容番號 1
서울大學校
共十

京城帝國大學圖書章

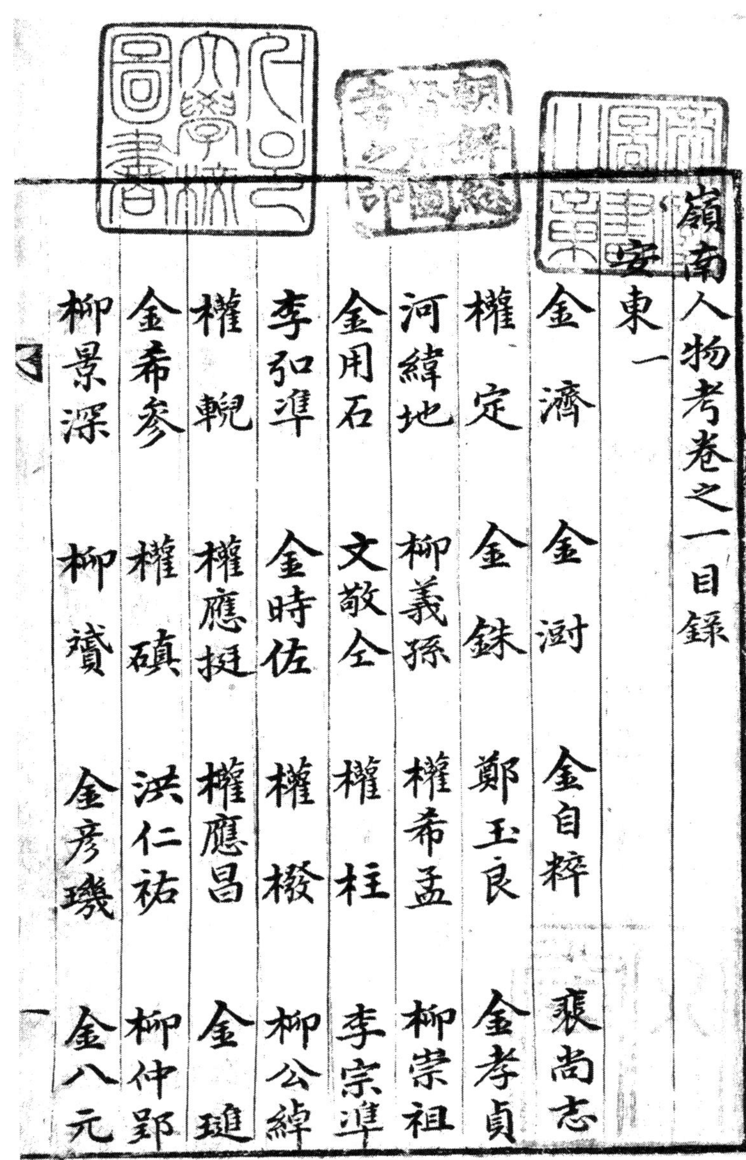

嶺南人物考卷之一目錄

臣蔡弘遠

安東一

一

金宇宏　具鳳齡　權好文　裵三益
金守一　鄭惟一　李琪　金明一
李景㻓　柳仲淹　金克一　權春蘭
柳雲龍　金宇顒　金沔

金濟 忠介公

金濟字 號白巖善山人高麗知郡事我 朝開
國棄官浮海不返享安東雙節祠 當宁戊午 贈
諡
公當麗末出知平海郡聞我 朝受禪改名齊海
盖取齊仲連蹈東海之意也一日題詩壁上曰嗚呼
船東問魯連津五百年今一介臣可使孤魂能不
死顧隨紅日照中垠仍浮海而去不知所終 柳長源撰雙節記
當宁戊午 下教曰向因嶺儒言諡高麗忠臣

皇明禮部尚書金澍曰忠貞而令將伻臣宣侑際
聞其兄名濟歸白巖以平海知郡題詩壁間浮海
而去不知所終而變其名曰齊海蓋欲思齊士魯
連之蹈海云爾東俗蚩蚩自箕師以後得聞彝倫
之叙及至鄭文忠諸賢迺能倡明之皆以隱爲歸
歸稱九隱即圃牧陶冶是耳外此七十有二人同
入山谷而名曰杜門又如典書尹璜之自歸以後
松掌令徐甄之寄感於望單前後磊落相望至于
令輝人耳目惟白巖以忠貞爲弟節義雙成無愧
乎孤竹君之二子而尚湮没不稱海上之佔師漁

父指點其遺墟往往有流涕者夫事有顯晦而理
有詘信卽莫不有時與命存焉惜乎入聞之晩也
令弘文館議易名之典似此之人宜乎酌東海之
水採西山之薇以招其有往無返之靈宣謚日致
祭海上以寓朝家曠感之思仍 親撰祭文遣承
旨 賜祭文曰世之云創淸士迺見穴居海浮或
隱或顯維漢太史特書伯夷名之不揚盖以爲悲
千載歸来聞其風者巖巖并峙弟爲兄亞滄海浩
渺一望荊楚春花如雨杜宇何處東有積水魯連
所蹈賢而思齊异代同道武王應天先式商閭我

乃紹述遂褒熊魚何錫予之咨汝太常兄及弟矣
其諧煌煌遂命近臣廣招以侑英爽不泯兄與弟
又

金澍 忠貞公

金澍字澤夫號籠巖善山人忠介公濟弟官禮儀判
書麗末朝 京師仍不返享善山月巖院從享安東
雙節祠 當宁戊午賜謚
洪武壬申公如 京師賀節還臨渡鴨綠聞我
朝受禪東向痛哭以書付僕夫與其家人訣曰忠
臣不事二君吾渡江無所容吾身吾知夫人有娠
若生男名揚燧生女名命德仍送朝服及鞾以為
信戒異日夫人下世用此合窆勿用誌碣使後世
不知有我以今發書日為我死日即十二月二十

二日也遂脫身獨去而不返

或言公還入中朝 太祖皇帝問居本國何官立拜禮部尚書辭謝不受則命賜尚書祿以終身公居于荊楚生女三人子孫多登仕籍萬曆間 皇朝遣使冊封日本有幕官許惟誠者隨到我國自稱公彌甥云

公有一子卽揚燧後改燧爲普官至宣慰使權尚夏撰碑

公到鴨綠江時有詩曰隴樹蒼蒼塞日昏白山雲雪照離罇君行莫恨天涯別我是歸人亦斷魂邑誌

公與兄白巖公皃時有江上聯句曰巖磨水府千層白(白巖)錦落天機一段紅(龍巖)公遺墟今在善山治之北(柳長源撰雙節記)

當宁戊午 親撰祭文遣承旨 賜祭文曰嶠山之南洛水之東山有半月水有長釭有石巖巖侯誰象之有屋噲噲侯誰饗之曰金尚書寶食茲土莫余周衆奈爾殷哻玉帛于將于彼南京曁乎鴨江會朝清明維壇有帷人涉卬不曷云能來蒙戎其裘一去不復百越蓁蓁 皇帝曰咨女維忠臣典我三禮不改其舊白刃可蹈拜而稽首庖人廩

人繼之在門海左相傳蓋如此言伯芳傑然亦浮
于海求仁者風是以靡悔夙予曠感命茲太常宣
以侑之招招巫陽

金自粹

金自粹字純仲號桌村慶州人麗朝生員壯元文科
壯元累官至都觀察使逮我 朝授刑曹判書不膺
自死
公性至孝母歿廬墓三年事聞旌閭今安東府底
有孝子碑
公與圃隱牧隱友善牧隱作公字說在本集
公以正言言事竄突山戍尋放還累官至忠淸道
都觀察使見時政漸亂退歸鄕廬
我 朝開國公不起 太宗以刑曹判書徵之公

難曰爲人臣而國亡與亡義也今復失身何面目
見君父於地下乎吾自有死所矣行至廣州秋嶺
遺命子孫曰吾死葬於是慎勿爲墓道之文仍作
詩曰平生忠孝意今日有誰知遂自決蔡裕後撰碑
圃隱墓舊在秋嶺近地故公自決於此地云
桑村三歎詩曰有忠有孝難有孝有忠難二者旣
云得況兼殺身難黃喜撰

裵尙志

裵尙志字 號柏竹堂曲江人高麗判太僕寺事
肅宗庚午 贈兵曹判書享安東金溪祠
公見麗政亂退居于永嘉之金溪村扁其堂曰柏
竹以見志遠我 朝受禪閉門而終
公與冶隱有酬唱詩附在冶隱集中 權瑎撰碣

權定

權定字安之號思復齋至正癸巳生洪武丙寅文科累官至左司諫我　朝屢徵爲大司憲並不膺　太宗辛卯卒

公性剛明淸直窮理篤學諫諍風節當代第一逮我　朝隱居安東玉山洞　太祖以承旨屢徵太宗朝連拜大司諫大司憲竟不就以終時人名其洞曰棄仕里禹弘均撰手錄

玉山洞今有遺墟碑

金銖

金銖字 號松亭海平人麗朝文科壯元累官至
開城尹策勳封海平君仕我 朝至禮曹判書
公應大司諫直提學從我 太祖討平紅巾賊錄
功
公在一善月朔聚諸生於蓮桂所講學及移居星
山與李陶隱崇仁爲道交作廊峯書堂依白鹿洞
規日月講磨又於川谷起精舍享程朱兩夫子廊
峯川谷諸院盖肇於此多士矜式有鄒魯之風都
輔撰行狀○
詳星州邑誌

鄭玉良

鄭玉良字崑寶號耕齋草溪人都承旨師仲子 太
祖乙亥生以孝薦知河陽縣錄淸白吏 世宗丁卯
卒旌閭 肅宗朝 贈左承旨享三嘉平川鄕祠
公從吉冶隱學與朴公彭年柳公誠源李公石亨
交遊相與酬唱
公廬墓時與兄西亭公朝夕悲號所攀松栢盡枯
李濟臣
撰行狀

金孝貞 文靖公

金孝貞字 善山人忠介公濟孫 世宗朝文科
歷觀察使至吏曹判書大提學
公恬靜冲澹人服其風度叅勳當封固辭不受
世宗朝承 命著性理羣書跋又撰八路名勝樓
觀記

河緯地 忠烈公

河緯地字仲章號丹溪晉州人 世宗乙卯生貞戊午文科壯元選集賢殿 世祖乙亥拜禮曹叅判丙子與成三問等同死 肅宗辛未復官 英宗甲子贈吏曹判書 賜謚 當宁丁酉旋閭享寧越彰節祠果川愍節祠善山月巖書院洪州綠雲書院大丘洛濱書院配食于 莊陵忠臣壇

公爲人沈靜寡默恭而有禮過 闕必下雖雨淖未嘗避路

侍講 經筵多所裨正當時論人才推公爲首

天順　皇帝陷壮虜公感慨曰天子蒙塵我輩雖
海外陪臣豈可恬然不預其憂乎每處外廊不入
寢室
乙亥　世祖受禪台拜禮曹叅判每受祿別貯一
室丙子事發　世祖愛其才密諭曰汝若諱初謀
則可免公笑而不答與成公等同日死
公在獄中手錄家產予其從子碅托以後事碅以
幼免改名曰源子孫居安東　肅宗乙酉閔鎭厚
白其事　命以源繼其後莊陵誌
晦齋退溪私語錄曰東方節義道學之傳圃隱以

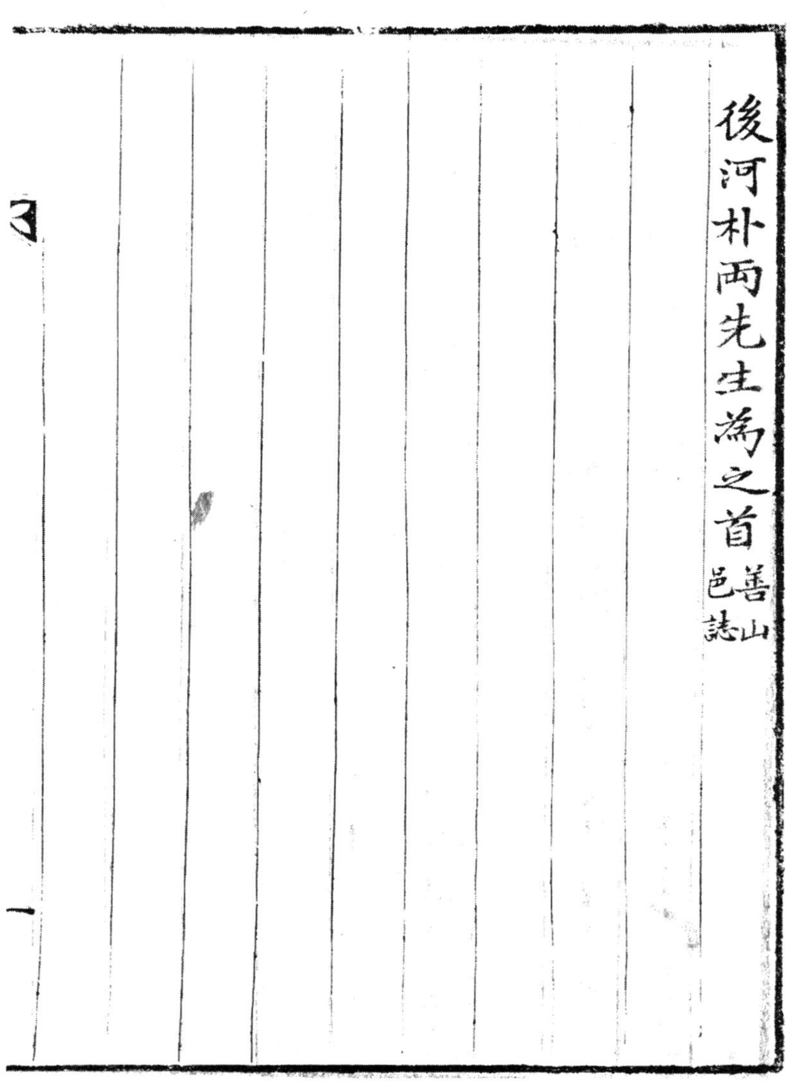
後河朴兩先生爲之首 善山邑誌

柳義孫

柳義孫字　號檜軒全州人　世宗己亥生員丙
午文科丙辰重試歷應教集賢殿直提學至吏曹參
判
與南公秀文權公採同在集賢殿稱爲集賢三先
生同萍湖李參判瓊撰　國朝五禮儀　世宗戊
午製綱目序以　進誡酒文無冤錄序風月樓記
承政院題名記等篇載東文選（譜牒）
世宗大王每與公橫經問難質疑辨惑輒稱先生
一依貞觀太平遺制刱立集賢殿選置瀛洲十八

學士日三進講 徐居正日記

公晩年不樂仕進築笑卧亭有詩曰笑卧堂翁閒卧笑仰天大笑復長笑傍人莫笑主人笑嚬有爲嚬笑有笑 輿地誌

公歷事 三朝乙亥 遜位之後退歸閒居人聞時事則悠然而笑高枕而卧世稱笑卧先生亭下有橋世稱笑卧亭橋亭東有盤石可坐数十人人稱笑老巖

公 世宗時叅判 世祖朝判書錄勲不受謫旋義卒於謫所墓表書以叅判從遺訓也 家乗

權希孟

權希孟字子醇安東人 世宗戊午生乙卯文科歷
翰林兩司至觀察使
公出牧羅州留意於誘掖士子勸課有方自此南
士之登科第列名流者前後相望咸曰權公之賜
也
己卯靜庵趙公光祖 賜死於綾州平日所與交
恐禍及皆莫之顧羅與綾接境公於靜庵未曾識
面聞而憐之殮殯送喪之具悉力營辦無異親舊
士論韙之

柳崇祖

柳崇祖字宗孝完山人 文宗壬申生 世祖朝進士 成宗己酉文科歷翰林三司大司成至同中樞 中宗壬申卒

公邃於易書禮記以至天文曆象毫分縷析嘗手製渾天儀凡躔度節氣推移脗合

公爲檢閱時李克增 啓言柳某官雖卑可爲師表請令兼帶成均館訓誨諸生 從之

一日公與右議政許琮同 對許啓宰相與臺諫務要和同朝廷乃安公言不求合理惟務和同非

朝家之福也折抑不撓
癸亥爲掌令廢朝亂政日甚公與同僚疏論十餘
條皆切直不諱
一日廢主出幸及還不由正路公諫曰君子行不
由徑況人君乎一事不由於正萬念從而皆不正
因極諫主大怒
甲子士林禍起公亦坐前事杖竄原州尋逮繫命
加栲掠問前在臺時先發行不由徑之言者同囚
舊僚皆失色公獨笑曰吾所發也復杖配前所
甲子以來吏不暇聽訟寃枉無所決丙寅　反正

公道初開牒訴雲委 上特超公四資授判決事
三公 啓柳某學術有源 經幄不可無此人
上從之移授工曹叅議令兼帶 經筵叅賛官盖
殊寵也又拜大司成三公又 啓性理之學不可
絶其傳請選年少文臣就柳某受業 上嘉納
公在太學五年拜黃海道觀察使三公 啓曰近
將進講周易圖書啓蒙柳某不宜外授乃改同知
中樞府事姜渾撰碑
燕山之卒也 上以喪葬之禮問于朝大臣等奏
曰葬用王子禮至於停朝市及守廟不可公上劄

曰前王得罪 宗社固不得祔祀 宗祧而人臣
爲君喪葬之禮不宜若是也葬用陵儀別立廟主
訃聞上國情之至義之盡也柳子光請鞫問朴元
宗以爲不宜在近侍 上命遞經筵官兩司爭之
不得東閣雜記
公爲諺釋經書以曉諸生經書之有諺觧自公始
也柳希春撰日記

金用石

金用石字鍊牀號潭庵光州人 成宗壬辰進士
公遊佔畢金先生之門燕山初挈家隱于安東九
潭
世傳公臨終将案上書火之蓋不欲留名於世
南秋江孝温師友錄載姜中和設鄉約會講小學
於太學事其選皆一時名士如金用石申從濩朴
演孫孝祖鄭敬祖權柱丁碩亨康伯珎金允濟其
尤也未云世之不悦者喧之楷以爲小學孝子之
契有夫子四聖十哲之譏云 李光庭撰遺墟碑

文敬仝

文敬仝字欽之號滄溪安東人 世祖丁丑生 成宗丙午司馬丙試燕山乙卯文科官郡守 中宗辛巳卒

公爲人狀貌異衆虛曠坦率托落無拘檢與人處不設畦畛放言諧謔未嘗留意於世務故人目之爲濶於事情平生坐是多蹇滯不顧也善屬文尤長於詞賦其爲擧子所至擅場其所述作後生爭傳習之遇文人墨客輒與之吟詩得意發興諷誦琅然而旁若無人往往爲曲修邊幅者所笑而一

時名流亦樂與爲唱酬往復焉 李滉撰碣

權柱

權柱字支卿號花山安東人 成宗朝文科歷應教監司至吏曹叅判燕山朝被禍 贈右叅贊公有直節能文章字畫工妙嘗奉使對馬島燕山朝賜死

退溪詩曰明夷蒙難豈非天茂栢深松瑣翠烟節行他年應有史文章千古恨無傳永嘉誌

安亭師友錄曰觀察使權柱聰悟超卓一覽輒記八歲讀四書十歲通經史十三有驚人之語持大體有操節遇廢朝不保辛永禧撰

弘治六年島夷與邊民爭將下諭島酋 上曰必
擇有識量知國家大體者遣之公應其選洪貴達文集
成廟因山時公以應教撰進 謚册家牒

李宗準

李宗準字仲匀號慵齋慶州人大司憲繩直孫 成
宗丁酉進士乙巳文科官大司成燕山戊午鞫殺之
享安東鏡光祠

公襟韻洒落望之如神仙中人爲文章卓偉高古
書畫俱妙絶嘗宰聞韶錐訴牒胡題人輒珍藏
公與金濯纓馹孫權睡軒五福友善以名節相激
勵歷仕亦大抵相同 洪汝河撰碑陰

南秋江師友錄曰少時不識君饒與余及正中乘
月玩花到君饒家余誣君饒曰好賢坊杏花下有

異人吟詩招與偕来聞其語倜儻不羇見其詩清
泠出塵非烟火食人所道世有仙者無乃是耶君
饒倒屣出迎相與坐月下仲匀故作詩清瘦態君
饒果大賑跪曰陋幕至僻秀才何因我情友幸臨
耶幸留一宿仲匀必欲求去君饒跪奉衣裾而請
雷談竟夜朝明始識於背洞寓舍進士李宗準也
相與撫掌大笑仲匀君饒遂爲知心交
嘗以書狀官赴京見驛舘畫屛不佳以筆塗抹殆
盡驛官招通事恠詰之通事曰書狀能書畫必以
不滿其意而然也驛官悟而首肯之回程至其處

張新粧素屛二坐宗準一書一畫俱臻其妙觀者
歎賞
戊午謫北界路經高山驛書李師中孤忠自許衆
不與一律于壁上而去監司以聞燕山以爲有怨
意逮鞫殺之洪貴達救解不得戊午黨籍

李弘準

李弘準字君式號訥齋慶州人大司成宗準弟進士

享安東白麓社

公自碣曰噫恱生惡死人之常情以死爲諱口不敢言惑之甚矣有如漆園叟之忘骸王陽孫之裸葬世無人矣其能知死生之理而不爲之恨者有幾人哉余嘗有詩曰無生即無死有生即有死生死兩悠悠造物無終始雖不及達觀之徒所見所見如斯而已凡人視化之後倩人碣辭虛張逸筆以沒其實尤可笑也此老平生以懶拙自任恒力

農以給妻子七舉不中優遊溪山以是終焉銘曰旣無才又無德人而已生不爵死無名䰟而已憂樂空毁譽息土而已

公早孤晩而好學戊午士林禍作仍及仲兄自是無意世路幽居自適監司以才行薦病不克用因時弊上便宜封事減任縣進封之苦嘗著家訓敎子孫後士林俎豆之家狀

金時佐

金時佐字子匡安東人　成宗庚戌生官叅奉　明宗壬戌卒旌閭

母夫人患背瘡公晝夜吮瘡瘡便愈及歿殯守失火時大風公抱柩叩心反風滅火及葬欲治碣竪墓而貧無以爲役費有僧自願礱治旣訖不知所往

國忌不食肉　國恤心喪三年晩登薦書除署郎不赴

西厓柳相國嘗曰金公忠孝兼全當立忠孝門

中宗庚子聞于朝旋閭 李家辰撰碑

權檥 忠定公

權檥字仲虛號冲齋安東人 成宗戊戌生燕山丙辰進士 中宗丁卯文科歷翰林三司舍人監司至賛成 仁宗乙巳錄勳旋削配朔州 明宗戊申卒宣祖嗣服復官 贈左議政享安東三溪書院

燕山甲子公試策得中卷中有處字考官復請去之先是燕山怒金處善直諫殺之命中外文字不得用處善字故也

中宗癸酉政府奴鄭莫介上變告辛允武朴永文謀逆授堂上公以持平 啓曰莫介已知其謀則

當無留卽發而屢曰乃告不伏其辜幸矣請奪其職 上從之

戊寅先生以承旨入 侍與承旨金正國同辭啓曰仁莫大於繼絶世 魯山 祖宗懿親燕山殿下至親君臨一時雖獲戾於 宗廟而永絶不祀甚損 殿下之仁衆議紛紜竟不擧行

公見時事多故爲諸公力言之諸公不能從及壯門禍作猶以公爲其黨罷歸田里者十五年

世宗皇帝有宮婢之變公於 經席進曰以天子之尊不虞之禍出於賤御凡爲人君秒忽不戒危

禍所係 殿下勿以上國之事而尋常之辭甚觸
犯同列縮頸
乙巳七月 仁廟昇遐 明宗幼冲公以右賛成
與三公同爲院相更直政院叅斷機務八月李芑
鄭順朋許磁林百齡将 啓柳灌尹任柳仁淑等
罪公與之議不合俄而 文定王后御忠順堂台
六卿以上入議公 啓曰物論臣不得聞前日大
小尹之説不知何自而出也然往者 睿宗無嗣
月山當次 貞熹王后越次而援立 成宗年甫
十三矣猶終始帖然無事况今 主上乃 仁廟

嫡弟既已正位豈復有他虞乎且今 王子君無
結黨大臣無執權誰敢有陰邪之心尹任若有邪
心死且無惜臣意竊謂方此初政務得人心每事
當以大公至正行之 中宗之始大臣不能善導
以事類爲叛盧永孫取堂上自是告變者多 中
宗後乃知其故盡放連坐人一國咸服而人心定
此今日之所當戒也是日尹任竄灌遞仁淑罷于
時獻納白仁傑擊臺諫不能論執 密旨 命下
仁傑于禁獄鞫治加任竄絶島二柳付處公復獨
詣 闕書 啓曰 幼主即位未幾遠竄大臣人

皆莫測其端又因諫官誰敢冒死進言乎臣夜不
能寐知死敢 啓尹任雖被重罪固不足惜臣竊
以 王大妃於嗣王有母之道若因此憂傷不豫
豈不爲大累哉飛言自古有之古之明君不以此
罪人柳灌本有腹病於朝堂每倚屛辟而坐柳仁
淑得上氣證今已有年此等老病儒生位極人臣
豈有他日今若遠行得病而死人皆曰國殺之也
願 上平心察之
順朋上䟽極言三人罪於是三人皆以逆誅論功
行賞公亦賜推誠衛社弘濟保翼功臣號吉原君

已而順朋等啓權樸議論不同請削勳十月兩司
啓罷皆依　允時都下洶懼女婿洪仁壽自外奔
走來謁則公對書言色如平日
丁未副提學鄭彥慤告良才驛壁無名謗言因而
大加罪乙巳人公求禮付處俄移泰川押官到門
公恬然就道謂鄉黨來訣者曰　天恩罔極矣進
士琴元貞執公手哭失聲公笑曰吾以子爲大丈
夫何至是耶死生禍福天也其如天何寄書子東
輔曰昔范忠宣年七十有萬里之行汝父之罪甚
寬典也且吾負　恩至此死即薄葬可也行至用

安驛有禁府郎指安東星馳而来一行驚倒號哭
公正色叱之至則又移朔州矣至碧蹄驛李晦齋
彦廸配江界亦到公戲曰李貳相權貳相一時之
行何赫赫也咫尺不相見而行
明宗末剪去奸穢國是稍變今　上嗣服克追
先志凡乙巳以後康寃群枉以次昭雪三公議啓
權橃德行純粹忠誠俱至　命復公職秩如初慶
尚觀察使朴啓賢　啓權橃忠義風節如此請與
李彦迪俱　賜追奬　上嘉歎令大臣議處謂二
人所學所行燁然可稱允合追奬用光繼述使士

氣益振儒道增重戊辰贈公左議政
雅好讀書雖直省在公亦未嘗廢忘晩節尤好自
警編近思錄不去懷袖間 中宗嘗召宰執宴後
苑賞花 命各盡歡醉扶携而出有内小臣拾得
近思小冊不知爲誰某 上曰落自權㧫矣 命
還之
公外氏於 貞顯王后爲近親 宸眷異他而公
益自謹避凡宰相聯内屬者朝京回必有私獻公
獨否曰非所敢也
臨利害遇事變義形于色直前擔當勇決如賁育

當其再 啓事也通夜草啓辭趂早將趨朝家人
子婿更扳挽泣諫輙麾去之至 闕中公光漢相
過並行問知公議愕然固止之公不聽詣院相李
公彥迪座招注書柳景深使書啓辭李公視草本
亦驚曰勢已至此言之徒惹起不測耳奚益盡抹
去其危言處公却坐抱膝長噫曰刪沒如此不如
不爲之爲愈也
尹思翼爲人踈繆公累責之引對日思翼 啓曰
大行王大漸時臣語權撥曰宜亟迎大君入內撥
不答矣公但啓云有大臣在非臣所能擅斷退詣

賓廳許公磁瞠視尹曰公欲捉權公何耶當危疑
時權公以大義力贊大計權公赤心朝廷所共知
安有他意尹面赤無以答 李滉撰行狀

柳公綽

柳公綽字裕哉豐山人 成宗辛丑生官郡守 明宗己未卒 贈左贊成

公之爲人慤而淳約而能勤事毋不有私財與諸弟衣服共之喜於稱善力於揜過惓惓乎恤窮濟人之意嘗訓嗣子曰蒙 恩至此更營厚利吾所不能居官怠事汝勿爲也

贊公隱德初試冗卑我心休休人久自知入焉臺察出至郡㢂罔修邊幅職擧民思胡爲世人逞智窮私歔然厥實游聲四馳孰賢于行孰裨于治存

深者源積厚者基公有胤嗣楚材挺奇式或搆厦

用無不宜天之報公允屬于兹何以徵信視此銘

詩 李滉 撰碑

權韠

權韠字景信號磨厓安東人藏山乙卯生 中宗丙子司馬文科歷翰林三司舍人大司成副提學大司憲慶尚監司至吏曹判書 明宗己酉卒

己卯禍作公以史官 啓曰大臣會于都堂白日之中可也昨日之事非晝而夜晝陽也夜陰也陽屬君子陰屬小人北門亦非舉事之地也 上不答 己卯錄

丁亥李沆為相公時為臺諫駁之請遠竄時許洽為掌令與公齊名金克愊發於 經筵曰權許詭

激請黜之又曰問於大臣則可得其情狀矣沈貞亦在相位聞之詣闕曰金克愊何自發此語吾將延其議公曰一時利害亦可愛也萬世名節獨可棄乎貞默然還出未幾克愊敗人以貞爲賣金【金墳】撰海東名臣錄

庚寅十二月公爲大司諫與大司憲金謹思上疏曰沈貞奸邪貪黷專權恣行以金克愊李沆結爲死友交相援救自克愊及沆見斥如失左右手懷憤自危奸謀秘計無所不至乘時欲厥者久矣適值成世昌入論思之地其心自謂得其機會輒陰

嗾欲售其計而十目十手不能終掩情狀敗露世
昌旣下詔獄自當按律繩治之然沈貞罪之魁也
舍其魁而只治脅從豈人君用法之公乎夫人君
所以重大臣者以其盡大臣之道也貞之延引後
進以収人心交結侍臣以售奸術曲邀李沆留宿
私議受朴氏之賂要朴氏之婢果大臣之道乎後
數日沈貞江西付處辛卯 賜死己卯錄
退溪謁公于江亭詩曰小舟橫渡一江天草屋中
門謁退賢上洛巖前千丈水從今換作判書淵
退溪挽公詩曰歎息新摧鶴駕峰堂堂大厦棟曾

隆千燒至寶難鎔化百鍊精剛未挫鋒羅雀門登

三歳後綿鷄奠闞九原中惟將萬斛羊曇涙灑向

青楓苦竹叢

權應挺

權應挺字士遇號默庵安東人觀察使希孟子燕山戊午生 中宗壬午司馬戊子文科歷翰林注書三司吏郎舍人監司大司諫 明宗丁未以良才辟書禍配端川癸丑宥還官至同中樞甲子卒

公心無表襮不事矯餙親舊朋儕有過謬面斥不隱至於罹禍患盡情救護之不顧觸犯人皆歎服七年之謫可謂窮矣東志愈確未嘗摧折 朴忠元撰碑

權應昌

權應昌字景遇號知足堂安東人觀察使希孟次子
燕山庚申生 中宗己卯生員戊子文科歷翰林修
撰承旨慶尚全羅監司 明宗丁未禍謫北青癸丑
宥還官吏曹叅判 宣祖戊辰卒
癸巳公以質正官與蘇贊成世讓如 京壬寅又
以千秋使赴 朝晦齋李先生贈詩曰風度推君
瑞世英青春銜命再朝京遙知彩鳳初應峙應使
華人共目傾退溪李先生亦贈詩略曰夫子東方
秀妙齡氣俊銳嶷嶷廊廟具感激風雲勢騂騮騁

長路鸞鷟儀盛世主眷仔方深時議重所繫 天
朝賀重明專對奉國幣銜命愼其儀國體使乎繫
漢庭應有人眼高鑑無翳固知吳札賢更歎魯邦
藝

公卒退溪李先生又祭以文曰惟靈名公之子
王國之特氣雄神邁才俊局凝難弟難兄名振京
闕播芬蓮桂蔚望風雲銀臺玉署藥階薇垣攀遊
霄漢步武虹烟入春叅卿出寵典藩黑頭公相朝
野盡傾氷炭不入正邪難并誰將蜚語觸彼心兵
麟鎖掣斷鳶水墮跕三更北辰十年西極天行雷

兩釼收紫爍 丹墀再趍白首新渥猶奄展驥聊
寄棲棘天上乘槎湖南懇茇兒釁賢勞身罹沴毒
三卧三霜戚冀勿藥云胡不慭遽至騎箕壽命難
齊抱負囷施殄瘁之詩誰無痛悲嗚呼哀哉昔我
先兄志同韻合矯翮鵬程名登仙籍占宅終南巷
南巷北朝退還從莫閒昕夕披豁襟懷蕩峻風格
以弟憎陋亦忝末契餘波剩霑幾激懦滯禍福泛
泛鴒原兩哭何意于今又重不淑奔走經理愧古
靡逮

金璡

金璡字瑩仲號青溪義城人燕山庚申生　中宗乙酉生員　宣祖庚辰卒　贈吏曹判書享安東泗濱精舍

公生而岐嶷幼而知學從遊己卯名儒得聞當世諸君子緒論聞見日廣藝業日進

公於淫祀非鬼之事憤疾之若浼已巫覡不敢入其閭縣之南山有祠俗傳高麗廉興邦乃其神公馳往毁之曰汝以前朝巨奸死有餘罪豈可容汝不靈之鬼以惑愚民乎即毁撤之

嘗語諸子曰事君之道當以積誠見信爲先然後犯顔而能入又曰人寧直道而死不可枉道而生汝等爲君子而死則吾視猶生也爲小人而生則吾視猶死也鄭經世撰碣

公有五子克一守一明一誠一復一並享一院時人稱之

金希參

金希參字師魯號七峯義城人 中宗丁卯生辛卯司馬庚子文科歷三司吏郞至通政府使 明宗庚申卒 贈吏曹判書享星州川谷祠

登第時考官慕齋金先生得其對策喜甚旣得擧又力薦選槐院公與河西金先生交契甚深河西勸謁慕齋不從後因公始造其門

乙巳以後公自晦公退輒杜門以此經歷危險免於世禍

公有藻鑑尹春年當朝好爲淸疎語公獨知其懷

奸絶不與交又如陳復昌李無疆葷用事時公預言其必敗

辛亥以灾傷敬差官出慶尚右道時議政李芑謂曰國計方不足公須嚴核將熟作荒者若將荒作熟則不須問也公鄙其言到任尤嚴核將荒作熟者

公嘗卜一妾河西曰君之内子提挈羣穉窮困於鄉邑而君遽自安姬侍乎公矍然稱善自是不復畜終身無姬妾子宇顒撰行錄

公嘗入侍上謂左右曰各言其志羣臣以次對

公獨黙然 上曰爾何獨無言公對曰臣家在星
山七峯環其前後臣願退歸山下採山釣水以終
餘年 上曰予以七峯賜爾爾其棲息焉
公赴三陟時有馬在官八年産二駒將還留之又
掛鞭於東軒曰此三陟物也 遺事

權碩

權碩字君安安東人僉判桂子 中宗庚午生員戊
寅文科歷正言吏郎至修撰 宣祖己丑爲宋祀連
所搆杖死

公志氣勁直簡潔自守有學識有才行嘗言釋裒
告變自許權謀之徒見利忘義無所不爲南袞沈
貞甚憚之禍作名在續竄錄中及罷科而棄之後
與詩山正正叔同里閈爲宋祀連所搆告訊杖百
七十餘而殞命數日置于法

公在太學與進士安處謙建議更定釋奠儀物舖

羨大羨陽燧明水各得其制至今遵用

己卯禍作公時爲正言與大司諫李成童司諫李

清獻納宋好智正言金鉽詣　闕陳啓請與趙光

祖等俱就詔獄同伏刑章己卯錄

丁丑公上疏請鄭文忠公從祀文廟　上嘉納議

廷臣施行實九月十七日也又請仍送禮官修墳

墓禁樵牧立碑其疏畧曰皇天眷佑迺生儒宗鄭

夢周於麗季挺超卓之資蘊經綸之才硏窮性理

學海淵慱深有自得講說獘越默會與旨暗合先

儒忠孝大節聳動當時制喪立廟一依家禮文物

儀章皆其更定建學設敎丕興儒術明斯道啓後
學東方一人而已 圃隱集附錄

洪仁祐

洪仁祐字應吉號耻齋南陽人莊襄公師錫五世孫

中宗乙亥生丁酉司馬 明宗甲寅卒以子唐興君

進貴 贈領議政享沂川書院

仁廟在儲盧蘇齋爲宮僚凡遇書筵上疑難處輒

来相質多所資益後謫海島先生抵書乃擧伊川

靜坐善學等語勉之仍寄以詩曰寂未動時須顧

體感方通處可求根

徐花潭嘗語人曰近来志學可與進步者洪某一

人而已

僑居于花山就學於退溪面論書質講劘益精後讀羅整菴困知記有以道心爲性人心爲情之說力辨其不然退溪是之及公之歿爲文祭之曰爗爗才華孳孳學問其見重於先正如此

趙靜菴德行事業久未有叙述先生深懼道脉泯沒旁搜廣採撰次行狀使有所考據於他日其於文章不甚經意而天分高邁機軸自別

當己卯士禍之餘道學爲世大禁而能自振援窮尋洛建之墜緒與二三同志講明不輟若將終身繼以有乙巳之獄知舊諸人誅竄相踵士氣遇門

縮頸不敢視先生獨立不懼吊死問生情禮無缺

此實人所難爲而累亦不及 沈喜壽 撰墓誌

公之學常用力於中庸首章大學誠正修章而以

已心爲嚴師篤信伊川天德王道在謹獨之訓嘗

作居室箴以自警 韓浚謙 撰碑陰

柳仲郢

柳仲郢字彦遇豐山人 中宗乙亥生庚子文科歷兩司承旨至監司 宣祖壬申卒 贈領議政

公按軍籍於湖南發摘如神元額旣充傭丐盡落咸稱實簿爲諸路最

公牧義州紀律一新城裏帖息有遼人潛匿民家會公至不得出命搜獲之械送江沿堡堡官媿謝公仍循江設伏上下相望置巡軍往来境上安之揀諸生廩之空舍月叩其學其後建碑學前以寓思

丙辰遼東饑都司遣百户二人移咨索糧要直抵都城公牢拒百户恚甚公辭婉意誠得其歡心遂以無事

闗譏已嚴奸巧莫售蜚言鈎謗必欲染公使臣回到州譯官呈貨簿曰牧使私物也或勉公自明公不聽及門驗悉取貴戚潜貨沒官一行震肅

西原租稅輓于牙山漕海屢敗輒再徵及公爲牧擧可興江便利請方伯移輸民便之

遇有相負無幾徵見言面門族攘其田捨不顧而隱之鄉人竊其疆更割半以益之 盧守愼撰碑

李樑初得志士類之淺膚者欲仗之以擯尹元衡
公曰此人得志必爲國家憂其後果如公言
公爲兵曹叅知下吏畏服已去者皆追還立役先
是點閱軍士所持兵器必索瑕痕按名徵贖軍士
只備贖布不持軍裝公革其弊持者免罰否者罪
之軍情便之
舊制對馬倭人來鎭將尺量其船以大小差等受
糧戊辰間島主請勿尺量朝廷許之自是皆乘小
船而冒受大船之糧本道不能給朝廷患之將復
舊規公 啓曰既許其請而無故改易則曲在我

矣請先諭曰量船固舊規前日從所請者以島主
自能分大小俾無欺詐今乃冒濫日甚不可置之
自今悉如前約則善矣不然不得不依舊量船云
則我辭直而曲在彼 上從之
在義州區劃軍務以捍寇盜後有一守狠愎自用
盡罷之奸偷復作境上騷然州民爭論乃復遂以
無事
公為黃海監司時有營屬上京到 闕下揚言搆
誣子第請詰問公笑曰我為政小人豈無一二不
便者乎卒無所問 子成龍撰行狀

柳景深

柳景深字太浩豐山人 中宗丙子生甲辰文科歷翰林三司北兵使監司至大司憲 宣祖辛未卒

乙巳拜注書時朝廷多事文案塡委公應對通敏筆翰如流傍無滯事時趙公璞安公名世與公迭爲史官人稱乙巳三注書權忠定公見公歎曰柳其有子矣

公父正郞公卒於 皇京也李芑爲上使有賻襚之恩峕自德焉意公附己屢通慇懃公不爲謝其或相値亦避不見芑大憾焉有韓智源者爲芑等

鷹犬人皆側目公嘗面斥之智源亦怨之兩憾交
搆丁未屬臺諫劾公罷之卽公拜修撰時也時奸
臣專國士之不慊於心者始以微罪中之致法漸
深必流竄誅戮乃已公卽日南下盡賣家室無還
意
辛亥始敘爲懷仁縣監縣殘弊已甚邑中無數日
之蓄公治之有方數年之間邑遂以完
戊午爲校書校理從巡邊使金秀文往慶尙道閱
邊備一日秀文密告曰近日對馬使者來言敝島
爲國家設備倭儆而朝廷莫之察云今欲遣人視

之以驗虛實公不可曰夷言難信假使有之亦自
救不暇安能捍我且朝廷能制此虜賞罰之命乎
罰之則不服賞之則難繼示弱取笑將焉用之必
無遺也秀文服其見遂 啓寢
陞鍾城府使時定州將築城朝廷以爲非公無以
集事改授定州尹元衡方築堰營田于州境見公
私囑公曰國事方殷力不及也有相愛者勸令往
謝公笑不應數日臺諫論駁陞遂更赴鍾城
公自光州遞還也或有誤傳公爲羅州牧使羅州
吏有第舍踰制者聞之懼甚卽毁之

公爲義州州舊無甕城公捐廩籌之數月而事完明宗昇遐時華使頒 皇帝登極詔將入國衆議迎詔時服色皆曰我國方有、大喪不可着吉公獨曰須詔天下大慶其可以下國之喪加之乎衆猶不遽信考杜氏通典與公言畧同議遂定再從子成龍撰行狀

柳贇

柳贇字義叔號倦翁豐山人 中宗庚辰生 宣祖辛卯卒享禮安鄕祠

公晩好學易推圖考卦多所自得著圖說一卷

臨終遺書諸子惟以輕財重倫爲戒 趙穆撰碑

金彦璣

金彦璣字仲昷號惟一齋光州人 中宗庚辰生
明宗丁卯生員 宣祖戊子卒
公嘗與具柏潭鳳齡入清凉山期以十年讀書公
有故不及柏潭一年然出山宮崖草木盡成所讀
書字云
公晩卜佳野去陶山近與金後凋富弼諸昆仲及
具柏潭鳳齡權晦谷春蘭權松巖好文金芝山八
元諸賢設約於山寺講學於洞口水石至今號爲
九仙臺盖會者九人云

搆書舍數間扁以惟一教授後進學者坌集不能容日與講說成就者甚衆如南賁趾致利鄭芝軒士誠權玉山暐朴判書毅長申梧峰之悰權蘆川恭一諸公或以學問著或立身于朝爲時名人蓋福州文學之盛多自先生倡導云

退陶易簀後營建書院于廬江撤白蓮寺毀其佛像投之江僧徒初欲拒之既聞鶴峯金先生與先生来皆散去云

先生少時爲寧海府學教不以官卑自沮修治講樓申明學規奬勵勤至 李光庭撰行状

金八元

金八元字舜擧號芝山江陵人 中宗甲申生 明宗乙卯司馬兩試文科官縣監 宣祖乙巳卒享安東仁溪書院

公遊周愼齋先生門學旣成就正於退溪老先生先生爲豐基郡守公與諸友肄業於白雲洞書院先生愛其文辭清麗以詩稱之曰秀卿詩似野晴春草色山光盡眼新得處君非臻妙極何能吐句便驚人盖幷許其造詣也秀卿公初字 李惟樟撰行狀

金宇宏

金宇宏字敬夫號開巖義城人府使希參子 中宗
甲申生 明宗壬子司馬魁丙寅文科歷翰林三司
舍人大司諫大司成監司至副提學 宣祖庚寅卒
享尙州涑水書院

乙丑 文定王后陟遐公通告于道內倡疏請斬
妖僧普雨伏閤一月疏凡二十二上而疏本多出
公手

退溪李先生答公書曰往年在京得見盛策信知
名下無虛士茲承手札理趣詞彩粲然動入不勝

珍服
宣廟將移奉安嬪之祠於 大院之廟使河原君
主之公時爲應教與同僚上劄陳違禮經壞宗法
之失
嘗於 筵中進曰 殿下聖量未弘 上怒詰問
量未弘何事對曰即此 下教亦其一也 天威
少霽命賜醞
公爲忠淸監司行部時有一賈人乘馬犯騶從者
欲治之公曰此必狂易不久當死吾不欲殺人置
之其人果墮馬死

癸未拜副提學時公論李東谷珥更張無漸見忤
外補時公吊東岡及他被斥者四十餘人
早遊退陶南冥之門又有賢季相與切磋道學文
章師表一世淵源之正有自來矣 權相一撰行狀

具鳳齡

具鳳齡字景瑞號栢潭綾城人　中宗丙戌生　明宗丙午司馬庚申文科拜翰林遷弘文正字俄魁文臣庭試陞修撰歷湖堂吏郎舍人直提學承旨大司成大司諫副提學吏曹參議忠清全羅觀察使大司憲藝文提學止吏曹參判　宣祖丙戌卒享安東周溪書院

兒時讀論語至食不求飽居無求安慨然歎曰人之所以不能自立飽食與安居害之也苟於此而能任分無求則何事不可做旣冠執經退溪之門

先生稱其有文行
公中司馬聲聞盛播及登第朝中相賀至有三代
人物兩漢文章之稱
尹元衡威權震中外公時在玉堂倡議首論之百
僚動容
拜忠清觀察使正身律物誠信自孚民有兄弟相
訟公諭之以理至於泣下二人叩頭自引遂成敦
睦
授大司成勸課有方叩擊無倦士風丕變成就者
衆大臣 啓曰士習不競由師道不立也師表今

得人可久任責効也
累除三司長皆不拜是時朝論携貳公求去不得
則將恊和朝著培植國脉反覆言之於朝或以標
榜形跡而詆之
早喪怙恃常以失養爲至痛築室居墓下逐日展
省遊宦之日設位以拜諱日則毁慽如初喪齋素
蔬布以終月
憂國愛民一心眷眷常謂一念或私不可以對君
父隨事論列辭氣毅然不以利害貳之或遇災異
輒容色愀然欲膳爲减

遇 國忌必食素屬纊之前夕 仁廟諱日也猶
却肉不御
平生玉雪自持無毫髮干人歸自湖臬家益落所
識邑宰有餽謝却之未嘗營第於都下橐褚蕭然
惟數擔行李而已見人不義而富貴避之若浼
少而不樂進取雖因慰悅重闈黽勉應擧而每於
對策直言正論事有不如意或不對而出既立于
朝常以道不行爲恥每有新除引疾力辭在告之
日居多
常曰出處士之大節立脚一蹉餘無足觀嘗訪李

一齋恒論許魯齋仕元之非一齋以爲行中權公
曰去就之失常由於認權爲經
爲文章根本義理格力自天每較藝場屋輒冠首
科詩又豪健有趣落筆驚人李埈撰碣

權好文

權好文字章仲號松巖安東人　中宗壬辰生司馬官教官　宣祖丁亥卒享安東青城書院

公自幼高邁有奇氣七八歲時與同學各言其志尚皆以早拾青紫爲期而公獨曰吾則異於諸君着新錦衣登百尺樓洞開八窓凭几而卧不使一點塵埃惹得者乃吾之志也聞者奇之

弱冠摳衣於退溪李先生門下公才豪氣銳沉濫百家爲詩文浩瀁贍麗先生喜其爲人以詩賜之每稱公有儒者氣像又曰權好文有蕭洒山林之

風

緝童子禮編曰養以正詎止蒙亨已也爲正句讀授學徒又就禮經家禮儀節等書酌古參今抆成一秩又謂士夫家冠婚喪祭據禮行之者固多至於讌飲則不知有獻酬之節觥籌雜亂而無序豈飲酒孔嘉之意耶乃裒述酒禮作圖著令兼錄古之格言終之以自警之辭嘗著家箴奉祭祀接隣里御奴婢皆有節目使訓習之

家居坐卧有定所飣豆有定品寢處只一破簟木床而已見室人市錦止之曰寒士之妻衣夫錦安

乎

西厓柳先生過公舊居有詩曰平論一生事堪作

百世師 洪汝河撰行狀

裵三益

裵三益字汝友號臨淵興海人 明宗戊午生貢甲
子文科歷三司大司成至監司
公爲大司成時朝廷以使臣之失職擇使陳謝以
公應選得褒奬 皇勅及欽賜蟒龍衣而還 上
嘉之曰非專對之忠何以得此錫以內廐馬
時海西歲連歉朝廷擇公爲監司公力疾就道發
粟賑飢賴以活者甚衆勞苦病遂劇子龍吉得進
牛肉公却之曰吾持一方風憲食禁肉可乎無陷
爾父爲也 柳成龍撰碑

金守一

金守一字景純號龜峰 明宗乙卯司馬 宣祖癸
卯以遺逸薦授察訪享安東泗濱書院
公遊退溪之門講聞心學明白洞徹先生稱許
公樂有賢弟兄友愛篤至家世清白處其貧窶不
分臧獲咸推與焉

鄭惟一

鄭惟一字子中號文峯東萊人直提學賜玄孫 中宗癸巳生 明宗壬子司馬戊午文科歷翰林說書三司吏郞舍人直提學至大司諫 宣祖丙子卒舞象受業于權忠定公旣長師退溪先生質疑辨惑多所自得在門者莫之先

康陵喪畢將祔 太廟首相李公浚慶議奉 孝陵于延恩殿人莫敢貳公獨倡言直斥之典禮賴而歸正

所著閑中筆錄關東錄宋朝名賢錄皆失於兵火

呂爾徵

摸碣

李珙

李珙字共甫號栗園禮安人 中宗癸巳生 明宗丁卯司馬 宣祖癸酉文科官持平癸未卒享楓巖里社

自少力學求志踐履篤實清德高節爲一世士林所宗仰與趙月川穆權松巖好文爲道義交萬曆以來見 朝著不靖士論携貳嘗慨然曰豈有君子而可以植黨乎自是絶意仕宦 朝廷授以都事者三邑倅者五皆辭焉終以持平累名不起

金明一

金明一字彦純號雲巖義城人 中宗癸巳生 明宗甲子司馬 宣祖己巳卒享安東泗濱書院

公弱冠讀書于紹修書院黃錦溪俊良一見重之結爲道義之交及其還也贈詩而期詡之

公從退溪李先生欵承謦咳先生書箴銘與之

甲子與弟鶴峯及復一俱中司馬一時稱榮

公欲停擧業而重違親命將遊泮宮作感懷詩六篇稟于退陶退陶以兩絶句和之其一云雅志誠能不在文道非身外豈難聞祇今教養皆聲利莫

向芹宮誤染薰

李景㮚

李景㮚字叔聽號退憂堂全州人 中宗丁酉生
宣祖戊辰進士癸酉文科官獻納丁酉卒
公爲國子官時鄭賊汝立盜名欺世公惡其爲人
不少借其甥李震吉來太學張甚無顧忌不參文
廟大祭人莫敢何問公峻罰斥之鄭賊臺劾公及
己丑獄起羅織者終不得加公滋垢士友咸服公
先見之明
嘗知諫院矣己卯士類安相國瑭被畜狗祀連搆
誣家至族幽明抱冤殆五十餘禩士大夫自以爲

正直者咸畏祀連諸子挾筆札遊公卿間縮舌莫敢言其冤公獨立慷慨追正祀連辜快雪安相冤士林賴而吐氣

癸未年間宣廟委任李文成珥文成以經國自任多所建白大臣充位而已公一入臺職乃劾以變亂舊章文成上箚陳辨公愈持其議不少屈上念朝著不靖密諭公毋甚堅執公對曰人臣事君以公以直向上意所使非忠也遂大拂上意與公同事者一時並黜惟校理黃暹彌縫其論故得免時人為之語曰寧為李黜不為黃免

公所與遊皆當世名人柳西厓成龍金鶴峯誠一
金省菴孝元李坡谷誠中四公最爲莫逆交鶴峯
性亢於人少保獨稱公勁直嘗劇曰古語云難頭
八菱角出我難頭君菱角也 趙絅撰行狀

柳仲淹

柳仲淹字希范號巴山豊山人監司仲郢從弟 中宗戊戌生 宣祖辛未卒

公早學于退陶李先生嘗聞治心行己可以終身行之者李先生擧崇德修慝辨惑之說以勉之曰毅條推以極之有無窮意味無限事業此吾平日之所嘗用工而未得者此單傳密付之旨也

鄭文穆公逑祭文曰公淸修之操虛靜之資明友之最罕及相與切磋以畏友待之期許以異日遠大之造云云

先輩嘗論陶山諸子巴山賁趾天資學問庶幾孔門之顏氏然皆早夭可惜

李光庭撰 碣

金克一

金克一字伯純號藥峰義城人　中宗己亥生　明
宗癸亥文科歷正郎典五邑至內資正　宣祖壬寅
卒享安東泗濱書院
先生幼英爽俊異吐辭輒驚人稱神童云
從退陶李先生學卓然有成先生甚敬重之
先生爲文章高古峻潔尤長於詩有遺稿略干卷
行于世金世鎬撰碑

權春蘭

權春蘭字彦晦號晦谷安東人 中宗己亥生 明宗辛酉司馬 宣祖癸酉文科歷翰林三司至輔德 光海戊午卒享 龍山書院

公兒時問先公曰天地間何物爲貴曰惟人曰何以貴曰爲子孝爲臣忠由是而爲貴仕曰仕固不足貴若欲忠孝捨學何能及授孝經曰讀此而如不讀者非人也

就栢潭具公學晨輒造門外待朝栢潭曰今日復見立雪人又就退溪李先生請益先生爲之遜席

甚重待之
嘗爲宰遇饑歲發倉賑窮及將收糴悉焚券曰若
有譴吾當任之去義城時閱行李見有紫草一囊
曰豈容溷吾槖立反之
在永川俗好鬼崇奉淫祀否則必有灾公下禁令
曰鬼能死人吾亦能死人違吾令者不貸其後莅
亦帖然
鄭寒岡治安東嘗剪去花名妓者公曰苟吾心有
主西子尙不能移何畏乎假其名者乎明府之政
抑末也盖公久容關西黎渴百緡終不能回公一

聘云
在胄筵僅數月世子稱其益常時雖若忘每朝議
相軋必擬諸顯望以風奔饒之徒
著進學圖孔門言仁錄藏于家 金尚憲撰墓誌

柳雲龍

柳雲龍字應見號謙巖豊山人監司仲郢子 中宗己亥生 宣祖壬申蔭仕歷四邑至通政牧使錄先國原從勳辛丑卒 贈吏書參判享豊基愚谷書院壬辰秋假守豊基時 行在隔遠朝貢路絶公獨遣吏朝正如舊未幾陞眞犢賊嘯聚阻險公機捕有方民穢盜熄旁郡皆賴之事 聞進秩通政特拜原州牧使

明宣之際薰鳳之徵徧及巖野嶺南尤多而公以退陶高弟不挾賢以行世棲遲州縣隨遇盡分道

雖不顯名亦無玷玆豈非純行適用之君子哉 李植撰碣

公在仁同時士田民戶稅貢徭役以及糶糴出入皆畫紙爲式爬櫛經緯秋毫不遺務在均一須布行之數年一境稱便監司欲推其法於他邑使公任其事未幾監司遞去未果行

嘗上疏言竹嶺當湖嶺之間而有百二之險宜復古順興府而以豐基隸之合丹陽永春堤川淸風四邑爲一大鎭使之夾守 弟成龍撰墓誌

金宇顒 文貞公

金宇顒字肅夫號東岡義城人府使希參子 中宗庚子生 明宗丁巳進士丁卯文科歷弘文正字湖堂直提學大司成副提學監司大司憲至吏曹參判 宣祖癸卯卒 贈吏判 肅宗辛未 贈謚享星州晴川書院

公幼而瑩澈端秀自不識字時見人讀書如有所喜默坐傍觀移晷不去及授文字便能領解

早從南冥曹先生識義理之學及入都下退溪先生赴 召在京仍就謁而請學

以弘文正字進講訖　上謂之曰汝資質旣異其於學問用工亦多筵中進說每拳拳於學而但予學不進未能行一言常以爲愧汝退而爲予製進一箴開陳爲學之要公作聖學六箴以進之　上曰可見爾學問精粹忠愛懇切予雖不敢當加勉意卽下玉堂觀之又曰予不知文然箴意甚好觀也

右相盧守愼引突策免公進曰大臣須有鞠躬盡力死而後已之心不可只顧一身逡巡避事也

嘗進言曰李珥有學有才雖有踈處可合大用而

其以監司來拜 命也意謂必賜 召對竟不一
見而去成渾學行思欲一致而更不收召是好善
之誠或未至也臣非爲珥渾言誠恐衆賢進退由
於此等擧措也
公又言學職不擇人唯以閑散置之不足以儀表
士子作新文風宜選擇學職以玉堂兼帶入番則
進講於人主出則與士子論說嘗聞己卯故事玉
堂皆兼學職矣
仁聖王后之喪將葬而以 遺命卒哭後當用玄
冠玄帶公上疏以爲玄冠玄帶古人不以吊況可

用於君親之喪乎乙亥之歲發言盈庭而　殿下
獨斷遂用白帽視事之制破去千載之謬令宜以
一時　末命而苟然從之乎況我　大行大妃衆
執謙抑不欲自擬於乙亥之例此在　大妃固不
害謙光之美而在　殿下事　大妃之禮大有所
不敢從者矣
嘗入對論朋黨事曰沈義謙金孝元兩黠之策本
欲鎭定而厥後尹斗壽等數人得志引進匪人如
尹晛者入銓欲杜孝元之復入故凡不喜孝元者
不問賢愚引之如恐不及以此政治濁亂當孝元

在朝時公議頗行及此輩得志而其辨如此此其
是非明矣

爲直提學時朝廷方議 神德王后祔 廟事公
以爲春秋之法諸侯不再娶於禮無二嫡惟元妃
入廟而繼室不得預焉 皇朝太廟之制惟一帝
一后麗氏五百年亦不得並祔我朝 桓祖前後
三娶而獨 和陵追封懿妃此其明驗也 神懿
王后早嬪龍淵啓成王業 即位之後追贈 節
妃陵號曰齊則是固 元妃 神德以次妃陞主
中壼揆以禮制不得與 元妃並享明矣

公爲大司諫與同僚上劄畧曰東西之說互有得失李珥務爲調合之論而其風旨常落在西邊故西人之失志者倚爲宗主日夜慫恿珥性踈而自直不覺爲此輩所賣遂與士類角立如鄭澈之爲人雖不無長處剛褊忌克喜同惡異自義謙失勢之後快快不平崇飮嘲謔譏謗時政所以取疑於士類者有由然矣珥旣爲澈所誤極力汲引欲爲柄用而士類不從珥積不平累達天聽每以東人不肯協和爲言者其實皆爲一澈之故也以此與士類疑阻日甚衆心不附而自處太高自用太

過畧無集衆廣忠之意徒任已見踈謬太甚朝野
失望物議騰藉當是時東邉士類素疑珥助西誤
事而徒以分朋攻擊之嫌不敢顯然彈劾姑且隨
事論列而彈辭過峻珥又不服輒自分踈於是衆
怒激蕟不可復裁以至此耳當時慢擅等語多疑
其過重而互相爭辯轉至乖激不覺其自陷於偏
重之歸此事曲折不過如此竊聞頃日引對天威
嚴重諸宰惶駭皆言 聖明之世不宜有此事而
澈獨進 啓力贊其決云臣聞此言且恠且疑以
爲澈亦以士類自許豈不知愛惜名節而肯爲此

事乎自古豈有正人君子而導君父以誅伐士類
之事者乎
己丑謫會寧壬辰亂蒙　宥直向義州以兵曹參
判爲袁黃接伴使袁移咨朝廷盛言公賢才可超
格用之
時全羅監司李廷馣　啓請遣使約和公以爲不
忍共戴之賊不可與講和廷馣之言違悖莫甚又
廟堂將議遣陳奏使奏文中有縻之以款之語公
啓曰許款之說寧以國斃非可忍言雖迫於總督
將有陳奏之舉而措語糊塗大義未安無以有辭

於天下請停陳奏之行連上劄論之

癸巳以大司憲與同僚 啓畧曰崔永慶以林下

之士固窮守道無與世事而秪緣平日知澈奸邪

論議之間不少假借故澈極意謀陷百般羅織必

致其死儒林喪氣國言愈甚請削澈官爵以爲人

臣懷姦害物者之戒正言朴東說爲澈訟寃引嫌

而退 荅曰永慶爲毒物所害則明矣予命放之

而竟不得免死於獄中加以自死之名天地間其

寃極矣予欲伸其寃於予在之時百年後雖歸見

無慚色矣若其是非則自有公論難將一人手掩

得天下目是年冬又因合　啓迡削黴官爵鄭述撰行

狀

公遭遇明時知無不言奏議疏箚連篇累牘學問

之純粹論議之正太比之陸宣公

天資超邁氣宇溫粹水月襟懷氷霜風致稟受之

秀也夙承家訓知所用志景慕退陶常切欽跂學

問之淵源也沈潛涵養得力深多表裏洞徹踐履

純篤工夫之造詣也臨事慷慨無所顧忌謀猷論

議誠忠鯁亮事君之義也尤嚴忠佞亦謹義理善

類所慰邪黨所惴立朝之正也憂國雖切宦情如

寄每官輒辭難進如避恬退之勇也上箚昭寃廷
斥姦僞理直心公平若稱錘好惡之正也節續綱
目闡幽揚遂將裨世教辭嚴義倫眞儒之業也張顯
光撰行狀跋

金沔

金沔字志海號松菴高靈人都承旨鐸孫 中宗辛丑生 明宗朝擧孝廉除 寢郎 宣祖初擢儒賢陞工曹佐郎壬辰 特賜義兵大將號癸巳拜慶尙右道節度使卒于軍 贈吏曹判書享高靈道巖祠

公氣度峻毅慷慨有大節讀書不務章句默究聖賢旨訣尤喜讀二程書常曰行己處事於是焉得力可以無大過矣弱冠以南冥爲師寒岡爲友操履日篤四方學者多歸之鄉人薰襲德美相誡曰而毋爲不善恐松菴先生知之也

明宗朝擧孝廉除 寢郎不赴 宣廟初郎位晉
擢儒賢幷陞六品職趙月川成牛溪鄭寒岡及公
也
壬辰倭大擧寇我列鎭無不奔潰 宗祀呼吸存
亡公涕泣曰君有急而臣不死烏在其讀聖人書
也遂與趙公宗道郭公䞭文公緯倡義聲不旬月
而有衆數千時賊也知禮開寧金山界號爲十萬
公引軍壁牛旨號令嚴明坐作進退肅然無譁賊
酋盛其衆欲以乘我公與晉州牧使金時敏逆戰
挫之軍聲大振進兵與賊夾嶍津對壘民斬木揭

竿歸附者如市公諭趙宗道曰賊衆我寡不以詐
未易破也乃令將士環四面鼓角吧喊有若援兵
四集因風縱虛舟十餘流近賊壘賊聞鼓角吧喊
固心疑之及虛舟自泊乃曰是欲誘我渡江也回
軍以退公急渡江奮擊大破賊自相蹂躪僵尸滿
三十里遂乘勝屯茂溪未幾賊艘蔽江來意欲洩
鼎津之憤公謂將佐曰願爲諸君決一死自朝至
暮殊死戰賊墮水死者不可勝數水爲之不流是
役也獲賊貨甚多悉輸之方伯俾上 行在朝廷
以公爲陜川郡守教書有曰揚兵鼎津遁賊褫魄

接刃茂溪流尸混江洒深讐恢舊業非爾誰也
公移書湖南伯乞以兵粮援辭旨慷慨一字一涕
湖南伯不聽公益憤勵繕器械奬率戎卒麾之知
禮所之開寧與湖嶺諸義將約四道並進誓蕩賊
窟諸義將期不至公獨麾兵進逼所殺獲過當於
是收復高靈知禮宜寧金山等邑 上壯其績欲
使率所部勤王公立裝爲若不可踰日者民聞之
哭且言曰公不在此吾儕其魚肉之矣觀察使金
公誠一悳馳啓 行在以爲金沔離本道一步南
方收拾不得 上命公留本部以卒成績

公巡行郡邑招集散亡路過先壠地主備奠需以
待却之曰 陵寢闕享祀吾其可享吾先乎只爲
文以告妻子飢餓流離所居十里而近終不入
癸巳拜右道節度使 上諭曰天兵大集旣克平
壤京城賊終必遁歸卿其悉精銳埋伏無使隻輪
還公自受任以来惟不克報効是懼勦星山賊則
斬首數百級進薄善山則不深入不止觀察使使
人諭曰賊勢方盛盍姑徐公奮然曰不入虎穴安
得虎子部勒諸義將旣約束公遽遘酷癘趙公宗
道手藥盌以進曰公如不諱置國事何地公强起

執手曰吾與若等殉國忘身誓滅賊以報
主上
不幸命卒於此天也仍泣數行下軍校左右侍者
皆泣莫敢仰視已而屬趙公曰賊知吾死必乘釁
掩我其秘之言訖而卒諸將佐奉遺命舁還新倉
始發喪一軍痛哭民無不頓足哀號觀察使馳啓
曰江右一帶至今全保皆㳙之力也長城一壞天
不助順臣子然獨處不知所以爲計也
公平日事親以孝聞皇考贇成公卒於北鎭時公
奉母夫人在嶺南道路數千餘里天又熇熱公不
馬而徒號擗以赴行路爲之盡傷後居母憂哀毁

晝禮如前喪嘗築臺所居後麓名之曰懷先瞻望

塋域以寓終身之慕 蔡濟恭撰碑

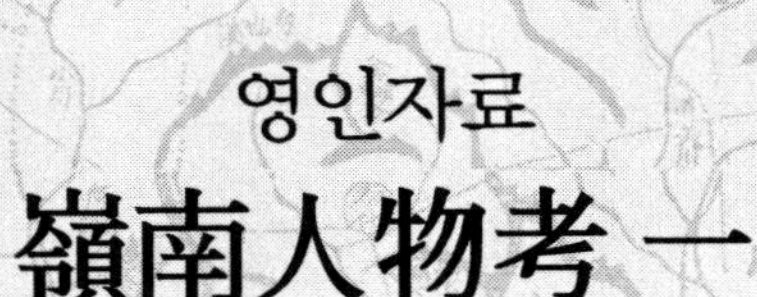

영인자료

嶺南人物考 一

서울대학교 규장각한국학연구원 소장

여기서부터 영인본을 인쇄한 부분입니다. 이 부분부터 보시기 바랍니다.

역주자 신해진(申海鎭)

경북 의성 출생
고려대학교 국어국문학과 및 동대학원 석·박사과정 졸업(문학박사)
전남대학교 제23회 용봉학술상(2019); 제25회·제26회 용봉학술특별상(2021·2022); 제28회 용봉학술대상(2024)
제6회 대한민국 선비대상(영주시, 2024)
현재 전남대학교 석좌교수 겸 명예교수

저역서 『서류 송사형 우화소설』(보고사, 2008), 『권칙과 한문소설』(보고사, 2009), 『소대성전』(지식을만드는지식, 2009), 『증보 해동이적』(공역, 경인문화사, 2011), 『떠난 사람에 대한 그리움의 미학, 애제문』(보고사, 2012), 『요해단충록(1)~(8)』(보고사, 2019~2020), 『검간일기』(보고사, 2021), 『검간일기 자료집성』(보고사, 2021) 외 다수

영남인물고嶺南人物考 1
–안동

2024년 12월 23일 초판 1쇄 펴냄

편수자 채홍원
역주자 신해진
펴낸이 김흥국
펴낸곳 보고사

책임편집 이경민
표지디자인 김규범

등록 1990년 12월 13일 제6-0429호
주소 경기도 파주시 회동길 337-15 보고사
전화 031-955-9797(대표)
팩스 02-922-6990
메일 bogosabooks@naver.com
http://www.bogosabooks.co.kr

ISBN 979-11-6587-790-3 94910
979-11-6587-789-7 (세트)

정가 33,000원